PORT-ROYAL

PAR

C.-A. SAINTE-BEUVE

TROISIÈME ÉDITION

TOME SIXIÈME

PARIS
LIBRAIRIE DE L. HACHETTE ET Cie
BOULEVARD SAINT-GERMAIN, N° 77

1867
Tous droits réservés

PORT-ROYAL

IMPRIMERIE GÉNÉRALE DE CH. LAHURE
Rue de Fleurus, 9, à Paris

LIVRE SIXIÈME

LE PORT-ROYAL

FINISSANT

(SUITE)

VIII.

Comment Du Guet se rattache à Port-Royal. — Son éducation. — Sa vogue dans l'Oratoire. — Ses conférences publiques. — Sa fuite de Saint-Magloire. — Sa retraite auprès d'Arnauld. — Son retour en France; années ensevelies. — Sauvagerie et solitude. — Agrément et bel-esprit. — Lettres à madame de Fontpertuis. — Extraits des lettres à la duchesse d'Épernon. — Rentrée de Du Guet dans le monde; logé à l'hôtel de Ménars. — Son beau et long moment. — Consulté de tous; esprit universel. — Auditeur d'*Athalie*. — Sa lettre à madame de La Fayette. — Caractère tout chrétien de sa direction. — Rigueur consolante. — Ses explications de l'Écriture à l'abbé d'Asfeld et à Rollin.

Du Guet n'est pas, à proprement parler, un homme de Port-Royal; il est à peine mentionné dans les histoires particulières qu'on a écrites de ce monastère et de ces Messieurs; il est venu trop tard pour habiter ce désert; il correspondit seulement avec mademoiselle de Vertus, et, à la demande de M. Arnauld, il écrivit un Éloge de la mère Angélique de Saint-Jean : mais, s'il ne fut pas tout à fait un de nos solitaires, il tient étroitement à eux par une vie semblable, par l'unanimité de doctrines, de tradition, d'esprit, et comme ayant été enveloppé jusqu'à la fin dans les suites de la même persécution. — Il se range bien, un peu après par l'âge, à côté de M. Le Tourneux, de M. de Tillemont.

Jacques-Joseph Du Guet était né à Montbrison dans le Forez, le 9 décembre 1649, d'un père avocat du roi au présidial de cette ville, et d'une sainte mère (Marguerite Colombet), de qui son père lui écrivait (janvier 1684) lorsqu'ils la perdirent : « Si les canonisations se faisoient à présent comme dans la primitive Église, votre mère seroit déjà canonisée par tout le peuple de cette ville. » Il étudia au collége des Pères de l'Oratoire de Montbrison, et montra dès l'abord de rares facultés. Un jour à la campagne, étant tombé sur l'*Astrée* de d'Urfé, dont les scènes se passaient dans ce pays même du Forez, il y trouva un grand charme, et son imagination de douze ans, délicate et tendre, en prit éveil au point de vouloir composer une longue histoire dans le même goût, où seraient entrées les aventures légèrement *romancées* des principales familles de Montbrison. Il ne s'en tint pas au projet et écrivit une partie du roman; mais, quand il en fit lecture à sa mère, elle l'arrêta dès les premières pages en disant : « Vous seriez bien malheureux, mon fils, si vous faisiez un si mauvais usage des talents que Dieu vous a donnés. » Le jeune Du Guet jeta son roman au feu, et, renonçant aux profanes lectures, il n'eut plus d'application qu'aux études les plus sérieuses.

Ainsi Du Guet commence volontiers avec l'*Astrée*, comme Racine avec *Théagène*; mais il coupe court, son goût naturel ne triomphe pas; on ne le retrouvera plus chez lui que dans sa dévotion même et dans sa vie grave, en délicatesses ingénieuses, en scrupules tendres; on le retrouvera surtout comme une source cachée, souterraine et filtrante, au fond de sa science du cœur, et dans les conseils pénétrants, exquis, qu'il saura donner à bien des âmes trop éprises de l'enchantement sensible, à celle, par exemple, qui écrivit *la Princesse de Clèves.*

Ce premier sacrifice du jeune Du Guet enferme tous les autres ; sa vie désormais n'est plus qu'un long sacrifice du goût au devoir, de l'attrait au scrupule. Ses études faites, il obtint de son père d'entrer dans l'Oratoire, où un frère aîné l'avait précédé. Il vint à Paris à la maison de l'Institution pour y faire son noviciat, et y demeura deux ans. Il fut dès ce temps-là, et n'étant âgé que de vingt ans (1669), en liaison avec MM. Arnauld et Nicole et dans leur confiance : c'était l'heure de la Paix de Clément IX ; il en savait les moindres circonstances, et il a dit lui-même plus tard que, dans le temps de cette Paix, M. Arnauld et M. Nicole lui racontaient tout ce qui se passait et en conféraient avec lui. Il fut envoyé ensuite en province, à Saumur, puis à Troyes ; dans cette dernière ville, il professait la philosophie. Il dut être de ceux, et l'un des premiers, qui introduisirent dans l'Oratoire les principes du bon sens logique de Port-Royal, contre lesquels, du reste, il y eut lutte et bientôt interdiction déclarée dans cette Congrégation comme au sein de l'Université. Il a rang dans cette liste des maîtres excellents : Lancelot, Nicole, le Père Lami, Rollin.

Outre sa classe de philosophie, pendant son séjour à Troyes, Du Guet fut chargé de faire, les dimanches et fêtes, dans la paroisse de Saint-Remy, un catéchisme pour les pauvres. Ce catéchisme devint bientôt une instruction commune à toute la ville. Chacun y accourait entendre les vérités chrétiennes profondément saisies, lucidement développées et rendues attrayantes d'onction : *vis fandi blanda,* comme dit Rollin dans le *Portrait de Du Guet.* Cet empressement effraya le modeste catéchiste, et il demanda à être remplacé. Il représenta surtout à ses Supérieurs que l'affluence des personnes de la ville empêchait les pauvres d'arriver à cette instruction, qui était pour eux. Admirable image de ce qui est le sort ordinaire des trop brillants talents et le profit le plus clair de leur emploi ! le monde y accourt, les pauvres en sont chassés. Du Guet ne le voulait point ainsi : aussi son soin était plutôt de s'éteindre. Il obtint enfin de ses Supérieurs d'être remplacé.

Du Guet (ceux qui l'ont le mieux connu l'ont remarqué) eut toujours une grande tentation à combattre : c'est qu'il s'est toujours vu admirer de tous ceux qui l'entendaient. Il parlait avec une facilité charmante et comme s'il avait lu dans un livre, et de plus avec cet agrément de vivacité et de surprise que la parole trouvée a toujours. Ses livres sont bien beaux, disaient ses amis, mais les mêmes choses qui y sont traitées réussissaient mieux encore dans sa bouche que dans ses livres.

Il passa dans diverses maisons de l'Oratoire, fut à Aubervilliers près Paris (Notre-Dame-des-Vertus), et revint à Paris demeurer au séminaire de Saint-Magloire ; il y fut ordonné prêtre en 1677. Son enseignement durant ces années était celui de la théologie dite positive. Les Conférences publiques qu'il y fit en 1678, 1679, eurent de l'éclat et fondèrent sa réputation. On en a imprimé après sa mort deux volumes *in-quarto*, où les matières ne sont qu'à l'état de mémoires ou de dissertations savantes ; il y répandait du charme et je ne sais quelle vie en les exposant. Cela avait de l'attrait dans sa bouche. Une foule d'auditeurs, dans ce faubourg Saint-Jacques si bien habité, accouraient entendre ces éclaircissements approfondis sur divers points de l'antiquité ecclésiastique. Du Guet n'avait que trente ans, et tout l'annonçait comme une lumière de plus dans cette Église de France, alors ornée de tant de lumières. Il avait pris rang comme grand conférencier vers ce même temps où M. Le Tourneux se révélait comme grand prédicateur : l'un et l'autre ne devaient avoir qu'un brillant éclair, puis s'éclipser. Ce fut sa délicatesse de santé qui força Du Guet d'interrompre son propre succès en 1680 ; il ne faisait par là que prévenir les empêchements qui lui seraient venus du dehors. Certaines conversations de lui, en ces années, n'ont pas laissé un moindre souvenir que ses Conférences. J'ai rapporté ailleurs[1] celle qu'il eut avec Bossuet en présence de l'abbé de Fleuri, sur le sens considérable et prophétique qu'il donnait au chapitre XI de l'Épître aux Romains : Bossuet, assure-t-on, en profita dans son *Discours sur l'Histoire universelle;* ce qui oblige de placer cet entretien avant 1681. De Saint-Magloire, Du Guet passa, sur la fin de 1683, dans la maison de l'Institution, dont le fondateur, M. Pinette, le demanda aux Supérieurs avec un empressement si vif et si tendre, comme un sujet nécessaire, qu'on ne put le lui refuser. Il y resta un peu moins d'un an, n'ayant pu s'accoutumer à prendre part à la direction. C'est avant d'y entrer qu'il fit avec un de ses confrères, le Père de Chevigny, le voyage de Strasbourg (1682) pour aviser à établir, s'il y avait lieu, une maison de l'Oratoire et à convertir les Luthériens dans cette cité tout nouvellement occupée, qui allait être réunie à la France. M. de Chamilly y était gouverneur militaire. « Mais, écrivait Du Guet, les catholiques sont soldats pour la plupart, occupés à la citadelle, aux forts, à autre chose qu'à leur conscience ; les hérétiques bourgeois sont sur leurs gardes, et le magistrat est un homme délicat qui a l'œil à tout, qui se plaint de tout, et qui fait de toutes choses une affaire d'État. » On crut qu'en lui donnant cette mission,

---

1. Au tome III, page 447.

les Supérieurs n'avaient voulu qu'éloigner de Paris Du Guet dont les opinions étaient fort comptées dans l'Oratoire, et qui n'était rien moins que favorable aux règlements exclusifs qu'on allait imposer [1].

Il revint au bout de quelque temps à Paris, où on le désirait fort ; mais les mesures qui prévalurent en 1684 dans l'Assemblée de la Congrégation, l'espèce d'inquisition vexatoire qu'on y introduisit en matière d'étude et d'enseignement, agirent assez fortement sur son âme modeste et fière, sur son imagination vive et craintive, pour qu'il jugeât à propos de se dérober. Il ne se décida point à un tel parti sans se consulter bien des fois auparavant en présence de son Crucifix. Il fit même à pied le pèlerinage de Notre-Dame de Chartres, pour prier et supplier l'Esprit-Saint de l'inspirer dans sa résolution. Ce fut le 23 ou 24 février 1685 qu'il disparut de Saint-Magloire, sans que l'on sût ce qu'il était devenu. Il écrivait, deux ans après, à l'une des plus fidèles et des plus affectionnées d'entre les amies chrétiennes qu'il dirigeait : « Il y a deux ans, Madame, que je vous quittai bien tristement ; j'avois eu l'honneur de vous dire adieu la veille, mais je n'avois pu soutenir un *adieu déclaré.* » Cette excessive tendresse d'âme, cette disposition alarmée et fugace se retrouveront à bien d'autres moments de sa carrière. Il n'eut garde d'avertir à l'avance ses

---

1. Ce voyage et ce séjour de Du Guet à Strasbourg durent contribuer à le lier avec M. de Chamilly, gouverneur, et avec madame de Chamilly. Le *Journal* du duc de Luines (tome II, p. 94) nous apprend que la maréchale de Chamilly était dans les opinions de Du Guet ou que même elle allait au delà. Aussi, contrairement à l'usage établi pour les veuves des maréchaux de France, n'eut-elle point de pension à la mort de son mari : « Il y avoit à son égard, « nous dit le duc de Luines, des raisons d'exception personnelle. « Elle s'étoit livrée aux nouveautés de l'Église avec tant de fureur « qu'elle étoit regardée dans le parti janséniste comme une mère « de l'Église. »

frères ni personne de sa famille : avertir, c'eût été consulter. Il se contenta d'écrire le 23 février, en partant, un mot de lettre à son frère aîné, où il lui disait :

« Vous avez toujours cru, mon très-cher frère, que j'avois de l'inclination pour une retraite plus profonde que la mienne, et que j'en formois le dessein : ainsi vous serez moins surpris d'apprendre que je l'ai exécuté ; mais c'est une retraite sans engagement. J'estime fort les liens qui attachent les Religieux, mais j'aime ma liberté.... Sans elle, je ne pourrois espérer de vous revoir, et ce bonheur avec elle peut bientôt revenir. Quoique je ne sois pas des plus inconstants, je ne suis pas aussi des plus fermes : peu de chose me fixe, et peu de chose me remue.... Je vais dans un lieu où je ne manquerai de rien. Ce n'est point La Trappe, et je voudrois pouvoir vous dire quel il est ; mais c'est un secret dont je ne suis pas le maître, qui vous seroit inutile, qui m'exposeroit, et qui pourroit avoir des suites dont nous serions, vous et moi, très-affligés, mais que ni vous ni moi ne pourrions empêcher. Comme je n'ai rien dit, il est aisé aussi à mes amis de ne rien dire. Le silence peut me cacher, et le bruit n'est bon qu'à me découvrir. »

Ce même jour (23 février), étant encore à Saint-Magloire, il écrivit une lettre au Père de La Tour qui en était supérieur :

« Mon Révérend Père, pourroit-on croire qu'il manquât quelque chose à ma consolation pendant que vous êtes mon Supérieur, vous qui avez toujours eu pour moi une bonté si particulière, et qui me laissez jouir d'un si profond repos dans une maison où je ne sers ni par mes discours, ni par mon exemple ? Cependant, mon très-cher Père, je ne puis profiter d'une si grande tranquillité ; il me faut une retraite plus recélée, et je deviens tous les jours d'une humeur si sauvage et si peu commode, que je ne puis me conduire par des règles dont tous les autres se trouvent si bien ; il faut à un esprit aussi particulier que le mien un lieu particulier, et je pars pour l'aller chercher sans être sûr d'en trouver un qui me convienne. J'ai pourtant une solitude en vue, où je crois qu'on voudra bien me souffrir : mais j'y mets cette condition que j'y conserverai ma liberté ; et s'il arrivoit que je n'y trouvasse pas le repos que j'y cherche, souffrez, s'il vous plaît alors, mon Révérend Père, que je vienne le goûter auprès de vous.... »

Ce lieu secret et recélé, ce lieu qui n'était point La Trappe, n'était autre que la petite maison d'Arnauld à Bruxelles, où nous avons vu Du Guet arriver en effet avec ou peu après Quesnel, en 1685. Cette disparition fut, comme on pense, commentée, interprétée en bien des sens. La famille de Du Guet, et ceux de ses amis qui n'étaient pas dans le secret, se plaignirent, le blâmèrent ; et lui-même, informé de cette injustice, ne put s'empêcher de se plaindre à son tour. On a là-dessus une lettre touchante de lui à l'un de ses frères, et qui nous rappelle des lettres assez pareilles de Nicole quand il était en butte à la diversité des jugements humains :

« Ce qui a arraché de moi quelques plaintes, disait-il, est l'injustice que j'ai cru que vous me faisiez, en ne me croyant capable ni de tendresse pour vous, ni de confiance, ni d'attachement. Je n'examine plus le fondement que j'avois de le penser : vous me faites l'honneur de m'assurer du contraire, c'est assez pour me consoler et pour me rendre la paix.... Je crois néanmoins, mon très-cher frère, devoir vous dire, pour ma justification, que toutes les circonstances étoient si liées, si revêtues des apparences du vrai, et si capables de me troubler, que je suis certainement excusable de n'avoir pu résister à leur impression. Il faudroit, pour me rendre une entière justice sur ce chapitre, pouvoir se mettre pour quelques moments à la place d'un homme qui s'arrache avec une douleur infinie de tout ce qu'il estime et de tout ce qu'il aime le plus tendrement ; qui porte cette plaie dans son cœur sans espérer aucune consolation ; qui ne voit dans un avenir terrible rien qui le porte, rien qui le fixe, rien qui le puisse dédommager de ce qu'il abandonne ; qui conserve pour sa famille et pour ses amis tous les sentiments de respect et d'amitié dont il est capable, mais qui a voulu porter lui seul tout le poids de son malheur et toutes les suites de sa résolution, afin de leur en épargner le contre-coup et les inquiétudes ; et qui, au bout de tout cela, n'apprend d'autres nouvelles pendant neuf mois, sinon que des aînés, qu'il considère infiniment, parlent de lui à tout le monde comme d'une personne qui n'a jamais eu d'ouverture pour eux ; qui s'est toujours cru seul plus éclairé et plus sage que les autres ; qui leur a fait cette injure de les croire incapables d'un secret, eux qui en ont gardé de très-importants dans une extrême jeunesse ; qui a rendu inutiles tous les offices qu'on auroit pu lui rendre, par une retraite mal concertée ; qui en avoit une autre si assurée et si commode, s'il eût voulu s'en servir ; et qui s'est avisé de trouver des difficultés dans une cérémonie de police et de discipline, où il ne s'agit d'aucun point de doctrine [1]. »

Quand il écrivait ainsi à son frère, en mars 1686, Du Guet n'était déjà plus à Bruxelles auprès d'Arnauld. Sa santé, l'humidité du climat et le régime de réclusion rigoureuse auquel il fallait se soumettre, ne lui avaient point permis d'y demeurer plus de sept mois (mars-octobre). On a des lettres qu'il écrivit durant ce séjour à madame de Fontpertuis, cette amie de Port-Royal et d'Arnauld, et qui l'était fort de Du Guet également ; c'était elle, selon toute apparence, qui lui avait ménagé les moyens de cette fuite à Bruxelles, et elle aidait son exil par de généreux secours.

Du Guet était dès lors ce qu'il sera surtout et ce qu'il était appelé à être jusqu'à la fin de sa vie, un directeur. Assez éloquent, quand il parlait en public, pour attirer aussitôt à lui une élite ou même une foule, il n'avait pas assez de force pour soutenir ce succès ouvertement et de pied ferme, pour n'en être pas vite effrayé ou lassé : il n'avait ni assez de front ni assez de poitrine pour cela.

---

1. Le décret réglementaire des Études, adopté par l'Assemblée de l'Oratoire de 1684, et pour lequel on exigeait la signature.

Il y avait un moment où il s'effarouchait, et il trouvait un prétexte à cesser. Ses Conférences l'avaient mis fort en vogue dans un certain monde élevé et pieux, qui le consultait, qui le chérissait, qui l'aurait gâté de soins et d'égards, s'il avait pu l'être. Il préludait sans le vouloir, mais par l'effet pénétrant de sa réputation demi-voilée, à cet office de directeur, auquel les contre-temps même le réduisirent et auquel sa nature secrète le prédestinait, — directeur dans le grand monde, très-recherché des personnes de qualité, principalement des femmes : un je ne sais quoi de distingué, de respectueux, de poli, au milieu de toutes ses qualités chrétiennes, le désignait pour ce rôle. On voit, par ses lettres d'une date un peu antérieure, qu'il était en relation spirituelle avec des abbesses du nom d'Harcourt [1], des carmélites du nom d'Épernon [2]. Il eut sans doute le temps de connaître madame de Longueville, à qui il dut bien plaire. C'est pour madame Daguesseau, mère du futur chancelier, qu'il avait écrit de bonne heure *la Conduite d'une Dame chrétienne* [3]. La plupart de ses petits traités eurent ainsi

1. L'abbesse de Soissons, Henriette de Lorraine d'Harcourt, nièce de M. de Pontchâteau, morte en mai 1684.
2. Il connut beaucoup mademoiselle d'Épernon, religieuse aux grandes Carmélites, appelée en religion la sœur Anne-Marie de Jésus; il composa même pour elle et sous son nom une Lettre à une protestante, qui fut imprimée, et qui fit dire à Bossuet « qu'il y avoit bien de la théologie sous la robe de cette religieuse. » Il dirigeait aussi sa belle-mère, la duchesse d'Épernon, cette sœur de M. de Pontchâteau, qui avait son logement aux mêmes Carmélites.
3. La Correspondance de Du Guet contient beaucoup de lettres à madame Daguesseau ; il y aurait de l'intérêt à les pouvoir démêler et ranger dans une même suite. On y reconnaîtrait cette personne d'un esprit vif, d'une imagination impétueuse, telle que son fils nous l'a si bien dépeinte dans le Discours sur la vie et la mort de son père ; on jugerait de l'à-propos des conseils qui lui étaient donnés, et qui s'y présentent le plus souvent sous forme d'avis à une tierce personne. Ce qui ôte de la lumière et de la vie à cette Correspondance de Du Guet, c'est l'ignorance où l'on est des personnes

pour occasion et pour origine des cas tout individuels, des consultations particulières qu'on lui adressait. Les conversations, les lettres spirituelles et de conseil, c'était là son genre propre et duquel il ne se dégoûtait pas. On peut se faire une idée de l'agrément que Du Guet mêlait à ces commerces d'un fond si austère, et par ses lettres à la duchesse d'Épernon qui sont conservées en original à la Bibliothèque de Troyes, et par ses lettres imprimées (mais trop souvent tronquées) à madame de Fontpertuis. Parfois il y parle en véritable bel-esprit chrétien ; il y a comme un reste lointain de l'*Astrée*. Ce sont d'ingénieux déguisements, de fines allusions sous forme non plus pastorale, mais monastique.

Ainsi, dès le premier mois de son arrivée à Bruxelles, il écrit (31 mars 1685) :

« J'ai commencé mon noviciat, Madame, par un grand sacrifice en obéissant à ceux qui m'ont conseillé de passer le premier mois sans vous assurer de mon très-humble respect et de ma parfaite reconnoissance. Voilà le plus rude de cette épreuve passé, puisque j'ai maintenant la liberté de vous écrire, et j'espère qu'il n'y aura plus de mortifications qui me coûtent, puisque j'ai eu assez de soumission pour accepter celle-ci. Si l'on m'eût défendu de me souvenir de vous comme l'on m'avoit ordonné de ne vous point faire penser à moi, de ma vie je n'eusse été profès à cette condition ; mais j'ai trouvé au contraire que les solitaires les plus réguliers de ce désert pensent à vous au moins trois ou quatre fois par jour, que cela est presque aussi réglé que leur Bréviaire, et qu'il y a toujours quelque mémoire ou d'une tête cassée, ou d'une bonne fluxion sur la poitrine à la fin de leurs orai-

---

et des caractères auxquels il s'adresse. Ces Recueils imprimés ont été faits comme si l'on avait pris à tâche d'en effacer toute physionomie distincte, d'y éteindre le plus de jour possible, et d'y introduire la monotonie la plus désespérante. On dirait que les éditeurs jansénistes aimaient et cherchaient l'ennui. — Au reste, les premiers tomes de cette Correspondance ont été donnés par Du Guet lui-même.

sons[1]. Si l'on est si ponctuel dans le temps de la prière, on l'est bien autrement dans celui de la conversation : tous ont la liberté de parler de vous jusqu'aux novices, et je vous avoue que c'est une grande consolation pour moi à l'égard de ce monastère, que d'avoir la permission d'en parler à mon tour quelquefois. Mais je vois de vieux religieux[2] qui mêlent à vos louanges de certaines choses dont je ne suis pas encore assez habile pour pouvoir juger : ils prétendent que votre ferveur va trop loin, puisqu'elle va plus loin que la leur ; qu'il ne vous est pas permis de porter la pénitence au delà de ce qu'ils en ont écrit ; qu'il ne vous est pas libre de mourir, puisque vous leur êtes si nécessaire, et qu'ils ont plus besoin de vos prières que de vos exemples. Quand je serai profès comme eux, je saurai ce que tout cela veut dire ; je serai alors moins jeune et moins imprudent. Mais en vérité maintenant je trouve fort beau tout ce qu'ils condamnent, et je voudrais bien faire comme vous, excepté de me casser la tête.... »

Et quelques jours après (6 avril) :

« Je suis si bien, et vous y avez si fort contribué, Madame, que vous en essuierez encore un remerciement.... De ma solitude je dédaigne tout ; je suis ou ennemi du monde ou ennemi du bruit, mais de la terre j'excepte un petit coin de la Palestine où demeuroit saint Jérôme, et le premier étage d'une maison qui est occupée par monsieur de Q...[3]. Je suis mort à tout, à cela près. Mais il ne faut pas parler de porter le détachement plus loin ; ma vertu ne va pas encore jusqu'à la férocité. Peut-être y parviendrai-je ; car je m'aime assez pour arriver un jour à n'aimer personne. Je n'en suis pas là néanmoins. Je vous dirai même que, quoique je ne me soucie pas de voir des hommes, j'aime tout à fait à voir des cheminées ; de la hauteur où notre monastère est placé,

---

1. Madame de Fontpertuis était d'une santé délicate, ne se ménageait pas, et avait récemment éprouvé quelque accident.
2. Arnauld.
3. Sous ces termes voilés on devine qu'il excepte de son indifférence générale le lieu habité par Arnauld et celui où loge madame de Fontpertuis.

j'en découvre tant qu'il me plaît : un désert avec cette vue paroît moins sauvage. Nos conversations sont assez longues et jamais tristes. On dit que c'est une vertu d'être un peu gai, et je commence à me trouver fort homme de bien, si cela est ; j'ai dévotion à toutes les vertus qui sont naturelles, et qui ne coûtent rien. Mais après le temps où l'on se voit, on vit assez retiré : les uns s'occupent sérieusement, et moi je m'amuse. On me pardonne tout, pourvu que je ne parle point de sortir, et le Père *Abbé* (Arnauld) a une telle indulgence pour moi, que je crois qu'il me recevra à profession sans que je fasse des vœux. On dit qu'autrefois on se contentoit de promettre stabilité : et comme nous vivons ici selon la première simplicité des moines, il me sera aisément permis de ne rien promettre au delà. Je prétends même y mettre une condition dont on m'a dit que des filles de certaine maison religieuse dans notre voisinage se trouvent à merveille, c'est de ne m'engager qu'au cas que la mitigation soit étroitement observée, et qu'on ne se relâche jamais jusqu'à recevoir la réforme.... »

Il continue de filer cette plaisanterie agréable bien qu'un peu lente, et qui était une manière de jeu convenu. Dans les lettres d'Arnauld du même temps, l'*abbé* s'est changé en *abbesse*; Arnauld écrivait, le 23 mars, à madame de Fontpertuis : « L'abbesse de *Sanlieu* (lui-même) est tout à fait satisfaite de ses nouvelles *postulantes*, » c'est-à-dire de Du Guet et de Quesnel. Ces précautions paraissaient nécessaires, pour le cas où l'on aurait surpris les lettres; elles nous peuvent sembler assez naïves : un œil ennemi n'aurait pas été arrêté pour si peu; on aurait, je crois, lu bien vite au travers et deviné de quel abbé il s'agissait. Mais, précaution à part, il est évident que Du Guet se prêtait et se complaisait au demi-travestissement et à la figure. Dans cette Correspondance avec madame de Fontpertuis, il revient souvent avec une sorte d'enjouement sur ce chapitre des austérités qu'elle poussait trop loin, et que lui, à ce qu'il disait, il ne pratiquait pas assez :

« Pour moi, je prends mon parti : je ne m'attends à votre conservation que par des miracles, et je n'espère rien de vous, ni par rapport à vos intérêts, ni par rapport à ceux des personnes qui vous honorent. Vous vivrez malgré vous, mais vous vivrez. Dieu a plus de puissance pour vous conserver que vous n'en avez pour vous détruire, et il connoît mieux nos besoins, et il en est plus touché que vous. Ce ne sera donc qu'à lui, Madame, que je parlerai de votre corps, comme c'est à lui que je vous conjure de parler de mon âme. Nous devons être guéris l'un et l'autre, vous d'un excès de courage, et moi d'un excès de lâcheté ; mais je suis obligé d'avouer que votre mal est un bien, et que le mien est mortel. »

Ainsi faisait-il très-agréablement les honneurs de sa vertu. — Plus d'un des petits paragraphes de ses lettres ou de ses autres écrits, par les concetti et les antithèses qui s'y pressent, n'auraient eu qu'à aller chez le rimeur pour devenir des sonnets métaphysiques et mystiques. C'est un tour agréable, fin et *détourné*.

Talent qui se dérobe, style qui se dérobe, vertu qui se dérobe ! il a passé sa vie et mis son âme à se dérober.

Sa santé, je l'ai dit, ne lui permit pas le climat de Bruxelles ; du moins il le crut, et ses amis de Paris le crurent bien davantage. Il fallut céder à leurs craintes, à leurs instances. Madame de Fontpertuis, ou quelque autre amie, lui voulait acheter une petite maison exprès pour lui, où il eût vécu caché. Dans une lettre de la fin de son séjour à Bruxelles, Du Guet exprime sa reconnaissance extrême pour des bienfaits sous lesquels il succombe :

« Je succombe certainement sous le poids des obligations que j'ai à tout le monde ; il me semble que je touche à terre, et sans l'extrême peine que j'aurois de celle de mes amis, je serois peut-être capable de faire par lâcheté une action de courage, et de renoncer pour toujours à des bienfaits qui m'accablent et qu'il est difficile de soutenir sans une grande humilité, quand on ne se les est point attirés par un grand mérite. J'ai en vue, en disant tout ceci, et le papier dont on m'a fait présent, et la maison qu'on veut acheter pour mon repos. J'étois déjà vivement touché de cette première injustice, mais la seconde achève de m'attendrir et de me confondre : me voilà désormais à la place des pauvres et hors de la mienne; devant tout, et ne pouvant rien acquitter; incommode, inutile, injuste, et, par un excès de reconnoissance, murmurant contre le bien qu'on me fait. »

Les années qui suivent, de 1686 à 1690, sont des années ensevelies. De retour à Paris, Du Guet comprit, par rapport à son salut (c'est lui qui parle), et par rapport à la situation des affaires ecclésiastiques, qu'il fallait rendre sa retraite plus profonde et plus entière pour la rendre plus sûre. Il pensa au désert; c'est alors qu'il eût couru à Port-Royal, si Port-Royal eût été permis [1]. « Il se passa un temps considérable, dit-il, avant que je pusse trouver un tombeau à ma mesure. » Enfin il le trouva et y demeura longtemps, fermant les accès à tous, ne communiquant avec sa famille, qui ignorait le lieu de son refuge, que par M. Boileau son directeur. Encore trouvait-il cette communication trop peu indirecte. Il faut oser citer les preuves excessives de cette fuite du monde et de cette terreur presque sans cause dans l'âme de Du Guet, un peu maladive, je le pense, à cette époque. Cela le rapproche de Nicole qui a un si grand goût, on le sait, pour la mort *civile*. Ou plutôt ce sont

---

1. Il ne faudrait pourtant pas se figurer Du Guet plus disciple de Port-Royal et plus sujet de ce côté à influence qu'il ne l'était. Il embrassait par lui-même tout son corps de doctrine, et ne relevait d'aucun autre docteur parmi ceux de son temps. M. d'Étemare a dit de lui :

« M. Du Guet ne consultoit personne sur aucun de ses ouvrages.

« Il me raconta bien ce qu'il avoit appris à M. Arnauld, mais jamais ce qu'il en avoit appris. » Du Guet avait été un hôte d'Arnauld, mais un hôte passager.

déjà les terreurs, les fuites, les misanthropies sauvages et rêveuses de bien des modernes, mais sous forme de sentiments chrétiens. D'anciens goûts refoulés qui se vengent, des tendresses naturelles non employées qui murmurent, l'approche de l'âge de quarante ans qui fait crise si souvent dans les organisations sensibles, une sorte de premier courage de la jeunesse dont le ressort se brise, et qui ne retient plus les craintes fébriles, continuelles, d'une imagination que l'injustice du monde a blessée, tout cela dut agir sur Du Guet en ces années obscures ; seulement, ici, le langage est chrétien ; le fond comme la forme, le remède et l'aspect du symptôme, sont chrétiens :

« Je suis tout à fait embarrassé des lettres de mes frères, écrivait-il à l'abbé Boileau ; vous voilà établi leur correspondant et le mien. Ils vont m'inonder d'éclaircissements, de plaintes, de compliments, et vous savez à quoi tout cela aboutit. Oh ! qu'un enfant trouvé est heureux !... Mon frère même de chez le Duc ne doit point en savoir trop : car tout ceci durera, comme je l'espère ; et mon séjour ici ou ailleurs ne peut être tranquille que par un profond secret : plût à Dieu même qu'on pût ajouter un profond oubli ! »

Et dans cette autre lettre, également adressée à l'abbé Boileau :

« La solitude a de bons et de mauvais effets, mon très-cher frère ; elle nous sépare du monde, mais elle nous rend indifférents. Vous ne sauriez croire à quel point je le deviens pour toutes sortes de commerce. Un solitaire a droit d'être sauvage, au moins je le prétends ainsi : c'est beaucoup s'il n'est pas de méchante humeur, et l'on doit, ce me semble, en être bien content, quand il ne met pas d'autre condition au repos des autres que la permission de défendre le sien. Je n'ai plus que cette sorte de bien, et il y auroit de la cruauté à me l'ôter. On peut, pour se venger de mon silence, ajouter le mépris à l'oubli ; je consens à tout, excepté à être importuné : j'ai plus de paresse que de gloire, et je serai plus obligé à qui pensera moins à moi. Aussi à quel usage voudroit-on me mettre ? on n'attend rien d'un vaisseau brisé. Je suis dans cet état par la divine Providence, et j'en suis bien aise par une grâce plus grande. Qu'on me compte pour mort et même pour enseveli, et qu'on m'efface de la mémoire des vivants, je ne m'en plaindrai point. Mais on n'ouvre point les tombeaux, et je demande qu'on épargne le mien. Ce n'est plus la coutume d'y enfermer des trésors : le crime de ceux qui les ouvroient n'est plus connu aujourd'hui que par l'horreur qu'en avoient les Anciens.... Je m'attends donc, mon très-cher ami, que vous empêcherez toutes les personnes qui doutent que je sois bien mort d'en venir à cette dernière violence, et que vous leur ferez lire le Canon de saint Basile contre les violateurs des tombeaux, pour les intimider par la sévère pénitence qu'il leur impose. Il ne faut, s'il vous plaît, admettre ni privilége, ni nécessité. Les billets de deux lignes sont interdits dans l'autre monde aussi bien que les longues lettres, et ce qu'on appelle affaire dans le lieu où vous êtes ne passe ici que pour des songes. Adieu, mon très-cher frère ; tout mort que je suis, je ne laisse pas de vous embrasser avec bien de la tendresse et de l'amitié ; mais c'est sans conséquence que je vis à votre égard. Cette protestation ne sera pas, s'il vous plaît, sitôt publiée [1] ; il en faut attendre une autre occasion, car j'ai encore une réponse à faire, et cela ne seroit pas beau que je la parusse dater après ma mort : mais il ne tient plus qu'à cela que je sois mort et enterré, et vous le direz, s'il vous plaît alors, à tous nos amis. »

On voit l'agrément et le tour du bel-esprit se mêler encore même à la plus opiniâtre solitude, même à cette Correspondance d'*outre-tombe*. Parlant de lui en tierce personne, il dira encore : « Il fait les choses comme il l'entend, et il a de certaines manières si étranges et si peu conformes à celles des gens de ce pays, qu'on le

1. C'est-à-dire, cette protestation qu'il vient de faire de vouloir être mort et être traité comme tel. Ainsi, au moment où il la fait, il en ajourne l'exécution ; il a l'air de ne l'ajourner que d'un jour, mais de délai en délai, d'exception en exception, il aura toujours une raison pour ne pas rompre entièrement et pour se croire obligé de répondre à telle ou telle de ses fidèles et obstinées clientes.

prendroit pour un homme du Canada ou de la Nouvelle-Guinée. » On sent toutefois que ce sauvage-là est un peu comme Chactas et qu'il a vu son Louis XIV.

Durant ces années censées mortes, il ne cessait de correspondre avec madame de Fontpertuis, avec la duchesse d'Épernon, avec mademoiselle de Vertus, toutes celles avec qui il était entré en liaison de directeur pour les conseils et d'obligé pour les bienfaits. Quand on semblait le féliciter de son courage à souffrir pour la vérité, il rejetait bien loin l'éloge : « J'ai été payé tout comptant du peu que j'ai fait, disait-il ; la poltronnerie y a eu trop de part ; la nécessité a fait le reste, et les récompenses temporelles ne me laissent rien pour l'autre vie.... » On conçoit à merveille le zèle affectueux où l'on était à l'obliger, à le combler de ce qu'il appelle bienfaits, par la manière si imprévue, si charmante et si touchée, dont il y répond :

« Je ne reviens point, Madame, écrit-il à madame de Fontpertuis, de la surprise où un paquet tombé du ciel m'a jeté. Je ne l'ai vu que depuis que vous avez passé au logis, et vous avez été en cela fort heureuse, car je vous eusse accusée d'enchantement devant deux personnes qui vous honorent et que vous estimez. Mais sérieusement, Madame, croyez-vous qu'il n'y a qu'à accabler les gens de bienfaits, et qu'à leur dire d'un air humilié qu'on est fâché d'avoir peu consulté leur inclination, mais qu'on n'a pu s'empêcher de suivre la sienne? Ces excuses réussissent une fois, mais enfin les plus patients deviennent orgueilleux, et quand la reconnoissance arrive à un certain degré, elle ressemble tout à fait à la colère. Je ne sais si l'émotion où je suis maintenant est tout à fait cela ; mais je suis vraiment affligé, et j'ai peine à retenir mes larmes. » — « Il y a des manières d'obliger que je ne puis soutenir : elles sont trop honnêtes et trop touchantes ; elles me confondent, et quand on oublie tout à fait ce que je suis, on me contraint de m'en souvenir d'une manière qui me désole. Peut-être trouvez-vous, Madame, tout ce que je dis ici très-peu raisonnable ; mais je n'explique que mon trouble et mon agitation, et je dis plus ce que je sens que ce que je pense. Quand on est bien touché et que la reconnoissance est maîtresse de tout, l'esprit et le cœur ne sont plus à eux-mêmes : on est, ce me semble, converti en actions de grâces, et l'état même où l'on est remercie ; car, de paroles, il n'y en a point de proportionnées au sentiment. »

C'est maniéré, mais ingénieux, et d'un tour fin qui sent l'approche du dix-huitième siècle. M. de Tréville devait être content de ce style-là.

Et ici je n'ai, avec Du Guet, et pour le produire encore plus au naturel, que l'embarras du choix dans l'abondance des sources auxquelles il m'a été permis, à son sujet, de recourir. Je puis dire que c'est un des hommes vers qui je me suis senti de tout temps le plus d'attrait, et avec qui j'ai, tout bas, le plus vécu. S'il n'existe qu'une édition de ses Lettres en dix volumes, recueil utile mais bien incomplet, où les lettres sont données pêle-mêle, sans aucun ordre, le plus souvent sans les noms des personnes, et probablement avec bien des suppressions, la Bibliothèque de Troyes possède en revanche et nous offre, indépendamment des renseignements biographiques les plus précis et les plus confidentiels sur ses dernières années, un recueil intéressant de lettres écrites par lui à cet âge et dans ce dernier intervalle de jeunesse où, pour le moment, nous le considérons. Ces jolies lettres, de la plus nette écriture, se rapportent au temps qui précéda sa sortie de l'Oratoire, avant son séjour à Bruxelles, et au temps où il en était revenu. Elles sont adressées à *madame Des Rieux en son château*, et à la duchesse d'Épernon au Val-de-Grâce ; et, sans y avoir assez regardé pour l'affirmer, je soupçonne ces deux personnes de n'en être qu'une seule, c'est-à-dire madame d'Épernon toujours. Nous retrouvons là, avec plus de particularité encore, bien des va-

riantes des mêmes choses qu'il écrivait à madame de
Fontpertuis. Évidemment ces dames qu'il dirigeait
étaient désolées de le perdre, et les lettres qu'elles recevaient de lui, dans ses éclipses et ses absences, sont
bien propres à justifier et à expliquer ce regret. Ce sont
des détails délicats d'affection, de reconnaissance, des
demi-révélations sur sa retraite, mêlées d'un reste de
secret : cela fait perspective. On sent le directeur le
plus fin et le plus attentif, le moins imposant, « cet
homme si spirituel, si doux, si insinuant, si discret, si
plein de ménagement, » disaient de lui les contemporains. Il parle de sa santé beaucoup ; il leur parle surtout de la leur, et il y joint des recettes qui sont d'un
ami soigneux, connaisseur expert en toute chose. Ainsi
à madame Des Rieux : « Les remèdes ou plutôt les
avis de M. Hamon vous conviennent peu ; ni le *caphé*
(sic) ni le *chocolate* ne sont propres à votre estomac. » Il
lui indique la manière de prendre le thé, alors nouveau :
« Si j'osois vous conseiller le thé, je le préférerois à tout
autre remède ; mais je ne sais si vous savez prendre
une liqueur bien chaude sans vous brûler ; car celle-
ci a un tout autre effet quand on est capable d'en
soutenir la chaleur. Il n'y a qu'un peu d'adresse, et ne
prendre à la fois qu'une fort petite goutte[1]. » Et tout à
côté, et en y mettant de la même adresse, ce sont de
longs, de menus et ingénieux conseils de conscience, en
style élégant, choisi, court, qui sent son voisin de La
Bruyère. Il n'a rien de janséniste, c'est-à-dire de traî-

---

1. On se rappelle l'élégante Élégie latine de Huet sur le Thé :

I, puer, i, Theam confestim in pocula misce :
Urget non solitus lumina nostra sopor.

Huet décrit tout, la bouilloire, l'infusion, et les effets du breuvage ;
il n'oublie que la manière de le prendre chaud par gouttes : Du
Guet y a songé. Il y aurait eu matière en cela à deux ou trois distiques de plus, et qui n'eussent pas été des moins bons.

nant dans ses phrases, ni de sec dans son expression. Madame des Rieux lui a écrit qu'elle est souffrante et affligée : « Comment pouvez-vous après cela, Madame, m'exhorter à prendre soin de moi ! Puis-je prendre quelque intérêt à la vie, si vous voulez me la rendre malheureuse ! et si vous vous abandonnez à la douleur, est-il en mon pouvoir de n'en être pas pénétré ? Examinez si elle est juste, c'est à vous à en juger : pour moi, je ne puis que suivre votre exemple, et moins vous aurez de force sur votre esprit, moins vous m'en laisserez sur le mien : comptez, s'il vous plaît, là-dessus, Madame. Affligez-vous, n'écoutez rien, livrez-vous à votre douleur, je n'ai rien à dire ; mais le contre-coup viendra jusqu'à moi, et dans les petits chagrins que je puis avoir, je serai encore accablé des vôtres. » Que tout cela devait plaire et s'insinuer ! Ce sont de vrais madrigaux de spiritualité. Et ceci, à la duchesse d'Épernon (octobre 1689) : « J'ai eu presque autant de joie, Madame, en apprenant que vous aviez fait quelques remèdes, que si vous m'aviez assuré de votre santé. Ce n'est pas un effet de ma confiance pour les remèdes, mais c'est que les moindres soins que vous prenez de votre santé me font plaisir. Je ne puis pas vous prier de n'être point malade, mais il me semble qu'il ne m'est pas défendu de vous supplier de vous conserver. » Il y a là un peu du ton d'un La Motte et d'un Fontenelle ; il n'y a surtout plus rien du ton de M. Singlin : je ne parle que du ton, car pour le fond on le retrouvera. Enfin c'est du pur Du Guet, cette fine fleur de l'Oratoire.

On lui envoyait toutes sortes de petits riens, de petits cadeaux, des nouveautés, des curiosités. Il en accuse réception avec une belle humeur qui n'a rien du reclus, et en faisant du tout un amusant pêle-mêle : « J'ai reçu, Madame, tout ce que vous m'avez fait la grâce de m'envoyer, harangue, vers, authentique, poudre de vipère, petit œuf, grand voile et tout le reste. Je soupçonne fort la harangue[1] d'être Française dans l'original et Siamoise dans la version : celui qui en est l'auteur sait flatter le roi. Les vers où l'on le prie de s'élever contre l'excessive flatterie de M. de La Feuillade[2], sont bien flatteurs eux-mêmes. » Un autre jour, c'est une *chapelle* qu'on lui envoie, ou c'est une pendule. Il semble vouloir se justifier, une fois, auprès de madame Des Rieux d'avoir un commerce réglé de lettres avec une autre personne qui parlait un peu haut de ses relations avec lui, et s'en prévalait de manière à le compromettre avec ses autres amies qui étaient un peu jalouses. On entrevoit, ce qui était inévitable, des susceptibilités, des exigences. Si l'on avait du loisir de reste, on verrait à serrer de près ces noms d'emprunt et à soulever les masques[3].

Il y a une lettre du 29 octobre 1686, où il parle de sa retraite à mots couverts, comme dans un demi-jour; tout cela est coquet :

« Voici de mon désert tout ce qu'il m'est permis de vous en mander. C'est une maison fort commode, à quelque distance d'une très-belle église. Une personne intelligente

1. La Harangue des ambassadeurs de Siam qui furent présentés à Louis XIV par M. de Chaumont, en 1686.
2. Pour la statue élevée à Louis XIV sur la place des Victoires.
3. Je me suis vu obligé, dans cette étude, de passer le premier sur Du Guet, avant que la critique eût rien préparé pour éclaircir sa Correspondance et ses œuvres. C'est à Troyes, je l'ai dit, qu'il conviendrait de faire ce travail exact en quelques mois d'étude et de séjour. Mais il est à craindre que ce coin curieux d'histoire ecclésiastique et littéraire ne trouve pas son homme. Il faudrait un éditeur à cette Correspondance, il faudrait un public : or, pour le public littéraire, Du Guet est un sujet trop spécialement religieux; et pour le public dévot d'aujourd'hui, si exclusivement assujetti au mot d'ordre du catholicisme jésuitisé, Du Guet est un sujet trop chrétien, trop augustinien, entaché de jansénisme et par conséquent réprouvé ou déconseillé. C'est ainsi que de bonnes choses dont les éléments existent ne se feront jamais. J'y supplée de mon mieux.

prendra soin de moi, et elle n'aura que trop d'application et d'empressement. L'air est excellent, le pays est fort agréable, les gens des environs fort doux et fort civils à l'égard des étrangers. J'y trouverai des livres, et, en ajustant des restes de quelques bibliothèques en désordre, j'en ferai peut-être une assez complète. Si je m'ennuie de mon cabinet, j'aurai à une fort petite distance de très-belles promenades, et dans un besoin j'aurai même une compagnie bien raisonnable. Il est vrai qu'elle est un peu loin, mais c'est assez pour un sauvage, et il ne faut quelquefois que la vue d'une ville pour contenter un solitaire. Je le deviendrai de si bonne sorte à l'égard de mes anciennes connoissances, que ma tanière leur sera absolument inconnue : ni mon abbé, ni ma sœur ainée, ni mes frères, ne sauront ce que je suis devenu. J'ai été montré à trop de gens, et il y a trop de personnes qui s'appliquent à me découvrir, pour confier mon secret désormais sans nécessité.... »

C'est juste, c'est bien dit, c'est arrangé et concerté en perfection ; mais on voit qu'à ce demi-jour l'amour-propre lui-même trouve son compte.

Et encore ceci, dans une lettre d'octobre 1686, sur sa retraite :

« Je ne sais même si je fais bien, Madame, de vous parler si clairement de tout ceci dans une lettre ; mais c'est pour ne plus le dire que je le dis, et j'ose vous supplier que de votre côté ce soit aussi une matière finie, et à laquelle on ne revienne plus. Il est aisé de se découvrir et d'être imprudent ; mais croyez-moi, Madame, il est très-difficile de se bien tenir dans le silence et de bien défendre sa retraite. On croit tout innocent, on ne voit de danger à rien ; on ne pense qu'à se consoler soi-même, ou à consoler les autres ; et enfin tout éclate, et il faut qu'une seconde fuite vienne réparer les imprudences d'une première. Je vous parle ainsi, Madame, contre mon ordinaire, parce que vous paroissez n'avoir été occupée jusqu'ici que de votre déplaisir et de mon absence, et que vous avez peu pensé à la nécessité indispensable où je suis de rendre ma solitude inaccessible, et de n'entretenir de commerce que celui qui est encore plus nécessaire que mon repos et ma liberté. Sans cela, quel plaisir trouverois-je à faire le sauvage ou l'homme important? ce personnage est trop ridicule pour un homme aussi vain que moi. C'est par raison que je vous supplie de vous contenter de me faire l'honneur de m'écrire une fois le mois, ou deux fois tout au plus.... »

Quel charme et quel attrait dans toutes ces précautions ! Comme la curiosité s'y pique, et que l'amour-propre, sans y songer, s'y chatouille et s'y caresse !

Et à la même madame d'Épernon, le 29 décembre 1687, en se défendant du soupçon d'ennui ; car l'ennui est la pire des tentations pour celui qui se flatte d'avoir le *don de solitude :*

« Je ne sais qui a pu m'accuser de trouver quelquefois les journées bien longues ; c'est une grande calomnie, et je suis bien aise que c'en soit une. L'ennui est la chose du monde qu'on peut le moins soutenir, et dès que je le sentirai au désert, j'irai prier dès l'instant qu'on me reçoive à la ville. Je me tairai tant qu'on voudra, je me cacherai, si l'on veut, dans un puits, mais à condition de ne me point ennuyer. Sans cette condition, je ne réponds que de ma fuite. Mais, Madame, où est la vraisemblance d'une telle accusation, puisque je sais faire de la tapisserie, et coudre et tricoter si je veux? peut-on être malheureux avec de telles ressources et trouver longues les journées avec de tels plaisirs? Il faut que les médisants ne les aient jamais goûtés : avec de telles occupations, on peut augmenter les jours d'autant d'heures que celui du saint roi Ézéchias, sans que je me plaigne de leur longueur. »

Il plaisante, mais cependant le voilà, comme M. Hamon, qui tient l'aiguille et qui sait tricoter ! Ils ont beau faire, je ne puis m'accoutumer à cette idée-là, et à voir des gens d'esprit dans cette posture.

Nous ne perdons rien de tout cet enjouement et de ces gentillesses, pour nous assez nouvelles. Ne s'était-on pas avisé de demander pour Du Guet à madame d'Épernon, et comme s'il l'avait désirée, une petite chienne? Elle s'excuse de ne la lui pouvoir envoyer en même temps qu'un livre qu'elle lui promet. Il est étonné de la singularité de la demande [1], mais il répond gaiement :

« .... Cependant, Madame, vous donnez un prix à tout ce que vous donnez, et j'aimerai le livre dès qu'il aura eu l'honneur de passer par vos mains. Je ne sais s'il en eût été de même de la petite chienne; car le moyen de n'être pas surpris d'un tel présent? et qu'eût-on dit, après cela, de la régularité d'un solitaire qu'on croit à la veille de passer au Liban ou à la Thébaïde? Car la perdrix de saint Jean n'est pas une histoire avouée de nos critiques, et je ne sais s'ils seroient assez doux pour excuser le mouton de saint François, dont ils se défient un peu, faute de bons mémoires. »

Il vint *incognito* à Paris en septembre 1688, et il en était parti pour Lyon, non en litière, comme il l'avait projeté et promis à ses amis, mais en diligence, à une troisième place, quoique souffrant (on était huit alors dans l'intérieur) : « Je commence par m'accuser, écrit-il de Lyon à la duchesse d'Épernon le 22 septembre, de vous avoir caché le genre de voiture que j'avois choisi; mais parce que le crime peut paroître fort noir, vous me permettrez, s'il vous plaît, d'en faire voir la nécessité. » Suivent d'agréables détails sur ce voyage à Lyon, où il allait voir son père et sa famille. Il prie madame d'Épernon de lui adresser ses lettres : *A mademoiselle Flachère, à Montbrison*, et de mettre *Lyon* au-dessus, un peu à côté : « Comme je n'ai presque point entretenu de commerce avec ma famille depuis mon départ, je crois lui devoir cacher celui que j'ai ailleurs. » — Toujours un coin de mystère.

---

1. Quelle est cette personne qui prenait sur elle de faire à madame d'Épernon cette demande au nom de Du Guet, et qui était la même, je crois, qui se prévalait tout à l'heure d'être en correspondance avec lui? Si l'on cherchait bien à travers le déguisement des noms, n'arriverait-on pas à madame de Saint-Loup? Cela lui ressemble. — Cela ressemble un peu aussi à madame de Fontpertuis.

Enfin en juillet 1690, sa captivité cesse, il est libre de reparaître à Paris, et il en profite. Il écrit, le mercredi 5 juillet, à la duchesse d'Épernon : « Je ne veux pas, Madame, que vous appreniez de quelque autre ma liberté ; elle vient de m'être rendue. » Et le 25 juillet (car il avait cru ne devoir visiter personne avant l'archevêque qui avait tardé à revenir de Saint-Germain) : « J'eus l'honneur de voir hier M. l'archevêque (M. de Harlai), et j'en fus bien reçu. J'espère demain de voir les maisons de l'Oratoire, et j'irai à votre parloir apprendre de vos nouvelles. Je ne suis que d'hier chez M. de Ménars ; sa bonté est extrême en tout. »

En effet, les amis de Du Guet ne souffrirent pas qu'il poussât plus loin ce qu'il appelait son ensevelissement. Le président de Ménars, frère de madame Colbert, et puissamment apparenté, obtint sans peine du Père de La Chaise, qui se trouvait lui-même parent de Du Guet, que celui-ci pût loger chez lui, et, bon gré mal gré, le reclus quitta son asile inconnu, sa *tanière*, pour vivre un peu moins insaisissable à l'hôtel du président. Cette nouvelle, dès qu'elle se répandit, fut accueillie avec grande joie dans le monde auquel Du Guet était cher ; tous les échos se réveillèrent pour redire ses louanges. Il le savait, il entendait ces bruits de la ville ; il craignait un éclat ; il eut bientôt à recevoir des félicitations sans nombre. Dans une touchante lettre de lui au Père Du Breuil, de septembre 1690, on voit ses naïves angoisses par rapport à son nouvel élargissement :

« Je suis, mon Révérend Père, dans un état bien différent et bien digne d'attendrir le vôtre : je n'ai plus de solitude ni d'asile, il faut que je marche sur la mer et que je résiste aux vents avec peu de courage et de foi. Je crois néanmoins être à Dieu, parce que je n'ai rien fait pour sortir de mon premier état, et que lui seul a pu me mettre dans celui où je suis. Les difficultés, jugées alors moins invincibles, se sont évanouies quand il lui a plu ; il n'en a pas même été question, et en effet elles ne pouvoient être levées que de cette manière ; mais, avec cette espèce de certitude d'être où Dieu me veut, je ne laisse pas d'être en peine de ne voir devant moi qu'un reste de mer sans pouvoir aborder et sans pouvoir me fixer où je suis. Il est visible que je dois m'y tenir quelque temps, mais il ne me paroît pas également certain que je doive y demeurer toujours. »

Du Guet y demeura plus de trente ans, sauf une fuite en Savoie (1715). Ce qu'il ne croyait qu'une *rade* d'un moment, fut le port de ses meilleures années. Soit à Paris, soit à la campagne[1], il resta l'hôte du président, et, après lui, de madame la présidente de Ménars qui sentait tout le prix de ce trésor domestique.

Trésor, c'est le mot. Du Guet avait une mémoire prodigieuse et une intelligence universelle. Il ne parlait pas seulement bien de théologie et de religion, il parlait de toutes choses et avec toutes sortes d'agréments. On a pu dire de lui ce qu'on disait de Saumaise, « que ce qu'il ignoroit, manquoit à la science. » Et il ne savait pas seulement ce qui est dans les livres : son savoir s'étendait à tout. Une fois, la conversation étant tombée sur les vins, il parla très en détail des différentes sortes de crus et de leurs différentes qualités, et cela avec justesse et comme un gourmet, comme un *profès dans l'ordre des Coteaux*[2]. Le Père de La Chaise, en accordant au prési-

1. A Neuville près de Pontoise, ou à Ménars près de Blois.
2. Le charme aisé qu'avait la conversation solide de Du Guet ne s'exprime nulle part plus vivement que dans une page de Saint-Simon qui le vit à La Trappe, et passa plusieurs jours dans sa compagnie : «... Pour M. Du Guet, j'en fus charmé. Nous nous promenions tous les jours dans le jardin de l'abbatial ; les matières de dévotion, où il excelloit, n'étoient pas les seules sur lesquelles nous y en avions (des entretiens) ; une fleur, une plante, la première chose venue, des arts, des métiers, des étoffes, tout lui fournissoit de quoi dire et instruire, mais si naturellement, si aisément, si coulamment, et avec une simplicité si éloquente et des termes

dent de Ménars la demande qu'il lui faisait d'avoir en son logis Du Guet, lui témoigna qu'il allait être très-heureux de posséder chez lui un homme de ce mérite, et, faisant allusion à cette universalité de connaissances, il ajouta : « *Vous n'aurez qu'à tourner le robinet, vous verrez couler telle essence que vous voudrez.* »

Le Père de La Chaise fit alors promettre à Du Guet de ne point écrire sur les affaires du temps, et celui-ci, qui par caractère était plus voisin de Nicole que d'Arnauld, le promit.

Ce furent les belles années de Du Guet : il fut forcé de se produire plus qu'il n'aurait voulu, et ce fut un bien. On doit à cette nécessité ce qu'il a fait. Esprit délicat, mais assez peu productif malgré sa facilité, il n'entreprend guère rien si on ne le sollicite, et, pour revenir à l'image que s'est permise le Père de La Chaise, il n'a pas le jet propre de la source, il attend avec ses réser-

si justes, si exacts, si propres, qu'on étoit également enlevé des grâces de sa conversation et en même temps épouvanté de l'étendue de ses connoissances, qui lui faisoient expliquer toutes ces choses comme auroient pu faire les botanistes, les droguistes, les artisans et les marchands les plus consommés dans tous ces métiers. » — Je citerai encore le passage suivant qui confirmerait au besoin l'admiration de Saint-Simon et où respire de plus un sentiment d'affectueuse tendresse ; je l'emprunte à une lettre de M. Vuillart à M. de Préfontaine : « M. Du Guet est toujours des commensaux et des bons amis de M. de Ménars. Il m'envoya dire, il y a environ trois semaines, qu'il partoit pour Lyon par la diligence à cause de la mort de sa mère. C'est un homme d'un mérite très-singulier. Je suis charmé quelquefois de l'entendre tête à tête à la Bibliothèque de son Président ou chez un ami d'un faubourg avec lequel il passe de fois à autre quelques jours. C'est un enchantement que de l'entendre parler. Jamais homme, dit-on, n'a joint une si grande facilité et tant de pureté et de propriété de termes à une si exacte justesse de pensées. Quelque long temps qu'il pût parler, on ne seroit jamais tenté de le voir cesser. Dieu a permis que j'aie eu divers accès auprès de lui, avant que la liaison fût aussi formée qu'elle l'est présentement. Je vous le confie avec le même cœur qu'un enfant confieroit à son propre père le secret d'une pareille acquisition qu'il auroit faite. » (Lettre du 2 octobre 1696.)

voirs que quelqu'un tourne le *robinet*. C'est l'occasion d'être utile, ou l'idée qu'on le croit tel, qui seule peut forcer sa modestie. Il répète tant qu'il est né *paresseux*, qu'il faut bien qu'on en croie quelque chose, malgré les cinquante ou soixante volumes qu'il a laissés.

Il va dans le monde, un monde vertueux et sévère dont il fait *les délices* ; il ne peut plus désormais s'y soustraire. Il charme sans le vouloir ; il instruit ceux même qu'il révère, et dont il croit avoir tout à apprendre. On aime à le voir un des premiers auditeurs d'élite choisis par Racine pour *Athalie* :

« Rien de plus incompréhensible que ma vie, écrivait-il quatre mois après son installation à l'hôtel de Ménars (15 novembre 1690), et je ne sais comment il arrive que sans affaires et sans emploi je suis si dérangé. Depuis hier que je commençai cette lettre avant midi, je n'ai pu l'achever, et cependant c'étoit une chose bien selon mon cœur. Aujourd'hui j'ai eu du monde de bonne heure, et j'ai passé une grande partie du jour chez M. le marquis de Chandenier, qui avoit assemblé ses amis pour leur donner à dîner. Vous savez qu'il a des amis de bien des sortes : aujourd'hui c'étoit le tour des gens de lettres, et par merveille j'ai passé pour en être. M. Racine y a bien voulu réciter quelques scènes de son *Athalie*, et dans le vrai rien n'est plus grand ni plus parfait. Des personnes de bon goût me l'avoient fort vantée, mais on ne peut mettre de la proportion entre le mérite de cette pièce et les louanges ; le courage de l'auteur est encore plus digne d'admiration que sa lumière, sa délicatesse et son inimitable talent pour les vers. L'Écriture y brille partout, et d'une manière à se faire respecter par ceux qui ne respectent rien. C'est partout la Vérité qui touche et qui plaît ; c'est elle qui attendrit et qui arrache les larmes de ceux mêmes qui s'appliquent à les retenir. On est encore plus instruit que remué, mais on est remué jusqu'à ne pouvoir dissimuler les mouvements de son cœur. Comme je sais que vous aimez M. Racine [1], et que je l'aime avec la même tendresse, je n'ai pu retenir en votre présence les sentiments

1. La lettre est adressée à une dame dont on ne dit pas le nom.

que je voudrois vous inspirer si vous ne les aviez déjà, et j'éprouve que, quand on aime, c'est un plaisir sensible que de pouvoir louer en liberté. »

Belle effusion où l'admiration pour le génie se tourne en tendresse de cœur, et qui vient bien le soir du jour où l'on a goûté les prémices d'*Athalie!*

Du Guet était en haute estime et considération auprès des plus qualifiés, et il aurait pu prétendre à tout s'il l'avait voulu, s'il s'y était tant soit peu prêté. Son jansénisme n'avait rien d'antipathique. Arnauld le sentait bien quand un jour il pensait à lui ou au Père de La Tour, et à ce qu'on les proposât à M. de Pomponne, pour faire de l'un ou de l'autre un coadjuteur de l'évêque d'Angers devenu aveugle. Ce n'était là qu'une première idée, qui ne lui paraissait point cependant tout à fait vaine : mais il n'y avait point en Du Guet l'étoffe d'un évêque ; c'était plutôt un conseiller qui avait besoin du second plan, et d'être à demi sous le rideau. Surtout il s'entendait mieux à ce gouvernement paisible, obscur, silencieux, des consciences. Il en tenait avec douceur et fermeté la clef mystérieuse ; il répondait de près aux scrupules de bien des âmes.

J'ai cité de lui nombre de passages qui ont pu donner l'idée d'un bel-esprit, non ennemi des grâces : mais tous ces soins dont il était l'objet, auxquels il cédait et semblait consentir, et qui cultivaient, pour ainsi dire, sa politesse, n'atteignaient pas sa vertu et ne l'efféminaient pas. Cela faisait de lui un directeur un peu différent de ce que nous avons vu dans le pur Port-Royal ; il a sa nuance qui le distingue de M. Singlin, de M. de Saci ; il trouve, lui aussi, les lettres de M. de Saint-Cyran écrites d'une manière *un peu sèche,* bien qu'avec des maximes admirables : mais il n'était pas moins qu'eux un directeur véridique et sévère ; à l'heure du conseil, les grâces, qu'il n'avait pas toutes sacrifiées, ne l'amollissaient en rien : il ne connaissait plus que la science de la Croix. La plus belle et la plus connue, la plus *classique* de toutes ses lettres de direction, est sans contredit celle qui s'adresse à madame de La Fayette. La mort de M. de La Rochefoucauld avait laissé cette fidèle amie dans une incurable douleur, contre laquelle sa raison, toujours si ferme et si saine, devenait impuissante; toutes ses anciennes sensibilités de la jeunesse se réveillaient par accès pour lui rendre plus cruelle l'idée de l'*irréparable* et pour irriter son désespoir. Elle était restée tendre aux vieilles blessures, et, dans une santé de plus en plus misérable, l'heure qui guérit de tout, en supprimant tout, s'annonçait toujours et ne venait pas. Elle était de celles qui voient les choses comme elles sont; mais une sensibilité de femme, et dans un siècle religieux, ne s'accommode guère de soutenir jusqu'au bout une vue stoïque. Elle se tourna par degrés vers Dieu; elle consulta Du Guet, qui se recommandait plus que tout autre à ses yeux par un coin d'indépendance, et elle s'ouvrit sans réserve à lui. Elle avait fait plus que de ne pas pratiquer la religion et d'en offenser les préceptes, elle l'avait à dessein couverte de nuages dans son esprit, elle l'avait jugée; elle avait douté. L'amie de M. de La Rochefoucauld (c'est tout simple) avait raisonné sur la foi. Le malheur et la perte, le dernier terme sans cesse entrevu dans des infirmités continuelles, l'avaient rendue au sentiment humilié, à la croyance; mais, du moment qu'elle avait recommencé à croire, la crainte était revenue, à la vue du passé et des fautes sans nombre, jusque-là colorées d'un beau nom. C'est à ce mélange de raisonnement persistant, de rêves, de regrets sensibles et de scrupules renaissants, le tout dans l'âme la plus juste et la plus sensée du monde, que Du Guet avait affaire. C'était plus difficile qu'avec madame de Longueville. Il faudrait tout lire, de ces ingénieux et énergiques conseils ; je n'en rappellerai que ceci :

« J'aurois mieux aimé vos pensées que les miennes, Madame, et ceci n'est point un raffinement d'humilité. C'est qu'en effet il vous est plus utile de trouver vous-même les sentiments de votre cœur que d'adopter ceux d'autrui, et qu'il y a toujours deux dangers quand on a sa leçon par écrit, l'un de s'amuser par une méthode qui ne change rien, l'autre de s'en dégoûter bientôt. »

Il cède pourtant, et puisqu'on l'exige, il donne cette leçon par écrit :

« J'ai cru, Madame, que vous deviez employer utilement les premiers moments de la journée, où vous ne cessez de dormir que pour commencer à rêver. Je sais que ce ne sont point alors des pensées suivies, et que souvent vous n'êtes appliquée qu'à n'en point avoir ; mais il est difficile de ne pas dépendre de son naturel, quand on veut bien qu'il soit le maître, et l'on se retrouve sans peine quand on en a beaucoup à se quitter. Il est donc important de vous nourrir alors d'un pain plus solide que ne sont des pensées qui n'ont point de but, et dont les plus innocentes sont celles qui ne sont qu'inutiles ; et je croirois que vous ne pourriez mieux employer un temps si tranquille qu'à vous demander compte à vous-même d'une vie déjà fort longue, mais dont il ne vous reste rien qu'une réputation, dont vous comprenez mieux que personne la vanité.

« Jusqu'ici les nuages dont vous avez essayé de couvrir la Religion vous ont cachée à vous-même. Comme c'est par rapport à elle qu'on doit s'examiner et se connoître, en affectant de l'ignorer vous n'avez ignoré que vous. Il est temps de laisser chaque chose à sa place et de vous mettre à la vôtre. La Vérité vous jugera, et vous n'êtes au monde que pour la suivre et non pour la juger. En vain l'on se défend, en vain on dissimule ; le voile se déchire à mesure que la vie et ses cupidités s'évanouissent, et l'on est convaincu qu'il en faudroit mener une toute nouvelle, quand il n'est plus permis de vivre. Il faut donc commencer par le désir sincère de se voir soi-même, comme on est vu par son Juge. Cette vue est accablante, même pour les personnes les plus déclarées contre le déguisement : elle nous ôte toutes nos vertus et même toutes nos bonnes qualités, et l'estime que tout cela nous avoit acquise. On sent qu'on a vécu jusque-là dans l'illusion et le mensonge ; qu'on s'est nourri de viandes en peinture ; qu'on n'a pris de la vertu que l'ajustement et la parure, et qu'on en a négligé le fond, parce que ce fond est de rapporter tout à Dieu et au salut, et de se mépriser soi-même en tout sens, non par une vanité plus sage et par un orgueil plus éclairé et de meilleur goût, mais par le sentiment de son injustice et de sa misère.

« On prend alors le bon parti, et l'on comprend que l'on a abusé de tout, parce que l'on s'est établi la fin de ses soins, de ses réflexions, de ses amis, de ses vertus. On gémit en voyant une si prodigieuse inutilité dans toute sa vie, où les affaires même les plus importantes ont dégénéré en amusements parce qu'elles n'ont point eu de fin éternelle, et qu'il n'y a qu'une fin éternelle qui soit sérieuse. On est effrayé de ce nombre presque infini de fautes qu'on n'a presque jamais senties, et que de plus grandes n'excusent pas, quoiqu'elles nous en cachent l'horreur. Enfin on s'abîme dans une salutaire confusion, en repassant dans l'amertume de son cœur tant d'années dont on ne peut soutenir la vue, et dont cependant on ne s'est point encore sincèrement repenti, parce qu'on est encore assez injuste pour excuser sa foiblesse, et pour aimer ce qui en a été la cause. »

Voilà, ce me semble, des accents dont tout pénètre et où rien ne faiblit [1]. C'est le propre de Du Guet : sévérité

---

1. On a encore un précieux témoignage de cette conversion de madame de La Fayette dans une lettre de Racine à M. de Bonrepaux, du 28 juillet 1693, dont la fin n'a pas été imprimée ; voici cette fin de lettre (prise sur l'autographe, Collection de M. Feuillet de Conches) :

« ... Nous soupâmes hier, M. de Cavoye et moi, chez madame la comtesse de Grammont avec madame de Caylus, toute brillante de jeunesse et de beauté. M. Despréaux et M. de Valincour, dont vous connoissez le respect pour votre personne, vinrent nous joindre. J'ai eu une sensible joie à voir combien vous êtes honoré dans cette maison où vous êtes en réputation d'être un des plus honnê-

et insinuation ; un caractère d'onction, de grâce parfois, par instants presque une sorte d'enjouement spirituel, mais en même temps, dès qu'il y a lieu, la vérité nue, stricte, dans sa plus exacte expression, et perçante comme le glaive de la sainte parole. Nulle part plus rigoureusement que chez lui le sentiment de la propre justice n'est anéanti, nulle part le triomphe par la Grâce seule n'est plus hautement posé, et en même temps cette rigoureuse doctrine y est offerte sous le seul aspect de la consolation ; la rigueur en elle et la consolation ne sont qu'un, et sont au même titre. Du Guet excelle à présenter inséparablement cette double liqueur, qui est le sang même du Christ, dans un même calice :

« Il est juste que ces vues vous consternent et vous effraient ; il est juste qu'elles vous abattent et vous réduisent à la poussière, en vous ôtant toute confiance en vous-même, toute liberté d'ouvrir la bouche devant votre Juge, toute espérance de le fléchir autrement que par l'aveu de vos iniquités, et par la considération de la miséricorde même que vous avez si longtemps méprisée.

« C'est un moyen sûr d'être relevé par sa bonté, que de bien sentir qu'on en est indigne : car c'est Lui qui nous pré-

---

tes, un des plus aimables et plus polis hommes du monde, du commerce le plus agréable et le plus sûr. On mentionna quelques traits fort beaux de vos ambassades, qui ne sont pas pour vous nuire auprès de Sa Majesté. Votre amie madame de La Fayette nous a été d'un bien triste entretien. Je n'avois malheureusement point eu l'honneur de la voir dans les dernières années de sa vie. Dieu avoit jeté une amertume salutaire sur ses occupations mondaines, et elle est morte après avoir souffert dans la solitude avec une piété admirable les rigueurs de ses infirmités, y ayant été fort aidée par M. l'abbé Du Guet et par quelques-uns de Messieurs de Port-Royal qu'elle avoit en grande vénération ; ce qui a fait dire mille biens d'eux par madame la comtesse de Grammont, qui estime fort Port-Royal et ne s'en cache pas. Le roi demeurera encore quelques jours, peut-être plusieurs semaines à Marly, où je retourne ce soir. » — Port-Royal et Marly ! les deux amours de Racine, la lutte du sacré et du profane.

pare à la rémission de nos péchés, par le repentir et par la confusion qu'il nous en inspire ; et c'est à sa Grâce que nous devons tous les sentiments qui paroissent nous éloigner de lui par la honte et la crainte, et tous ceux qui nous en approchent par la confiance et par l'amour.

« Il n'y a que Lui qui sache unir des dispositions qui paroissent incompatibles, et qui puisse nous briser par l'humiliation et la crainte, et nous consoler par une espérance qui ose tout attendre de sa miséricorde, et par une charité qui se livre pleinement à la sienne. Je vous prie, Mademoiselle[1], pour cette raison d'invoquer sans cesse son Esprit, qui est la source de tous les devoirs et qui peut seul les allier dans nous. »

Et à madame Daguesseau, la femme du conseiller d'État et la mère du chancelier, la consolant sur la mort de deux de ses petits-fils (la lettre n'est pas précisément agréable à l'imagination ni à la partie sensible de l'âme, mais la doctrine de la Grâce y est exprimée si au vrai, si au complet, avec tant de précision, qu'il ne nous est pas permis, à nous qui avons donné sur Du Guet tant de hors d'œuvre, de ne pas produire cette pièce de fonds) :

« J'avois ignoré, Madame, ce qui est arrivé dans votre famille, et les consolations que Dieu a mêlées aux déplaisirs qui ont éprouvé votre foi. Je lui rends grâces avec vous de la signalée miséricorde qu'il a faite à deux enfants qui n'ont paru en ce monde que pour y devenir dignes d'une Éternité bienheureuse. Vous leur portez envie avec raison ; mais Celui qui sauve les enfants sans consulter leur liberté, sauve les personnes qui en ont l'usage, par une bonté également gratuite, et dont l'effet est également certain. Nos mérites sont ses dons, et c'est à sa Grâce que nous devons nos bonnes œuvres. Il faut la demander avec une espérance que le sentiment de nos misères et la vue de nos périls ne fassent point chanceler, puisque c'est dans la plus grande foiblesse que sa puissance éclate davantage, et que toutes les promesses dont

---

1. Le nom de la personne n'est pas indiqué.

l'Écriture est remplie sont faites aux pauvres et aux misérables qui sentent leur indigence, et qui sont accablés du poids de leur misère. Si vous pouviez séparer de cette disposition, qui est juste et sainte, *une inquiétude et un découragement dont l'Esprit de Dieu n'est pas le principe*, vous seriez affligée avec humilité et avec paix ; vous pleureriez utilement aux pieds de Jésus-Christ des maux que la crainte et l'abattement ne peuvent guérir ; et la reconnoissance des miséricordes qu'il vous a faites lorsque vous en étiez très-indigne, vous soutiendroit dans l'attente de celles que votre peu de foi retarde et que votre ingratitude peut éloigner. *Souvenez-vous, s'il vous plaît, que nos pensées ne sont point humbles quoiqu'elles nous accablent, si elles combattent l'espérance.* Aimez un peu plus, et raisonnez moins. »

Et voilà précisément par où Du Guet était un si puissant consolateur. Sa sévérité porte en elle le principe d'espérance et tire la consolation de la rigueur même. Tout ce qu'il retranche à l'homme en mérite, en pouvoir, il l'accorde à Dieu, au Christ, et vous force de vous jeter dans l'abîme de sa miséricorde. La pauvreté de l'homme et son dénûment n'est que pour mieux faire ressortir les richesses de la Croix. Rollin, dans ses distiques latins à mettre au bas du portrait de Du Guet, a dit :

> Christum apprime sciens divitiasque Crucis.

Et encore :

> Anxia consiliis corda levare potens.

Et lui-même Du Guet disait de lui : « Je ne confesse point, mais on croit que je contribue à la consolation. » C'est là son principal rôle. Il avait le don de conseil ; on l'appelait *le voyant ;* il lisait dans les consciences.

Il lisait également dans l'Écriture ; il avait le don et le talent de l'interprétation et de l'exposition dans les conférences. Lorsque Rollin, sur son conseil, eut accepté la principalité du Collége de Beauvais : « Vous m'avez, lui dit-il, comme forcé de me charger d'un emploi important et difficile, vous êtes obligé de m'aider à en porter le poids. J'ai à instruire sur la Religion une jeunesse nombreuse ; c'est à vous à me fournir les instructions et les lumières que je dois lui distribuer. » Et Du Guet alors, sollicité comme il avait besoin de l'être, se mit durant des années (1701-1707), une fois par semaine, à faire à Rollin et à l'abbé d'Asfeld une conférence sur quelques livres de l'Ancien Testament. « C'est ce qui a donné lieu, écrivait Rollin plus de vingt-cinq ans après, à ces ouvrages admirables qu'on a imprimés depuis peu sur la Genèse, sur Job, et sur les Psaumes. » Et comme, en lui envoyant un des volumes de son Histoire ancienne, Rollin le faisait ressouvenir de cet heureux temps où il leur expliquait les oracles divins, Du Guet octogénaire, de Troyes où il était alors (août 1732), lui répondait avec une humilité charmante :

« Vous vous souvenez, Monsieur, avec trop de bonté de ces jours que vous appelez heureux, et qui l'étoient en effet, mais pour moi plutôt que pour vous, puisque je n'occupois que la place du serviteur qui préparoit à ses maîtres ce qui étoit de leur goût, et qui remplissoit d'eau des vaisseaux que votre foi et la bénédiction de Dieu convertissoient en vin, sans peut-être que j'eusse la liberté d'en boire ; car vous savez, Monsieur, mieux que moi, que c'est à l'amour et à une sainte soif que tout est accordé, et que les vérités qui ne sont qu'un spectacle pour les autres sont la nourriture et le bien de ceux qui les aiment. »

Je me suis plu à rassembler dans ce chapitre tout ce qui peut faire apprécier l'âme, l'esprit et les talents intérieurs de Du Guet, et il ne tiendrait qu'à moi de m'arrêter ici sur ces impressions flatteuses, laissant à démêler la dernière portion de sa vie aux historiens de la

Bulle et à ceux qui auraient goût à s'occuper des guerres civiles du parti après la ruine de Port-Royal. Il y a pourtant là-dessus trop d'utiles réflexions à faire et j'y ai trop pensé pour ne pas en dire quelque chose.

IX

Du Guet à côté de Fénelon. — Ce qui lui a manqué our la gloire.
— Son public intérieur. — Série de témoignages. — Défauts et
légers travers de Du Guet. — Son *plan* et sa clef de l'Écriture.
— La sœur Rose. — Action de Du Guet dans le Jansénisme. —
Ordonnance de M. de Noailles acceptée et défendue par lui. —
Les modérés et les zélés. — Conduite de Du Guet par rapport à
la Bulle. — Fuites et retraites. — Lumière et mesure. — Le Jan-
sénisme extrême et sa folie. — Du Guet n'en est pas. — Soup-
çonné d'affaiblissement d'esprit. — Sa lettre sur les Convulsions.
— Charivari qu'on lui donne. — Sa mort. — Madame Mol. —
Degré exact de parenté de Du Guet et de Port-Royal.

Mais avant d'en venir aux faiblesses et aux échecs de
Du Guet dans sa vie et son caractère, nous avons encore
à nous poser à son sujet quelques questions en le considérant dans tout son plein et dans son mérite.

Et d'abord, avec de tels dons que ceux que nous venons de lui voir, avec un fonds d'étude si solide et si
vaste, avec une telle facilité d'exprimer, de produire, et
même de peindre (car son *Ouvrage des six Jours* offre
des commencements de tableaux), d'où vient que Du
Guet a si peu laissé d'ouvrages qui brillent, qui frappent,
et demeurent dans la mémoire, c'est-à-dire aussi dans
le cœur des hommes ? Contemporain exact de Fénelon,

pourquoi entre eux cette différence de résultats et d'effets? Pourquoi n'est-il pas éclairé pour tous d'une douce et bienfaisante lumière, le nom de celui qui, dans ses lettres spirituelles, est plein de passages comme ceux-ci :

« Nous voulons tout changer, mais nous ne sommes les maîtres de rien, et nous ne pouvons changer que notre cœur. C'est en vain qu'il cherche son repos où il n'est pas : il se lasse à le chercher; il s'éloigne du vrai bien en se livrant à de vaines ressemblances; il use à cela ses forces; il se dérègle, il se gâte le goût, il s'accoutume à vivre hors de soi; il craint après cela de se trouver, et quand il se trouve, il ne peut souffrir le silence d'une maison qui lui est inconnue et qui paroît inhabitée. Mais cependant c'est dans ce vide apparent que réside Jésus-Christ; il est dans notre cœur, mais notre cœur n'est plus à nous; il n'est même plus à soi-même, ce cœur; il s'est perdu en perdant son vrai bien; il s'est dissipé en s'attachant à des choses qui n'ont ni vérité ni consistance; il est devenu ce qu'elles sont, pauvre comme elles, léger comme elles, temporel et, à tout moment, mortel comme elles. *C'est une miséricorde infinie, et qui n'est connue que de peu de personnes, que de retrouver son cœur après qu'il s'est évanoui*[1]. »

Sans doute Du Guet dans le Jansénisme passe pour brillant; il est une vraie lumière au milieu des teintes sombres; mais au dehors il est terne aujourd'hui et inaperçu. Que lui a-t-il donc manqué pour se réaliser dans une œuvre aux yeux de tous? Pourquoi ce don qui semble avoir fui aux regards, et qu'en faut-il regretter?

Il avait certes le goût naturel des belles-lettres, même en ce qu'elles ont de raffiné; il avait un reste de goût de Fléchier; lui qui pleurait à *Athalie*, il avait des traits

---

1. C'est dans la lettre où il parle d'*Athalie*, que se trouve cette pénétrante analyse du cœur, digne de Fénelon, de Racine, ou de l'*Imitation*.

assez du genre de ceux qu'aurait eus le Racine de *Bérénice*, Racine sans Boileau. S'il avait lu l'*Astrée* enfant, il avait aussi lu, avant sa théologie, les *Héroïdes* d'Ovide. Dans sa lettre au confrère Chapuy, sur les Études, lorsqu'il touche les poëtes et Ovide si plein de périls : « Ses meilleurs ouvrages, dit-il, sont ceux qu'on ne doit jamais lire. Les Épitres des Dames illustres me paroisent être de ce nombre ; elles sont trop touchantes et trop tendres. » En souhaitant que les religieuses s'interdissent la musique et les musiciens, il craint surtout que les maîtres ne plaisent par la voix ; et lui si en garde contre ce charme de l'oreille, quand il écrit, même la moindre lettre, il a l'harmonie, le nombre. Mais quand il parle de peinture, il est moins rigide. Une dame lui avait envoyé à lire les Traités de la peinture et du coloris, du peintre De Piles ; Du Guet y répond avec complaisance et développement :

« Le Traité du Vrai dans la peinture, Madame, m'a plus instruit et m'a donné un plus solide plaisir que les Discours dont vous savez que j'ai été si content. Il m'a paru n'être pas seulement un abrégé des règles, mais en découvrir le fondement et le but, et j'y ai appris avec beaucoup de satisfaction le secret de concilier deux choses qui me sembloient opposées, d'*imiter la nature*, et de *ne pas se borner à l'imiter*; d'ajouter à ses beautés pour les atteindre, et de la corriger pour la bien faire sentir.

« Le *Vrai simple* fournit le mouvement et la vie ; l'*Idéal* lui choisit avec art tout ce qui peut l'embellir et le rendre touchant, et il ne le choisit pas hors du Vrai simple, qui est pauvre dans certaines parties, mais riche dans son tout....

« L'usage donc de ce *second Vrai* consiste à suppléer dans chaque sujet ce qu'il n'avoit pas, mais qu'il pouvoit avoir, et que la Nature avoit répandu dans quelques autres, et à réunir ainsi ce qu'elle divise presque toujours.

« Ce second Vrai, à parler dans la rigueur, est presque aussi réel que le premier, car il n'invente rien, mais il choisit partout ; il étudie tout ce qui peut plaire, instruire, animer; rien ne lui échappe, lors même qu'il paroît échapper au hasard; il arrête par le dessin ce qui ne se montre qu'une fois, et il s'enrichit de mille beautés différentes, pour être toujours régulier et ne jamais retomber dans les redites.

« C'est pour cette raison, ce me semble, que l'union de ces deux Vrais a un effet si surprenant, car alors c'est une imitation parfaite de ce qu'il y a dans la Nature de plus spirituel, de plus touchant et de plus parfait.

« Tout alors est vraisemblable, parce que tout est vrai; mais tout est surprenant, parce que tout est rare. Tout fait impression, parce qu'on a observé tout ce qui étoit capable d'en faire; mais rien ne paroît affecté, parce qu'on a choisi le naturel en choisissant le merveilleux et le parfait. »

C'est la théorie classique dans toute sa netteté et sa distinction; et il n'eût pas été impropre à l'appliquer, lui qui la discernait et l'analysait si bien. Il était peintre aussi, pour peu qu'il l'eût voulu, par la composition comme par le coloris, celui qui, dans son Commentaire sur l'*Ouvrage des six Jours*, a tant d'esquisses heureuses qu'il n'avait qu'à pousser un peu plus, tant de jolies demi-pages, à propos de la verdure universelle, à propos d'une fleur, ou du vol d'une hirondelle, ou d'un nid dans une charmille, ou du concert ailé dans les bois, et qui conclut sa série de vues naturelles et symboliques par cette page harmonieuse, où, en voulant faire comprendre l'immense et divin tableau, lumière, ombre et mystère, il le rassemble en quelques traits et le reproduit :

« *Dieu vit toutes les choses qu'il avoit faites, et elles étoient très-bonnes.* Dieu s'étoit contenté à la fin de chaque jour de dire de chaque ouvrage séparé, qu'il étoit parfait; mais aujourd'hui qu'il les considère tous d'une seule vue, qu'il les compare entre eux et avec le modèle éternel dont ils sont l'expression, il en trouve la beauté et la perfection excellentes. L'univers est à ses yeux comme un tableau qu'il vient de finir et à qui il a donné la dernière main. Chaque partie a son usage, chaque trait a sa grâce et sa beauté, chaque figure est bien située et a un bel effet, chaque couleur est appliquée à propos ; mais le tout ensemble est merveilleux. Les ombres mêmes donnent du relief au reste. Le lointain, en s'attendrissant, fait paroître ce qui est plus proche avec une force nouvelle ; et ce qui est plus près de la scène reçoit une nouvelle beauté par le lointain dont il n'est séparé que par une diminution imperceptible de teintes et de couleurs.

« Les deux plans de la Création et de la Rédemption sont peints dans le même tableau, mais l'un plus près de nous, et l'autre dans l'éloignement. Adam innocent, déchu, relevé, conduit à un autre, promis, immolé, et père après sa mort d'une postérité nouvelle. Le contraste de tout cela est merveilleux ; mais il faut attendre que chaque partie du tableau nous soit présentée pour en examiner la beauté et ses liaisons avec le reste, et nous contenter maintenant de dire avec le Prophète : « Les ouvrages du Seigneur sont grands. « Tous ceux qui les aiment en ont l'intelligence. Ses « ouvrages sont la magnificence et la gloire[1]. »

Il semble qu'il ne tenait qu'à un auteur, assez habile pour écrire de telles pages, de s'y complaire plus souvent et de nous laisser quelque monument principal de son esprit. Mais sentant si bien l'idéal et capable d'en pénétrer les raisons ou d'en ressaisir des reflets sous sa plume, Du Guet s'était de bonne heure sevré sur le développement du talent purement littéraire et sur le goût auquel tout autre que lui aurait incliné. Il s'était dit plus tôt ce que Racine s'est dit plus tard; il s'était dit avec saint Augustin que la gloire d'Homère lui-même, le plus grand des poëtes, était après tout peu de chose,

---

1. L'*Explication de l'Ouvrage des six Jours*, dont c'est la dernière page, est l'un des traités de Du Guet, que M. S. de Sacy a choisi comme étant son chef-d'œuvre, et le plus fait pour donner une idée avantageuse de sa manière à un public si différent de celui d'autrefois (*Bibliothèque spirituelle* publiée chez Techener, 1858).

puisqu'elle se terminait à raconter avec beaucoup d'agrément et de douceur des choses vaines : *Dulcissime vanus est.* Il s'était dit qu'il n'y avait d'étude saine et humble que celle de l'Écriture et des Pères : « Quelque innocentes que soient les autres études, elles ont toujours une secrète malignité. Plus elles sont agréables et plus elles sont contraires à l'esprit de l'Évangile, et l'effet le moins dangereux qu'elles puissent avoir est de remplir la mémoire, et peut-être le cœur, de mille choses qui servent à entretenir nos vieilles blessures, et qui nous détournent de celles qui doivent être notre unique objet. » Il est heureux pourtant s'il retrouve au sein des études sacrées où l'on ne doit chercher que la religion, la vérité et la vertu, quelque miel plus permis que celui de Jonathas, par exemple les Poésies grecques de saint Grégoire de Nazianze, *si tendres,* nous dit-il, *si chrétiennes et si polies.*

Goût exquis, bel-esprit charmant, cœur tendre, pensée sérieuse, doctrine profonde, encore une fois je me le demande, qu'a-t-il donc manqué à Du Guet pour se produire plus manifestement dans quelque ouvrage durable et pour fleurir ?

C'est surtout quand on le voit à côté et en regard de Fénelon que cette question se pose. Il n'a cessé, en effet, de côtoyer Fénelon, mais du côté de l'ombre, et dans un demi-jour conforme à sa ligne janséniste. Les points de rapprochement d'ailleurs, les rapports entre eux sont frappants : les Lettres spirituelles et de direction, ils y ont excellé tous deux; l'*Explication de l'Ouvrage des six Jours,* c'est le pendant du traité de l'*Existence de Dieu;* l'*Institution d'un Prince,* c'est le pendant du *Télémaque.* Ils ont d'autres ressemblances encore.

Mais j'ai dit le mot de la différence : dans cette allée où ils marchent l'un et l'autre, Fénelon est du côté de la lumière et du soleil, Du Guet est du côté de l'ombre.

Du Guet n'a voulu et n'a pris de la lumière et du rayon que la chaleur et la vie, l'usage intérieur essentiel, le foyer, non l'éclat ni la couleur.

Avec la distinction et la délicatesse qui leur sont propres et communes à tous deux, Fénelon a de plus que Du Guet une élévation et une légèreté naturelle primitive de talent, un essor insensible mais irrésistible, des ailes dont il ne se sert pas, mais que l'on sent, qui le soulèvent même quand il ne fait que cheminer, et qui lui donnent en ses moindres pas cette démarche angélique et presque divine.

Fénelon a en lui un fonds d'atticisme, d'hellénisme intime, qui se trahit et qui transpire. Il a, quoi qu'il fasse, une réminiscence flottante d'Homère, une habitude incurable d'Horace, ce sentiment du fin et de l'aimable qui ne l'abandonne jamais, qui l'avertit tout bas, même en matière spirituelle, qui arrête sa plume à temps et qui lui dit : *Rien de trop, c'est assez*. Même quand il parle le langage de saint Paul, il y a un ressouvenir lointain (et pas si lointain!) d'Eucharis, la grâce heureuse. La Cymodocée de Fénelon est chrétienne, mais elle a été Cymodocée.

Rien de tel en Du Guet; il a le front plus baissé; bien que sorti de l'Oratoire, il a gardé du moine. Il restera trente années durant sur la lisière du monde et de la solitude, ayant un pied dans l'un et un pied dans l'autre, et avec une arrière-pensée secrète de se dérober. Être de la Cour, de l'Académie, être un écrivain, est-ce qu'il y pense jamais? Il était du petit nombre des doctes de ce temps-là qui savaient bien le grec; mais, même en dénombrant les lectures profanes qu'il a dû traverser à leur source avant d'arriver aux chrétiennes, il ne se permet pas le moindre sourire.

Du Guet est nûment chrétien, chrétien d'après saint Augustin et saint Paul; et quand on regrette qu'il n'ait

pas plus brillé, ceux qui se rattachent avec lui au tronc
de l'arbre auraient le droit de répondre : « Est-ce donc
« un si grand regret à avoir qu'il ne se soit pas produit
« d'une manière plus éclatante? Il a beaucoup fait; et
« s'il est vrai qu'il n'a fait qu'à l'occasion et pour des
« usages le plus souvent particuliers, n'a-t-il pas mieux
« réussi au gré de ses vœux et de ses prières? Faut-il
« dire de lui comme Voltaire, qui croit d'ailleurs se
« montrer indulgent, et qui le reconnaît pour *l'une des*
« *meilleures plumes du parti janséniste : «* Le style de
« Du Guet est formé sur celui des bons écrivains de
« Port-Royal : il *aurait pu*, comme eux, rendre de grands
« services aux Lettres; trois volumes sur vingt-cinq cha-
« pitres d'Isaïe montrent qu'il n'était avare ni de son
« temps ni de sa plume? » — Il *aurait pu!* Voilà donc
« Du Guet inutile selon Voltaire, voilà ses services rayés
« d'un trait de plume? Mais on peut répondre : Du Guet
« a pu, et il a fait. Les grands écrivains s'attachent trop
« à l'apparence pour ne pas perdre souvent de vue
« le fond et le but, ce qui devrait être l'objet principal.
« C'est comme pour ces conférences de Du Guet lui-
« même à Saint-Remy de Troyes; dès que la célébrité
« s'en mêle, adieu les pauvres! ils n'y viennent plus.
« Or, Du Guet ne veut pas cela; il veut, ou du moins
« il supplie que son œuvre soit bénie dans les hum-
« bles et pauvres âmes. Il console, aux moments
« graves et suprêmes, des êtres pleins de sentiments
« vivants et réels, des souffrants en pleurs; il n'amuse
« pas une postérité dans le loisir. Sa postérité à lui-
« même, toute sérieuse, toute conforme à la vue
« première, ne l'a-t-il pas eue, ne l'a-t-il pas peut-être
« encore? »

Voilà ce que j'entendais dire autour de moi en ce
temps déjà bien ancien, en ces années que je pourrais,
moi aussi, appeler heureuses, où je parlais pour la pre-

mière fois[1] de Du Guet devant des auditeurs si préparés à l'entendre, devant des maîtres en ces matières intérieures, dans cette Lausanne alors si florissante dans sa simplicité, la Lausanne des Manuel, des Vinet et de leurs disciples.

On peut, en sondant sur quelques points l'histoire morale, prendre un aperçu très-juste du genre d'influence profonde, continue, sourde, mais bien réelle, de Du Guet.

Dans l'Éloge de Dom Toustain, l'un des auteurs du *Nouveau Traité de Diplomatique*, en tête du deuxième tome de ce traité, on voit comment ce pieux bénédictin qui lisait Du Guet dès l'âge de 18 ans durant son noviciat à l'abbaye de Jumiéges, mourant en 1754, se faisait lire Du Guet encore par Dom Tassin son intime ami. Il entendait surtout avec fruit, aux approches suprêmes, ces admirables lettres *sur le désir de la mort, et sur les motifs d'une espérance humble et chrétienne*[2]; le biographe ajoute : « Il me pria un jour de prendre son Nouveau Testament, et de lire le premier chapitre de l'Épître de saint Paul aux Éphésiens (sur les grâces que Dieu nous fait en Jésus-Christ, qui est le chef de l'Église); lorsque j'eus achevé, il me dit, d'un ton qui marquoit son contentement : « Voilà l'original; il est bien au-dessus de « l'éloquence et de la sublimité des pensées de M. Du « Guet. » — N'est-ce pas ce qui compose, dans sa véritable éclipse, une chrétienne gloire? pâlir et s'effacer, sitôt que le divin exemplaire apparaît. Le public de Du Guet a continué d'être un public à part, intérieur, non celui des applaudissements, mais celui de la piété recueillie, celui des fruits effectifs lesquels mûrissent loin

---

1. En juillet 1838 : il y a vingt ans.
2. Les lettres 7ᵉ et 8ᵉ à mademoiselle de Vertus, au tome premier du Recueil de Du Guet.

du regard, souvent sans soleil, et se détachent sans bruit,

Comme un fruit mûr qui tombe au gazon qui l'attend.

Quand le digne M. Gonthier fit réimprimer à Genève, en 1824, cet inappréciable livre des *Caractères de la Charité* qui paraphrase et commente le treizième chapitre de la première Épître aux Corinthiens, il en ignorait lui-même l'auteur (touchante ignorance!), et ce livre réimprimé sans nom faisait son chemin dans les cœurs, et opérait, Dieu aidant, plus de bons mouvements secrets et durables qu'une tragédie dans un théâtre ne fait verser de pleurs. De quel côté, tout compte fait, est le triomphe?

La sainte et angélique sœur de Louis XVI, Madame Élisabeth, écrivant à madame de Raigecourt, lui dit qu'elle vient de lire les Lettres de Du Guet que cette autre dame lisait aussi : « Sont-ce les lettres à mademoiselle de Vertus que vous lisez? » demande-t-elle; et elle ajoute : « La théologie à part, à laquelle je n'entends rien, c'étaient de bien saintes gens que ces Messieurs de Port-Royal. Quelle vie que la leur auprès des nôtres! » Un tel témoignage, à lui seul, est une couronne.

Rollin, parlant des livres de Du Guet, écrivait : « J'ai eu le bonheur d'être lié avec l'auteur de ces livres par une amitié tendre et intime, et *je lui dois le peu de connoissance que j'ai de la Religion.* »

Ce sont là des attestations qui comptent, et qui supposent bien des adhésions silencieuses des humbles et des inconnus. Une telle influence ressemble non au vent qui bruit et s'applaudit dans les ramures, mais à la séve qui filtre insensible et qui s'insinue dans les racines.

Tenons-nous avec Port-Royal au point de vue du

strict Christianisme. Dans les rôles chrétiens, il ne saurait y avoir de partage. Bossuet et Fénelon ont la gloire, et la mieux méritée; prenez garde pourtant : tout est-il de charité, là où est la gloire? tout est-il la voix de Dieu, là où entre si fort la rumeur flatteuse des hommes? Combien en est-il, parmi ceux qui parlent si haut de Fénelon et de Bossuet, qui profitent chrétiennement de Fénelon et de Bossuet? parmi ceux qui parlent bien de Du Guet, il en est très-peu qui n'en profitent pas. Dans ce saint et savant livre où il a expliqué les *Qualités* ou les *Caractères de la Charité* selon saint Paul, je trouve ces admirables traits qui la signalent, en poursuivant dans tous les déguisements l'amour-propre son ennemi, son rival, et bien souvent son hypocrite imitateur :

« L'amour de soi-même jusqu'au mépris de Dieu est le roi de Babylone, et l'amour de Dieu jusqu'au mépris de soi-même est le roi de Jérusalem. Ces deux cités sont mêlées, et leurs habitants ne sont discernés que par le cœur. — Souvent même le citoyen de Jérusalem retient quelque chose du citoyen de Babylone, parce que son cœur est partagé entre l'amour de Dieu et l'amour de soi-même, et qu'il s'efforce de rétablir une espèce de réconciliation et de paix entre deux rois dont l'un a droit à tout, et l'autre veut tout usurper. — Il n'y a même personne en cette vie qui ne conserve quelque liaison secrète avec le tyran de Babylone, quoiqu'il obéisse du fond du cœur au roi de Jérusalem. »

Et, pour dénoter cet ennemi caché et toujours si proche, Du Guet indique ce qu'il appelle la disposition *schismatique* de l'amour-propre, qui est, quand on le pousse à bout, de se concentrer finalement en soi, s'enveloppant dans son indigence et dans sa misère, et se séparant absolument de tout intérêt d'autrui, ce qui est proprement le contraire de la Charité. Et même dans ce qui y paraît le moins contraire, dans ce qui ressemble à la Charité et qui la joue à vue d'œil, il continue de poursuivre le schismatique et l'hypocrite jusque dans ses derniers raffinements :

« Un amour-propre qui est habile et qui ne veut rien perdre, ne montre ni l'esprit, ni l'érudition, ni la piété, ni la douceur qu'à propos. Son dessein est que tous soient contents de lui, que tous, s'il est possible, soient ses admirateurs, et que, depuis les plus simples jusqu'aux plus habiles, tous soient frappés de ce qui leur est propre, et tous soient pris à quelqu'un des filets qui retentissent au centre, où l'amour-propre s'est logé.

« Ces personnes dont le naturel seroit excellent si elles en faisoient un saint usage, et si elles ne sacrifioient pas à l'idole de l'amour-propre des qualités admirables dont Dieu les a comblées, ignorent quelquefois jusqu'à la mort la séduction où elles ont vécu, et ce n'est qu'après que le voile qui leur cachoit le fond de leur cœur est tiré, qu'elles connoissent quelle a été la fin de leur politesse, de leurs complaisances pour les autres, de leur douceur, de leurs manières engageantes, de leurs talents, de l'estime et de la considération qu'elles se sont acquises, de la confiance qu'on a eue en leurs conseils, du succès qu'elles ont eu dans leur conduite; qu'elles ont reçu une vaine récompense de beaucoup de choses qui auroient dû leur en mériter une éternelle, et qu'elles ont converti en *toiles d'araignées* incapables de les couvrir, des dons excellents, destinés à un usage éternel. »

Et encore :

« Prenons seulement garde à ne pas nous tromper par de fausses apparences, et à ne pas confondre un sentiment doux et tendre, mais sans force et sans vertu, avec le feu brûlant de la Charité. »

Beaucoup de personnes ne lisent Fénelon que pour flatter en elles ce *sentiment doux et tendre*, qui n'est pas la Charité. On ne va pas à Du Guet pour cela, mais pour quelque chose de plus :

« Ce feu que Jésus-Christ est venu répandre dans la terre, porte le caractère de Dieu même, qui s'appelle dans l'Écriture un feu brûlant et un Dieu jaloux : *Deus tuus ignis consumens est*, *Deus æmulator*. Le feu de la Charité ne peut souffrir ni partage, ni concurrent, ni rival ; il doit être le maître unique du cœur, et il ne peut consentir que son royaume soit divisé ; il brûle et il consume tout ce qui est étranger, et tout ce qui altère la pureté de l'amour. »

Ç'a été là l'effort et la prière de Du Guet dans toute son œuvre, que de la faire écouler en charité, et il lui a été accordé d'y réussir. On lui peut appliquer dans tous les sens ce qu'il dit en un endroit : « Ce qui est singulier me fait un peu de peine. » Il fuit l'originalité comme d'autres la cherchent. Esprit d'élite et si rare, il ne songe qu'à disparaître en sa qualité propre, pour servir à tous ; et s'il a des biens à lui, il en ôte avec soin la marque pour les rendre communs.

J'ai assez développé les mérites et les vertus de Du Guet, pour être en droit maintenant d'indiquer ses côtés faibles ; car il en eut. J'ai cité quelque part une conversation qu'il eut avec Bossuet, et dont Bossuet, disent les auteurs jansénistes, profita. Mais comment en profita-t-il ? Il s'agissait de l'explication d'une Épître de saint Paul sur la conversion des Juifs, qui devait être le signal d'une époque nouvelle. Bossuet ne se servit de cette vue, dans son *Discours sur l'Histoire universelle*, que pour la placer dans un lointain, dans un avenir non défini, et pour en tirer un de ces roulements de tonnerre qu'il aime, et qui retentissent dans sa parole avec tant de majesté. Or, ce n'était pas ainsi que l'entendait Du Guet, qui attachait à cette idée un sens tout précis et très-prochain. A force de penser à l'interprétation des Écritures et de croire qu'il en avait le don spécial, Du Guet s'était fait des illusions ; il en tirait des conséquences et des présages, même pour les événements contemporains, sur ceux d'aujourd'hui et de demain ; de là toutes sortes de chimères. Il y avait, dans le parti, ce qu'on appelait *le plan de M. Du Guet*, et dont on se parlait à voix basse. Quel était ce plan ?

Un des premiers élèves de Du Guet, l'abbé d'Étemare qui poussa les choses bien plus loin que lui, et qui s'enfonça de plus en plus dans ce mode d'explications particulières, tandis que Du Guet à un certain moment s'arrêta et revint en arrière, va nous le dire : « Suivant le plan de M. Du Guet, nous attendions bien une apostasie, dit M. d'Étemare, nous attendions bien une Constitution[1], mais nous ne croyions pas qu'elle seroit si mauvaise; je n'en attendois une si mauvaise que pour après la conversion des Juifs, au lieu qu'elle est arrivée devant. » — Ce fut en 1710, pour la première fois, que Du Guet, qui dirigeait M. d'Étemare depuis déjà longtemps, lui découvrit *ex professo* et commença à lui exposer, ainsi qu'à deux autres auditeurs, son plan sur la conversion des Juifs et son explication de l'Épître aux Romains. En 1712, le marquis de Sévigné, qui désirait faire connaissance avec M. Du Guet, eut avec lui, au mois d'avril, une conversation à laquelle M. d'Étemare assista et où la même matière fut traitée, c'est-à-dire toujours le remède applicable aux maux présents de l'Église et le retour des Juifs. Cette conversation, restée célèbre dans le parti, fut ensuite mise par écrit et rédigée par M. d'Étemare, à la requête de M. de Sévigné. C'est l'écrit intitulé : *Explication de quelques Prophéties touchant la Conversion future des Juifs*, etc. (1724). — Pauvre baron de Sévigné, si gai, si fou dans les lettres de sa mère ! Ce que pourtant deviennent, en se retournant, ces aimables folies de jeunesse !

Du Guet avait donc, croyait avoir sa clef particulière de l'Écriture, l'intelligence directe des Figures et des

---

1. La Bulle *Unigenitus*.

Prophéties, eu égard aux événements mêmes dont il était témoin ; et tandis que Bossuet dans la conversation, souvent citée, qu'il avait eue avec lui, avait bien conçu, dit-on, le plan de la conversion des Juifs et y était entré, mais avouait n'en pas savoir le *quomodo* (ce qui était fort sage) et ne pensait pas que, pour en venir à cette conversion, il dût nécessairement arriver de grands maux dans l'Église, Du Guet se tenait pour assuré que ce retour, selon lui assez prochain, serait précédé de grands maux, de grands égarements, et que ces maux n'étaient autres que ceux qui éclataient visiblement alors et se déroulaient coup sur coup, par la destruction de Port-Royal, la persécution des défenseurs de la Grâce, la proscription de la vraie doctrine chrétienne dans la Bulle *Unigenitus*.

Je touche au côté faible de Du Guet et j'y appuie. Il avait trop vécu dans l'ombre, dans un couloir étroit, dans le corridor prolongé de sa doctrine, où il n'y avait lumière qu'à l'extrémité. Il n'a pas le bon sens élevé, l'étendue d'horizon, la stabilité de Bossuet, qui se donne du moins tout espace pour distribuer les choses surnaturelles et surhumaines, et qui n'en complique point le présent. Lui Du Guet, il veut appliquer le surnaturel et le prophétique *à bout portant*, et tout autour de lui ; il a la vue un peu basse, et qui se grossit les objets présents. De là sont nées toutes les illusions finales des sectateurs de Port-Royal. Du Guet s'y est arrêté à mi-chemin et a même voulu revenir sur ses pas, mais il avait, plus que personne, ouvert la porte et il n'a pu la refermer. L'explication chimérique des Prophéties, qui se greffe sur la ruine de Port-Royal et sur la Bulle, s'est introduite sous ses auspices, bien qu'il ait désavoué la secte quand il la vit publiquement délirer.

Une de ses grandes illusions, et qui le rapproche encore de Fénelon, a été son enthousiasme pour la sœur

Rose qui a été sa madame Guyon à lui, et qui faisait réellement concurrence et guerre en ce temps-là à la madame Guyon des Quiétistes, — une madame Guyon janséniste, ennemie de l'autre ; sainte contre sainte.

Le neveu de Du Guet racontait, en octobre 1734, à M. d'Étemare qu'en 1706 ou 1707 son oncle, qui faisait des espèces de conférences à l'abbé d'Asfeld et à M. Rollin, leur avait beaucoup parlé des prophéties de la sœur Rose ; que, lorsqu'ils étaient effrayés de l'état de l'Église, il leur disait : « Rassurez-vous ! une bonne fille a reçu de Dieu des lumières ; Dieu lui a fait connoître qu'il viendra un bon Pape qui rendra témoignage à toute l'ancienne doctrine de l'Église et la fera briller. » Il regardait cela comme très-proche, et sur ce que M. d'Asfeld demandait où on trouverait un bon Pape ? M. Du Guet, en lui frappant sur l'épaule, disait : « Vous êtes incrédule ; mais quand il n'y auroit que Cusani[1] ? »

Cette sœur Rose, autrement dite sœur de Sainte-Croix, était originairement une petite paysanne ou demoiselle de campagne, du midi de la France (je me fais ici l'écho des propos et des *on dit* jansénistes à son sujet). Son père et sa mère l'ayant apparemment violentée pour se marier, elle ne voulut pas se soumettre à cohabiter avec son mari ; elle se défendit en personne qui avait bec et ongles, soutenant qu'elle n'avait pas dit *oui*. Elle se sauva à Paris vers 1693, et y commença sa vie de béate et de visionnaire. M. de Harlai l'en chassa ; elle y revint ensuite sous M. de Noailles et y fit des prosélytes dans le monde le plus respectable. M. Du Guet et M. Boileau, entre autres, s'attachèrent fort à elle comme à une fille inspirée. M. Boileau mourut plein d'estime et de

---

[1]. Le Milanais Cusani, nonce en France, futur cardinal, et qui, promu à la pourpre, ne devait point, d'ailleurs, se montrer favorable au Jansénisme.

respect pour elle. C'est cet abbé Boileau qui disait à M. de Noailles, au sujet du cardinalat : « Vous serez plus grand, Monseigneur, en mettant ce chapeau sous vos pieds qu'en le mettant sur votre tête. » La sœur Rose pensa autrement, et qu'il serait plus utile à l'Église en acceptant : « Car, disait-elle, je frémis et les cheveux me dressent à la tête, parce que je vois combien est affreux et terrible le pontificat que nous allons avoir[1]. » Aussi, quand Clément XI parut, *tout le monde* (ce sont mes auteurs jansénistes qui parlent) fit-il beaucoup d'attention à ce qu'avait dit la sœur Rose. Elle a dit aussi, ce qu'on appliquait à Benoît XIII : « Nous aurons ensuite un Pape qui rétablira un peu les choses, mais il ne durera guère. »

C'est de cette prophétesse que Du Guet eut la faiblesse de s'engouer ; lui et M. du Charmel[2], ils la conduisirent à La Trappe pour la faire voir à l'abbé de Rancé, qui se refusa absolument à la connaître. C'est là que Saint-Simon les rencontra ensemble, du Charmel avec qui il était lié déjà, et Du Guet qu'il rencontrait pour la première fois et dont il a si bien parlé, et la sœur Rose sur laquelle il est curieux à entendre. Tout en admirant l'éloquence et l'universalité de savoir de l'exoratorien, et en en jouissant avec charme, il n'était pas peu étonné de son attitude en présence de cette béate : « Son attention, sa vénération pour mademoiselle Rose, sa complaisance, son épanouissement à tout ce peu qu'elle disoit, ne laissoient pas de me surprendre.

---

1. Je ne me charge pas de concilier cette prédiction d'un affreux pontificat, avec la promesse qu'elle semblait faire tout à l'heure d'un bon Pape. Les prophétesses comme mademoiselle Rose n'en sont pas à une contradiction près.

2. M. du Charmel, si bien connu depuis Saint-Simon, un de ces hommes de qualité retirés de la Cour, et qui se rattachaient au parti janséniste. M. du Charmel avait surtout confiance en l'abbé Boileau.

M. de Saint-Louis[1], tout rond et tout franc, ne la put jamais goûter; il le disoit très-librement à M. du Charmel et le laissoit sentir à M. Du Guet, qui en étoient affligés. »

Quelque temps après, le cardinal de Noailles obligea la sœur Rose de quitter Paris (février 1701). Du Guet la revit dans son voyage de Savoie en 1715; car elle était retirée à Annecy. Cependant, vers la fin de sa vie, témoin dégoûté des Convulsions qui n'étaient elles-mêmes que les conséquences extrêmes de ces premières extases et folies, il disait : « J'ai été une fois trompé, je ne veux pas l'être deux; j'ai été la dupe de la sœur Rose, je ne veux point l'être des Convulsionnaires. »

Directeur de femmes, et se complaisant un peu trop, on l'a vu, à ce commerce spirituel, Du Guet, malgré sa sévérité, sa circonspection et ses vertus, fut quelque temps la dupe d'une femme, vérifiant ainsi le mot de Nicole : « Il y a une galanterie spirituelle aussi bien qu'une sensuelle, et si l'on n'y prend garde, le commerce avec les femmes s'y termine d'ordinaire. »

L'attitude de Du Guet et son rôle dans le Jansénisme, en toutes ces années difficiles, méritent d'être définis. Il était ferme et modéré, et, bien que vif en de certaines circonstances, il ne dépasse jamais des limites qui de loin, *somme toute*, et le cadre étant donné, nous paraissent celles d'une piété scrupuleuse et prudente. En 1696, la guerre théologique extérieure recommença. Le livre de l'*Exposition de la Foi* par M. de Barcos, indiscrètement publié par le Père Gerberon, provoqua, nous l'avons dit, une Ordonnance de M. de Noailles[2], lequel

---

1. Un ancien militaire converti, ami de M. de La Trappe et qui demeurait dans les dehors de l'abbaye.
2. 20 août 1696.

en censurant l'ouvrage, posait pourtant, dans une Instruction dogmatique, la doctrine de la Grâce en un sens analogue ou conforme à celui de saint Augustin. On a attribué cette partie dogmatique à Bossuet. L'Ordonnance elle-même avait été dressée par l'abbé Boileau, alors attaché à l'archevêque, et ami particulier de Du Guet[1]. Bref, c'était une Ordonnance que j'appellerai des *doctrinaires* jansénistes ou du *centre gauche*, frappant à droite et à gauche pour asseoir l'équilibre, posant les principes en même temps qu'elle combattait le fait. Fénelon, ennemi des nôtres, disait que l'archevêque y soufflait *le froid et le chaud*. Ce froid et ce chaud pi-

1. On courrait risque, si l'on n'était prévenu, de se perdre dans les abbés Boileau de ce temps-là; il n'est pas inutile de les rappeler et de les énumérer une fois pour toutes. Nous avons affaire ici à l'abbé Boileau si souvent nommé et de notre connaissance, M. Boileau de *l'hôtel de Luines*, comme on le désignait d'abord : « il est différent, nous dit un contemporain, de M. Boileau, le prédicateur fameux (un rival du Père Anselme, et dont l'abbé Le Gendre nous a donné le portrait : il fut de l'Académie Française), et de M. Boileau, le *petit docteur*, si longtemps doyen de Sens, je dis de l'Église métropolitaine, maintenant chanoine de la Sainte-Chapelle, frère de M. Despréaux ; et pour le distinguer des deux autres, il se nomme M. Boileau *de l'Archevêché*, parce qu'il y demeure, M. de Paris l'y ayant attiré à cause de sa grande piété et des talents de son esprit. Il a éminemment celui de la parole. Il est non-seulement éloquent, mais plein d'onction. Il possède excellemment l'Écriture, et il l'applique heureusement. C'est un autre M. Du Guet. » Et encore (car tout ceci ne se trouve nulle part) : « Boileau le docteur est de Paris. Boileau le prédicateur est de Sens. Boileau de l'Archevêché est d'Agen. Le dernier, qui a beaucoup de part aux Ordonnances et Lettres pastorales de l'archevêque, est aussi prédicateur; mais son nom ne se trouve point sur la liste comme celui de l'autre qui prêche octave, avent, carême, ayant beaucoup de santé; au lieu que le Boileau d'Agen n'en a qu'une fort délicate et fort sujette à être dérangée. Le caractère de celui-ci est l'onction. C'est aussi le caractère de l'incomparable abbé Du Guet-Ménars.... Voilà les trois Boileau bien démêlés. » Ajoutons que le même M. Boileau s'appela dans les derniers temps, et depuis sa retraite de l'Archevêché, M. Boileau, chanoine de Saint-Honoré. Il est ainsi désigné dans la relation de la mort de Racine, qu'il assista pendant sa dernière maladie.

quèrent également. Les Jésuites s'irritèrent ; les Jansénistes purs prirent feu et s'étonnèrent que le nouvel archevêque ne les acceptât point tout entiers. Mais Du Guet, l'homme de bon conseil, fut d'avis qu'on aurait grand tort de rompre à ce sujet, et qu'au contraire il fallait avant tout se féliciter et jouir avec reconnaissance de voir les principes si clairement posés, en se tenant, quant au point de la condamnation, dans le silence respectueux. Il prit ce biais d'écrire à l'abbé Boileau une Lettre, qui ne pouvait manquer de courir :

« Depuis mon retour, Monsieur, écrivait-il à cet abbé, j'ai lu la Censure de Monseigneur l'Archevêque, et j'y ai trouvé de si grands avantages pour l'Église et la Vérité, que je ne puis m'empêcher, après en avoir rendu grâces à Dieu, de vous témoigner combien j'en suis touché.

« Depuis les contestations, il n'y a point d'exemple d'une déclaration si précise ni si authentique de ce qu'on doit croire sur la Grâce toute-puissante de Jésus-Christ, et sur la prédestination avant tous les mérites. Il sembloit depuis longtemps que les évêques des plus grands siéges fussent les plus timides ; on paroissoit appréhender jusqu'au nom de la Grâce du Sauveur ; on ne prenoit de précautions que contre elle, et l'on eût dit qu'il n'y avoit rien à craindre du côté de l'orgueil des hommes et de leur ingratitude. C'étoit presque se rendre suspect que d'oser les faire souvenir de la foiblesse et de l'impuissance de leur liberté pour le bien. Le nom de saint Augustin étoit, à l'égard de bien des gens, devenu un nom de parti ; sa doctrine n'étoit regardée par plusieurs que comme une opinion qu'on pouvoit également abandonner ou choisir ; quelques-uns même avoient la témérité de la traiter de nouvelle, et de fausse par conséquent. Les Hérétiques voyoient avec joie ce décri du plus grand défenseur de l'Église ; et les Sociniens commençoient à espérer que le Dieu d'Augustin (c'est ainsi qu'ils appellent quelquefois l'adorable Trinité) ne seroit plus servi quand saint Augustin ne seroit plus respecté.

« La Censure de Monseigneur l'Archevêque tire la Vérité de l'indigne servitude où on la tenoit captive, et en proposant les livres de saint Augustin pour règles de la foi, principalement ceux dont les ennemis de la Grâce ont le plus murmuré, elle lui rend la qualité de juge et de maître, console ses disciples, apprend aux autres à le devenir, et termine ainsi toutes les disputes. »

Il développe et démontre les principes de l'Ordonnance, en tire tout le parti possible, et venant à la Censure particulière, à ce qui est de Jansénius et au fait qui lui est imputé, il pense que c'est peu important, puisque l'essentiel est sauf et qu'on est d'accord sur la définition de doctrine :

« Qu'importe ce qu'on pense d'une secte qui ne fut jamais, si les supérieurs n'écoutent plus la calomnie qui s'efforce de la réaliser? Quel intérêt ont les particuliers de se justifier, si c'est un fantôme qui est accusé? Qu'on soit content de la seconde partie de la Censure, et dès lors la première n'est plus d'usage; car, si l'on ne pense rien de plus, tout est en paix ou doit y être.

« Enfin ce n'est point une chose qu'on puisse éviter en cette vie, où les cœurs ne sont pas connus, et où les expressions les plus claires peuvent être mal expliquées, que des personnes très-orthodoxes soient soupçonnées d'erreur, et traitées pour cela avec injustice par des hommes très-saints et très-catholiques, auxquels ils sont unis par l'amour de la vérité, lors même qu'elle paroit les diviser [1]....

« Ces sortes d'injustices involontaires ne sont point importantes quand de part et d'autre on convient du dogme, et qu'on ne se trompe que pour les personnes et dans le fait. C'est alors un malheur plutôt qu'un véritable mal; et c'est

---

1. Tout cela est doublé de passages de saint Augustin, que Du Guet n'a fait que traduire et paraphraser à l'avance, et dont il s'appuie. Du Guet avait au suprême degré l'art des citations et applications. « M. Du Guet a cela d'admirable, disaient ceux qui l'ont le mieux connu, que les passages qu'il cite semblent, pour ainsi dire, avoir été faits pour le sujet qu'il traite et pour l'endroit où il les place. » Tous ces à-propos sont perdus pour nous aujourd'hui.

plutôt la condition de cette vie qu'il en faut accuser, que la volonté des Pasteurs....

« C'est précisément de quoi il s'agit ici, car on convient de tout dans la doctrine ; on assure qu'on est dans les mêmes sentiments, et si cela est, comme j'ai lieu de le croire, pourquoi n'oublie-t-on pas son intérêt propre dès que la Vérité est en assurance, et que n'imite-t-on ce souhait de l'Apôtre, qu'elle soit connue et honorée pendant que nous serons nous-mêmes dans la confusion : *Nos autem ut reprobi simus?* »

Cette Lettre n'avait pas été destinée à la publication, mais seulement à circuler dans quelques mains elle fut imprimée toutefois sans le consentement de l'auteur : elle fit éclat. Plusieurs l'approuvèrent comme sage, d'autre la taxèrent de faiblesse ; quelques-uns y virent un blâme malin sous air de louange. Dans une seconde Lettre à l'abbé Boileau, qui fut près d'être publiée du gré de l'auteur, mais qu'il retira, sachant qu'on y voulait faire des altérations, on lit :

« Il a plu à Dieu de bénir une intention que j'ai lieu de croire qu'il m'avoit inspirée ; mais le succès n'a pas été général. Le zèle de quelques-uns a trouvé de la foiblesse dans le mien ; ils ont appréhendé que l'intérêt de la charité et de la paix ne m'eût rendu moins attentif à la Vérité ; en un mot, s'ils avoient eu comme moi la plume à la main, ils auroient parlé avec toute une autre dignité et tout un autre courage. Tout cela peut être vrai, mais n'est pas prouvé ; et quand il le sera, je ne trouverai point mauvais qu'on fasse mieux que moi, qu'on écrive et qu'on parle avec zèle : je supplie seulement que ce soit avec sagesse, avec humilité, et surtout avec connoissance.

« Il y a longtemps que je suis persuadé que la Vérité n'a besoin d'aucune autre compagne que de la Charité, qui est toujours éclairée, toujours patiente, toujours douce, toujours attentive au bien public, c'est-à-dire à celui des autres, et non à celui qui paroit être sien. Elle couvre les maux que le silence peut guérir ; elle applaudit à la Vérité dès qu'elle est annoncée ; surtout elle ne fait rien contre les règles, et l'autorité que Jésus-Christ a donnée aux évêques lui paroît infiniment plus digne de respect que l'onction de Saül, dont David ne put toucher la robe avec l'épée, même dans le dessein de lui prouver son respect et sa fidélité, sans se sentir ému d'une secrète horreur de piété et de religion....

« Il est naturel à l'homme de penser que son indignation sert beaucoup à la juste cause de la Vérité; mais le Saint-Esprit nous apprend le contraire : « *Ira viri justitiam non operatur* [1]. » — La sagesse, quand elle est un don du Père céleste, a toujours une certaine *pudeur* qui la discerne de celle qui n'est qu'humaine, et dont le caractère est d'être hardie jusqu'à l'insolence : « *Quæ autem desursum est sapientia, primum quidem pudica est.* » — Elle aime la *paix* et la procure, au lieu que l'autre aime les contestations et le bruit : *pacifica*. — Elle est *modeste* et retenue; ne disant que ce qu'il faut dire, et toujours de la manière la plus respectueuse et la plus douce; bien aise de se cacher, s'il est possible, en montrant la Vérité, et évitant de partager avec elle l'attention et l'amour qu'elle désire lui attirer : *modesta*. — Elle est toujours prête à écouter avec docilité et même avec bonté ce qu'on lui dit; elle n'est ni dure ni inflexible, et surtout elle a un sensible attrait pour les gens de bien; prête à les excuser dans tout ce qui peut recevoir une interprétation favorable, et répondant à leur charité par un amour sans déguisement et sans feinte : *suadibilis, bonis consentiens, plena misericordia, non judicans, sine simulatione*.

« Voilà, et je ne le désavouerai point, le modèle que je voudrois me proposer, si j'étois contraint à écrire ou à parler [2]. »

Ce que voulait Du Guet était sage, à la fois politique

---

1. Il ne fait ici, et dans tout ce qui suit, que paraphraser l'apôtre saint Jacques, et user ingénieusement de sa parole pour donner de fins et doux conseils à l'adresse des zélés et des exagérés du parti.

2. Pour ceux qui trouvaient qu'il avait été trop doux et trop faible, Du Guet disait encore dans la familiarité avec l'agrément qui le caractérise : « Comment faire? celui que je tâche de défendre (l'Archevêque) est enfoncé dans un bourbier si avant qu'il ne montre qu'un doigt. Je le prends par là et je le retire de mon mieux. Est-ce qu'on voudroit qu'on l'y enfonçât encore davantage? »

et profondément chrétien, mais trop contraire à la loi
des partis pour être autre chose qu'une honorable exception et un conseil inutile d'une douce et belle âme.
Son Écrit partagea le sort de l'Ordonnance, et eut pour
effet le plus certain de mécontenter tout le monde. Un
anonyme, que d'abord on crut être son ami et ancien
confrère Quesnel, lui répondit (11 mars 1697), avec des
raisons toutefois et des égards[1]. M. Louail et mademoi-

[1]. Cette réponse, qu'on a aussi attribuée à mademoiselle de
Joncoux, était d'un M. Morel, ami de Port-Royal et parent
de M. Marignier, l'un des derniers confesseurs. Mais en opposant, même par erreur, dans cette circonstance le nom de
Quesnel à celui de Du Guet, l'opinion janséniste ne se trompait
pas en un sens général; car il est bien vrai que dans Quesnel
se personnifiait l'influence active, agressive, de même que Du
Guet représentait l'influence modératrice. C'était le rôle qu'on
leur prêtait, et non sans motifs. — J'ai trouvé depuis, dans les
lettres de M. Vuillart, l'expression fort naïve et fort vive de ce
que pensaient et sentaient les Jansénistes sévères de cette Ordonnance à deux faces : « L'on n'y peut voir sans être pénétré
de douleur, disait M. Vuillart, comme on a joint le mort au vivant; car on y tue d'abord pour y rendre, après, la vie. Pourquoi
faire d'abord le mal, afin de faire ensuite le bien? N'est-ce pas
contrevenir à l'Apôtre qui dit : *Non sunt facienda mala, ut eveniant bona?* » On plaignait l'Archevêque de n'avoir point su
examiner la chose par lui-même et de s'en être tenu à des
impressions de jeunesse : « M. l'Archevêque a été instruit sur le
fait (de Jansénius) par le Père Amelotte; il étoit son disciple. Ce
Père étoit infatué sur le *fait*, comme l'est aussi le plus savant de
nos prélats qu'on croit avoir plus de part que qui que ce soit à
l'Ordonnance. » On reconnaît là Bossuet; on le reconnaît encore
dans l'exclamation suivante arrachée à l'un des fidèles selon saint
Augustin et que je crois bien n'être autre que le Père Quesnel :
« Un de ceux qui sait le mieux gémir et qui le fait avec plus de
connoissance de cause, dit de l'abondance du cœur : *que c'est
grand'pitié d'ignorer des faits capitaux, et de faire l'historien; de
vouloir établir la paix, et de faire ce qu'il faut pour rallumer la
guerre; d'avoir le meilleur conseil du monde, et de ne le suivre
que pour se garder de faire encore plus mal* (voilà pour
M. de Noailles; ce qui suit regarde Bossuet) : *que les préjugés
de la jeunesse sont bien honteux à des hommes faits; que l'auteur
de la première partie est de ce nombre, malgré la grandeur et la*

selle de Joncoux, des plus fervents dans cette génération d'alors qui aspirait à succéder en droite ligne à celle de Port-Royal, prirent occasion de ce conflit pour donner une *Histoire abrégée du Jansénisme*, qui répondit au zèle du plus grand nombre et jeta de l'huile dans le feu.

En même temps que, sur le fait, Du Guet se montrait coulant et conciliant, il ne cédait en rien sur la doctrine, et une discussion sur le système de la *Grâce générale* de Nicole s'étant engagée dans les années qui suivirent, il écrivit une lettre solide qui en est une savante et forte réfutation. Du Guet, par ce témoignage qu'il donna (« quoiqu'il n'y eût pas de questions, dit-il, qu'il fût plus éloigné de traiter par écrit que celles qui partagent les Catholiques sur les matières de Grâce »), faisait assez comprendre que la modération qu'il souhaitait dans la conduite n'était pas du relâchement dans le dogme. Nous avons ainsi sa mesure de conciliation et de fermeté.

Si cette ligne de conduite avait prévalu, les affaires du Jansénisme n'en eussent pas été plus mal. Fénelon, très-attentif et très-ennemi, avait été fort frappé du renouvellement de zèle et de force dans ce parti qu'on croyait abattu, et qui reprit une nouvelle vigueur dans les premières années du siècle. Il le redoutait principalement aux approches d'un nouveau règne et d'une minorité; il imaginait même toutes sortes de plans pour le combattre, jusqu'à vouloir refaire en sens inverse des espèces de *Provinciales*. Mais il ne craignait rien tant que ce Jansénisme *radouci et mitigé* qui aurait eu

---

solidité de son esprit, et que les oreilles lui cornent encore (allusion à son ancien maître le docteur Cornet) *à 64 ou 65 ans du bruit dont on l'effarouchoit à 25; mais qu'outre tout cela on est dans un pays où l'on craint de voir l'innocence des foibles, de peur d'être obligé de choquer l'insolence des gens de crédit* O PECTORA CÆCA! DAT VENIAM CORVIS, etc. — Je ne sais rien de digne d'être ajouté à ce beau morceau de réflexions. » (Lettre de M. Vuillart à M. de Préfontaine, du 8 novembre 1696.)

tant de facilité pour se glisser sous le Gallicanisme, et assez de sagesse pour ne pas tout compromettre. Ce Jansénisme *radouci et mitigé*, mais qui avait peu de chances de se faire accepter des nouveaux venus dans le parti, était celui de Du Guet.

En 1707, on avait imprimé de lui un livre de pure édification, un *Traité sur la Prière publique*, qui est un de ses ouvrages les plus cités. C'était une réponse faite à un chanoine de l'église de Reims qui le consultait, et lui demandait comment il fallait s'y prendre pour suffire d'esprit et d'attention à cet amas de prières que l'abus des fondations pieuses avait attachées à de certaines charges ; en d'autres termes, comment on pouvait être chanoine, et non pas en faire le métier, mais en remplir le ministère en conscience, avec piété, avec présence d'esprit et de cœur pendant de si longs offices, et sans *laisser à des chantres gagés le soin de louer Dieu?* Du Guet, en répondant, n'est pas sans reconnaître l'abus de ces surcroîts d'offices ; il indique les moyens cependant et les motifs d'une prière toujours vive et jaillissante ; il donne autant que possible la méthode de bien prier. Mais ce livre relativement excellent, marqué presque à chaque page au cachet de sa destination première, a perdu de son intérêt et de son application, même pour les Chrétiens, s'ils ne sont ni chanoines ni ecclésiastiques.

En 1715, un peu avant la mort de Louis XIV, Du Guet fut inquiété à l'occasion d'une Dissertation très-vive qui parut contre la Bulle *Unigenitus* et que le Parlement condamna. Quelques personnes supposaient, tout en s'en étonnant, que Du Guet était pour quelque chose dans un écrit si passionné, et le Père Tellier le faisait presser d'écrire contre et de s'expliquer, probablement pour faire taire ces bruits. Quoi qu'il en soit, Du Guet crut voir un piége dans une insinuation théologique qui lui arrivait par le canal du lieutenant de police d'Argenson[1], et son imagination un peu timorée l'emporta hors de France à l'abbaye de Tamied en Savoie, où il demeura quelques mois sans que personne, pas même le président de Ménars, sût le lieu de son refuge. Il était de retour à Paris chez le président avant la fin de l'année. Son nom se trouve sur les *fameuses Listes du renouvellement d'Appel* en 1721 (je copie les *Nouvelles ecclésiastiques*); il s'agit de l'Appel au prochain Concile général. Sur ce chapitre de la Bulle, Du Guet

---

1. Le dimanche 26 mai 1715, M. d'Argenson écrivit à Du Guet qu'il avait ordre de l'entretenir, et il le priait que ce fût le mardi suivant. La lettre fut portée à l'hôtel de Ménars avec quelque ostentation. Du Guet se rendit chez M. d'Argenson au jour marqué. Ce magistrat, après l'avoir sondé par quelques questions générales qu'il lui fit avec beaucoup d'honnêteté, lui déclara que l'ordre qu'il avait reçu du roi sur son sujet par une lettre du comte de Pontchartrain, était de savoir de lui s'il était véritablement l'auteur de trois ouvrages (dont le principal était une Dissertation qui avait pour titre *Témoignage de la Vérité*), quels étaient ses sentiments sur ces ouvrages, et s'il serait disposé à écrire contre : « Car le roi sait, ajouta-t-il, que vous écrivez bien, et il souhaite que vous me marquiez quand vous pourrez commencer et quand vous croirez pouvoir finir, Sa Majesté voulant voir elle-même votre ouvrage avant qu'il paroisse. » Du Guet sentit le piège et répondit évasivement. Il déclara n'être l'auteur d'aucun des trois ouvrages indiqués, n'en avoir même lu que deux et assez légèrement, et témoigna n'être pas disposé à écrire contre. Étant parti peu après pour Neuville, maison de campagne du président, il y reçut une seconde lettre de M. d'Argenson, écrite à la date du 6 juin; il y fit réponse le 12 en s'excusant sur sa mauvaise santé, et il se déroba à tous le 19. Il se retira à Tamied, d'où, ayant appris la mort de Louis XIV (septembre), il sortit au mois d'*octobre suivant* pour revenir à Paris. J'emprunte ce récit au tome premier de l'*Histoire de la Constitution*, par M. Louail; remarquez qu'il y est dit *octobre suivant*, et non *octobre de l'année suivante*, comme l'ont entendu quelques biographes, qui prolongent sans nécessité le séjour de Du Guet en Savoie jusqu'en 1716. Une fois Louis XIV mort, Du Guet n'avait aucune raison pour y rester.

fut invariable. Il se prononça avec fermeté et courage
dans plusieurs écrits devenus publics, particulièrement
dans une Lettre à l'évêque de Montpellier, Colbert, en
1724, pour le féliciter de sa résistance à recevoir le Formulaire dans son diocèse [1]. Cette démarche, et les inquiétudes qui en furent la suite, le forcèrent de quitter
Paris. Ses dernières années furent errantes ; nous le
trouvons à Troyes (1724-1728), puis à Paris, caché au
faubourg Saint-Marceau (1730) [2]. Il alla, cette année

1. Selon les zélés, l'affaiblissement de Du Guet commença à se
faire sentir à la suite de cet acte de vigueur. Le dernier trait de
vivacité de M. Du Guet fut, disent-ils. lorsque sortit l'Arrêt du
Conseil du 21 septembre 1724, qui vint frapper M. de Montpellier.
Il fut alors question plus que jamais de publier les noms de ceux
qui avaient écrit à ce prélat pour adhérer à sa cause. M. Du Guet
était d'un grand zèle pour la publication, et, dans son impatience,
il publia sa Lettre sans différer ; elle parut en effet le 2 novembre. Cet acte enflamma le courage des Appelants, qui jusque-là
le regardaient comme leur père et leur guide. M. Boursier s'é-
criait : « Quoi ! nous laisserons périr M. Du Guet qui se jette à
travers les flammes !... » M. d'Étemare, alors en Touraine, trouvait de l'inconvénient à la publication de ces Listes. Il revint à
Paris pour s'expliquer avec les amis ; il arriva vers la mi-novem-
bre. M. Du Guet était déjà caché à cause de sa Lettre publiée le 2.
M. d'Étemare, qui en 1721 avait traité avec M. Du Guet l'affaire
des Listes, fut fort surpris de voir que M. Du Guet était caché
même pour lui. Sensible à cette diminution de confiance et à ce
petit échec personnel, il fait remonter à cette date le léger affaiblissement d'esprit ou de caractère de M. Du Guet.
2. Il s'était confiné, depuis les derniers jours de juin 1730,
dans un appartement, au troisième étage, d'une maison où il
habitait depuis huit ou neuf mois ; sa nièce était avec lui. Il y
fut découvert, le 8 août, par des exempts, entre lesquels on cite
l'odieux et redouté Vanneroux. Du Guet était en prière dans une
petite chapelle particulière, que M. de Noailles l'avait depuis
longtemps autorisé à avoir à son domicile. Pendant qu'on était
allé prévenir de la découverte le lieutenant de police M. Hérault,
le doux vieillard, avec la paix peinte sur le visage, tint des discours pleins de grâce et de dignité aux commissaire, exempts et
archers qui étaient restés présents. Il dit, entre autres choses,
« qu'il y avoit cinquante ans qu'il étoit persécuté sans qu'il eût

même, en Hollande. Octogénaire à son tour comme Quesnel et comme Arnauld, il y fut reçu avec distinction par l'archevêque de cette petite Église schismatique d'Utrecht, M. Barchmann. On m'a montré à Amersfoort la rue étroite et la maison où il habita. Il revint à Troyes encore (1731-1732), puis à Paris où il mourut.

Dans ces situations diverses et tourmentées, il garda son esprit de douceur, sa clarté de vues. J'ai parlé de sa fermeté sur le chapitre de la Bulle ; voici une lettre qui me paraît limiter et fixer cette fermeté dans la mesure d'une bien édifiante tolérance. Il répondait à un prêtre de l'Oratoire, qui le consultait pour savoir s'il était obligé de se déclarer dans les affaires de l'Église, en 1722 :

« Si ma réponse, lui disait-il, n'est pas aussi précise que vous le désirez, attribuez-le, s'il vous plaît, à vos dispositions et non à un défaut de confiance, car je m'en sens une entière pour vous, et je me repose pleinement sur votre prudence et sur votre vertu.

« Il paroit que vous doutez entre deux partis, et que vous espérez que mon conseil vous déterminera à l'un des deux. C'est une déférence pour mon avis que je ne mérite point; mais le désir de vous tirer d'inquiétude me feroit passer par-dessus toutes les raisons de modestie et de sagesse qui devroient me retenir, si le doute où vous êtes ressembloit à ceux qu'on peut calmer par une décision.

« Il faut, dans l'affaire dont il s'agit, trouver la réponse

pu savoir encore pour quelle bonne action ce pouvoit être; car pour de mauvaises, par la miséricorde de Dieu, il n'en avoit point commis. » Il ajouta que, « pour éteindre toute envie, toute jalousie, toute inquiétude, il avoit pris la résolution de s'enterrer tout vivant; que si l'on n'étoit pas content du tombeau où il s'étoit enfermé, et qu'on voulût le conduire dans un autre dont la porte seroit murée, il étoit près d'y descendre; que Dieu y seroit sa consolation et son soutien, que la Sagesse y descendroit avec lui, et qu'un jour le juste Juge rendroit à chacun selon ses œuvres. » On mit, d'ailleurs, des égards dans l'exécution des ordres, et Du Guet eut toute liberté de se retirer.

dans son propre fonds, être éclairé par ses propres lumières, être soutenu par son propre courage. Tout ce qui est étranger et suggéré s'évanouit dans la tentation : on est ramené par les inconvénients à ses propres pensées et à son ancien doute, et rien ne subsiste que ce qui est naturel.

« C'est beaucoup même que ceux qui n'ont jamais douté, et qui ont été vivement frappés des raisons qui leur ont fait choisir un parti ferme et généreux, se soutiennent dans le temps de l'épreuve. L'exemple presque universel les étonne, et leur solitude leur devient suspecte : ils commencent à craindre l'orgueil où ils n'avoient vu que de la fermeté ; ils n'osent juger ceux qui les condamnent ; ils respectent leur vertu, et ensuite leurs sentiments. Ils sont effrayés des suites, et pour le temporel et pour la religion même, que la résistance invincible attireroit ; ils cherchent des mitigations qui puissent allier leur conscience et leur repos ; ils consultent des personnes très-respectables d'ailleurs, mais dont ils connoissent depuis longtemps les préjugés ; et s'ils ne sont pas entièrement calmés ou par leurs propres raisonnements, ou par l'autorité des autres, ils tâchent de réparer le mal par un remède secret, et de détruire un témoignage public par un désaveu clandestin.

« Ce n'est point à moi à les juger ; ils sont mes maîtres, et je suis à leurs pieds[1]. Dieu seul connoît les consciences

---

[1]. Du Guet fait certainement allusion ici à ce qui se passait dans l'Oratoire, où son ancien ami et maître le Père de La Tour, général de la Congrégation, qui s'était d'abord opposé le plus qu'il avait pu à l'acceptation de la Bulle, était revenu sur son propre avis par crainte des suites, de peur qu'une scission ouverte n'amenât le schisme dans l'Église ou que sa Congrégation ne pérît. D'opposant il s'était fait l'un des promoteurs zélés de l'accommodement de 1720 ; et comme un des confrères du Père de La Tour lui témoignait son étonnement sur ses variations dans cette affaire, il lui avait répondu par l'ingénieux apologue suivant : « On fait une assemblée de médecins pour consulter sur l'état d'un malade : l'un d'eux dit qu'il faut donner l'émétique, les autres trouvent le remède trop fort, et le rejettent. Quelque temps après, on les assemble de nouveau : ceux qui avoient rejeté la proposition y reviennent, et croient qu'ils ne manqueront pas d'être appuyés par celui qui, dans la première assemblée, en avoit ouvert l'avis ; mais, contre leur attente, ce médecin n'est plus pour l'émétique, et il allègue pour raison

et le fond des cœurs, et c'est à lui à révéler dans le dernier jour ce qu'il approuve dans une telle conduite, ou ce qu'il y condamne. Mais l'expérience que je fais tous les jours de ces variations, et les inconvénients affreux qui sont inévitables quand on ne suit pas la route générale, me fortifient dans une résolution prise depuis longtemps, de ne porter personne au delà de ses vues et de ses doutes, et de laisser dans l'incertitude ceux qui m'avouent qu'ils y sont retenus par une impression presque égale des raisons et des motifs contraires. Je me contente alors de les plaindre et d'être touché de leur perplexité ; mais comme le remède n'en est pas dans mes mains, je suis contraint d'être simple spectateur d'un mal que je ne puis empêcher.

« Je serai moins réservé, mon Révérend Père, sur l'autre question que vous me faites l'honneur de me proposer, et je réponds qu'il y a des occasions où l'on ne peut, sans péché, dissimuler ce qu'on doit à la Vérité, à la justice, aux gens de bien, à ceux qui ont le malheur de leur être opposés. »

Sur tous les points, nous retrouverions dans les dernières années de Du Guet cette lumière et cette mesure à laquelle il nous a de bonne heure accoutumés. Il est le Nicole de ces temps opiniâtres et querelleurs, de ces temps insensés et convulsifs. Et de même que Nicole paraît avoir cru médiocrement aux miracles opérés par les reliques de M. de Pontchâteau, de même Du Guet a peu de foi aux miracles opérés sur la tombe du diacre Paris. Sans se bien rendre compte du côté tout physique et physiologique de la question, qui n'est pas bien éclairci encore, il se prononce du moins contre la divinité des Convulsions. Il rompt en visière à ce sujet avec le journal du parti, les *Nouvelles ecclésiastiques*, et le

qu'il n'est plus temps, et qu'il ne reste plus au malade assez de force pour supporter un remède si agissant. » — En répondant à l'oratorien qui le consultait, Du Guet semble avoir constamment en vue cet avis et ce procédé du Père de La Tour, procédé qui n'est pas le sien, mais qu'il évite de contredire ouvertement.

rappelle à la prudence. Mais ceci demande quelques explications.

Du Guet, depuis quelques années, et malgré les persécutions qu'il ne cessait de subir, n'allait pas aussi loin que l'auraient désiré quelques-uns des amis. Aussi disait-on tout bas qu'il *baissait.* Il y avait alors au sein du Jansénisme des influences rivales, et comme des directions occultes, qui se croisaient. L'influence de M. Boursier contre-balançait celle de Du Guet, et on soupçonnait ce dernier d'en être mécontent. On se rappelait lui avoir entendu dire dès 1721 : « M. Boursier est secret jusqu'au mystère. »

Un inconvénient réel de la situation de Du Guet en ses dernières années, c'était qu'il avait près de lui une nièce, madame Mol, personne active, impétueuse, violente, et qui paraissait mener son oncle, même quand celui-ci ne faisait rien que de raisonnable, et qu'il n'eût également fait sans elle, de lui-même [1].

Il nous est impossible toutefois, après avoir entendu tous les dits et contredits [2], de ne pas juger que Du

---

1. Cette nièce, qui avait du courage, put lui être utile dans certaines circonstances difficiles ; mais, à d'autres moments, elle le compromettait par ses indiscrétions. Elle fermait les abords autour de lui ; il ignorait bien des choses qui se passaient. Il n'était pas sans avoir le soupçon de quelques-uns de ces inconvénients, et il lui échappa un jour de dire, vers 1729 : « Qui me délivrera de cette femme-là ? » — La marquise de Vieuxbourg, qui tenait le premier rang parmi les dames de la Grâce au commencement du dix-huitième siècle, et de laquelle on disait, pour la définir, « qu'elle étoit entre les femmes ce que M. Du Guet étoit entre les hommes, » tombait d'accord avec M. d'Étemare, en 1729, « qu'il conviendroit à M. Du Guet, à cause de son grand âge, de vivre dans le repos ; et qu'il auroit été à désirer qu'il eût eu auprès de lui son neveu à la place de sa nièce. Il est bien affligeant, ajoutait-elle, qu'on soit obligé de recourir à la vieillesse d'un si grand homme pour excuser en lui certaines choses. »

2. On les trouve très au complet dans les manuscrits de la Bibliothèque de Troyes.

Guet avait raison et cent fois raison contre les crédules et les fanatiques à qui il avait affaire, même parmi les gens d'esprit du parti. Ceux-ci (et notamment M. d'Étemare le premier élève de Du Guet, et élève devenu dissident) avaient une idée principale, c'est qu'une nouvelle Ère était ouverte par la Bulle, cette Bulle subversive du Christianisme ; que Rome n'était plus dans Rome, que l'Église n'était plus dans l'Église ; que cette Église véritable, il la fallait désormais chercher dans le *Corps* des Appelants et Réappelants, et non ailleurs ; qu'il le fallait dire hautement et professer : « Il ne suffisoit plus d'enseigner la vérité par l'Écriture, la tradition, saint Thomas, cela est de tous les temps ; il falloit montrer cette suite d'hommes que Dieu s'est réservés, Messieurs de Port-Royal, les Appelants, etc.; il étoit temps de dire que c'étoit *un Corps.* » Il allait jusqu'à se poser cette question : *Peut-on se sauver sans connaître les Appelants et en être ?* « Je n'ai jamais répondu directement à cette question, disait-il, mais j'ai toujours demandé si, dans les quarante années qui s'écoulèrent depuis la mort de Jésus-Christ jusqu'à la ruine de Jérusalem, on étoit obligé de connoître Jésus-Christ ; si, du temps de l'Arianisme, il falloit être du parti d'Athanase. » — Il remarqua un jour que le premier apologiste chrétien s'appelait *Quadrat*, ce qui était précisément le nom de M. de *Carré* de Montgeron, l'apologiste des Convulsions. — Ainsi on recommençait l'Église.

On voit la fausse vue, la folie systématique, la prétention de changer de lit le cours du fleuve catholique, et de le détourner, de le transporter tout entier dans un petit canal artificiel, dans un canal voisin d'Utrecht, de l'enfermer désormais dans le parti, jusqu'à inscrire sur la porte de clôture : *Hors de là, pas de salut!*

Du Guet, est-il besoin de le dire? ne pouvait donner dans de telles visées rétrécies. Il n'avait pas le goût du schisme ; il n'avait pas à son service de ces sophismes encore plus bizarres qu'ingénieux pour l'aider à voir dans la secte une Catholicité de forme toute nouvelle. Il aimait à ce que ses ouvages parussent avec l'approbation ecclésiastique[1]. Il aimait l'unité. S'il regrettait les erreurs, les déviations dans le cours du grand fleuve, il espérait sans doute une rentrée plus ou moins prochaine dans les voies légitimes de la tradition, et il laissait à Dieu le soin de ménager ces retours par des moyens à lui connus. Sans être, comme on le disait, un saint Augustin, et en aimant trop le demi-jour pour un docteur, il n'était pas homme à faire aboutir toute cette vaste tradition qu'il possédait si bien à l'espèce de cul-de-sac où s'imprimaient en cachette les *Nouvelles ecclésiastiques*, et à la petite école de Rhynwick[2].

1. C'était le contraire pour M. d'Étemare, qui disait : « Pour moi, j'ai toujours eu un goût tout différent; j'ai voulu que tous mes ouvrages sentissent le Janséniste, l'*Appelant*. » Et, parlant à un jeune homme qui devait prendre les Ordres, il ajoutait : « Par suite du même esprit par lequel, en cela différent de M. Du Guet, j'aimerois mieux que mes ouvrages parussent sans Privilége, j'aimerois mieux que vous reçussiez la tonsure des mains de M. l'archevêque d'Utrecht que de l'archevêque de Paris ou de M. de Soissons. »

2. On peut voir dans le passage suivant du livre des *Caractères de la Charité*, où il est fait allusion à l'état d'oppression trop habituel à lui et à ses amis, combien Du Guet était loin d'en tirer argument et prétexte pour rompre avec l'autorité établie :

« Il arrive quelquefois que sans être exposé à une persécution domestique et prochaine, telle que je viens de l'expliquer (il vient de parler des persécutions auxquelles on peut être en butte jusque dans sa propre famille), on éprouve quelque chose de pareil dans une partie de l'Église, où, sans l'avoir mérité, on devient odieux et suspect à des personnes puissantes, qui agissent selon leurs préventions sans vouloir les approfondir, et qui ajoutent à des traitements injustes, non-seulement l'exclusion des dignités et des emplois, mais la séparation même des sacrements et des prières publiques. Une telle tentation, quand on n'est pas bien fondé dans la charité, porteroit naturellement à s'aigrir contre l'Autorité dont l'abus est manifeste, surtout quand on n'a ni protection ni asile, et que la multitude des charnels, comme parle saint Augustin, ôte l'espérance d'obtenir justice dans aucun tribunal ; mais c'est alors que la charité (de

Et c'est ce qui faisait que les purs, les zélés du parti notèrent en lui, à dater d'un certain jour, des signes d'affaiblissement. Il est vrai qu'on n'en parlait qu'avec respect encore, et comme de la faiblesse d'un *grand homme :* « M. Du Guet, ah! je lui ai trop d'obligation pour en dire du mal, s'écriait M. d'Étemare ; je le respecte comme mon père, et je lui ai offert de l'être. »

« J'avois été autrefois porté, disait-il, à croire que M. Du Guet étoit un plus grand esprit que saint Augustin, mais j'en suis bien revenu, et je crois que saint Augustin, dans son total, lui est bien supérieur, quoique M. Du Guet soit supérieur à saint Augustin pour certaines parties. »

Voici qui est assez piquant et qui a du vrai ; c'est toujours le même M. d'Étemare qui parle, et dont nous surprenons les paroles dans toute leur familiarité et aussi leur sincérité :

« M. d'Asfeld avoit remarqué l'affoiblissement d'esprit de M. Du Guet ; il se servit même, pour me l'exprimer, de l'exemple du corps de saint Augustin qu'on venoit de retrouver (juillet 1728), et me dit : « *De M. Du Guet aussi, nous n'avons plus que le corps*[1]. »

---

ceux que l'on persécute) doit démêler ce qui vient des passions des hommes et ce qui est réglé par la divine Providence, et souffrir avec patience une injustice qui ne peut les priver de leur innocence, ni leur faire perdre la liaison intime qu'ils conservent avec Jésus-Christ et avec son Église, dont ils respectent l'autorité, dont ils honorent les Pasteurs, dont ils prennent soin de défendre l'unité par leurs discours et par leur exemple, qu'ils recherchent avec encore plus d'empressement depuis qu'ils en paroissent séparés, et à qui ils n'imputent point les préjugés et les traitements injustes de quelques Pasteurs, dont la conduite ne répond ni à sa lumière ni à son équité. »

1. M. d'Asfeld, l'ami intime de Du Guet, presque son élève (il était de quatorze ans plus jeune), et comme lui l'un des noms les plus honorables de ce Jansénisme de transition, ne put échapper entièrement lui-même à la sévérité d'opinion des zélés et à leur dédain qui perçait sous les louanges. C'est en vain qu'il fut en Sorbonne le chef des Réappelants contre la Bulle, à tel point que

« Trois dons que M. Du Guet croyoit avoir : le *don
de l'intelligence de l'Écriture*, le *don du conseil*, et le
don de la solitude. Il n'a pas eu ce dernier. M. Boileau
m'a dit un jour : « Il croit avoir le don de la solitude et
« ne l'a pas. » J'avois peine alors à le croire, mais
j'ai vu depuis que M. Boileau avoit raison. Sa retraite
lui a affoibli l'esprit. » — Si elle ne lui avait point affaibli l'esprit, elle lui avait du moins donné des tendresses de vue, des sensibilités et susceptibilités d'impressions trop vives.

On disait que son affaiblissement était d'une espèce
particulière ; car, lorsqu'on causait avec lui, on était
bien forcé de lui reconnaître tout son esprit et tout son

ceux des docteurs qui le suivaient de près s'appelaient le *Régiment
d'Asfeld* ; c'est en vain qu'il s'illustra par le plus *beau Réappel*,
c'est-à-dire par l'Interrogatoire qu'il soutint en mars 1721 devant
le lieutenant de police Baudry : « L'*Interrogatoire* de M. l'abbé
d'Asfeld est une belle pièce assurément, disait M. d'Étemare, et
qui détermina plusieurs à se mettre sur la liste ; mais madame de
Vieuxbourg fit dans le temps, au coin du feu, une terrible réflexion sur cette pièce : *Il semble voir un homme qui est devant
son miroir*. On voit un homme qui s'écoute parler, qui cherche à
bien dire : on n'y voit point cette noble simplicité des réponses des
martyrs, comme dans les *Acta sincera Martyrum !* » Quand on avait
dit : *Il parle devant un miroir*, on croyait avoir défini M. d'Asfeld. Et encore : « Il n'y a rien de si beau et de si solide que cette
Lettre de M. l'abbé d'Asfeld au cardinal de Noailles en 1714, où il
dit que recevoir la Constitution, c'est apostasier. Nous crûmes alors
que cette façon de penser étoit bien avant et bien ferme dans son
esprit ; nous avons trop vu, depuis, le contraire, et combien il s'est
affadi.... Une convulsionnaire qui venoit de mourir dans les *secours*,
cela le touchoit plus, à la fin, que l'énormité de la Constitution,
quoiqu'il n'eût point renoncé à son Appel. *Ils ne se soucioient plus
que de la gloire des hommes.* » — *Ils*, c'est-à-dire l'abbé d'Asfeld et
autres de sa nuance, à l'exemple de son célèbre ami et conseil l'abbé
Du Guet, étaient, après tout, des hommes de bon sens qui s'arrê-
tèrent devant des absurdités trop criantes et que la coterie des entêtés estimait affaiblis ou affadis, peut-être parce qu'ils l'étaient un
peu, mais surtout parce qu'ils ne donnaient pas dans les extrêmes.
Ce M. d'Étemare, avec ses conversations, nous est bien précieux.

charme. On disait donc que, sur la fin de sa vie, il avait l'esprit affaibli « *quant au jugement*, mais non quant à la facilité de parler et quant à l'éloquence et au bon sens, qu'il a conservé jusqu'à sa mort. »

Cependant d'autres témoins, plus extérieurs. il est vrai, l'ont jugé jusqu'à la fin. une très-bonne tête. Grosley, parlant des missions jansénistes qui se faisaient à Troyes (car le Jansénisme était alors dans sa période envahissante), et racontant les captations, les intrigues de tous ces nouveaux docteurs qu'il avait vus dans son enfance, ne nomme à cette occasion Du Guet que comme y étant nettement et fermement opposé. Et quand le fanatisme des Convulsions, arrivé de Paris, d'où il se propageait comme par un mot d'ordre, se vint ouvrir une succursale dans cette ville toute janséniste : « S'il y étoit prêché, dit Grosley, par les Pères Guérin, Pierre-court et par quelques-uns des exilés, il y étoit combattu par quelques bonnes têtes, dirigées par le savant Du Guet qui résidoit alors à Troyes : mon père le voyoit souvent. » Et encore : « M. l'abbé Du Guet passa à Troyes quatre années, de 1725 à 1728, et ensuite l'année 1732. Je me souviens d'un charivari dans toutes les formes qui fut donné à l'abbé Du Guet, lorsqu'en 1732 sa Lettre sur les *Nouvelles ecclésiastiques*, datée de Troyes, fut répandue dans le public ; charivari dont eut ensuite sa part le Père Bousquet, alors supérieur du grand séminaire[1]. »

Un charivari à Du Guet, donné par les forcenés du parti et par la lie janséniste convulsionnaire, voilà un honneur qui lui était bien dû, mais dont nous n'aurions eu aucune nouvelle sans Grosley, les historiens et gazetiers ecclésiastiques l'ayant soigneusement dissimulé.

Et en effet, le vieillard sensé et délicat, en présence

---

1. *Œuvres inédites* de Grosley, tome I, p. 216.

de ces orgies sacrées et des récits périlleux qu'on en faisait, n'avait pu se contenir. En lisant, dans les *Nouvelles ecclésiastiques* du 24 décembre 1731, que les incrédules qui niaient les miracles du diacre Paris, ou qui les expliquaient par des raisons naturelles, seraient amenés désormais à nier ou à expliquer pareillement ceux de Jésus-Christ, il s'était indigné du rapprochement; il avait écrit (9 février 1732) à un jeune confrère de l'Oratoire de Juilly, Pinel, une lettre, devenue publique, qui lui attira dans cette même feuille, à la date du 15 mars 1732, une réponse, d'ailleurs mesurée et convenable [1].

C'est qu'aussi, pour tout ce qui n'était pas la populace du parti, Du Guet, même dissident et désapprouvant, imposait toujours. Cependant les ardents de tout ordre avaient frémi. Colbert, l'évêque de Montpellier, écrivait, à la date du 13 mai 1732, à M. de Caylus, évêque d'Auxerre : « Vous avez lu la lettre de M. Du Guet; c'est une tache dans sa vie. » Quand les gros bonnets de l'ordre s'expriment ainsi, les gens de la rue traduisent à leur manière ; ils organisent un charivari ou crient *à la lanterne !*

La lettre de Du Guet fut un événement. C'était le premier signal public de dissidence parmi les Appelants restés fidèles. On la déplora fort, on en fit mille do-

---

1. Si j'en crois mes auteurs bien informés, Du Guet avait des droits sur les *Nouvelles ecclésiastiques:* « car c'étoit lui-même qui avait engagé à les entreprendre, et il avoit eu pour cela avec celui qui les avoit entreprises une conversation de deux heures ; il lui avoit donné le plan, suivant lequel il pensoit qu'on pouvoit faire des Nouvelles ecclésiastiques. Enfin il avoit été pleinement le maître des *Nouvelles,* quoiqu'il ne les fît pas lui-même, puisqu'on le consultoit là-dessus à chaque instant, et qu'il avoit pouvoir d'en retrancher ou d'y ajouter tout ce qu'il vouloit. » Si cela était, Du Guet n'est pas le dernier exemple d'un fondateur et inspirateur de journal, qui voit ce journal lui échapper et tourner autrement qu'il n'aurait voulu.

léances. Cependant bien des gens sensés s'y ralliaient, et parmi ceux même qui d'abord s'élevèrent contre, la plupart furent bientôt forcés, à leur tour, d'en venir à une manière de protestation contre de trop révoltants excès et de plus en plus indécents. Vers la fin de cette même année 1732, M. Boursier, le grand personnage influent à Paris et le directeur du Jansénisme central, jugea qu'il était urgent de convoquer un Conseil de théologiens que la prudence fit bientôt réduire au nombre de sept, pour examiner les cas et pour fixer quelques règles provisoires de conduite : c'est ce qu'on appelait juger des Convulsions *par les règles*. On essaya d'en donner aussi sur les *secours* permis ou non permis. C'est qu'en présence des recrues de Convulsionnaires qui renchérissaient chaque jour les uns sur les autres et qui faisaient secte, et des sectes à plusieurs branches, les *Augustiniens*, les *Vaillantistes*, les *Galetistes*, les *Margouillistes*, etc., il fallait bien intervenir tôt ou tard et crier *holà !* Le Colbert lui-même, cet entier et opiniâtre évêque de Montpellier, fut bien obligé d'avoir ses limites : il est des degrés jusque dans l'absurde. On le voit s'arrêter un peu tard, mais s'arrêter et tonner contre un nommé Vaillant, et surtout contre certain frère Augustin qui se donnait comme un homme envoyé de Dieu, un précurseur d'Élie et même supérieur à Élie. Cet Augustin qui du moins ne marchandait pas, et qui disait : « Nous sommes quatre qui rendons témoignage, le Père, le Fils, le Saint-Esprit, et moi ! » s'était établi, au milieu de l'été de 1734, dans la paroisse de Milon, située non loin de Port-Royal des Champs ; il souilla de sa frénésie le vallon. M. Colbert se séparait énergiquement de ces énergumènes ; Du Guet l'avait fait avant tous [1].

---

1. Quand on a assisté à ces absurdités et à ces ignobles scènes

Vers la fin de 1732, Du Guet put revenir de Troyes à Paris, du consentement de l'archevêque M. de Vintimille et du cardinal de Fleuri. Il y mourut subitement, le 25 octobre 1733, à 84 ans. On l'enterra dans le cimetière de Saint-Médard, à côté de Nicole, ce qui est bien sa place, mais trop près du diacre Paris[1].

J'ai dû, en ne dissimulant pas quelques ombres, insister sur cette figure et cette physionomie de Du Guet. Il nous appartient. Sans doute il n'a pas été précisément un homme de Port-Royal, mais il a été un cousin-germain de Port-Royal, et le plus aimable, le plus distingué de tous. Ce mot de *cousin-germain* n'est pas de

que nous faisons seulement entrevoir ici, et qui envahissent presque tout le Jansénisme du dix-huitième siècle, on comprend que le grand Frédéric ait pu dire, causant avec le prince de Ligne : « Mon Dieu ! que les Jansénistes d'à présent sont bêtes ! Il ne fallait pas détruire le foyer de leur génie, ce Port-Royal, tout exagéré qu'il était.... » — Et M. de Chateaubriand, dans son emphase poétique, n'a pas dit autrement : « Port-Royal, sublime à sa naissance, changea et s'altéra tout à coup, comme ces emblèmes artiques qui n'ont que la tête d'aigle. »

1. Le charivari de Troyes, on peut le penser, n'avait pas laissé madame Mol insensible; elle ne se contenait plus, elle était comme une lionne. On raconte en effet que dans les premiers mois de 1732, à l'insu de son oncle et sous prétexte de le venger, elle écrivit une lettre au Cardinal ministre et une autre au Procureur général. Dans cette lettre, elle accusait M. Boursier de s'opposer à son oncle, de travailler à mettre le trouble dans l'Église, d'avoir des correspondances, des bureaux, des agents. Elle nommait ceux qui tenaient les bureaux : il y avait neuf personnes de nommées. Les personnes qui composaient la famille dans la maison de qui demeurait M. Boursier en étaient, en sorte que l'on craignit une visite. Ce fut toute une affaire que cette dénonciation, qu'au reste le Cardinal et le Procureur général prirent, à ce qu'il paraît, en plaisantant. On ne savait comment informer M. Du Guet de l'esclandre; on n'osait pas, et d'ailleurs madame Mol obstruait les accès. — Elle continua, après la mort de son oncle, d'écrire, de fulminer, de récriminer, disant à tort et à travers des choses qui n'étaient pas toutes très-déraisonnables, et qui, bien examinées, jetteraient du jour sur les mystères du parti à cette époque.

moi, et il ne lui a même été donné par M. d'Étemare que par manière de restriction et de répréhension : « M. Du Guet, disait cet ingénieux et systématique personnage, a été le *cousin-germain* de Messieurs de Port-Royal et n'en a pas été le *fils*. Il avoit été tout près de reconnoître que Port-Royal *faisoit tige* : il y eut un instant où il ne s'en fallut de rien ; mais il tourna tout d'un coup et pour toujours. C'est en 1723, dans cette conversation que j'eus avec lui, où pour la première fois je vis en lui de la passion et de l'humeur. Quelles suites cela n'a-t-il pas eues dans les affaires de l'Église ! Aujourd'hui[1] il est évident que Port-Royal *faisoit tige*. Quand nous allâmes porter les sacrements à Port-Royal (en 1709), M. Du Guet nous approuva fort, regardant ces religieuses uniquement comme des innocentes qu'il falloit défendre ; mais ce n'étoit pas lui qui nous y avoit invités. »

Or, il est clair pour nous, au contraire, que Port-Royal *ne faisait pas tige*, c'est-à-dire qu'il ne devait pas être le principe d'une nouvelle génération qui aurait tout embrassé et tout recommencé ; et Du Guet a eu raison de n'y voir qu'un admirable exemple, mais particulier, du plus pur Christianisme. Il a été fidèle au bon sens jusque dans ses religions et ses admirations pour les pieux amis qui l'avaient précédé, et cette qualité mitigée de cousin-germain de Port-Royal reste à nos yeux son plus beau titre.

Venu dans le dix-septième siècle trop tard pour y être classé, pour y prendre un rang tout à fait assuré et définitif parmi ses pairs, Du Guet mourut trop avant dans le dix-huitième pour que sa mémoire ne restât pas la propriété comme exclusive du parti étroit qui, après tout, le réclamait pour sien et s'en honorait grandement

---

1. M. d'Étemare tenait ce discours le 5 juin 1763.

avec raison [1]. L'ensemble de ce siècle ne le connut pas, et il ne se trouve mentionné chez aucun des écrivains qui, à dater de ce temps, obtiennent et distribuent la gloire. Les illustres du dix-huitième siècle, les contradicteurs directs de Pascal, savent à peine son nom, et les *Nouvelles ecclésiastiques* (ô contrariété dernière !) l'appellent à tue-tête le *grand* Du Guet, lui le modeste.

Il eut du moins, à travers cela, sa clientèle obscure et fidèle de quelques âmes humbles qu'il a consolées.

Admirable cœur, admirable esprit, fonds vivant de doctrine, et à qui il n'a rien manqué comme chrétien ; grand talent auquel il n'a manqué que du jour, et de ne pas être toujours étouffé dans des voies d'oppression.

Mais venons-en, pour couronner Port-Royal, à un glorieux ami de Du Guet, à un tendre et brillant génie que rien n'a étouffé, et qui, même au temps où il s'est mortifié le plus dans ses dons, s'est réveillé tout d'un coup, après quinze années de silence, pour donner deux saints chefs-d'œuvre, dont le dernier n'a point d'égal en beauté ; venons-en à l'auteur d'*Esther* et d'*Athalie*.

---

1. « Il n'est pas douteux qu'on lui eût fait opérer des miracles s'il n'eût pas condamné les Convulsions et s'il eût regardé la Gazette ecclésiastique comme un ouvrage badin, inspiré par la charité. » Le mot est de Voisenon, cet abbé voltairien.

X

La famille Racine dans ses relations avec Port-Royal. — Racine enfant, élève chéri de ces Messieurs. — Ses vers sur sa patrie des Champs. — Descriptions et hymnes. — Premiers essais profanes. — Légèretés et libertinage. — Railleries et ingratitude. — Séjour à Uzès. — Ce qu'il y a fait, ce qu'il y a vu. — Retour à Paris. — Liaison avec Boileau. — Rupture et guerre avec Port-Royal. — Deux petites Lettres. — Art et malice.

« M. Racine poëte, *solitaire de Port-Royal :* » ainsi est-il désigné dans l'un de nos Nécrologes, et les seuls ouvrages mentionnés de lui sont *Esther, Athalie,* les *Cantiques spirituels,* et l'*Abrégé de l'Histoire de Port-Royal :* le reste demeure soigneusement oublié. Cependant on y ajoutait quelquefois, par quiproquo, *la Thébaïde :* « La solitude qu'il y trouva (à Port-Royal des Champs), lit-on dans le grand Nécrologe, lui fit produire *la Thébaïde,* qui lui acquit une très-grande réputation dans un âge peu avancé. » Le bon rédacteur, qui n'avait pas lu son Racine, ne supposait pas qu'il pût y avoir d'autre Thébaïde au monde que la Thébaïde sainte. Cela déjà nous indique que, si Racine fut compté dans Port-Royal, ce fut toujours bien moins pour ses écrits que pour ses services [1].

1. Voici un petit échantillon des jugements singuliers que l'es-

Par sa naissance et par son enfance, Racine tenait à Port-Royal de tous les côtés. Son cousin Vitart, qui fut depuis intendant du duc de Luines, se trouvait du nombre des premiers enfants que M. de Saint-Cyran faisait élever à la maison des Champs avec les jeunes Bignon; il le devait, on l'a dit[1], à sa qualité de neveu de la sœur Suzanne Des Moulins, cellerière. Lors de ce qu'on appelle la première dispersion des solitaires, lesquels n'étaient encore que trois ou quatre (1638), MM. Le Maître et de Séricourt, et Lancelot qui avait soin du petit Vitart, se retirèrent à La Ferté-Milon chez M. et madame Vitart, — celle-ci grand'tante de Racine qui allait naître (décembre 1639). Le séjour de ces Messieurs à La Ferté-Milon produisit des fruits particuliers dans la famille de Racine et redoubla, resserra les liens pieux entre elle et Port-Royal. C'est par suite de cette édification que se retira quelques années après au monastère des Champs la grand'mère de Racine, Marie Des Moulins, veuve de Jean Racine, contrôleur au grenier à sel de La Ferté-Milon : elle avait eu déjà à Port-Royal une sœur religieuse[2]; elle y avait alors une fille également religieuse, et qui devait parvenir un jour aux dignités. Dès son arrivée, elle s'employa, avec une grande affection et tous les soins dont elle était capable, au ser-

prit de parti, l'esprit de *clocher*, dictait à Port-Royal et aux Jansénistes : ·

— « M. Arnauld, qui est sans contredit le plus grand génie de son siècle. »

— « M. Racine, solitaire, auteur d'*Esther* et d'*Athalie*, et de *la Thébaïde*. »

— Le *grand Colbert*, tout court, c'est-à-dire l'évêque de Montpellier.

— Ajoutez-y « M. de Fénelon, *fort connu par ses romans;* » car c'est ainsi que se plaisaient à l'appeler les Jansénistes.

1. Au tome I, page 498.
2. La sœur Suzanne Des Moulins. Racine fils dit qu'elle y eut *deux* sœurs religieuses ; les Nécrologes ne font mention que d'une.

vice de la maison des Champs. C'est de cette humble veuve Racine que parle la mère Angélique dans une lettre à M. Le Maître, de mai 1652 : « La pauvre madame Racine m'écrit que vous lui avez fait la charité de lui parler, dont elle est très-consolée, et me prie de vous la recommander, comme je fais de tout mon cœur. C'est une très-bonne femme, vous le verrez; elle est capable de bien servir et sans timidité. On m'a dit que la mère L... et sa fille la gourmandent, et qu'elle n'ose rien faire sans leur congé. Je ne m'arrête guère aux discours des valets, sachant bien qu'ils sont passionnés et mauvais juges; mais je vous supplie très-humblement d'y prendre garde. » — De plus, M. Vitart père s'en revint, dès 1639, avec ces Messieurs au monastère des Champs, et y prit soin, en bon économe, du ménage et de la ferme jusqu'à sa mort en 1641 ou 1642. Sa veuve vécut à Paris dans le quartier de Port-Royal, en sainte femme, et elle exerçait en même temps la profession de *sage-femme*[1]. C'est elle qui cacha durant les persécutions M. Singlin, M. de Saci et autres Messieurs, dans une petite maison du faubourg Saint-Marceau qui appartenait à son gendre ; elle habitait le bas et paraissait occuper tout le logis. Le fils Vitart, après ses études faites, entra chez le duc de Luines sur le pied d'intendant, et était souvent à Chevreuse. Il y avait donc eu comme une transplantation de presque toute la famille de Racine à Port-Royal et aux environs. Rien de plus simple qu'il y ait été élevé, de même qu'une de ses sœurs (ou plutôt cousine-germaine) s'y fit religieuse[2].

1. M. Paul Mesnard doute qu'elle eût réellement une si humble profession ; il incline à croire que, si elle en remplissait l'office, ce devait être affaire de charité.
2. Cette *sœur* de Racine, religieuse, a fait question. Il semblait d'abord qu'il n'y eût pas lieu au doute : elle est mentionnée sous ce titre dans le *Supplément au Nécrologe*. On y lit : « Le trente et

Jean Racine fut orphelin dès l'enfance, si on peut l
dire orphelin au milieu d'une famille si nombreuse et si

unième jour de mai 1687, mourut à Port-Royal la sœur Marie de
Sainte-Geneviève Racine, religieuse professe de ce monastère. Elle
étoit nièce de la mère Agnès de Sainte-Thècle Racine, et sœur
de l'illustre poëte de ce nom. » Comment supposer qu'il y avait
erreur? Cependant M. Paul Mesnard, dans son excellente *Notice
biographique sur Racine*, l'a à peu près démontré. En pareille
matière, j'avoue que je tiens le plus possible pour la tradition
jusqu'à preuve du contraire. J'ai donc essayé de tenir bon jusqu'au
bout pour cette sœur de Racine, ainsi inscrite au *Nécrologe*, et je
suis même allé jusqu'à demander à M. Mesnard si, à la rigueur, elle
ne pouvait pas être une sœur de père, ne fût-ce qu'à titre illégitime.
M. Mesnard, voulant bien résumer ses arguments, m'a répondu :

« Je suis un peu obstiné au sujet de la prétendue sœur de Racine. Le
père de Racine, né en 1615, épousa, n'étant encore âgé que de vingt-trois
ans, le 13 septembre 1638, Jeanne Sconin. De cette union naquit, après
quinze mois, le poëte Jean Racine ; donc la naissance d'un autre enfant
n'est pas possible avant la sienne. Un second enfant, Marie Racine (madame Rivière) naquit du mariage de Jean Racine et de Jeanne Sconin en
janvier 1641, treize mois après le poëte ; et le 28 de ce même mois de janvier, Jeanne Sconin était morte. Il est donc évident que du mariage de
Jean Racine et de Jeanne Sconin il ne naquit que deux enfants, le poëte
Racine et madame Rivière. Pour que Racine ait eu une sœur à Port-
Royal, faut-il supposer que son père avait eu une fille illégitime avant son
mariage? Il s'y serait pris de bonne heure, puisqu'il se maria à 23 ans ;
il s'allia à une famille qui semble avoir été dans une situation supérieure
à la sienne ; et on a peine à croire qu'elle eût accepté une situation assez
scandaleuse dans une petite ville. La sœur de Racine, dont on parle, se-
rait-elle née du second mariage de Jean Racine avec Madeleine Vol, enfant posthume dans ce cas, puisque Jean Racine mourut trois mois après
son second mariage? Cela ne serait sans doute pas impossible ; mais je ne
le crois pas, parce que j'ai minutieusement consulté jour par jour les registres de l'État civil à La Ferté-Milon, et que je n'y ai trouvé aucune fille
de Jean Racine et de Madeleine Vol. Louis Racine ne parle point de cette
sœur de son père. Dans la Correspondance de Racine aucune trace d'elle
non plus, tandis qu'il y est si souvent question et de sa tante la mère
Agnès de Sainte-Thècle, et de madame Rivière. — Au contraire, je
trouve dans les registres de La Ferté-Milon la naissance de Marie-Gene-
viève Racine, fille de Claude Racine, oncle du poëte. Cette même fille de
Claude est portée dans un ancien tableau généalogique avec cette mention : *Religieuse à Port-Royal*. Comment ne pas croire que c'est là celle
que le *Nécrologe* appelle *Marie de Sainte-Geneviève Racine* (noms presque
identiques), *sœur de Racine*? Elle n'était, il est vrai, que sa cousine-
germaine ; mais comme elle était nièce de la mère Agnès de Sainte-Thècle,
aussi bien que Racine en était le neveu, bien des personnes pouvaient les
croire frère et sœur. Le *Nécrologe* n'y regardait pas toujours de si près. »

sainte ; son père et sa mère morts le laissèrent en bas âge. Il fut d'abord envoyé pour ses premières études au collége de la ville de Beauvais, et il paraît qu'il n'en sortit qu'en octobre 1655 pour venir à Port-Royal ; selon les dates données par son fils (et qui ne sont point d'ailleurs d'une entière certitude), il en sortit en octobre 1658 pour aller faire sa philosophie au Collége d'Harcourt ; il ne serait donc resté à Port-Royal que trois ans, depuis l'âge de seize ans jusqu'à dix-neuf. Ces années tombent précisément dans le temps de la dispersion des Écoles, du moins de l'école des Granges, qui eut lieu en 1656. M. Walon de Beaupuis conserva quelques enfants au Chesnay jusqu'en 1660 ; mais il y a lieu de croire que le *petit* Racine, comme on l'appelait, resta par exception à Port-Royal des Champs et qu'il continua d'étudier, peut-être seul, ou peut-être avec le duc de Chevreuse à Vaumurier, c'est-à-dire encore à Port-Royal des Champs, sous Lancelot, Nicole, et aux soins particuliers de M. Le Maître ou de M. Hamon.

Ces trois années passées dans le saint désert furent décisives pour le jeune Racine : ses études s'y fortifièrent, et il y acquit tout son premier fond de goût et de savoir antique ; sa sensibilité s'y développa avec d'autant plus d'abandon et d'effusion qu'il y était presque solitaire, et que les compagnons, par suite de cette dispersion de l'école des Granges, ne l'y troublaient pas.

On sait les anecdotes, les circonstances touchantes de ce studieux séjour du poëte adolescent. On a cette bonne lettre de M. Le Maître, réfugié pour quelque temps à Bourg-Fontaine, du 21 mars 1656 :

« Mon fils, je vous prie de m'envoyer au plus tôt l'*Apologie des saints Pères*, qui est à moi, et qui est de la première impression ; elle est reliée en veau marbré, in-4°. J'ai reçu les cinq volumes de mes *Conciles*, que vous aviez fort bien empaquetés; je vous en remercie. Mandez-moi si tous mes livres sont au château (à Vaumurier) bien arrangés sur des tablettes, et si tous mes onze volumes de saint Chrysostome y sont, et voyez-les de temps en temps pour les nettoyer. Il faudroit mettre de l'eau dans des écuelles de terre, où ils sont, afin que les souris ne les rongent pas. Faites mes recommandations à madame Racine (la grand'mère), et à votre bonne tante (la religieuse), et suivez leurs conseils en tout. La jeunesse doit toujours se laisser conduire et tâcher de ne point s'émanciper. Peut-être que Dieu nous fera revenir où vous êtes. Cependant il faut tâcher de profiter de cette persécution, et de faire qu'elle nous serve à nous détacher du monde, qui nous paroît si ennemi de la piété. Bonjour, mon cher fils; aimez toujours votre papa comme il vous aime. Écrivez-moi de temps en temps. Envoyez-moi aussi mon *Tacite* in-folio. »

L'adresse : « Pour le *petit Racine*, à Port-Royal[1]. »

Pauvre Racine! s'il relut plus tard cette bonne lettre, qu'il dut se repentir et pleurer! car elle éclaire le tort qu'il eut envers la mémoire de M. Le Maître, et ce qui nous semblera à nous-même la pire action de sa vie; mais il se repentit si fort qu'on n'a plus le courage de le lui reprocher.

On a les vers latins et français par lesquels il célèbre Port-Royal. Dans les distiques latins *Ad Christum*, il parle déjà du monastère comme il en aurait pu parler la veille de sa mort, — ce monastère battu par la tempête et de toutes parts menacé :

> Hanc tutare domum, quæ per discrimina mille,
>   Mille per insidias vix superesse potest.
> Aspice ut infandis jacet objectata periclis,
>   Ut timet hostiles irrequieta manus.

Il parle déjà comme un des vieux solitaires et en leur

---

[1]. La mère Angélique, dans une lettre à la reine de Pologne, parle d'un *petit* qui n'a que dix-huit ans et qui peint sans avoir appris.

nom : *Nos quondam tot tempestatibus actos....* Il implore la paix, un jour serein et pur :

> Pacem, summe Deus, pacem te poscimus omnes ;
> Succedant longis paxque quiesque malis.

Après les temps d'épreuves et la sortie d'Égypte, après l'orage il ne désire rien tant que ce port, cet asile de Grâce :

> Te duce, disruptas pertransiit Israel undas :
> Hos habitet portus, te duce, vera salus.

Port-Royal, c'est sa patrie à lui, c'est sa nourrice, sa famille d'adoption. Port-Royal entretint, développa dans Racine tous les sentiments de famille : Racine ne fut jamais orphelin.

Quant à ses odes en français, comprises sous le nom de *Paysage, ou Promenade de Port-Royal des Champs*, elles sont assez connues ; trop faibles et trop d'un poëte enfant pour qu'on en puisse citer beaucoup, il y a pourtant déjà de l'accent des chœurs d'*Esther*, par exemple dans ces doux endroits qu'il suffit de rappeler :

> Je vois ce Cloître vénérable,
> Ces beaux lieux du Ciel bien aimés,
> Qui de cent temples animés
> Cachent la richesse adorable, etc.
>
> . . . .
> Sacrés palais de l'innocence,
> Astres vivants, chœurs glorieux,
> Qui faites voir de nouveaux Cieux
> Dans ces demeures de silence ! etc.

Les mots sont faibles ou vagues, mais il y a le mouvement, le souffle.

On reconnaît surtout, à cette description abondante et complaisante du paysage, des bois, de l'étang, des prairies, quel vif et frais sentiment, quel amour de la nature nourrissait cette jeune âme. Ce même vallon que les autres jugeaient affreux et sauvage, et la *mortification des yeux* par son horizon borné, lui, il y voyait ses chastes délices et en recueillait, en l'embellissant, chaque image. Nous aurons à dire et à répéter souvent que Racine est de ces talents qui auraient fait ce qu'ils auraient voulu dans chaque genre, qui y auraient excellé, dès qu'ils s'y seraient exercés. Dans le descriptif ou le pittoresque, que n'aurait-il pas fait s'il l'avait voulu, lui qui, tout novice, peignait avec tant d'artifice et de menue curiosité les reflets et le miroir de l'étang, le vol rasant de l'hirondelle sur les eaux, les sillages argentés des poissons, les papillons, ces vivantes fleurs qui voltigent sur les herbes par les prairies et donnent le change aux abeilles ?

> C'est là qu'en escadrons divers
> Ils répandent dedans les airs
>   Mille beautés nouvelles,
> Et que les essaims abusés
>   Vont chercher sous leurs ailes
> Les pleurs que l'Aurore a versés.

On a en ces strophes un premier Racine juvénile tout naturel et d'avant Boileau, le Racine bel esprit et rêveur, se souvenant de *la Solitude* décrite par Saint-Amant, descendant de Pétrarque sans le savoir, sentant déjà d'avance comme Lamartine enfant à Milly. Y a-t-il au début, entre Boileau et lui, assez de différences de nature ! l'un tout occupé des embarras des rues de Paris, des originaux du coin, et des mauvais vers qui ne font qu'un saut du Palais chez l'épicier ; ayant au cœur, *dès quinze ans, la haine d'un sot livre :* l'autre tout épris des fleurs, de la rosée, des ombrages et des eaux, y laissant volontiers courir son vers fluide et un peu brillanté, mais ému, et déjà sans doute y mêlant tout bas de vagues et chers fantômes.

Car c'était en errant par ces prairies, en s'enfonçant sous ces bois, qu'il allait lire, apprendre, par cœur, en dépit du bon Lancelot, ce roman d'Héliodore, *Théagène et Chariclée*, espèce d'*Estelle et Némorin* d'un Florian grec. Il rêvait déjà quelque tragédie là-dessus, assez pareille à celle de *Pyrame et Thisbé* de Théophile, qu'il ignorait encore. Il rêvait déjà pour lui-même, à travers sa piété confuse et rougissante, de semblables aventures.

Tout pourtant n'était pas sitôt ni également profane dans les essais de sa muse. Il s'essayait dès lors à traduire en vers les Hymnes du Bréviaire que plus tard, très-retouchées, revues et refaites, il mit dans ce Bréviaire, que l'on condamna, de M. Le Tourneux. Je me figure que, le lendemain de quelque rêverie trop prolongée sur les tendresses de Chariclée et de Théagène au fond des bois, le jeune Racine troublé et repentant s'exerçait à ces Hymnes pures de *Laudes* :

> L'oiseau vigilant nous réveille,
> Et ses chants redoublés semblent chasser la nuit :
> Jésus se fait entendre à l'âme qui sommeille,
> Et l'appelle à la vie, où son jour nous conduit.

> « Quittez, dit-il, la couche oisive
> Où vous ensevelit une molle langueur ;
> Sobres, chastes et purs, l'œil et l'âme attentive,
> Veillez : je suis tout proche, et frappe à votre cœur. »

> Ouvrons donc l'œil à sa lumière,
> Levons vers ce Sauveur et nos mains et nos yeux ;
> Pleurons et gémissons : une ardente prière
> Écarte le sommeil, et pénètre les Cieux.

Et encore :

> Sombre nuit, aveugles ténèbres,
> Fuyez ; le jour s'approche, et l'Olympe blanchit :
> Et vous, Démons, rentrez dans vos prisons funèbres ;
> De votre empire affreux un Dieu nous affranchit.

> Le soleil perce l'ombre obscure ;
> Et les traits éclatants qu'il lance dans les airs,
> Rompant le voile épais qui couvroit la nature,
> Redonnent la couleur et l'âme à l'univers.

Et ceci :

> Les portes du jour sont ouvertes,
> Le soleil peint le ciel de rayons éclatants :
> Loin de nous cette nuit dont nos âmes couvertes
> Dans le chemin du crime ont erré si longtemps !
>
> Imitons la lumière pure
> De l'astre étincelant qui commence son cours,
> Ennemis du mensonge et de la fraude obscure ;
> Et que la vérité brille en tous nos discours.
>
> Que ce jour se passe sans crime,
> Que nos langues, nos mains, nos yeux soient innocents ;
> Que tout soit chaste en nous, et qu'un frein légitime
> Aux lois de la raison asservisse les sens !
>
> . . . .
>
> L'astre avant-coureur de l'aurore,
> Du soleil qui s'approche annonce le retour ;
> Sous le pâle horizon l'ombre se décolore :
> Lève-toi dans nos cœurs, chaste et bienheureux jour !

M. de Saci, dit-on, vit ces premiers essais de vers pieux, bien moins élégants sans doute qu'on ne les a maintenant, mais dont quelque heureuse strophe devait déjà être trouvée ; il ne les goûta point, et représenta au jeune Racine que la poésie n'était pas son talent. Lui-même M. de Saci était poëte, il était *orfévre* et ne pouvait l'oublier, tout saint qu'il était ; il avait traduit de ces mêmes Hymnes d'Église, il ne trouva pas que les traductions de Racine ressemblassent assez aux siennes. Il ne l'avoua point pour son disciple en fait de vers[1].

---

1. Perrault, d'après des renseignements jansénistes, a dit que le jeune Racine, « ayant lu à Port-Royal des Champs, tandis qu'il

M. Le Maître n'était pas d'avis, non plus, que Racine fût poëte; mais il aurait voulu faire de lui un avocat, c'est-à-dire ce qui lui semblait de plus beau au monde quand on n'était pas solitaire.

Racine passa de Port-Royal au Collége d'Harcourt pour y faire sa philosophie. Sa passion pour la poésie allait croissant, et l'image de ses premiers maîtres absents pâlissait. En 1660, au sortir de sa philosophie, n'ayant que vingt et un ans, il fit son Ode intitulée *la Nymphe de la Seine*, pour le mariage du roi. Son cousin Vitart qui, par l'hôtel de Luines, connaissait les littérateurs en crédit, porta l'Ode à Chapelain, le grand patron d'alors, lequel, après examen, rendit cette sentence : « L'Ode est fort belle, fort poétique, et il y a beaucoup de stances qui ne peuvent être mieux. Si l'on repasse le peu d'endroits que j'ai marqués, on en fera une fort belle pièce. » L'endroit le plus considérable à changer fut celui où l'auteur avait mis des *Tritons* dans la Seine, dans un fleuve, là où il n'y a que des Nymphes. — C'était le plus grave crime aux yeux de Chapelain.

Au sortir de chez M. Chapelain, M. Vitart passa chez

y faisoit ses études, les excellentes Poésies de M. d'Andilly, la traduction du poëme de Saint-Prosper par M. de Saci, et surtout les traductions *admirables* des Hymnes de l'Église du même auteur, s'appliqua à faire à son tour des traductions en vers de quelques Hymnes. » J'ai moi-même entendu louer les versions en vers de M. de Saci qui sont dans les Heures de Port-Royal, et un homme dont le souvenir est resté respectable et cher à tous ceux qui l'ont connu, un homme que j'ai plaisir à nommer à côté de M. Vinet, M. le pasteur Verny, me disait un jour : « Le *Veni Creator* de M. de Saci est charmant. » — Eh bien! non, je viens de relire ce *Veni Creator* traduit; ce n'est pas mal, mais ce n'est pas charmant. Quand on a fait une fois les vers des Racines grecques, on ne peut rien faire de charmant en poésie. — J'ai pourtant noté, comme exception singulière, la traduction du *Salvete, flores Martyrum*, de M. de Saci (tome IV, p. 328). — M. Paul Mesnard a eu à discuter ce point des Hymnes traduites par les deux émules inégaux, Racine et Saci, et il s'est montré plus indulgent que moi pour ce dernier.

M. Perrault, quoique Racine lui eût dit de ne le pas faire ; mais il ne put s'en empêcher, et Racine, après coup, n'en fut pas *marri*. M. Perrault fit également ses remarques, relevées de force éloges; Racine en tint compte pour corriger, et suivit ses avis, hors un ou deux endroits « *où je ne suivrois pas*, dit-il, *Apollon lui-même.* »

Ainsi voilà Racine qui, si Boileau n'y met bon ordre, va débuter sous le patronage de Perrault et de Chapelain. Son Ode, quoique pleine, nombreuse et élégante, n'est d'ailleurs pas indigne de leurs auspices par la quantité d'*astres*, *soleils*, *beautés nonpareilles*, *or du Tage*, *trésors de l'Inde*, et d'oripeaux poétiques à la mode dont il ne répudie pas l'étalage, en le rajeunissant à peine, sans se douter de l'interdit déjà prononcé par Pascal et que va faire exécuter Boileau.

Cette Ode avait été précédée d'un certain Sonnet sur la naissance d'un enfant de madame Vitart, aussi pompeusement célébré que l'enfant de Pollion, et d'un autre Sonnet au cardinal Mazarin à l'occasion de la paix des Pyrénées, qui avait fait scandale plus que de raison à Port-Royal. Nous entendons d'ici l'écho : « Il est à craindre que ce petit Racine ne tourne mal, » devait-on se dire. Dans une lettre à l'abbé Le Vasseur, Racine raconte gaiement son embarras pour son Ode, sur laquelle, après Chapelain, il ne sait plus qui consulter : « Si bien, lui écrit-il, que j'étois près de consulter, comme Malherbe, une vieille servante, si je ne m'étois aperçu qu'elle est janséniste comme son maître, et qu'elle pourroit me déceler; ce qui seroit ma ruine entière, vu que je reçois encore tous les jours lettres sur lettres, ou, pour mieux dire, excommunications sur excommunications, à cause de mon triste Sonnet. »

Cette situation compliquée dura assez longtemps. Racine avait été présenté à Chapelain; il avait reçu de Colbert une bourse de cent louis pour son Ode; il avait donné des arrhes sûres au démon de la poésie : pourtant Port-Royal le circonvenait encore, et l'embarras était de s'en dégager. M. Vitart, qui ne paraît guère avoir profité avec suite de la sérieuse et sainte éducation qu'il avait reçue, aidait à couvrir le libertinage poétique de son jeune cousin et quasi neveu. On a de Racine les lettres écrites de Chevreuse, et datées de *Babylone*, à l'abbé Le Vasseur, jeune homme lui-même d'esprit et de dissipation, un peu parent et assez galant ami, ce semble, de madame Vitart. Racine, à Chevreuse, présidait (ou faisait semblant de présider), en l'absence de son cousin, aux travaux qui se faisaient dans le château du duc. Ce n'est plus la rêverie pieuse et tendre des années précédentes ; c'est une rêverie encore, mais que traversent le regret de Paris et d'autres désirs volages. Il appelle *Babylone*, c'est-à-dire lieu d'exil, ce qu'il appelait tout à l'heure Sion :

« Vous vous attendez peut-être que je m'en vais venir vous dire que je m'ennuie beaucoup à Babylone, et que je vous dois réciter les lamentations que Jérémie y a autrefois composées : mais je ne veux pas vous faire pitié, puisque vous n'en avez pas déjà eu pour moi ; je veux vous braver, au contraire, et vous montrer que je passe fort bien mon temps. Je vais au cabaret deux ou trois fois le jour ; je commande à des maçons, à des vitriers et à des menuisiers, qui m'obéissent assez exactement et me demandent de quoi boire ; je suis dans la chambre d'un duc et pair : voilà pour ce qui regarde le faste ; car, dans un quartier comme celui-ci, où il n'y a que des gueux, c'est grandeur que d'aller au cabaret ; tout le monde n'y peut aller.

« J'ai des divertissements plus solides, quoiqu'ils paroissent moins : je goûte tous les plaisirs de la vie solitaire ; je suis tout seul, et je n'entends pas le moindre bruit : il est vrai que le vent en fait beaucoup, et même jusqu'à faire trembler la maison ; mais il y a un poëte qui a dit : « *O quam jucundum est recubantem*, etc., etc. »

« Je lis des vers, je tâche d'en faire ; je lis les aventures de l'Arioste, et je ne suis pas moi-même sans aventures. Une dame me prit hier pour un sergent : je voudrois qu'elle fût aussi belle que Doralice; je lui aurois fait les offres que Mandricard fit à cette belle. »

Il convient d'arrêter à temps la citation; car il y a des gaietés. Voilà le Racine aussi libertin qu'il peut être. Mais tout cela pourtant, à le lire de suite, est un peu froid, de parti pris; c'est un libertinage littéraire encore, concerté pour amener des citations et allusions de ses poëtes favoris.

Racine, à ce moment, se dissipait de plus en plus; à Paris il voyait La Fontaine et se faisait *loup* avec lui et les autres *loups* ses compères. Il empruntait à la bourse de M. Vitart, ne sachant trop quand il pourrait rendre. Il songeait à donner une pièce intitulée *les Amours d'Ovide* à l'Hôtel de Bourgogne, et écrivait là-dessus de petits billets galants à la comédienne mademoiselle de Beauchâteau. Toutes ses lettres de ce temps sont entremêlées de vers, qui ne ressemblent pas mal à ceux du Voyage de Chapelle et de Bachaumont, ou aux rimes mêlées des lettres de La Fontaine. Il lit les poëtes italiens et espagnols, et en est plein; le grec a un peu tort.

C'est le moment de la grande dispersion des solitaires, en 1661, de la déposition et de la fuite de M. Singlin, et de la désolation qui s'ensuivit; Racine en parle dans ses lettres à l'abbé Le Vasseur, mais très à la légère et en disciple très-peu touché; ce malheur de Port-Royal le met plutôt à l'aise, et ouvre du jour à sa muse : aussi il ne le prend que par le côté de la plaisanterie.

Il s'agit d'un fils de sa tante Vitart, d'un frère de son cousin l'intendant, qu'on avait cru mort apparemment, et qu'on apprend qui porte, frais et gaillard, le mousquet dans la garnison d'Hesdin :

« Je *vas* dès cette après-dinée en féliciter madame notre

sainte tante, qui se croyoit incapable d'aucune joie depuis la perte de son saint père, ou, comme disoit M. Gomberville, de son futur époux ¹ : en effet, il n'est plus dessus le trône de saint Augustin, et il a évité, par une sage retraite, le déplaisir de recevoir une lettre de cachet par laquelle on l'envoyoit à Quimper. Le siége n'a pas été vacant bien longtemps ; la Cour, sans avoir consulté le Saint-Esprit, à ce qu'ils disent, y a élevé M. Bail, sous-pénitencier, et ancien confrère du Bailli (de Chevreuse) dans la société des bourses des Cholets. Vous le connoissez sans doute, et peut-être est-il de vos amis. Tout le consistoire a fait schisme à la création de ce nouveau pape, et ils se sont retirés de côté et d'autre, ne laissant pas de se gouverner toujours par les monitoires de M. Singlin, qui n'est plus considéré que comme un anti-pape : *Percutiam pastorem et dispergentur oves gregis*. Cette Prophétie n'a jamais été plus parfaitement accomplie, et de tout ce grand nombre de solitaires, à peine reste-t-il M. Guays ² et maître Maurice. » (Juin 1661.)

Je sais qu'il ne faut pas prendre trop au sérieux des plaisanteries un peu froides, faites pour égayer une lettre, et sans que le cœur y ait grande part. Pourtant quel chemin Racine avait fait en peu de temps! comme son goût contrarié le rend ingrat! comme il plaisante de douleurs respectables avec une grâce pincée et cruelle!

Ainsi parlait-il de ses saints maîtres le jour et à l'âge où il les rencontrait en travers de sa passion. Malheur à ceux, quels qu'ils soient, que l'on rencontre dans le travers de sa passion principale, quand elle a hâte de sortir! ils ont tort. Plus tard, cette passion poétique sa-

---

1. M. Singlin, qu'elle allait bientôt cacher dans la maison du faubourg Saint-Marceau.
2. M. Guays : il fut plus de vingt ans au service du monastère en qualité de pourvoyeur ; c'était lui qui achetait toutes les provisions de la maison. Il finit par se faire religieux à l'abbaye de Saint-Cyran. C'était un des plus humbles et des moins comptés entre tous ces Messieurs, et Racine met une certaine ironie à le nommer comme le seul restant. Cela fait une *chute* à son récit.

tisfaite et à peu près épuisée, il reviendra à eux ; il leur fera amende honorable. Cela lui sera facile, la passion favorite, la passion jeune, avide, à jeun et irritée, n'étant plus là entre eux et lui.

Pour le soustraire aux mauvaises compagnies et le fixer à un état, la famille se décida à l'envoyer à Uzès près d'un oncle [1], frère de sa mère, le Révérend Père Sconin, chanoine régulier de Sainte-Geneviève et prieur de Saint-Maximin, de plus vicaire-général et official de l'évêque d'Uzès et chanoine de la cathédrale : ce personnage ecclésiastique, assez considérable, et qui paraît avoir été un homme d'esprit, était disposé à résigner à son neveu ses bénéfices, et, en attendant, à lui conférer le plus prochain qui serait à sa nomination dans le Chapitre. Ce fut le plus long voyage de Racine que ce voyage du Midi. Il était à Uzès dès le commencement de novembre 1661. On a ses lettres de là à M. Vitart, à l'abbé Le Vasseur, à La Fontaine ; elles sont exquises d'esprit, de politesse, de soin, de bon langage, d'une élégance à la Pellisson et qui sent le livre plus encore que la conversation. Sa plume, à d'autres égards, s'y donne une certaine liberté qui ne demanderait pas mieux que d'aller plus loin, mais qui, par bon goût et par une pudeur toujours conservée, s'arrête naturellement à temps.

On le reçoit très-bien à Uzès : son oncle le fait habiller de noir des pieds jusqu'à la tête et aurait hâte de le mener d'abord à Avignon pour y prendre la tonsure, afin qu'il fût tout prêt pour le prochain bénéfice vacant; mais il faut attendre de Paris le *démissoire*, papier essentiel qu'on a oublié. Les gens du pays lui font force

---

1. Il ne faudrait pas faire cet oncle Sconin plus vieux et plus rébarbatif qu'il n'était. Né en 1608, il n'avait que 53 ans quand il appela à lui le jeune Racine, et il vécut jusqu'en janvier 1689, assez pour assister à presque toute la carrière glorieuse de son illustre neveu et pour en être, dit-on, heureux et fier.

caresses, et lui demandent en leur jargon son *Ode sur la Paix*, qui a fait bruit. Il est frappé de leur vivacité, de leur civilité naturelle : « Je suis épouvanté tous les jours de voir des villageois, pieds nus ou *ensabotés* (ce mot doit bien passer, puisque *encapuchonné* a passé), qui font des révérences comme s'ils avoient appris à danser toute leur vie. » Il trouve les gens fins et déliés, et il espère, dit-il, que l'air du pays le va raffiner de moitié. Mais bientôt ce mauvais français l'inquiète, et lui paraît un pur *galimatias*, dans lequel il ne songe pas le moins du monde à reconnaître les restes de cette langue des tendres et élégants troubadours qui sont bien un peu ses ancêtres. Il se croit chez les Scythes, malgré la verdure en hiver, et se compare à Ovide en exil :

Ipse mihi videor jam dedicisse latine,
Jam didici getice sarmaticeque loqui.

Il va à Nîmes, il y admire les Arènes ; mais surtout il y est touché par des objets plus vivants, par des visages et des yeux qu'il voit briller à la lueur des fusées autour d'un certain feu de joie auquel il assiste ; il n'ose pourtant regarder qu'à la dérobée, car un Révérend Père du Chapitre l'escorte partout, et lui-même il s'est dit en arrivant chez son oncle : *Domus mea, domus orationis*. On lui a dit : *Soyez aveugle*, et s'il ne le peut être tout à fait, il veut du moins être muet. Il passe son temps à lire saint Thomas et Virgile, l'Arioste entre deux. Il a en perspective et attend très-patiemment abbaye, chapelle ou prieuré. Il n'a plus de Port-Royal que les *Petites Lettres* qu'il retrouve là aux mains non des Catholiques, mais des Huguenots qui s'en gaudissent. Il écrit le moins qu'il peut à sa tante Vitart, à sa tante Racine la religieuse, je le crois bien : « Car que puis-je leur mander ? c'est bien assez de faire ici l'hypocrite sans le faire encore à Paris par lettres; car j'appelle hypocrisie, d'écrire des lettres où il ne faut parler que de dévotion, et ne faire autre chose que se recommander aux prières. Ce n'est pas que je n'en aie bon besoin; mais je voudrois qu'on en fît pour moi sans être obligé d'en tant demander. Si Dieu veut que je sois prieur, j'en ferai pour les autres autant qu'on en aura fait pour moi. » Il a pris vraiment son parti de cet état ecclésiastique plus qu'on ne le voudrait. Grâce à l'étude, aux précautions, aux gênes, à la solitude, malgré cet éclat des beautés environnantes qui perce jusqu'à lui, il rapportera son cœur sain et sauf; du moins il le jure. On peut longuement raisonner sur ces premières lettres de Racine datées d'Uzès, et s'étonner, surtout d'après nos idées d'aujourd'hui, de n'y pas voir plus de feu, plus de verve, plus d'ennui passionné, plus de jet pittoresque. Quoi! il a vu les Arènes de Nîmes, et il ne les a pas plus magnifiquement décrites! lui, le futur peintre de *Britannicus*, il n'est pas plus entré dans cette majesté du cirque romain! Quoi! il avait de sa fenêtre, de la fenêtre du *pavillon Racine* (car c'est ainsi qu'on appelle dans le pays un reste de corps de logis où l'on suppose qu'il travailla), il avait de là une vue charmante; et si vous en doutez, vous n'avez qu'à suivre un moderne promeneur qui nous l'a décrite poétiquement, d'une plume toute romantique :

« Le versant méridional où la maison est bâtie est couvert d'un bois d'oliviers, d'aliziers, de chênes verts, de frênes, qui alors faisait partie du parc de l'évêque d'Uzès. Il n'est rien de plus pittoresque à voir que ces massifs de verdure du milieu desquels s'élèvent des têtes de rochers tapissés de lierres. Quelques balcons en ruine se montrent çà et là dans le fourré, avec leurs vases de pierre renversés sur les mousses, et leur galerie toute rompue par des figuiers sauvages qui poussent effrontément entre les élégants piliers. La base circulaire de la montagne touche aux prairies du vallon, où serpente, vers le sud, la rivière d'Eure, cette eau romaine qui se jetait dans l'aqueduc d'Agrippa, et allait rafraîchir et vivifier la ville de Nîmes. A l'ouest se dressent, encore tout armées de mâchicoulis et de meurtrières, les trois tours ducales des seigneurs d'Uzès, tandis que, du côté du nord, un hardi minaret sarrasin, devenu clocher catholique de cathédrale, élève dans le ciel sa légère colonne toute brodée de galeries [1]. »

— Quoi ! il avait tout cela sous les yeux, et, dans les lettres que nous avons, il n'en a rien dit ! Quelques traits vagues et généraux sur la verdure, la même en novembre qu'en juin, lui ont suffi [2]. Il est certain qu'un

---

[1]. M. Jules de Saint-Félix, *Revue de Paris*, 31 mai 1840. — Le poëte nîmois Jean Reboul a dit plus simplement :

« J'ai été ces jours derniers à Uzès. J'ai visité le pavillon habité jadis par Racine ; l'arbre sous lequel il composa *les Frères ennemis* existe encore ; il est certainement bien contemporain de l'illustre poëte. Le pavillon en question se trouve dans le parc de l'ancien Évêché, et son balcon donne sur la vallée d'Eure, dont les eaux, recueillies dans l'aqueduc du pont du Gard, venaient autrefois à Nîmes. C'est un paysage délicieux, entremêlé de moulins noyés dans des touffes d'arbres d'un vert qui n'avait pas encore été *foncé* par le soleil ni blanchi par la poussière. » (Lettre à M. de Fresne, du 25 juin 1855.)

[2]. En vérité, les manières de voir, même au physique, diffèrent bien selon les siècles ; car, dans une lettre du 13 juin 1662 à M. Vitart, voici comment Racine parle, au contraire, de ce qu'il voyait de ses fenêtres ; c'est à croire que ce ne sont pas les mêmes fenêtres :

« Je souhaite que vous ayez une aussi belle récolte à vos deux fermes que nous en avons en ce pays-ci. La moisson est déjà fort avancée, et elle se fait plaisamment ici au prix de la coutume de France ; car on lie les gerbes, à mesure qu'on les coupe ; on ne laisse point sécher le blé sur terre, car il n'est déjà que trop sec, et dès le même jour on le porte à l'aire, où on le bat aussitôt. Ainsi le blé est aussitôt coupé, lié et battu. Vous verriez un tas de moissonneurs rôtis du soleil, qui travaillent comme des démons ; et quand ils sont hors d'haleine, ils se jettent à terre au soleil même, dorment un *Miserere*, et se relèvent aussitôt. Pour moi, je ne vois cela que de mes fenêtres ; je ne pourrois être un moment dehors sans mourir : l'air est aussi chaud que dans un four allumé, et cette chaleur continue autant la nuit que le jour. Enfin, il faudroit se résoudre à fondre comme du beurre, n'étoit un petit vent frais qui a la charité de souffler de temps en temps ; et, pour m'achever, je suis tout le jour étourdi d'une infinité de cigales, qui ne font que chanter de tous côtés, mais d'un chant le plus perçant et le plus importun du monde. Si j'avois

poëte selon nos types modernes écrirait autrement, et que cette jeunesse de Racine ne paraît pas couver de grandes admirations, de grandes mélancolies ni de violents orages. Mais dans ses lettres, d'abord, il n'a pas tout dit; en les écrivant, il s'est accommodé lui-même au goût de son temps et de ceux à qui il s'adressait; il s'est contenu. On a une petite pièce de lui, dans laquelle j'aimerais mieux voir sa disposition et sa note intérieure tendre, à cet âge de vingt-deux ans. Ce sont des Stances à *Parthénice*. On ne dit pas quelle fut cette *Parthénice*. On ne sait pas la date précise de cette pièce, qui a pu être composée vers le temps du séjour à Uzès. Elle me paraît bien être, moralement et poétiquement, de cette date; elle est digne du voisinage de Pétrarque et des troubadours; du moins elle représente à merveille le talent et le goût secret de Racine vers cette époque, sa nuance de méditation poétique. Il y a bel-esprit et tendresse :

>Parthénice, il n'est rien qui résiste à tes charmes;
>Ton empire est égal à l'empire des Dieux;
>Et qui pourroit te voir sans te rendre les armes,
>Ou bien seroit sans âme, ou bien seroit sans yeux.
>
>Pour moi, je l'avouerai, sitôt que je t'ai vue,
>Je ne résistai point, je me rendis à toi;
>Mes sens furent charmés, ma raison fut vaincue,
>Et mon cœur tout entier se rangea sous ta loi.
>
>Je vis sans déplaisir ma franchise asservie;
>Sa perte n'eut pour moi rien de rude et d'affreux;
>J'en perdis tout ensemble et l'usage et l'envie;
>Je me sentis esclave, et je me crus heureux.

autant d'autorité sur elles qu'en avoit le bon saint François, je ne leur dirois pas, comme il faisoit : *Chantez, ma sœur la Cigale*, mais je les prierois bien fort de s'en aller faire un tour jusqu'à Paris ou à La Ferté-Milon, si vous y êtes encore, pour vous faire part d'une si belle harmonie. »

Comme tout cela est net, simple, bien dit, agréable et positif, vu à l'œil nu, et avant l'invention des lunettes ou lorgnons de couleur !

Je vis que tes beautés n'avoient pas de pareilles;
Tes yeux par leur éclat éblouissoient les miens;
La douceur de ta voix enchanta mes oreilles,
Les nœuds de tes cheveux devinrent mes liens.

Je ne m'arrêtai pas à ces beautés sensibles,
Je découvris en toi de plus rares trésors;
Je vis et j'admirai les beautés invisibles,
Qui rendent ton esprit aussi beau que ton corps.

Ce fut lors que, voyant ton mérite adorable,
Je sentis tous mes sens t'adorer tour à tour;
Je ne voyois en toi rien qui ne fût aimable,
Je ne sentois en moi rien qui ne fût amour.

Ainsi je fis d'aimer l'heureux apprentissage :
Je m'y suis plu depuis, j'en aime la douceur;
J'ai toujours dans l'esprit tes yeux et ton visage,
J'ai toujours Parthénice au milieu de mon cœur.

. . . .

Vous qui n'avez point vu l'illustre Parthénice,
Bois, fontaines, rochers, agréable séjour,
Souffrez que jusqu'ici son beau nom retentisse,
Et n'oubliez jamais sa gloire et mon amour!

Ce sont les premiers chants d'un poëte (au moment où il se dégage des imitations d'alentour) qui décèlent en lui la note fondamentale, la note du cœur. Cette note, je la retrouve partout, sensible et soupirante, dans toute l'œuvre de Racine, note de *Parthénice*, note de *Bérénice*, note d'*Esther*. Mais au lieu de la répandre, et, comme bien d'autres, de la laisser fuir en élégies courantes et abandonnées, il l'a enfermée dans des créations parfaites, achevées, distinctes, et il en a fait l'âme d'êtres à jamais vivants et adorables. Là est sa force et son génie[1].

1. Un scrupule me vient en relisant ces Stances à *Parthénice*, qui rappellent tout à fait par le ton l'ancien poëte Des Portes, ce Racine de l'école de Ronsard : elles pourraient bien être, pour la date,

Enfin, de petites intrigues ont paralysé la bonne volonté du digne oncle ; Racine, après avoir fait preuve de patience et de docilité, se lasse et revient à Paris, après un an d'absence environ. Il y revient affranchi de tout scrupule, décidément voué à la poésie, au théâtre ; il rapportait d'Uzès *la Thébaïde* commencée. Il reprend ses relations littéraires, les étend, fait connaissance avec Molière. Son *Ode sur la Convalescence du Roi* (1663) passe encore par les mains de Chapelain et porte le sceau de ce pesant patronage [1] ; mais déjà sa pièce de

des années qui suivirent le séjour d'Uzès, et même avoir été faites tout simplement en l'honneur de *l'illustre* mademoiselle Duparc, la première passion de Racine au théâtre et qui devança dans son cœur la Champmeslé.

1. J'ai la lettre que Chapelain écrivait à M. Colbert, intendant général des finances, au sujet des pièces sur la guérison du roi ; Racine y paraît singulièrement encadré. Dans la première partie de sa lettre, Chapelain indique deux savants italiens à joindre à la liste comme dignes de la libéralité du roi ; après quoi il continue :

« Quant à nos François, ceux que j'ai engagés au travail par vos ordres s'en sont acquittés heureusement pour les Éloges en prose et en vers en l'une et l'autre langue. Des gratifiés, j'ai en main l'Ode françoise de M. Le Clerc et la latine de M. Du Périer. J'aurai dans peu de temps le grand poëme latin de huit cents vers de M. Fléchier. De ceux qui n'ont pas été gratifiés, j'ai l'éloquent Discours de M. l'abbé Cotin, que la Compagnie a examiné et mis en état de faire honneur au Recueil. J'ai un poëme latin de plus de deux cents vers de M. Petit, ce savant médecin dont je vous parlois dans ma dernière, très-beau et tout rempli des louanges de Sa Majesté. J'en ai encore un autre plus long du même, non moins beau, sur la Paix et le Mariage. Autant que je suis capable de juger du mérite des personnes de ce genre-là, ces deux-ci ne cèdent à aucun, et j'estime que si vous leur faites l'honneur de les considérer, vous leur ferez justice et vous conserverez deux des principaux instruments de la gloire du roi et qui s'emploieront avec plus d'ardeur et de succès à célébrer ses louanges. Cela pourra même exciter d'autres plumes à travailler dans l'espérance d'obtenir les mêmes faveurs. J'aurai dans peu de jours une Ode françoise d'un jeune homme, appelé Racine, qu'il m'a apportée et qu'il repolit sur mes avis. La matière en est la guérison de Sa Majesté. Vous trouverez, Monsieur, avec cette lettre, le sonnet que je vous lus vendredi sur le même sujet et que j'ai mis au point où il doit demeurer. Je souhaite qu'il continue à vous plaire. J'y ai joint un madrigal de M. l'abbé Cotin qu'il fit sur-le-champ, à la première nouvelle d'une guérison si désirée. Vous vîtes par ses vers que vous prîtes la peine de lire

la Renommée aux Muses, qui suit de près (même année 1663), est montrée à Boileau par l'abbé Le Vasseur : cela commença leur liaison. *Les Frères ennemis* représentés en 1664, et l'*Alexandre* en 1665, sont antérieurs encore à l'entière influence de Boileau sur lui. Cette influence s'établit à partir d'*Andromaque* et ne cesse plus : amitié tendre, amitié grave, amitié utile, — jusqu'à l'heure où Racine mourant dit à Boileau, en l'embrassant une dernière fois : « *Je regarde comme un bonheur pour moi de mourir avant vous.* »

Si Racine a gagné Boileau, vers le moment de la représentation ou des répétitions des *Frères ennemis* il a perdu Port-Royal : sa tante, la sœur Sainte-Thècle, qui, à travers sa grille, lui avait servi comme de mère, lui a écrit cette lettre de rupture, lettre touchante et encore bien tendre dans sa sévérité :

« Ayant appris que vous aviez dessein de faire ici (aux Champs) un voyage, j'avois demandé permission à notre Mère de vous voir, parce que quelques personnes nous avoient assurées que vous étiez dans la pensée de songer sérieusement à vous, et j'aurois été bien aise de l'apprendre par vous-même, afin de vous témoigner la joie que j'aurois s'il plaisoit à Dieu de vous toucher; mais j'ai appris depuis peu de jours une nouvelle qui m'a touchée sensiblement; je vous écris dans l'amertume de mon cœur, et en versant des larmes que je voudrois pouvoir répandre en assez grande abondance devant Dieu pour obtenir de lui votre salut, qui est la chose du monde que je souhaite avec le plus d'ardeur : j'ai donc appris avec douleur que vous fréquentiez plus que

ce qu'on peut attendre d'une plume aussi forte et aussi polie que la sienne. Pardonnez à ma longueur ; imputez-la à mon zèle et me croyez toujours, Monsieur, votre, etc.

« De Paris, ce 22 juin 1663. »

Il était temps que Boileau arrivât pour trancher dans le vif et pour dégager Racine de ce mélange des Cotins d'où Chapelain ne sortit jamais.

jamais des gens dont le nom est abominable à toutes les personnes qui ont tant soit peu de piété, et avec raison, puisqu'on leur interdit l'entrée de l'église et la communion des fidèles, même à la mort, à moins qu'ils ne se reconnoissent. Jugez donc, mon cher Neveu, dans quel état je puis être, puisque vous n'ignorez pas la tendresse que j'ai toujours eue pour vous, et que je n'ai jamais rien désiré, sinon que vous fussiez tout à Dieu dans quelque emploi honnête. Je vous conjure donc, mon cher Neveu, d'avoir pitié de votre âme, et de rentrer dans votre cœur pour y considérer sérieusement dans quel abîme vous vous êtes jeté. Je souhaite que ce qu'on m'a dit ne soit pas vrai; mais, si vous êtes assez malheureux pour n'avoir pas rompu un commerce qui vous déshonore devant Dieu et devant les hommes, vous ne devez pas penser à nous venir voir; car vous savez bien que je ne pourrois pas vous parler, vous sachant dans un état si déplorable, et si contraire au Christianisme. Cependant je ne cesserai point de prier Dieu qu'il vous fasse miséricorde, et à moi en vous la faisant, puisque votre salut m'est si cher. »

Mais c'était le moment où Port-Royal lui-même semblait finir; tout en était opprimé, caché et dispersé. Racine jeune, froissé dans ses goûts, irrité contre ses maîtres par des reproches déjà anciens et peu proportionnés à ce qui lui semblait des peccadilles, Racine ne se pouvait ensevelir d'abord en des ruines. Qu'on lui suppose pourtant un degré de vertu de plus, plus de force de volonté, moins d'éblouissement de la gloire, enfin rien de moins quant au génie, quant à la sensibilité, mais une vigueur plus haute et plus ferme dans la saine et morale partie de l'âme, une vigueur maîtresse de la passion, une religion plus forte[1], que fera-t-il? Il est possible que Racine se taise, au moins

---

1. Boileau disait que Racine était venu à la vertu par la religion, son tempérament le portant à être railleur, inquiet, jaloux et voluptueux.

qu'il s'abstienne du théâtre, et que dès lors cette carrière qui fait sa gloire soit manquée. Sans doute le génie refoulé en soi percerait toujours par quelque autre côté ; le fleuve, un moment rentré sous terre, devrait, ici ou là, ressortir : mais enfin ce ne serait plus le fleuve illustre et superbe sous le soleil, courant le plus noble à travers la royale cité. Tout ceci est pour induire, selon l'esprit vrai de Port-Royal, que souvent tel brille moins en ce monde, non parce qu'il a moins, mais parce qu'il a plus. Du Guet récemment, et bien d'autres exemples étudiés de près, nous l'ont appris.

Je sais bien que M. de La-Rochefoucauld me dira *non*, lui qui prétend que toute modération vient d'une faiblesse secrète, paresse, langueur et manque de courage; lui qui voit dans toute abnégation un ressort de moins, dans toute sobriété une crainte ou une impuissance. Les termes sont posés, le combat est ouvert entre les moralistes chrétiens et les moralistes naturels. Je les côtoie les uns et les autres, je raconte et je montre ; qu'il me suffise que chacun voie le point précis par où l'on n'a plus qu'à pénétrer.

Port-Royal pourtant n'était pas cette fois pour en mourir ; il luttait vaillamment jusque dans cet état d'oppression extrême, et chaque bruit qui en revenait à l'oreille de Racine devait remuer en son cœur quelque remords honteux qui se déguisait pour lors en raillerie ou en irritation. Nicole dans ses *Visionnaires* avait, en disant son fait à Des Maretz, mêlé avec dureté et quelque maladresse tous les auteurs de romans et de théâtre dans sa proscription[1]. Racine prit feu ; il n'était pas

---

1. « Chacun sait, disait-il de Des Maretz, que sa première profession a été de faire des romans et des pièces de théâtre, et que c'est par où il a commencé à se faire connoître dans le monde. Ces qualités, qui ne sont pas fort honorables au jugement des

indifférent à ce qui venait de là. Il ne voulait pas être un *empoisonneur public*. Le mot de Nicole, sous sa forme générale, lui parut renfermer une personnalité à son intention, et il ne se trompait peut-être pas tout à fait. Rien n'est plus sensible et plus déchirant que ces ruptures, quand elles arrivent entre élèves et maîtres. L'élève croit avoir si fort raison, il sent si bien les torts, les exagérations du maître, ses prétentions outrées! il veut être modéré, lui, il veut être sage, et il ne voit pas que cette mesure même qu'il affecte, ces coups réservés qu'il porte, ce ton calculé d'expérience et d'indifférence qu'il usurpe et dont il se donne l'avantage, composent sa plus grande aigreur et sont le plus vif assaisonnement de son ingratitude.

Rien de plus net, de plus fin, de plus aisé, de plus ingénieusement perfide que la petite *Lettre* de Racine *à l'Auteur des Hérésies imaginaires*, datée de janvier 1666, et qui courut bientôt imprimée. Racine sait juste le faible de ses anciens amis; il a connu le dedans de la place, et il en abuse. Il faut lire la Lettre tout entière; en voici quelques passages :

«Monsieur, je vous déclare que je ne prends point de parti entre M. Des Marctz et vous; je laisse à juger au monde quel est le visionnaire de vous deux. J'ai lu jusqu'ici vos Lettres avec assez d'indifférence, quelquefois avec plaisir, quelquefois avec dégoût[1], selon qu'elles me sembloient bien ou mal écrites. Je remarquois que vous prétendiez prendre la place de l'auteur des *Petites Lettres;* mais je remarquois en même temps que vous étiez beaucoup au-dessous de lui, et qu'il y

---

honnêtes gens, sont horribles étant considérées selon les principes de la religion chrétienne et les règles de l'Évangile. Un faiseur de romans et un poëte de théâtre est un empoisonneur public, non des corps, mais des âmes des fidèles, qui se doit regarder comme coupable d'une infinité d'homicides spirituels.... »

[1]. Comme le *plaisir* se trouve là glissé à peine entre l'*indifférence* et le *dégoût*, pour les mieux faire ressortir!

avoit une grande différence entre une *Provinciale* et une *Imaginaire*.

« Je m'étonnois même de voir le Port-Royal aux mains avec MM. Chamillard et Des Maretz. Où est cette fierté, disois-je, qui n'en vouloit qu'au Pape, aux Archevêques et aux Jésuites ? Et j'admirois en secret la conduite de ces Pères qui vous ont fait prendre le change, et qui ne sont plus maintenant que les spectateurs de vos querelles. Ne croyez pas pour cela que je vous blâme de les laisser en repos : au contraire, si j'ai à vous blâmer de quelque chose, c'est d'étendre vos inimitiés trop loin, et d'intéresser dans le démêlé que vous avez avec M. Des Maretz cent autres personnes dont vous n'avez aucun sujet de vous plaindre.

« Et qu'est-ce que les romans et les comédies peuvent avoir de commun avec le Jansénisme ? Pourquoi voulez-vous que ces ouvrages d'esprit soient une occupation peu honorable devant les hommes, et horrible devant Dieu ? Faut-il, parce que Des Maretz a fait autrefois un roman et des comédies, que vous preniez en aversion tous ceux qui se sont mêlés d'en faire ? Vous avez assez d'ennemis ; pourquoi en chercher de nouveaux ? Oh ! que le Provincial étoit bien plus sage que vous ! Voyez comme il flatte l'Académie, dans le temps même qu'il persécute la Sorbonne. Il n'a pas voulu se mettre tout le monde sur les bras ; il a ménagé les faiseurs de romans ; il s'est fait violence pour les louer [1] ; car, Dieu merci, vous ne louez jamais que ce que vous faites : et,

---

1. « *Voyez comme il flatte l'Académie....* » Il s'agit de la troisième Provinciale et de la lettre qui précède, attribuée au correspondant, dans laquelle est inséré le billet d'un Académicien qui est qualifié « des plus illustres entre ces hommes tous illustres. » — « *Il a ménagé les faiseurs de romans ; il s'est fait violence pour les louer !* » cela est moins clair. La seule explication plausible, c'est d'admettre, d'après un autre indice tiré de la même lettre de Racine, que le billet cité à côté de celui de l'Académicien en tête de cette troisième Provinciale, est réellement de mademoiselle de Scudéry, et que c'est à elle qu'il faut appliquer l'endroit où il est dit, en parlant d'une personne que l'on ne veut désigner d'aucune sorte : « Contentez-vous de l'honorer sans la connoître, et quand vous la connoîtrez, vous l'honorerez bien davantage. » (Voir à l'*Appendice* du tome III, pages 602 et suiv., toute une petite dissertation à ce sujet.)

croyez-moi, ce sont peut-être les seules gens qui vous étoient favorables. »

Tout dans cette lettre nous le dit, si nous ne le savions d'ailleurs : Racine, le tendre Racine aurait eu peu de chose à faire pour être méchant. C'est la même sensibilité fine qu'on a pour soi, qui nous dénote celle des autres et les endroits délicats à piquer. L'aigreur qu'on ressent et qu'on exprime est toujours en raison de la finesse et de la tendresse sensible qu'on a.

Racine était donc en voie de rétorquer contre Port-Royal l'esprit des *Petites Lettres*. Cette lettre, et la seconde qui ne parut que longtemps après, sont des chefs-d'œuvre ; ce sont des contre-Provinciales, et par un homme du monde qui ne cesse pas un moment de l'être. L'endroit sur les *Enluminures* de M. de Saci est d'un dédain suprême :

« Vous croyez, sans doute, qu'il est bien plus honorable de faire des *Enluminures*, des *Chamillardes* et des *Onguents pour la brûlure*, etc. Que voulez-vous? tout le monde n'est pas capable de s'occuper à des choses si importantes ; tout le monde ne peut pas écrire contre les Jésuites : on peut arriver à la gloire par plus d'une voie. »

Comme on sent l'homme délicat dont l'estomac se soulève contre ces écrits sans goût, et qui a eu longtemps à souffrir de les entendre louer ! Et quel homme avait le droit d'être plus délicat que celui qui portait dans son imagination tant de nobles et d'idéales figures ?

Il y a l'anecdote des Capucins qui est bien joliment contée. C'est la contre-partie des Capucins des *Provinciales*, témoins à charge contre les Jésuites : cette fois, c'est Port-Royal qui n'est pas heureux en Capucins. L'historiette est pour prouver qu'on a vu de tout temps les Jansénistes louer ou blâmer le même homme, selon qu'ils sont contents ou peu satisfaits de lui :

« ... Sur quoi je vous ferai souvenir d'une petite histoire

que m'a contée autrefois un de vos amis; elle marque assez bien votre caractère.

« Il disoit qu'un jour deux Capucins arrivèrent à Port-Royal et y demandèrent l'hospitalité. On les reçut d'abord assez froidement, comme tous les religieux y étoient reçus; mais enfin il étoit tard, et l'on ne put pas se dispenser de les recevoir. On les mit tous deux dans une chambre, et on leur porta à souper. Comme ils étoient à table, le Diable, qui ne vouloit pas que ces bons Pères soupassent à leur aise, mit dans la tête de quelqu'un de vos Messieurs que l'un de ces Capucins étoit un certain Père Maillard, qui s'étoit depuis peu signalé à Rome en sollicitant la bulle du Pape contre Jansénius. Ce bruit vint aux oreilles de la mère Angélique : elle accourt au parloir avec précipitation, et demande qu'est-ce qu'on a servi aux Capucins, quel pain et quel vin on leur a donnés? La tourière lui répond qu'on leur a donné du pain blanc et du vin des Messieurs. Cette supérieure zélée commande qu'on le leur ôte, et que l'on mette devant eux du pain des valets et du cidre. L'ordre s'exécute. Ces bons Pères, qui avoient bu chacun un coup, sont bien étonnés de ce changement; ils prennent pourtant la chose en patience, et se couchent, non sans admirer le soin qu'on prenoit de leur faire faire pénitence. Le lendemain, ils demandèrent à dire la messe, ce qu'on ne put pas leur refuser. Comme ils la disoient, M. de Bagnols entra dans l'église, et fut bien surpris de trouver le visage d'un Capucin de ses parents dans celui que l'on prenoit pour le Père Maillard. M. de Bagnols avertit la mère Angélique de son erreur, et l'assura que ce Père étoit un fort bon religieux, et même dans le cœur assez ami de la vérité. Que fit la mère Angélique? Elle donna des ordres tout contraires à ceux du jour de devant : les Capucins furent conduits avec honneur de l'église dans le réfectoire, où ils trouvèrent un bon déjeuner qui les attendoit, et qu'ils mangèrent de fort bon cœur, bénissant Dieu qui ne leur avoit pas fait manger leur pain blanc le premier. »

Qu'y avait-il de vrai dans cette anecdote des Capucins? Quel était cet ami témoin qui avait raconté à Racine l'aventure et qui la lui garantissait vraie, sauf l'exactitude des noms? Le rôle d'indifférent qu'affectait Racine en tout ceci lui permettait d'ailleurs de n'être pas si exactement informé : il voulait avant tout piquer les uns et faire rire les autres. Cette raillerie sur la mère Angélique fut ce qui resta le plus sur le cœur à M. Arnauld, ce qui lui coûta le plus à pardonner.

Mais surtout on a peine de voir Racine parler comme il le fait de M. Le Maître, mort depuis quelques années; cette lettre conservée de M. Le Maître au *petit* Racine, si bonne, si paternelle, est une accablante réfutation et condamnation des plaisanteries de Racine. Il y a là quelque chose qui n'est pas bien; car M. Le Maître, mort avant l'émancipation du poëte, ne pouvait avoir aucune espèce de tort envers lui, et il n'aurait dû vivre dans sa pensée que par la mémoire des plus tendres bienfaits, et pour ne l'avoir jamais appelé autrement que son *fils*:

« Et, sans sortir encore de l'exemple de Des Maretz, quelles exclamations ne faites-vous point sur ce qu'un homme qui a fait autrefois des romans, et qui confesse, à ce que vous dites, qu'il a mené une vie déréglée, a la hardiesse d'écrire sur des matières de religion! Dites-moi, Monsieur, que faisoit dans le monde M. Le Maître? Il plaidoit, il faisoit des vers; tout cela est également profane selon vos maximes. Il avoue aussi dans une lettre qu'il a été dans le déréglement, et qu'il s'est retiré chez vous pour pleurer ses crimes. Comment donc avez-vous souffert qu'il ait fait tant de traductions, tant de livres sur les matières de la Grâce? Oh! oh! direz-vous, il a fait auparavant une longue et sérieuse pénitence; il a été deux ans entiers à bêcher le jardin, à faucher les prés, à laver les vaisselles : voilà ce qui l'a rendu digne de la doctrine de saint Augustin. — Mais, Monsieur, vous ne savez pas quelle a été la pénitence de Des Maretz : peut-être a-t-il fait plus que tout cela. »

Port-Royal, du moins le Port-Royal proprement dit,

garda le silence sur l'attaque de Racine ; Nicole ne répondit rien d'abord. Ces Messieurs étaient alors pressés et traqués de toutes parts ; ils durent croire qu'ils avaient nourri dans leur sein un petit serpent. Seulement deux plumes alliées et qui n'étaient pas fâchées sans doute de se faire de fête, Barbier d'Aucour et M. Du Bois (le même qui ne voulait pas qu'on fût éloquent en chaire), donnèrent chacun une Réfutation en forme. Port-Royal, à la rigueur, restait en dehors. Mais, dans la réimpression qui se fit en Hollande des *Imaginaires* (1667), on ajouta les deux Réponses à Racine, et Nicole ne put s'empêcher de mettre dans l'Avertissement une page où le jeune poëte était désigné, et où il était dit, entre autre choses, que « tout étoit faux dans sa Lettre et contre le bon sens, depuis le commencement jusqu'à la fin. » Racine prit de là prétexte, et il allait répliquer publiquement à ses contradicteurs par une nouvelle petite Lettre digne en tout de la première, et qu'il lut à Boileau, quand celui-ci, d'un mot d'honnête homme, l'arrêta. Racine supprima donc, mais sans la détruire, cette seconde Lettre qui ne fut retrouvée que longtemps après dans les papiers du docteur Ellies Du Pin, cousin de Racine, et alors seulement publiée [1].

Il y racontait l'anecdote piquante de la lecture interrompue du *Tartufe* à cause de l'enlèvement de *nos mères*; je l'ai citée [2], en nous rattachant par ce fil à Molière. Il revenait malignement sur M. Le Maître et disait :

« Je n'ai point prétendu égaler Des Maretz à M. Le Maître ; il ne faut point pour cela que vous souleviez les

---

1. On voit, par une lettre de Jean-Baptiste Rousseau à Brossette, du 24 décembre 1718, que le manuscrit avait été prêté et qu'il en existait des copies en diverses mains.
2. Tome III, page 267.

juges et le Palais contre moi ; je reconnois de bonne foi que les Plaidoyers de ce dernier sont, sans comparaison, plus dévots que les romans du premier. Je crois bien que si Des Maretz avoit revu ses romans depuis sa conversion, comme on dit que M. Le Maître a revu ses Plaidoyers, il y auroit peut-être mis de la spiritualité ; mais il a cru qu'un pénitent devoit oublier tout ce qu'il a fait pour le monde. — Quel pénitent, dites-vous, qui fait des livres de lui-même, au lieu que M. Le Maître n'a jamais osé faire que des traductions ! — Mais, Messieurs, il n'est pas que M. Le Maître n'ait fait des préfaces, et vos préfaces sont fort souvent de fort gros livres. Il faut bien se hasarder quelquefois ; si les Saints n'avoient fait que traduire, vous ne traduiriez que des traductions. »

Chaque coup portait. Les traits sont si fins qu'ils entrent de toutes parts, ils sont si polis qu'on ne s'aperçoit qu'à la réflexion des blessures. C'était un ennemi peu commode que Racine, et ce *doucereux* était passé maître dans l'épigramme. Comparé à Boileau brusque et franc, mais sans fiel, il nous paraît plus caustique, plus malicieux, plus capable de piquer jusqu'au sang et d'enfoncer l'aiguille avec lenteur. Il savait le bon endroit pour les piqûres, et se plaisait à l'irritation qu'il causait. Dans une discussion qu'ils eurent un jour à l'Académie des Inscriptions, Boileau le lui dit : « Je conviens que j'ai tort, mais j'aime encore mieux avoir tort que d'avoir raison aussi orgueilleusement que vous. » Ces deux Lettres, quoi qu'on en juge au moral, sont une perfection en leur genre. Puisqu'on a trouvé convenable, dans le temps, d'imprimer les Réponses de Du Bois et de Barbier d'Aucour à la suite des *Imaginaires* dont elles sont bien le cortége, on pourrait, quand on réimprime les *Provinciales*, y joindre deux ou trois pièces aussi qui sont tout à fait dignes d'en être rapprochées. On y joindrait d'abord cette pièce délicate, exquise, qui en est née la première, la *Conversation du Père Canaye et du maréchal d'Hocquincourt*, celle que j'appelle la dix-neuvième Provinciale, et qui, en raillerie sur le fond des choses, va un peu plus loin que les dix-huit autres. On la devrait toujours imprimer à la suite des *Provinciales* comme étant née d'elles et pour leur faire honneur, et aussi pour être une leçon aux Chrétiens sérieux de prendre garde, dans leur raillerie, où ils vont et à quoi ils mènent. On y joindrait ensuite, par manière d'honneur encore et de leçon, les deux Lettres de Racine qui retournent contre les amis de Pascal les mêmes armes, maniées par un esprit qui n'est inférieur à aucun en grâce moqueuse, en ironie élégante et cruelle [1].

1. Une question qui n'intéresse que les oisifs et songeurs comme nous : Racine connut-il, vit-il Pascal? — Il est à croire qu'il le vit passer dans la cour de Port-Royal des Champs, vers le temps des *Provinciales*, ou un peu auparavant. Racine était à Port-Royal dans ces années 1655, 1656, et son cousin Vitart, qui voyait beaucoup de monde et qui recueillait les propos du dehors, fut, on le sait, des premiers à pousser à l'idée de publicité d'où naquirent les *Provinciales*. L'écolier curieux dut avoir vent de tout cela, et guetter, au passage, les hôtes illustres.

XI

Plein éclat de Racine. — Cachet de son génie. — Perfection et unité. — Racine et Turenne. — Racine propre et habile à tout. — Action efficace de Boileau. — Racine, juste-milieu suprême. — Est-ce le drame unique? Est-ce le style unique? — Le Racine des derniers temps; — réconcilié avec Port-Royal; — dévot à Port-Royal et à Louis XIV; — invité à la poésie sacrée. — *Esther.* — Prodigieux succès. — Fidélité biblique et allusions. — Arrière-pensée vers Port-Royal. — *Athalie.* — Succès moindre. — Grandeur unique. — Omni-présence de Dieu. — Le Temple vu par un chrétien. — Pièce incomparable. — Aurait-elle été sans Port-Royal? — Dernières années de Racine; — en demi-disgrâce auprès de Louis XIV; — atteint au cœur. — Sa mort; son testament. — Liste des amis morts. — M. Du Fossé.

Depuis l'entière rupture de Racine avec Port-Royal jusqu'à sa réconciliation, treize ans environ se passèrent, dont dix, depuis *Andromaque* jusqu'à *Phèdre* (1667-1677), de la plus belle, de la plus complète gloire littéraire, dix années marquées par sept chefs-d'œuvre, *Andromaque, Britannicus, Bérénice, Bajazet, Mithridate, Iphigénie, Phèdre,* parmi lesquels les moindres même comme *Bérénice,* par leur nuance particulière, font à ravir dans l'ensemble de l'œuvre.

Andromaque, par où s'était ouverte cette série glorieuse, eut presque le succès du *Cid* auprès des générations jeunes et amies du jeune règne, qui voulaient, à leur tour, avoir leur théâtre à elles et leur poëte ; elle inaugura une nouvelle Ère dramatique, comparable à celle qui avait vu le *Cid, Horace, Cinna, Polyeucte;* — quelque chose de moins imprévu, de moins éclatant, de moins héroïque, de moins transportant, mais d'aussi beau, d'aussi passionné, de plus soutenu, de plus en accord dans toutes les parties, de plus égal et de plus naturel en noblesse et en élévation, et qui se développera sans fatigue et sans heurt à chaque récidive de talent; qui montera de degré en degré sans échec et sans chute jusqu'à son couronnement suprême; qui enfin, sans sortir jamais de l'élégance continue, atteindra son genre de sublimité aussi.

On a tout dit de Racine, surtout en ce qui comprend cette époque toute littéraire de sa vie; je ne parlerai que de l'ensemble, et du jugement même auquel j'en suis venu sur la nature et la marque générale de son génie.

Ce qu'il ne faut jamais perdre de vue quand on juge Racine aujourd'hui, c'est la perfection, l'unité et l'harmonie de l'ensemble, ce qui en fait la principale beauté. A prendre les choses isolément et par parties, on se tromperait bientôt; le caractère essentiel échapperait, et l'on prononcerait à côté. Au contraire, à bien sentir cette perfection de l'ensemble, cela devient une lumière générale qui réfléchit sur chaque détail et qui l'éclaire.

Depuis longtemps le détail triomphe; on le brode, on l'amplifie, on le pousse à bout, et l'on se croit bien grand par toutes ces richesses l'une sur l'autre accumulées. Erreur ! le bel art ne se comporte pas ainsi; il ne calcule pas de la sorte, et il a son secret plus intérieur. Son trésor ne se compose pas d'innombrables et splendides détails additionnés et qui font tas : en définitive, ces trésors-là sont un peu trop pareils à ceux des rois barbares. J'ai moi-même donné quelque peu d'abord dans l'illusion; en comparant telle tirade de Racine à telle tirade de Hugo, tel couplet des chœurs d'*Athalie* à telle strophe de Lamartine, j'ai cru voir une supériorité de couleur, de trait, de poésie enfin, dans le moderne. Mais comme, en poussant cela un peu plus loin, il en serait résulté que presque le moindre d'entre les modernes, pour peu qu'il eût de ce qu'on appelle imagination, eût été (au moins pour le style poétique) supérieur à Racine pris ainsi en détail, j'ai été effrayé de cette énorme supériorité de richesse que nous avions, et qui sautait si vite aux yeux; cela m'a ramené au seul point de vue qui soit juste pour apprécier l'art de ce grand poëte, et en général toute espèce d'art.

L'unité, la beauté de l'ensemble chez Racine se subordonne tout. Dans les moments même de la plus grande passion, la volonté du poëte, sans se laisser apercevoir, dirige, domine, gouverne, modère. Il y a le calme de l'âme supérieure et divine, même au travers et au-dessus de tous les pleurs et de toutes les tendresses.

C'est là un genre de beauté invisible et spirituelle, ignorée des talents qui mettent tout en dehors : même quand ce qu'on met en dehors serait le plus beau et le plus riche du monde, il y a toujours entre cette dernière manière et l'autre la même différence à peu près qu'entre le monde de l'idolâtrie, du paganisme ou, si l'on aime mieux, du panthéisme le plus efflorescent, et le monde accompli tel qu'il existe pour qui le voit avec les yeux d'un Platon ou d'un Fénelon, pour ceux qui croient à la création distincte, qui maintiennent l'homme souverain, et roi avant tout, en tête de son ordre, et (s'y mêlât-il même de l'illusion humaine) au centre de la sphère et de la coupole rayonnante.

Racine est un grand dramatique, et il l'a été naturellement, par vocation. Il a pris la tragédie dans les conditions où elle était alors, et il s'y est développé avec aisance et grandeur, en l'appropriant singulièrement à son propre génie. Mais il y a un tel équilibre dans les facultés de Racine, et il a de si complètes facultés rangées sans tumulte sous sa volonté lumineuse, qu'on se figure aisément qu'une autre quelconque de ses facultés eût donné avec avantage également et gloire, et sans que l'équilibre eût été rompu.

Le cardinal de Retz, en ses Mémoires, a dit de Turenne, le plus parfait de nos héros comme Racine est le plus parfait de nos poëtes, et qui a fini par ses plus belles campagnes comme Racine par sa plus grande tragédie : « M. de Turenne a eu, dès sa jeunesse, toutes les bonnes qualités, et il a acquis les grandes d'assez bonne heure. Il ne lui en a manqué aucune, que celles dont il ne s'est pas avisé. Il avoit presque toutes les vertus comme naturelles; il n'a jamais eu le brillant d'aucune. On l'a cru plus capable d'être à la tête d'une armée que d'un parti, et je le crois aussi, parce qu'il n'étoit pas naturellement entreprenant : mais toutefois, qui le sait? Il a toujours eu en tout, comme en son parler, de certaines obscurités qui ne se sont développées que dans les occasions, mais qui ne se sont jamais développées qu'à sa gloire. »

On ne peut dire de Racine comme de Turenne qu'il n'a pas eu le brillant de ses qualités, mais il n'en a pas eu l'étalage ni l'appareil; il n'en a pas eu l'impétueux et le soudain, comme Corneille par exemple l'avait, avec un peu trop de jactance aussi; et il a toujours eu en tout, comme en son parler, non pas de certaines obscurités, mais *de certaines retenues, qui ne se sont développées que dans les occasions et selon les sujets, mais qui ne s'y sont jamais développées qu'à sa gloire.*

Racine est tendre, dit-on, c'est un élégiaque dramatique. Prenez garde! celui qui a fait la scène du troisième acte de *Mithridate* et *Britannicus*, le peintre de Burrhus, est-il gêné à manier la tragédie d'État et à tirer le drame sévère du cœur de l'histoire?

Ainsi de tout pour Racine : il serait téméraire de lui nier ce qu'il n'a pas fait, tant il a été accompli sans effort dans tout ce qu'il a fait! Pour moi, je me le figure à merveille dans d'autres genres que la tragédie; par exemple, donnant un poëme épique, dans le goût de celui du Tasse; des élégies, comme les belles et sobres méditations premières, comme les élégies closes de Lamartine; des satires comme *la Dunciade* de Pope ; des épigrammes comme celles de Le Brun ; des histoires comme celles — et bien mieux que celles — que Rulhière a tentées; des romans historiques plus aisés que celui de Manzoni; des comédies comme *les Plaideurs* en pouvaient promettre. Des odes, il en a fait; des *Petites Lettres* comme Pascal, il en a trop bien commencé. Orateur académique, il l'a été, et avec éclat. Et toujours et partout (remarquez!) on aurait le même Racine, avec ses traits nobles, élégants et choisis, recouvrant sa force et sa passion; toujours quelque chose de naturel et de soigné à la fois, et d'accompli, toujours l'auteur sans tourment, au niveau et au centre de son genre et de son sujet.

Mais la forme dramatique était celle que son temps lui offrait la plus ouverte et la plus digne de lui; il y entra tout entier, et au troisième pas il y était maître. Il y versa tous ses dons, et il en reçut des ressorts nouveaux dont il s'aida toujours, dont il ne souffrit jamais. En ne sortant pas, un seul instant, de l'originalité distincte qu'il portait et cachait en ses œuvres harmonieuses, en ne cessant jamais de faire ce que lui seul eût pu faire, il marcha toujours, variant ses progrès, diversifiant ses tons, poussant sur tous les points ses qualités même les plus tendres et les plus enchanteresses à une sorte de grandeur, jusqu'à ce qu'il arrivât, après cette adorable suite des Bérénice, des Monime et des Iphigénie, à ce caractère de Phèdre, aussi tendre qu'aucun et le plus passionné, le plus antique et déjà chrétien, le plus attachant à la fois et le plus terrible sous son éclair sacré.

Boileau, certes, assista et servit Racine dans toute cette œuvre d'une façon qui ne se saurait apprécier. Racine, on le voit par ses premières lettres, avec tant de qualités qui, ce semble, auraient pu se suffire à elles-mêmes, était né docile. Il réclamait un juge de ses vers, un Quintilius. Chapelain et Perrault n'avaient pourtant pas sa confiance ; il la plaçait volontiers dans son ami l'abbé Le Vasseur, il consultait La Fontaine ; mais le juge intègre et sourcilleux, il le sentait bien, n'était pas encore là. Dès qu'il l'eut reconnu dans Boileau, il s'y confia et ne s'en départit plus. Boileau dut hâter dans Racine cette saison d'entière maturité, qui est celle de toutes ses œuvres depuis *Andromaque;* il dut lui apprendre à sacrifier sans pitié le détail trop joli et trop fin à l'effet plus sûr de l'ensemble. Beaucoup de ces jeunes rameaux, de ces tendres et un peu folles guirlandes que nous avons vus courir dans les premiers vers de Racine comme les bras de la vigne grimpante le long des arbres et des murs même du cloître à Port-Royal, furent à jamais retranchés par Boileau. On lui doit, à coup sûr, d'avoir eu plus tôt le Racine parfait, et de l'avoir eu, dans sa perfection même, plus continuellement ferme et plus inaltérable.

Après cela, Racine a-t-il tout gagné avec Boileau ? n'a-t-il pas perdu quelque chose qu'il eût atteint peut-être et développé, en se retranchant moins quelques-uns de ses premiers rameaux ? On le peut conjecturer, ce me semble, plus qu'on ne le doit regretter. Je dirai donc, non à titre de regret aucunement, mais comme un aperçu de plus à travers la nature poétique de Racine, que s'il avait gardé plus longtemps cette manière un peu plus libre et plus subtile de sentir et d'exprimer que nous lui avons reconnue à l'origine, que si, l'ayant d'abord sans doute par imitation un peu et par convention, il y avait assez persévéré pour se l'approprier par sentiment et pour y diriger les progrès de son tendre et sensible génie, il serait très-probablement arrivé à certaines beautés d'un genre différent de celui dont il nous est aujourd'hui un modèle.

Sans entrer dans un développement qui ferait ici hors-d'œuvre, je crois qu'on pourrait établir sans invraisemblance que Boileau a refoulé et réprimé un coin de Pétrarque et de Tasse en Racine, le bel-esprit mêlé au sentiment, persistant dans la poésie et y mettant sa marque.

Racine laissa de bonne heure le premier goût qui l'entraînait sensiblement de ce côté. La beauté grecque plus simple (en attendant la grandeur biblique) triompha de cette beauté italienne moderne plus compliquée et plus subtile. Je le remarque encore une fois sans le regretter : ce genre de beauté, plus voisin de date, était peut-être moins neuf et moins original à importer, et aussi allait moins au grand et pur goût de Louis XIV, droit et sensé, au goût français en un mot, que ce qu'a fait Racine. Remercions-le donc de ce qu'il a sacrifié, puisqu'on ne peut tout avoir, et remercions-en surtout Boileau [1].

1. Boileau avait conscience du genre de service qu'il avait rendu à Racine, lorsqu'il lui échappa de dire un mot qui a été cité souvent, qu'on a voulu quelquefois contester, mais qu'il a dit bien certainement et répété en plus d'une rencontre. Interrogé dans sa vieillesse par Falconnet, par Boindin, par La Motte, sur ceux qu'il considérait vraiment comme les génies de son siècle : « Je n'en connois que trois, disait-il sans marchander, Corneille,

L'œuvre de Racine, comme toutes les belles œuvres, essuya sans doute en naissant bien des mauvais vouloirs et des critiques. Pourtant cette contradiction chétive disparaît de loin dans l'applaudissement universel et dans l'admiration très-vite unanime. Le propre de l'œuvre de Racine, en effet, est d'être parfaite, d'une perfection à la fois profonde et évidente. A quelque degré qu'on s'arrête dans l'intelligence de son œuvre, on a l'idée d'une certaine perfection ; on ne tombe jamais sur une impression incomplète ou qui offense. Shakspeare a besoin d'être compris tout à fait pour ne jamais choquer et rebuter ; Molière lui-même est un peu ainsi. Il y a chez eux des choses qui ne s'expliquent et ne se légitiment qu'au dernier point de vue. Avec Racine, bien qu'il soit vrai que plus on avance et plus on admire, on admire encore quand on ne va pas très-avant. Son élévation est tellement graduée et accessible, qu'il y en a pour chacun ; à chaque gradin du temple, on peut faire station ; même quand on n'a pas toute la vue, on a une vue complète en soi, symétrique et harmonieuse.

Molière... et moi. » — « Et Racine ? » demandait l'interlocuteur un peu étonné. — « Racine, répliquait Boileau, n'étoit qu'un *très bel esprit* à qui j'ai appris à faire difficilement des vers faciles. » Duclos, Voisenon, d'Alembert racontent tous trois l'anecdote, comme la tenant de témoins dignes de foi. La révoquer en doute à cause des vers dans lesquels Boileau loue si grandement Racine, c'est trop oublier qu'il y a manière d'écrire sur ses amis et manière d'en parler en causant. Et puis il faut savoir comprendre en quel sens Boileau le prenait. Oui, Racine est un *très bel esprit* « qui connoissoit la marche du cœur humain, et qui savoit en mettre en jeu tous les ressorts. Voilà pourquoi il n'est pas inégal ; il étoit toujours lui, il avoit de la force quand il le falloit. » Il savait toujours où il en était. Corneille et Molière ont eu chacun leur démon ; La Fontaine, oublié par Boileau, en avait un ; Boileau lui-même avait le sien, et qui avait ses quintes. Racine, lui, n'avait pas un démon déterminé. C'est ainsi que j'entends et que je traduis le mot un peu singulier, et pourtant bien authentique, de Boileau.

Son œuvre parfaite se trouve avec ses hauteurs et ses profondeurs, placée au milieu de tout le monde, proportionnément comprise de tous, éclairée par tous les aspects.

Surtout, j'insiste là-dessus, jamais rien qui offense ni même qui étonne ; rien d'étrange ; sa manière comme sa physionomie est d'une beauté heureuse, ouverte sans être banale, d'une de ces beautés incontestables et qui existent pour tous. Racine et Louis XIV sont, régulièrement parlant, les deux plus beaux visages de cette Cour.

La poésie de Racine est au centre de la poésie française ; elle en est le centre incontesté : en est-elle le centre unique ? Ceci devient une autre question.

Au point de vue du drame, il semble que ce n'en soit plus une ; et tout en révérant le théâtre de Racine, et par cela même qu'on le révère avec plus de réflexion, en pleine connaissance de cause, on paraît admettre comme une vérité désormais acquise que, pour exprimer dramatiquement l'histoire, le cœur et la vie, ce ne serait plus dans ce cadre juste et trop choisi qu'il les faudrait vouloir replacer. C'est là un résultat théorique, à peu près admis incontestablement en France ; je dis *théorique*, car il faut avouer que, s'il est besoin pour l'autoriser d'un seul beau et grand drame français moderne, jeté dans l'autre moule, on est encore à l'attendre[1]. — Mais, d'un côté, on a Shakspeare ; de l'autre, on a même Schiller, qui marquent les voies.

En convenant donc volontiers aujourd'hui que le théâtre de Racine n'est pas le centre unique du drame, on se rejette sur son style, et quelques-uns maintiennent

1. On n'en a que d'incomplets, tout au plus de grands essais, avec de fortes et hautes parties. — (Cette page, y compris cette note, a été écrite en 1838, et il n'est rien survenu depuis lors qui m'oblige à modifier ce jugement.)

que ce style racinien est et doit rester le centre essentiel ou même unique de la poésie française. C'est le type et le modèle auquel ils s'en rapportent invariablement pour juger des bons vers.

Tout en reconnaissant que, dans une certaine zone habituelle tempérée et moyenne, le style de Racine ne saurait sans inconvénient cesser de prévaloir, de faire comme le milieu ou le lien de tout langage poétique français; en sentant combien il est heureux, quand on se trouve à même des belles eaux du style racinien, d'y savoir naviguer, d'y pouvoir courir, et de battre avec art cette surface à peine blanchie, d'une double rame cadencée, je ne pourrais admettre qu'il n'y ait que cela à faire, et que, hors de ce large et beau canal, il n'y ait point de voie et de salut en français pour le style du poëte. — Et que fait donc Molière? je ne parle pas des endroits purement comiques. Pour continuer mon image du canal, quand il y a doute, danger, hasard seulement, Racine, entre les deux côtes, l'une tout unie, l'autre escarpée, qui forment et bornent, hélas! le détroit de la poésie française, Racine se rapproche à l'instant de l'une, de la côte unie, de celle de la prose, et tout en s'en rapprochant extrêmement et jusqu'à courir peut-être une autre espèce de danger, il le dissimule et se sauve avec une marche admirablement sinueuse et des courbes prolongées élégantes. Molière, lui, quand il ne peut tenir le milieu, ne craint pas d'affronter l'autre côte, de risquer le tout pour le tout, de tenter la métaphore abrupte, et, sauf quelques accrocs qui tiennent à l'exécution trop rapide, il s'en tire certes sans trop de naufrage et sans se briser; il s'en tire à son honneur, à l'honneur de la touche libre et franche. — Et La Fontaine, dans ses Fables, fait-il autrement? n'a-t-il pas souvent dans les endroits, dans les détroits difficiles, de ces ressources plus hardies, plus trouvées, qui ouvrent dans la langue française des horizons et comme des trouées de perspective qu'on n'attendait pas? — tandis que Racine, quand il y a doute, péril, ou même qu'il n'y a pas nécessité de haute poésie, rase volontiers la prose, sauf l'élégance toujours observée du contour. Sans sortir de notre sujet, nous en avons une petite preuve : il fit sur Arnauld mort, à l'exemple de Boileau et de Santeul, deux courtes pièces, l'une comme épitaphe, l'autre pour mettre au bas d'un portrait. Voici l'une de ces pièces où, pas plus que dans l'autre, il n'y a trace de poésie sous l'élégance :

> Sublime en ses écrits, doux et simple de cœur,
> Puisant la vérité jusqu'en son origine,
> De tous ses longs combats Arnauld sortit vainqueur,
> Et soutint de la foi l'antiquité divine.
> De la Grâce il perça les mystères obscurs ;
> Aux humbles pénitents traça des chemins sûrs ;
> Rappela le pécheur au joug de l'Évangile.
> Dieu fut l'unique objet de ses désirs constants :
> L'Église n'eut jamais, même en ses premiers temps,
> De plus zélé vengeur, ni d'enfant plus docile.

Ces vers sont polis et travaillés comme tout ce que fait Racine, et pourtant pas un seul n'est poétique à proprement parler. C'est l'écueil du style poétique racinien. L'écueil ici est un banc de sable, comme pour d'autres c'est un rocher.

Ce ne serait pas faire injure à Racine que de poser, je crois, à son sujet, cette conséquence littéraire rigoureuse : toute postérité directe de Racine, en tragédie ou en poésie, est nécessairement un peu faible. Sans en chercher des preuves historiques chez Racine fils ou chez Campistron, ni même dans la *Mariamne* de Voltaire ou dans les nobles et mélodieux accents de Fontanes, ou chez le Casimir Delavigne du *Paria*, on en trouve la raison, ce me semble, dans la nature même du génie de Racine. Lui seul a toute sa force, et, après lui, il ne laisse à ses suivants que le beau voile dont il l'a enveloppée, et qui, la même force n'y étant plus, devient peu à peu leur linceul[1]. Il me semble que, bien loin d'être une critique, c'est là une louange.

Quand il s'agit de Racine, la critique même doit prendre la forme de l'éloge. Je dirai donc : Racine représente la perfection du style poétique, même pour ceux qui n'aiment pas essentiellement la poésie. Là est le point faible, s'il en est un.

Quoi qu'il en soit, n'admirons-nous pas que sortent également de Port-Royal, ou que du moins s'y rapportent de si près, Racine et Pascal, la perfection de la poésie française et la perfection de la prose ! deux perfections assez différentes pourtant. Pascal, qui a bien moins fait quant à l'ensemble de l'œuvre, a dans le style quelque chose qui mord plus, qui *ancre* davantage la pensée. Pascal garde du Montaigne ; Racine n'a plus rien de gaulois[2]. Racine mérite pleinement l'éloge de Vauve-

---

1. Dans une lettre à l'abbé d'Olivet, Racine fils, le croirait-on ? ne paraît pas comprendre la beauté de ce vers :

D'os et de chair meurtris et traînés dans la fange.

« Si *meurtris* se rapporte à *chair*, il ne peut être au pluriel ; s'il se rapporte à *os*, j'ignore ce que c'est que des *os meurtris*. » Il ne comprend pas que c'est une belle et poétique confusion dans le goût des Anciens. « Je ne sais, ajoute-t-il, pourquoi ce même mot a plu à mon père jusqu'à dire *des princes meurtris*, pour *des princes égorgés*. » Mais, au contraire, c'est là un mot pris au sens direct et propre de *meurtre* ; c'est un beau sens antique. — Cette timidité peut nous faire mesurer plus ou moins la distance de tous les Racine fils à Racine père.

2. Un jour Boileau lisait à Louis XIV, en présence de quelques courtisans, un endroit de l'Histoire des campagnes du roi qu'il était chargé d'écrire. Il était question d'un voyage dans lequel le roi avait feint de se porter du côté de la Flandre, et puis tout d'un coup il avait *rebroussé chemin* pour tourner du côté de l'Allemagne. Le roi l'arrêta sur ce mot *rebrousser* qu'il trouvait peu noble, peu poli. Tous les courtisans applaudirent à l'observation

nargues : « Personne n'éleva plus haut la parole et n'y versa plus de douceur. » Il a la perfection de la langue douce, élégante, régulière et noble, qu'on parlait sous Louis XIV. Il y mêle toute la poésie, proprement dite, que ce grand monde pouvait porter; il n'en met pas trop; il prend garde à tout; il pense à tout; il ne s'oublie ni ne se dément jamais : Racine a bien de l'esprit. Virgile, premier-né de la même famille, lui reste supérieur comme peintre; presque chaque vers de Virgile est un tableau. Il est vrai que Virgile avait surtout à faire des récits et des tableaux, dans son genre descriptif ou épique de poésie; et il était, de plus, bien autrement servi par une langue forte de nerf et de couleur. — J'ai voulu dire tout ceci, en quoi il entre quelque réserve, avant de parler du Racine des derniers temps, et de cette *Athalie*, après laquelle il n'y a plus qu'à s'incliner dans le plus religieux silence.

Racine venait de donner *Phèdre* (1677), et il n'était pas encore réconcilié avec Port-Royal. Il en avait soif pourtant; il était rebuté de son métier d'auteur dramatique, et, malgré sa gloire, il avait quelque raison de l'être. Les représentations de sa *Phèdre*, à laquelle la pièce de Pradon faisait concurrence, avaient été de véritables orages. Des sonnets injurieux coururent. Le sonnet par lequel Racine, en compagnie de Despréaux, répondit à celui de madame Des Houlières, qu'il supposait être du duc de Nevers, fut si piquant et si offen-

du maître, et Racine lui-même, qui était présent, s'y rangea. Était-ce simplement pour faire sa cour aux dépens de son ami? Non, il devait trouver en effet, dans ses idées d'élégance et de douceur, le terme assez malsonnant. Mais Boileau tint bon pour l'expression nécessaire, disant, tout comme l'aurait dit Pascal, que lorsqu'il n'y a dans une langue qu'un mot pour exprimer avec propriété une chose, il le faut conserver, dût-il paraître un peu rude.

sant pour ce duc et pour sa sœur Hortense, que les deux poëtes eurent à craindre un moment pour leur personne. Le duc de Nevers, attaqué à tort par eux, eut le tort, à son tour, de les menacer. M. le Duc, fils du grand Condé, les prit sous sa protection et leur offrit l'hôtel de Condé pour asile : « Si vous êtes innocents, venez-y; et si vous êtes coupables, venez-y encore. » Cela est partout[1]. *Phèdre* resta victorieuse. Boileau consacra et, on peut dire, *chanta* le triomphe par sa merveilleuse Épître; mais Racine, atteint au cœur, effrayé de ces cabales, rendu par le dégoût et par la jeunesse déclinante aux repentirs et aux scrupules chrétiens, ayant donné d'ailleurs comme talent la plus grande abondance de ses fruits, Racine n'aspirait plus qu'à la retraite, au pardon des maîtres qu'il avait offensés, et à la paix de Dieu. Il ne pensait à rien moins, dans l'excès du premier retour, qu'à se faire chartreux; mais son confesseur, bon homme et sensé, lui conseilla plutôt quelque honnête mariage bourgeois et chrétien.

Cela fait, et devenu un homme rangé, de mœurs exemplaires, son premier soin fut de se réconcilier avec Port-Royal. Toute sa déviation, toutes ses erreurs, selon les vues nouvelles dont s'illuminait son esprit, venaient de sa rupture avec ces Messieurs. Il ne lui fut pas difficile de se réconcilier d'abord avec Nicole, le plus directement offensé : Nicole, qui ne savait ce que c'était que guerre et rancune, le reçut à bras ouverts, quand il le vit arriver en compagnie de l'abbé Du Pin[2]. Arnauld était moins traitable; les plaisanteries sur la mère Angélique lui tenaient au cœur. Boileau avait plus d'une

---

1. On peut voir au tome XIII des *Causeries du lundi*, à l'article du *duc de Nivernais*, une pièce qui se rapporte aux points principaux de cette querelle.

2. Ellies Du Pin, fils d'une demoiselle Vitart et ainsi assez proche parent de Racine.

fois entamé la négociation auprès de lui et avait échoué. Un jour cependant qu'il lui portait un exemplaire de *Phèdre* de la part de l'auteur, il se dit qu'il fallait livrer la grande bataille, et soutenir résolûment qu'il est telle tragédie qui peut être innocente aux yeux même des casuistes les plus sévères. Arrivé chez Arnauld au faubourg Saint-Jacques, et y trouvant assez nombreuse compagnie de théologiens, il mit la question sur le tapis ; il commença par lire le passage de l'Avertissement, où l'auteur marque expressément son désir « de réconcilier la tragédie avec quantité de personnes célèbres par leur piété et par leur doctrine, qui l'ont condamnée dans ces derniers temps ; » et il développa cette thèse, en l'appliquant à *Phèdre*, avec le feu et la verve qu'on lui connaît et qu'il portait agréablement dans ces sortes de scènes. L'auditoire paraissait assez peu convaincu, lorsque Arnauld, après avoir tout écouté, rendit cette sentence : « Si les choses sont comme il le dit, il a raison, et la tragédie est innocente. » Et quelques jours après, ayant lu la pièce, il y fit une seule objection : « Cela est parfaitement beau ; mais pourquoi a-t-il fait Hippolyte amoureux[1] ? » Boileau là-dessus n'avait plus qu'à amener Racine en personne chez Arnauld : le poëte était déjà pardonné. En entrant dans la chambre où il y avait du monde et où il n'était pas attendu, Racine se jeta aux pieds d'Arnauld, qui, en retour et tout confus, se jeta lui-même à ses pieds : tous deux en cette posture s'embrassèrent. — Racine pénitent, aux pieds du grand Arnauld ; Arnauld humilié, à genoux devant Racine ! lequel

---

1. On sait la réponse de Racine quand on lui faisait cette objection : « Qu'auroient pensé les petits-maîtres d'un Hippolyte ennemi de toutes les femmes ? quelles mauvaises plaisanteries n'auroient-ils point faites ? » Ils auraient dit qu'Hippolyte avait les goûts de M. de Créqui et de son école. C'est là le sens de cette réponse.

des deux fut le plus grand dans ce moment? C'est une question que nos historiens jansénistes se sont posée; et nous-même, tout en souriant en notre qualité de profane, nous nous la posons aussi, avec le sentiment de respect qu'inspire à tout cœur honnête ce bon et naïf mouvement de deux grands cœurs.

En ce qui était de *Phèdre* en particulier, Arnauld et Boileau avaient tous deux raison. L'expression de l'antique Fatalité dans cette pièce se rapproche déjà bien sensiblement, en effet, de celle qu'admet un rigoureux Christianisme. La faiblesse et l'entraînement de notre misérable nature n'ont jamais été plus mis à nu. « Il y a déjà, si on l'ose dire, un commencement de vérité religieuse dans une vérité humaine si profondément révélée, si vivement arrachée de ses ténèbres mythologiques. » La doctrine de la Grâce se sent toute voisine de là; notre volonté même et nos conseils sont à la merci de Dieu; nous sommes libres, nous le sentons, et nous croyons l'être, et pourtant il y a nombre de cas où nous sommes poussés : terrible mystère ! Phèdre, avec sa *douleur vertueuse*, pourrait être ajoutée dans le traité du *Libre Arbitre* de Bossuet comme preuve que souvent on agit contre son désir, qu'on désire contre sa volonté, qu'on veut malgré soi :

> Que dis-je? cet aveu que je te viens de faire,
> Cet aveu si honteux, le crois-tu volontaire?

C'est cet ordre de raisons que Boileau dut développer, ou à peu près. — « Mais pourquoi a-t-il fait Hippolyte amoureux sans nécessité? » répondait Arnauld. Et c'est aussi ce que doit dire le goût bien plus encore que la morale. L'amour d'Hippolyte, cette concession au public galant, la froideur d'Aricie, l'inutilité de ce grand récit de Théramène, ces défauts dans *Phèdre*, mêlés aux beautés, réservent la palme sans égale à Athalie.

A peine réconcilié avec Port-Royal, Racine y alla souvent, le plus souvent qu'il put, dans sa vie encore attachée à Versailles ; car en se convertissant, en renonçant même aux vers, il ne renonçait pas à Louis XIV. L'amour de Louis XIV, dans l'âme de Racine, a comme hérité de ses autres passions profanes, de la passion pour le théâtre et de celle pour les Champmeslé. Louis XIV reste son culte humain, le seul qu'il croie légitime désormais. Louis XIV et Port-Royal, voilà les deux grands derniers mobiles de l'âme de Racine, les deux personnages rivaux en lutte dans ce cœur qui les voudrait concilier, et qu'ils mettent au partage. Il se joue vraiment entre eux une tragédie secrète en lui. S'il faut absolument se décider et choisir, il n'hésitera pas sans doute, ce sera Port-Royal, c'est-à-dire Dieu, qu'il préférera ; mais il mourra de perdre l'autre.

A partir de sa conversion, nous retrouvons, — nous avons retrouvé Racine présent à Port-Royal dans plusieurs circonstances. Nous l'avons vu qui était en prière dans l'église à neuf heures du matin, lorsque l'archevêque M. de Harlai y arrivait, le 17 mai 1679, pour signifier la reprise des rigueurs. Depuis lors, en mainte occasion, et surtout depuis que sa tante fut devenue abbesse au commencement de l'année 1690, Racine s'employa activement aux négociations auprès de l'archevêque, qu'il rencontrait sans cesse à Versailles. A chaque changement de confesseur, il était en jeu pour obtenir l'un plutôt que l'autre. Il était l'agent, le chargé d'affaires, le solliciteur de Port-Royal auprès des puissances, jusqu'à ne pas craindre d'être importun. Quand vint M. de Noailles, un archevêque ami, un allié de madame de Maintenon, Racine n'en fut que plus en mouvement auprès de lui, et avec de meilleures chances de succès qu'auprès de son prédécesseur. Quoi qu'on en ait dit, il ne se cachait pas de Port-Royal à la Cour ; il y allait très-souvent, le disait tout haut chez madame de Maintenon, et il n'en fut jamais repris [1].

S'étant ainsi mis en règle avec sa conscience, avec Port-Royal et avec Dieu, Racine ne comptait plus faire de vers. La tentation et l'entraînement avaient été de ce côté; l'expiation devait y être. Nommé historiographe avec Boileau, précisément en 1677, il avait regardé (nous dit son fils) ce choix du roi qui tombait si juste, comme un coup du Ciel. Il s'occupait de ses nouvelles fonctions, c'est-à-dire de rassembler les grandes actions du roi, et ne se doutait pas qu'il y avait là quelques écueils aussi pour la vérité. Dans son Discours prononcé à l'Académie lors de la réception de Thomas Corneille et de M. Bergeret en janvier 1685, Discours bien ingénieusement éloquent et fort applaudi, après l'allusion célèbre au *cercle de Popilius* dans lequel Louis XIV enferma ses ennemis, il terminait sans scrupule par ces paroles vraiment fabuleuses : « Heureux ceux qui, comme vous, Monsieur[2], ont l'honneur d'approcher de près ce grand Prince, et qui après l'avoir contemplé, avec le reste du monde, dans ces importantes occasions où il fait le destin de toute la terre, peuvent encore le contempler dans son particulier, et l'étudier dans les moindres actions de sa vie, non moins grand, non moins héros, non moins admirable, plein d'équité, plein d'humanité, toujours tranquille, toujours maître de lui, sans inégalité, sans foiblesse, et enfin le plus sage et le plus parfait de tous les hommes! » Louis XIV, ayant voulu entendre ce Discours de la bouche de Racine, paraît lui-même avoir rougi un peu; il lui dit : « Je vous louerois davantage, si vous m'aviez moins loué. » Et Arnauld à qui Racine avait envoyé un exemplaire, Ar-

---

[1]. Lettre de Fénelon au duc de Beauvilliers, du 30 novembre 1699.
[2]. Ceci s'adressait à M. Bergeret, secrétaire du Cabinet du roi.

nauld, tout féal et ardent qu'il était pour *son roi*, écrivait à l'auteur, en le remerciant : « Rien n'est assurément si éloquent, et le héros que vous y louez est d'autant plus digne de vos louanges qu'il y a, dit-on, trouvé de l'excès. » Racine converti semblait n'avoir renversé toutes ses chères idoles que pour mieux exhausser celle-là ; il en porta bien cruellement la peine.

Je ne compte pas une Cantate ou Idylle sur la Paix, en 1685, laquelle, dans sa froideur, ne se distingue que par l'élégance et l'harmonie. Il dut revoir ou refaire, vers le même temps, ses traductions des Hymnes en vers français, que M. Le Tourneux mit dans ce Bréviaire condamné. Mais vers 1688, madame de Maintenon, c'est-à-dire encore Louis XIV, vint tout remuer dans l'âme de Racine. Elle avait fait représenter *Andromaque* par les jeunes filles de Saint-Cyr, et après la représentation elle écrivit à Racine : « Nos petites filles viennent de jouer votre *Andromaque*, et l'ont si bien jouée qu'elles ne la joueront de leur vie, ni aucune autre de vos pièces. » Elle le priait dans cette même lettre, nous dit madame de Caylus, « de lui faire, dans ses moments de loisir, quelque espèce de poëme, moral ou historique, dont l'amour fût entièrement banni, et dans lequel il ne crût pas que sa réputation fût intéressée, parce que la pièce resteroit ensevelie à Saint-Cyr, ajoutant qu'il lui importoit peu que cet ouvrage fût contre les règles, pourvu qu'il contribuât aux vues qu'elle avoit de divertir les demoiselles de Saint-Cyr en les instruisant. Cette lettre jeta Racine dans une grande agitation. Il vouloit plaire à madame de Maintenon ; le refus étoit impossible à un courtisan, et la commission délicate pour un homme qui, comme lui, avoit une grande réputation à soutenir, et qui, s'il avoit renoncé à travailler pour les comédiens, ne vouloit pas du moins détruire l'opinion que ses ouvrages avoient donnée de lui. Despréaux, qu'il alla consulter, décida brusquement pour la négative : ce n'étoit pas le compte de Racine. Enfin, après un peu de réflexion, il trouva dans le sujet d'*Esther* tout ce qu'il falloit pour plaire à la Cour. Despréaux lui-même en fut enchanté, et l'exhorta à travailler, avec autant de zèle qu'il en avoit eu pour l'en détourner. »

Esther fut jouée à Saint-Cyr l'année suivante (janvier et février 1689); le succès en fut prodigieux[1] : « On y porta, dit madame de La Fayette, alors brouillée avec madame de Maintenon, et ici médiocrement favorable à Racine, on y porta un degré de chaleur qui ne se comprend pas; car il n'y eut ni petit ni grand qui n'y voulût aller; et ce qui devoit être regardé comme une comédie de couvent devint l'affaire la plus sérieuse de la Cour. Les ministres, pour faire leur cour en allant à cette comédie, quittoient leurs affaires les plus pressées. A la première représentation où fut le roi, il n'y mena que les principaux officiers qui le suivent quand il va à la chasse. La seconde fut consacrée aux personnes pieuses, telles que le Père de La Chaise, et douze ou quinze jésuites, auxquels se joignit madame de Miramion, et beaucoup d'autres dévots et dévotes; ensuite elle se répandit aux courtisans. Le roi crut que ce divertissement seroit du goût du roi d'Angleterre; il l'y mena, et la reine aussi. Il est impossible de ne point donner des louanges à la maison de Saint-Cyr et à l'établissement : aussi ils ne s'y épargnèrent pas, et y mêlèrent celles de la comédie. »

Esther en effet remplissait juste l'objet, ne le dépassait en rien, et par son charme, sa modestie, sa mélo-

---

1. Si l'on tient à savoir les moindres particularités et qui, toutes, sont faites pour intéresser, sur ces représentations d'*Esther*, il faut lire le v° chapitre de l'*Histoire de la Maison de Saint-Cyr*, par M. Théophile Lavallée; tout s'y trouve.

die, par ce rapport si convenant de l'action et des personnages, des sentiments et de la diction, devait ravir grands et petits, tendres et austères. Arnauld n'en fut pas moins enlevé que le Père de La Chaise ; et plus tard, quand parut *Athalie* qu'il admirait, mais un peu moins, il écrivait : « Pour moi, je vous dirai franchement que les charmes de la cadette n'ont pu m'empêcher de donner la préférence à l'aînée. » La cadette, c'est-à-dire *Athalie*; on a besoin d'un moment de réflexion ; on ne se figure pas d'abord qu'*Athalie* soit la *cadette* de personne, tant elle participe à l'esprit de l'Éternel[1].

1. Arnauld ne tarit pas sur *Esther*. Voici quelques passages de ses lettres, où il en parle avec prédilection. — Au prince Landgrave de Hesse-Rhinfels (13 mars 1689):

« Il faut avouer qu'il n'y a point de royaume chrétien où il y ait tant de livres propres à faire avancer les fidèles dans la piété qu'il y en a en France. Peut-être que Votre Altesse sera étonnée que je mette de ce nombre la tragédie d'*Esther* : il est vrai néanmoins qu'on n'a rien fait dans ce genre de si édifiant, et où on ait eu plus de soin d'éviter tout ce qui s'appelle galanterie, et d'y faire entrer de parfaitement beaux endroits de l'Écriture, touchant la grandeur de Dieu, le bonheur qu'il y a de le servir, et la vanité de ce que les hommes appellent bonheur ; outre que c'est une pièce achevée pour ce qui est de la beauté des vers et de la conduite du sujet. »

Voici plus au long le passage où il déclare la préférence qu'il donne à *Esther* sur *Athalie*; il vient de louer cette dernière pièce (lettre à M. Vuillart, du 10 avril 1691):

« Mais comme il est bien difficile que deux enfants d'un même père soient si également parfaits, qu'il n'ait pas plus d'inclination pour l'un que pour l'autre, je voudrois bien savoir laquelle de ces deux pièces votre voisin (Racine) aime davantage. Mais, pour moi, je vous dirai franchement que les charmes de la cadette n'ont pu m'empêcher de donner la préférence à l'aînée (*Esther*). J'en ai beaucoup de raisons, dont la principale est que j'y trouve beaucoup plus de choses très-édifiantes et très-capables d'inspirer la piété. »

Et dans une lettre du mois de mai 1692, en envoyant à Paris deux écrits sur les affaires de l'Église, et en désirant qu'on en fît tomber des exemplaires ou des copies « entre les mains du duc de Beauvilliers, de M. Le Peletier, de M. de Pontchartrain, de M. de Pomponne, de M. de Meaux et *si qui alii*, » pour les tenter d'en parler au roi, il ajoutait :

« Si on consulte des amis, on aura peine à en trouver qui n'aillent à supprimer tout cela. La prudence d'aujourd'hui est une prudence timide;

Pourtant on conçoit ce triomphe facile et universel de l'aimable *Esther*, de cette enchanteresse idylle biblique, comme on l'a appelée. Chacun y trouvait tableau et miroir à la fois, miroir à des reflets d'allusions rapides, passagères, et la netteté du tableau biblique n'y perdait rien ; il en restait pur lui-même. Si madame de Maintenon, d'abord, sentait rejaillir sur elle ces louanges qui lui revenaient pour les *jeunes et tendres fleurs* de Saint-Cyr :

> Je mets à les former mon étude et mes soins ;
> Et c'est là que, fuyant l'orgueil du diadème,
> Lasse de vains honneurs et me cherchant moi-même,
> Aux pieds de l'Éternel je viens m'humilier,
> Et goûter le plaisir de me faire oublier ;

et ces autres louanges dans la bouche du roi s'adressant à sa compagne :

> Je ne trouve qu'en vous je ne sais quelle grâce
> Qui me charme toujours et jamais ne me lasse :
> De l'aimable vertu doux et puissants attraits !...
> Oui, vos moindres discours ont des grâces secrètes... ;

si ce mot délicat d'Assuérus : *Suis-je pas votre frère ?* exprimait et voilait en même temps ce que le terme

on donne beaucoup aux considérations humaines, et peut-être trop peu à la confiance en Dieu. La conjoncture des affaires tient quelque chose de celle du temps d'Esther : si elle avoit consulté tout autre que Mardochée, jamais elle n'auroit fait la démarche qu'elle fit, avec un si grand et si heureux succès, et si peu attendu :

> Elle a parlé, le Ciel a fait le reste.

Dieu le demandoit d'elle, et peut-être le demande-t-il de nous, et peut-être attend il de quelque âme fidèle, pour faire miséricorde à son Église, ce qu'il attendoit d'Esther pour sauver son peuple. »

On devine maintenant pourquoi Arnauld, et sans doute Port-Royal avec lui, préféraient *Esther ;* ils y voyaient des leçons plus applicables à leur situation de bannis, de spoliés et d'opprimés. Qui donc avait, plus qu'eux, le droit de dire :

> Dieu d'Israël, dissipe enfin cette ombre :
> Des larmes de tes Saints quand seras-tu touché ?...

d'*époux* aurait eu de trop déclaré, l'*altière* Vasthi avait ses applications non moins frappantes vers madame de Montespan ; Aman (que Racine le voulût ou non) avait des éclairs de ressemblance avec Louvois. On rapprochait de quelques paroles échappées, disait-on, à l'orgueilleux ministre ces vers proférés par l'insolent favori :

> Il sait qu'il me doit tout, et que, pour sa grandeur,
> J'ai foulé sous les pieds remords, crainte, pudeur ;
> Qu'avec un cœur d'airain exerçant sa puissance,
> J'ai fait taire les lois et gémir l'innocence ;
> Que pour lui, des Persans bravant l'aversion,
> J'ai chéri, j'ai cherché la malédiction....

Cette *Esther*, qui a *puisé ses jours* à une source réputée impure, dans la race proscrite par Aman, rappelait par ce côté encore la sœur des nouveaux convertis, l'orpheline des prisons de Niort ; l'allusion, il est vrai, ne se suivait pas, puisque les Calvinistes étaient censés à bon droit persécutés. A la rigueur cependant, un tolérant (s'il y en avait eu alors à la Cour) pouvait songer qu'il y avait sous ces voiles un conseil de clémence. Un gallican, plus à coup sûr, un membre du Clergé et qui avait été de l'Assemblée de 1682, pouvait sourire, sans se croire moins bon catholique, à ces *ténèbres jetées sur les yeux les plus saints*, dont parlait la Piété dans le Prologue. Madame de Grammont, ou telle autre amie de Port-Royal pouvait applaudir dans son cœur à ces vers dirigés contre la prévention des rois qu'on trompe :

> L'insolent devant moi ne se courba jamais....
> . . . .
> Mardochée est coupable ; et que faut-il de plus ?
> Je prévins donc contre eux l'esprit d'Assuérus ;
> J'inventai des couleurs, j'armai la calomnie,

J'intéressai sa gloire : il trembla pour sa vie.
Je les peignis puissants, riches, séditieux ;
Leur Dieu même ennemi de tous les autres dieux.

Mardochée l'inflexible, et qui *ne se courba jamais*, n'avait-il rien du grand Arnauld? Aman devenait aisément l'hypocrite même et l'homicide dénoncé par Pascal.

Elle encore, madame de Grammont, et d'autres anciennes élèves de Port-Royal là présentes, s'il y en avait, devaient naturellement pleurer à ces renaissantes images d'une éducation pieuse et aux délicieuses plaintes de ces filles de Sion plus persécutées, ce semble, qu'il ne convenait dans la bouche des demoiselles de Saint-Cyr ; elles devaient se dire tout bas : « Ceci est pour nous, plutôt que pour elles. » Et elles se disaient, sans crainte de se tromper : « Il a pensé à nous, à ce Port-Royal aujourd'hui si veuf, si peuplé et si refleuri autrefois aux années heureuses, quand il a dit :

Ton Dieu n'est plus irrité :
Réjouis-toi, Sion, et sors de la poussière ;
Quitte les vêtements de ta captivité,
Et reprends ta splendeur première.
Les chemins de Sion à la fin sont ouverts !
Rompez vos fers,
Tribus captives ;
Troupes fugitives, etc. »

Tableau et souhait à double fin, à double entente ! et elles l'entendaient. — Dès le second vers du Prologue, la Grâce était expressément invoquée :

Du séjour bienheureux de la Divinité,
Je descends dans ce lieu par la Grâce habité.

Nous-même, il nous est difficile de n'y pas voir une arrière-pensée triste et tendre, un chaste retour de l'âme du poëte aux impressions de sa propre enfance.

Quoi! les deux premiers vers, par lesquels il signale sa rentrée dans une poésie désormais sacrée, s'appliquent à Port-Royal encore plus exactement qu'à Saint-Cyr, à Port-Royal ce *séjour de la Grâce* par excellence : croirons-nous que Racine ne l'a pas voulu ; qu'il n'a pas eu, dès les premiers mots, sa commémoration secrète, comme si son œuvre en devait être plus bénie? En prêtant bien l'oreille, à travers ce mélodieux parler des personnages, derrière cette douce nuée du chant virginal qui monte, il me semble, à chaque pas, que j'entends les sources profondes de Port-Royal bruire sous terre, sous le gazon, et la *Source* sacrée de la mère Angélique, qui arrose tout bas et vivifie ces jardins d'*Esther :*

> Tel qu'un ruisseau docile
> Obéit à la main qui détourne son cours,
> Et, laissant de ses eaux partager le secours,
> Va rendre tout un champ fertile ;
> Dieu, de nos volontés arbitre souverain,
> Le cœur des rois est ainsi dans ta main.

Ainsi, pareille à ce ruisseau qu'on entend plutôt encore qu'on ne le voit, s'insinuait la chère pensée de l'auteur implorant de Dieu, dans son timide murmure, qu'il la laissât filtrer jusqu'à l'âme du roi. Et n'est-ce point à lui-même, à son innocente enfance, à son cœur si ingrat et pourtant si pardonné, qu'il songeait surtout dans ces vers reconnaissants du dernier chœur :

> Que le Seigneur est bon, que son joug est aimable !
> Heureux qui dès l'enfance en connoît la douceur !
> Jeune peuple, courez à ce maitre adorable :
> Les biens les plus charmants n'ont rien de comparable
> Aux torrents de plaisir qu'il répand dans un cœur.
> Que le Seigneur est bon, que son joug est aimable !
> Heureux qui dès l'enfance en connoît la douceur !
> Il s'apaise, il pardonne ;
> Du cœur ingrat qui l'abandonne

Il attend le retour ;
Il excuse notre foiblesse ;
A nous chercher même il s'empresse.
Pour l'enfant qu'elle a mis au jour,
Une mère a moins de tendresse.
Ah ! qui peut avec lui partager notre amour?

Pour bien comprendre les origines d'*Esther*, il faut, comme nous avons fait, avoir suivi Racine enfant dans les bois, dans les prairies et le long de l'étang du monastère, lui avoir entendu moduler ses premiers tendres accents, l'avoir vu passer des rêves trop émus pour Chariclée à l'essai déjà pénitent des chants traduits de *Matines* et de *Laudes*. *Esther* est comme une aube nouvelle qui rejoint la première ; c'est dans cette âme élue l'aube véritable et pleine, le matin retrouvé du jour que rien n'y obscurcira. Le poëte l'a conçue dans cette sainte ivresse qu'il a si bien dépeinte,

Ivres de ton esprit, sobres pour tout le reste,

sous ce pur rayon qu'il a montré au front des combattants du Christ :

Que la pudeur chaste et vermeille
Imite sur leur front la rougeur du matin !
Aux clartés du midi que leur foi soit pareille !
Que leur persévérance ignore le déclin !

Ce qui fait d'*Esther* le plus accompli chef-d'œuvre dans l'ordre des choses gracieuses, tendres et pures, c'est tout cela ensemble, c'est l'union de tant de nuances diverses dans la nuance principale d'une virginale simplicité, c'est la décence prise au sens le plus exquis du mot, la ravissante convenance [1].

---

1. « Je ne puis vous dire l'excès de l'agrément de cette pièce : c'est une chose qui n'est pas aisée à représenter et qui ne sera jamais imitée ; *c'est un rapport de la musique, des vers, des chants,*

Le succès d'*Esther* mit Racine en goût : il songea à un autre sujet tiré de l'Écriture et conçu dans des proportions plus hautes ; il composa cette année même (1689-1690) *Athalie*. Mais la fortune en fut très-différente. On fit parvenir dans l'intervalle tant d'avis, de remontrances, même anonymes, à madame de Maintenon sur ce genre de spectacle, sur l'inconvénient d'exposer ainsi des jeunes filles sur un théâtre aux yeux de la Cour (et il y avait bien quelque chose de vrai à cela), et puis les envieux, les faux austères, tous ces vengeurs secrets d'Aman agirent si bien, qu'*Athalie* ne put jamais être représentée à Saint-Cyr en la même manière qu'*Esther*. On la fit exécuter seulement devant Louis XIV et madame de Maintenon presque seuls, dans une chambre sans théâtre, dans la *classe bleue*, et par les demoiselles vêtues de leurs habits ordinaires, sauf quelques perles et quelques rubans de plus. Il y eut aussi deux ou trois représentations à Versailles par ces mêmes demoiselles qu'on fit venir bien accompagnées, le tout se passant en petit comité devant le roi, dans la chambre de madame de Maintenon. La pièce parut imprimée en 1691, mais fut peu recherchée ; on n'en parla guère. Malgré les succès de lecture qu'il obtenait, Racine en souffrit. C'était un autre échec que celui de *Phèdre*, et plus sensible ; il fut suivi d'un semblable découragement. Boileau seul tenait bon, et lui soutenait qu'*Athalie* était et resterait son chef-d'œuvre ; mais Racine ne l'osait tout à fait croire, et son cœur paternel se reportait avec une secrète prédilection sur *Phèdre*. Trois ans après la mort de Racine, madame de Mainte-

---

des personnes, si parfait et si complet qu'on n'y souhaite rien. » Ainsi parlait madame de Sévigné en sortant d'une des représentations d'*Esther*. Que de peine nous venons de nous donner pour redire ce qui a été bien mieux dit dès le premier jour !

non voulut tenter une nouvelle représentation d'*Athalie* devant Louis XIV, mais moins à huis clos que les précédentes : c'étaient des dames de la Cour et des seigneurs qui devaient jouer. Les rivalités pour les rôles faillirent tout faire manquer à l'avance : « Voilà donc *Athalie* encore tombée, écrivait madame de Maintenon au duc de Noailles ; le malheur poursuit tout ce que je protége et que j'aime.... » On a souvent cité ces paroles, mais on a pris le mot *tombé* trop à la lettre : *Athalie* n'eut jamais qu'une chute relative, c'est-à-dire un succès moindre.

Sous la Régence, *Athalie* fut mise au théâtre ; c'était une profanation. Nous-même qui l'avons vue aussi belle qu'on la pouvait retrouver par Talma dans Joad, nous n'avons jamais compris que cette pièce fût représentable, sans perdre son vrai caractère, par d'autres que par des acteurs purs, graves, non profanes, croyants, uniques comme elle, et placés eux-mêmes sous l'esprit de l'Éternel.

Car l'esprit de l'Éternel, c'est là proprement le génie d'*Athalie* ; après cette première beauté de cœur retrouvée dans *Esther* comme si elle n'avait jamais été perdue, l'immuable et terrible grandeur de Dieu, régnant dans *Athalie* : telle est la marche du poëte et son progrès.

On pourrait, comme je l'ai indiqué pour *Esther*, chercher dans *Athalie* même et dans son arrière-fond quelque pensée plus ou moins flottante de Port-Royal, cette innocence opprimée, cette justice calomniée :

> Dès longtemps votre amour pour la religion
> Est traité de révolte et de sédition.

Et au chœur du second acte :

> Que d'ennemis lui font la guerre !
> Où se peuvent cacher tes Saints ?

Et dans la bouche de Joad à Joas :

Hélas ! ils ont des rois égaré le plus sage.

Mathan, comme Aman, est l'hypocrite, l'ingrat, de la race de celui qui fut homicide dès le commencement, comme dit Pascal. Le chœur du premier acte couronne sa magnificence et ses souvenirs enflammés du Sinaï par cet angélique refrain de l'amour de Dieu opposé à la crainte servile :

Pour tant de biens il commande qu'on l'aime !
. . . .
O divine, ô charmante loi !...
Que de raisons, quelle douceur extrême
D'engager à ce Dieu son amour et sa foi !

Vous qui ne connoissez qu'une crainte servile,
Ingrats ! un Dieu si bon ne peut-il vous charmer ?
Est-il donc à vos cœurs, est-il si difficile
    Et si pénible de l'aimer ?
  L'esclave craint le tyran qui l'outrage ;
  Mais des enfants l'amour est le partage.
Vous voulez que ce Dieu vous comble de bienfaits,
    Et ne l'aimer jamais !

« L'auteur fait bien voir, dit l'abbé Racine en citant ce passage, à quelle école il avoit été instruit des grandes vérités de la religion. » Témoin ces vers encore dans la bouche de Joad :

Ils ne s'assurent point *en leurs propres mérites*,
Mais en ton nom sur eux invoqué tant de fois.

Si nous nous souvenons de Du Guet et du jugement ému qu'il portait sur *Athalie*, il admirait surtout le *courage* de l'auteur. Mais, ceci indiqué, il serait petit d'aborder *Athalie* de cette sorte et de chercher plus longtemps le particulier dans l'Éternel.

Athalie est surtout une œuvre merveilleuse d'ensemble. C'est l'éloge, je le sais, qu'il faut donner à presque toutes les pièces de Racine; mais l'éloge s'applique ici dans une inconcevable rigueur. Depuis le premier vers d'*Athalie* jusqu'au dernier, le solennel mis en dehors et en action, le *solennel-éternel*, articulé dès la première rime, vous saisit et ne vous laisse plus. Rien de faible, rien qui relâche ni qui, un seul instant, détourne; la variation n'est que celle d'un point d'orgue immense, où le flot majestueux monte plus ou moins, mais où il n'est pas un moment du ton qui ne concoure à la majesté souveraine et infinie.

Aussi est-ce surtout à propos d'*Athalie* qu'il faut répéter ce que j'ai avancé en général de l'œuvre de Racine : tout ce qu'on en peut détacher est moindre et inférieur, si beau qu'on le trouve, et a dans l'ensemble une autre valeur inqualifiable, indicible. L'auteur arrive par des moyens toujours simples à l'effet le plus auguste; une fois entré, on suit, on se meut dans le miracle continuel, comme naturellement.

Cet ordre, ce dessein avant tout, cet aspect d'ensemble qui est beau de toute beauté dans *Athalie*, nous est figuré dans le temple, et quel temple ! On a fait (et je le sais trop bien), on a fait des objections au temple d'Athalie; on lui a opposé les mesures colossales de celui de Salomon, la colonne de droite nommée *Jachin* et celle de gauche nommée *Booz*, les deux Chérubins de dix coudées de haut, en bois d'olivier revêtu d'or, tout ce cèdre du dedans du temple rehaussé de sculptures, de moulures, et la mer d'airain et les bœufs d'airain, ouvrage d'Hiram. Racine, il est vrai, a peu parlé de l'œuvre d'Hiram et des soubassements de cette mer d'airain; il n'a pas pris plaisir à épuiser le Liban comme d'autres à tailler dans l'Athos; son temple n'a que des *festons magnifiques*, et encore on ne les voit pas; la scène se passe dans une sorte de vestibule : et cependant ce qui fait la suprême beauté et unité d'*Athalie*, c'est le temple, ce même temple juif de Salomon, mais déjà vu par l'œil d'un chrétien.

Ce que Racine n'a pas décrit, et ce qu'aurait d'abord décrit un moderne plus pittoresque que chrétien, est ce qui devait périr de l'ancien temple, ce qui n'était que figure et matière, ce que ce temple avait de commun sans doute, au moins à l'œil, avec les autres qui n'étaient pas le vrai et l'unique. Si notre grand Lyrique moderne avait eu à décrire le temple de Jérusalem, il eût pu y mettre bon nombre de ces vers de haute et vaste architecture qu'il a prodigués dans *le Feu du Ciel* à son panorama des villes maudites.

Mais ce n'était qu'au dehors que ces descriptions eussent convenu ; au fond du temple il n'y avait rien : il y avait tout. Lorsque Pompée, usant du droit de conquête, entra dans le Saint des Saints, il observa avec étonnement, dit Tacite, qu'il n'y avait aucune image et que le sanctuaire était vide. C'était une opinion reçue en parlant des Juifs :

Nil præter nubes et cœli numen adorant.

Si Racine, dans le temple d'*Athalie*, a moins rendu le *vestibule*, ç'a donc été pour mieux rendre le *sanctuaire*.

Trop de décors eussent nui à la pensée ; trop de descriptions présentées avec une saillie disproportionnée nous eussent caché le vrai sujet, le Dieu un, spirituel et qui remplit tout.

Le grand personnage ou plutôt l'unique d'*Athalie*, depuis le premier vers jusqu'au dernier, c'est Dieu. Dieu est là, au-dessus du grand-prêtre et de l'enfant, et à chaque point de cette simple et forte histoire à laquelle sa volonté sert de loi ; il y est invisible, immuable, partout senti, caché par le voile du Saint des Saints où Joad pénètre une fois l'an, et d'où il ressort le plus grand après Celui qu'on ne mesure pas.

Cette unité, cette omnipotence du Personnage éternel, bien loin d'anéantir le drame, de le réduire à l'hymne continu, devient l'action dramatique elle-même, et en planant sur tous elle se manifeste par tous, se distribue et se réfléchit en eux selon les caractères propres à chacun : elle reluit en rayons pleins et directs dans la face du grand-prêtre, en aube rougissante au front du royal enfant, en rayons affaiblis et souvent noyés de larmes dans les yeux de Josabeth ; elle se brise en éclairs effarés au front d'Athalie, en lueurs bassement haineuses et lividement féroces au sourcil de Mathan ; elle tombe en lumière droite, pure, mais sans rayon, au cimier sans aigrette d'Abner. Tous ces personnages agissent, se meuvent selon leur personnalité humaine à la fois et selon le souffle éternel : le grand-prêtre seul est comme la voix calme, haute, immuable de Dieu, redonnant le ton suprême, si les autres voix le font par instants baisser.

Malgré donc tout ce qu'il y a de lyrique et dans cette voix sans cesse ramenée du chœur et dans certains moments du grand-prêtre, nul drame n'est plus réalisé que celui d'*Athalie* et par des personnages mieux dessinés ; nul plus saisissant, plus resserrant à chaque pas, et mieux poussant à l'intérêt, à la grande émotion, aux larmes, malgré la certitude du divin décret. On est jusqu'au bout dans une transe religieuse ; on est comme le fidèle Abner, dont l'esprit n'ose devancer l'issue ; on est muet et sans haleine comme ces Lévites immobiles sous les armes et cachés ; on sent dresser ses cheveux à cet instant où, tout étant prêt, et Athalie donnant dans le piége, le grand-prêtre éclate :

Grand Dieu ! voici ton heure, on t'amène ta proie ;

et bientôt, s'adressant à Athalie elle-même :

> Tes yeux cherchent en vain, tu ne peux échapper,
> Et Dieu de toutes parts a su t'envelopper.

Consommation digne du drame lent et sûr conduit par Dieu seul.

C'est tellement cet invisible qui domine dans *Athalie*, l'intérêt y vient tellement d'autre part que des hommes, bien que ces hommes y remplissent si admirablement le rôle qui leur est à chacun assigné, que le personnage intéressant du drame, l'enfant miraculeux et saint, Joas, est, à un moment capital, brisé lui-même et flétri comme exprès en sa fleur d'espérance. Dans cette scène de la fin du troisième acte, dans cette prophétie du grand-prêtre, qui est comme le *Sinaï* du drame, c'est Joas de qui il est dit :

> Comment en un plomb vil l'or pur s'est-il changé?

Car qu'est-ce que Joas devant l'Éternel? De quel poids est-il, après tout, dans les divins conseils? Joas tombe, un autre succède : roseau pour roseau. Joas, dans cette scène prophétique, c'est la race de David, mais elle-même rejetée dès qu'elle a produit la tige unique, nécessaire et impérissable : qu'importe la Jérusalem de pierre, quand on aura la nouvelle?

> Quelle Jérusalem nouvelle
> Sort du fond du désert, brillante de clartés,
> Et porte sur le front une marque immortelle?
> Peuples de la terre, chantez :
> Jérusalem renaît plus charmante et plus belle.
> D'où lui viennent de tous côtés
> Ces enfants qu'en son sein elle n'a point portés?
> Lève, Jérusalem, lève ta tête altière;
> Regarde tous ces rois de ta gloire étonnés;
> Les rois des nations, devant toi prosternés,
> De tes pieds baisent la poussière;
> Les peuples à l'envi marchent à ta lumière.

> Heureux qui pour Sion d'une sainte ferveur
> Sentira son âme embrasée !
> Cieux, répandez votre rosée,
> Et que la terre enfante son Sauveur.

Le vrai Joas de la pièce, à ce moment sublime où elle se transfigure, le Joas du lointain et de l'espérance immortelle, le flambeau rallumé de David éteint, l'enfant sauveur échappé du glaive, c'est le Christ.

Le temple juif vu par l'œil chrétien, le culte juif attendri par l'idée chrétienne si abondamment semée aux détails de la pièce, et qui se dévoile en face à ce moment, voilà bien le sens d'*Athalie*.

La prophétie close, cet éclair deux fois surnaturel évanoui, le surnaturel ordinaire de la pièce continue ; le drame reprend avec son intérêt un peu plus particulier ; Joas redevient le rejeton intéressant à sauver et pour qui l'on tremble. Joad lui-même, en lui parlant, semble avoir oublié cette chute future entrevue par lui-même dans la prophétie. Pourtant une sorte de crainte, à ce sujet, ne cesse plus, et fait ombre sur l'avenir et sur la persévérance de cet enfant merveilleux. Joas y perd : la véritable unité de la pièce, Dieu, à qui tout remonte, y gagne.

Je me rappelle qu'enfant, quand je lisais *Athalie*, il me prenait une peine profonde de cette chute prédite de Joas ; à partir de cet endroit, la pièce, pour moi, était gâtée et comme défleurie. C'est que je jugeais en enfant, sur la fleur, tandis qu'il faut entrer avec Joad dans le néant de l'homme et dans les puissances du Très-Haut.

Quoi qu'il en soit de cette ombre un moment aperçue au front de l'enfant, il est bien touchant que cet enfant tienne le principal rôle de la pièce, au moins quant à l'intérêt de tendresse ; il sied que la plus auguste et la plus magnifique pièce sacrée ait pour héros un enfant, et qu'elle ait été composée pour des enfants ; c'est une harmonie chrétienne de plus : *Parvulis !*

Athalie, comme art, égale tout. Le sentiment de l'Éternel, que j'ai marqué le dominant et l'unique de la pièce, est si bien conçu et exprimé par l'âme et par l'art à la fois, que ceux même qui ne croiraient pas seraient pris non moins puissamment par ce seul côté de l'art, pour peu qu'ils y fussent accessibles. Quand le Christianisme (par impossible) passerait, *Athalie* resterait belle de la même beauté, parce qu'elle le porte en soi, parce qu'elle suppose tout son ordre religieux et le crée nécessairement. *Athalie* est belle comme l'*Œdipe-roi*, avec le vrai Dieu de plus [1].

Racine, dans *Athalie*, a égalé les grandeurs bibliques de Bossuet ; et il les a égalées avec des formes d'audace qui lui sont propres, c'est-à-dire toujours amenées et revêtues, et sans avoir besoin des brusqueries de Bossuet. Le *Discours sur l'Histoire universelle*, *Athalie* et *Po-*

---

1. De grands amateurs et connaisseurs de l'Antiquité, mais qui ne sont peut-être pas d'aussi grands connaisseurs des beautés françaises d'*Athalie*, me soutiennent que Sophocle reste supérieur ; qu'*Athalie* peut avoir la grandeur d'éloquence des Anciens, mais qu'elle n'en a pas la poésie ; qu'après tout, un chœur de Sophocle, avec son style si hardi, si sacré, si vivant d'images, avec ses paroles ailées qui vont comme des flèches, est plus beau, sans comparaison, que le plus beau chœur de ce chef-d'œuvre moderne. — J'écoute, je laisse dire ; j'envie ceux qui seraient capables, au même degré, de juger des deux genres de beautés. Ce qui est certain, c'est que tous les modernes qui n'ont eu que des termes de comparaison plus rapprochés, n'ont rien conçu de plus parfait qu'*Athalie* et n'ont rien mis au-dessus. Je pourrais citer tout ce qu'il y a eu de bons esprits, même parmi les incrédules. Madame Du Deffand disait que s'il lui fallait choisir un ouvrage qu'elle eût voulu avoir fait, et s'il lui fallait n'en choisir qu'un, elle opterait pour *Athalie*. Le grand Frédéric disait qu'il aimerait mieux avoir fait *Athalie* que la guerre de Sept-Ans. — Je lis dans les *Anecdotes* de Spence (section I) ce témoignage de Ramsay, qui n'a rien que de vraisemblable : « L'Archevêque de Cambrai avoit coutume de dire que l'*Athalie* de Racine étoit la pièce la plus complète qu'il eût jamais lue, et que, dans son opinion, il n'y avoit rien chez les Anciens, pas même dans Sophocle, qui l'égalât. »

lyeucte (ne l'oublions pas), ce sont les trois plus hauts monuments d'Art chrétien au dix-septième siècle, — les *Pensées* de Pascal, par malheur, n'ayant pu atteindre au monument proprement dit et étant restées à l'état de grandes ruines.

Pour rappeler notre Port-Royal de la seule manière convenable dans ce sublime couronnement, je me contenterai de soumettre cette pensée : « Pour faire *Athalie*, il fallait un poëte profondément chrétien, élevé comme le fut Racine à Port-Royal, et qui y fût fidèlement revenu[1]. »

Malgré bien des éloges, malgré l'oracle persistant de Boileau, malgré l'admiration et les larmes de Du Guet et de bien d'autres, Racine ne put être persuadé d'avoir réussi, et il renonça de nouveau aux vers, du moins aux ouvrages de longue haleine. En 1692, il suivit le roi dans la campagne de Namur et fit provision de matières historiques. En 1694, il composa ses quatre Cantiques spirituels que le roi lui avait demandés pour Saint-Cyr. Une

---

1. Une personne d'esprit, un peu moins circonspecte que moi, m'écrivait, à ce sujet, une lettre dont je citerai quelques passages pour la vivacité des idées et de l'expression :

« Vous avez dit, à propos de Pascal, que la gloire de Port-Royal, c'est cette sainteté rappelée et ressaisie quand elle est près d'expirer ailleurs et de quitter la terre ; c'est ce *dernier saint* qui se retrouve pour nous, à la veille du règne de la philosophie, avec une sublime et suprême pureté. Il me semble qu'on peut dire aussi que la gloire de Port-Royal, c'est *Athalie*; car *Athalie*, c'est la vertu, c'est Dieu, c'est Moïse, Jacob, Abraham, tout le génie des Hébreux ; c'est, à côté de cette sublimité, une délicatesse que les Hébreux n'avaient pas. La délicatesse unie à la foi, c'est le caractère de Port-Royal, et d'une haute civilisation; mais cela ne peut durer qu'un moment, car le trop de civilisation emporte toute foi dogmatique.... Il fallait la dévotion de Racine, il fallait son long silence scrupuleux pour reprendre la tragédie avec tant d'éclat, tant de hauteur, un fonds si plein et si divin. Chateaubriand me disait qu'il n'avait jamais pu lire ni réciter sans pleurer la scène première :

Oui, je viens dans son temple adorer l'Éternel.

Chateaubriand pleurait, mais le vulgaire resta d'abord insensible à cette tragédie trop haute pour lui et admirée surtout par le petit nombre. Le génie de Racine, sans couleur propre, mais si facile à tout pénétrer et revêtir, dut à Port-Royal cette flamme sainte et cette hauteur qu'il n'a connue que dans *Athalie*. »

lettre de lui à Boileau (de Fontainebleau, 3 octobre 1694), qui roule tout entière sur la correction de quelques strophes, nous montre jusqu'à quel point il était minutieux dans ses scrupules de diction poétique[1]. On touche par cette lettre les plus petits fils de sa trame, tandis qu'elle est encore sur le métier. On voit combien ces grands poëtes étaient attentifs à tout, ne négligeaient aucun soin pour atteindre le mieux. On y voit combien le grand Racine était jusqu'au bout un petit enfant en matière de langage et de style ; mais cette docilité et ces scrupules mêmes sont le chemin et les degrés de la perfection. Sans doute Goethe et Schiller s'écrivent sur de plus grandes choses ; mais ne rougissons pas de nos pères et de ce qu'à leur génie ils mêlaient beaucoup de simplicité. Qu'il eût mieux valu pour nos grands poëtes français modernes s'entretenir, à l'exemple des Racine et des Virgile, de ces humbles soins de diction qui les eussent rendus des poëtes parfaits, et qui eussent éternisé l'honneur de leurs œuvres, que de vouloir, comme ils l'ont fait, embrasser et gouverner le monde !

Le premier et le plus admirable de ces Cantiques, qui transportaient d'aise le Père Quesnel dont on a une lettre fort vive à ce sujet, est celui de la *Charité*, tiré de ce même chapitre de saint Paul commenté avec tant de sagacité morale et d'onction par Du Guet :

> En vain je parlerois le langage des Anges ;
> En vain, mon Dieu, de tes louanges
> Je remplirois tout l'univers :
> Sans amour, ma gloire n'égale
> Que la gloire de la cymbale
> Qui d'un vain bruit frappe les airs.

Ce sont les derniers accents poétiques qu'on ait de la

---

1. La lettre est du 3, et l'on sait, par Dangeau, que précisément la veille (2 octobre), le roi, alors malade, s'était fait chanter après dîner, dans sa chambre, quelques-uns de ces mêmes Cantiques que le poëte inquiet corrigeait encore. Ils étaient mis en musique par Moreau

bouche de Racine; ce sont aussi les derniers et familiers sentiments dont il nourrissait son silence.

Il ne fit plus, après cela, qu'écrire pour l'archevêque, M. de Noailles, l'*Histoire abrégée de Port-Royal*, dans le dessein d'éclairer et d'affermir sa bienveillance; et pour madame de Maintenon il dressa ce malheureux Mémoire sur les misères du peuple, qu'elle lui avait demandé, et que le roi la surprit lisant; pressée sur l'auteur, elle eut la faiblesse de nommer Racine, et la faiblesse plus grande de ne le pas défendre. Un mot dur tomba de la bouche auguste. Depuis ce jour, Racine crut s'apercevoir qu'il n'avait plus l'oreille de ce roi qui avait son cœur. Port-Royal et Louis XIV se livraient une dernière lutte en lui, et il voyait bien que l'un tuait l'autre; il écrivit à madame de Maintenon, le 4 mars 1698, une longue lettre pour se justifier du crime de Jansénisme; mais en quels termes soumis! On souffre de cette excessive souffrance d'un cœur si beau et de sa superstition pour sa monarchique idole; mais on lui pardonne comme on ferait aux faiblesses d'un amant trop tendre pour une maîtresse : c'est que le sentiment est approchant. On y lit ces mots que l'on aimerait autant ne pas y voir, et qui résument son double symbole de fidélité monarchique et chrétienne présentée *ex æquo :* « Dans quelque compagnie que je me sois trouvé, Dieu m'a fait la grâce de ne rougir jamais ni du Roi ni de l'Évangile. »

C'en était fait. Madame de Maintenon aperçut un jour, dans les jardins de Versailles, Racine disgracié, et lui dit, après quelques paroles de consolation : « Je ramènerai le beau temps, laissez passer ce nuage ! » — « Non, non, Madame, repartit Racine, vous ne le ramènerez jamais pour moi.... » — « Mais, reprit-elle, pourquoi vous forgez-vous des idées comme celle-là? doutez-vous de mon cœur ou de mon crédit? » — « Je sais,

Madame, quel est votre crédit et quelle bonté vous avez pour moi ; mais j'ai une tante qui m'aime d'une façon bien différente : cette sainte fille demande tous les jours à Dieu pour moi des disgrâces, des humiliations, des sujets de pénitence, et elle aura plus de crédit que vous. »
On entendit alors le bruit d'une calèche ; c'était celle du roi : « Sauvez-vous, s'écria madame de Maintenon ; c'est le roi ! » Ce peu de mots portèrent le dernier coup à l'homme de son siècle « qui avoit été le plus aimé et le plus universellement recherché [1]. »

Cette dernière année de la vie de Racine est bien touchante. On a ses nombreuses lettres à son fils aîné, alors attaché à l'ambassade de Hollande : on y trouve, parmi toutes les recommandations de conduite prudente, de bon sens et de bon goût, qu'on peut attendre d'un tel père, des passages comme celui-ci :

« Je n'ai osé lui demander (à M. de Bonnac) si vous pensiez un peu au bon Dieu, et j'ai eu peur que la réponse ne fût pas telle que je l'aurois souhaitée, mais enfin je veux me flatter que, faisant votre possible pour devenir un parfait honnête homme, vous concevrez qu'on ne le peut être sans rendre à Dieu ce qu'on lui doit. Vous connoissez la Religion ; je puis dire même que vous la connoissez belle et noble comme elle est, et il n'est pas possible que vous ne l'aimiez. Pardonnez si je vous mets quelquefois sur ce chapitre : vous savez combien il me tient à cœur, et je vous puis assurer que plus je vais en avant, plus je trouve qu'il n'y a rien de si doux au monde que le repos de la conscience, et de regarder Dieu comme un père qui ne nous manquera pas dans tous

---

[1] On a contesté l'exactitude de ce récit qu'on doit à Racine fils ; mais on n'a pas les moyens de le contrôler. Louis Racine, tout enfant qu'il était à la mort de son père, écouta du moins sa mère, son frère aîné ; il dut recueillir la tradition domestique, et s'il s'est mépris sur quelques points de peu d'importance, le fond doit être vrai. L'impression morale, fidèlement transmise par un témoin si proche, est plus sûre que nos tardives dissertations. Il me paraît hors de doute que Racine a eu ne fût-ce qu'un éclair de disgrâce.

nos besoins. M. Despréaux, que vous aimez tant, est plus que jamais dans ces sentiments, surtout depuis qu'il a fait son *Amour de Dieu*; et je vous puis assurer qu'il est très-bien persuadé lui-même des vérités dont il a voulu persuader les autres. »

Voilà comme il fallait sans doute avoir l'âme faite pour mériter (le génie y étant) d'écrire *Athalie*; ces conseils à son fils sur *le bon Dieu* dans la bouche de Racine, c'est là le revers ou plutôt le dedans d'*Athalie*.

Sa fille cadette, dans cette même année, prenait le voile, non point à Port-Royal, hélas! qui ne se recrutait plus de novices, mais à Melun : « Votre mère et votre sœur aînée ont extrêmement pleuré, écrivait-il à son fils, et pour moi je n'ai cessé de sangloter. » — C'est une grande consolation pour moi, ma très-chère tante (écrivait-il à l'abbesse de Port-Royal), qu'au moins quelqu'un de mes enfants vous ressemble par quelque petit endroit. » Le bon Fontaine, déjà retiré à Melun, assista à toutes les cérémonies de la vêture. Quesnel, qu'on a pu prendre un moment pour Fénelon, écrivait au tendre père sur cette victime un petit mot d'une consolation pénétrante : « La nature s'afflige, et la foi se réjouit dans le même cœur [1]. »

Racine allait mourir. Dans cette même lettre à sa tante de Port-Royal (9 novembre 1698), où il lui dit qu'il est arrivé fort fatigué de Melun avant-hier, il lui parle de cette *dureté qui lui est restée au côté droit*; le foie était

---

1. On a cette autre information encore, car rien n'est de trop et nous sommes dans l'intimité même : « Mon ami M. Racine a été longtemps malade.... Il est guéri et il est à Melun pour la profession de sa seconde fille aux Ursulines. L'aînée s'est essayée à Port-Royal après l'avoir fait ailleurs ; et comme elle n'avoit rien vu de pareil à Port-Royal, elle ne peut se déterminer pour ailleurs ; et elle attend en paix auprès de sa mère si la porte de cette sainte solitude ne s'ouvrira point. Il n'y a encore nulle apparence.... » (Lettre de M. Vuillart à M. de Préfontaine, du 5 novembre 1698.) — Pour les cinq derniers mois de la vie de Racine, voir à l'*Appendice*.

atteint de tant de blessures! Il finissait en disant : « Je n'ai point été surpris de la mort de M. Du Fossé, mais j'en ai été très-touché. C'étoit, pour ainsi dire, le plus ancien ami que j'eusse au monde. Plût à Dieu que j'eusse mieux profité des grands exemples de piété qu'il m'a donnés! » M. Du Fossé lui-même, quelques mois auparavant, écrivait la même chose de M. de Tillemont, mort au commencement de l'année. Tillemont, Du Fossé, Racine, trois élèves de Port-Royal, morts coup sur coup, avant Port-Royal lui-même si mourant!

Racine en était au dernier sacrifice et non pas au moins sensible : « Il avoit, nous dit son fils [1], un exemplaire de ses œuvres sur lequel il avoit corrigé de sa main toutes les expressions et les rimes dont il n'étoit pas content, et mon frère m'a assuré que ces corrections étoient en très-grand nombre. Peu de jours avant sa mort, par un entier détachement d'une réputation qui lui paroissoit frivole, il se fit apporter cet exemplaire et le jeta au feu. Ce fut par un motif tout contraire que Virgile voulut brûler son *Énéide*. » Racine craignait de laisser quelque chose de trop parfait, et où son amour-propre se mirât complaisamment à cette heure de la mort.

Il mourut le 21 avril 1699, âgé de cinquante-neuf ans passés; son testament n'était qu'un simple vœu d'humilité et de repentir :

« Au nom du Père et du Fils et du Saint-Esprit :

« Je désire qu'après ma mort mon corps soit porté à Port-Royal des Champs, et qu'il y soit inhumé dans le cimetière, au pied de la fosse de M. Hamon. Je supplie très-humblement la Mère abbesse et les Religieuses de vouloir bien m'accorder cet honneur, quoique je m'en reconnoisse très-indigne, et par les scandales de ma vie passée, et par le peu d'usage que j'ai fait de l'excellente éducation que j'ai reçue autrefois dans cette maison, et des grands exemples de piété

---

1. Lettre de Racine fils à l'abbé d'Olivet, au tome VI des *Mélanges publiés par la Société des Bibliophiles*.

et de pénitence que j'y ai vus, et dont je n'ai été qu'un stérile admirateur. Mais plus j'ai offensé Dieu, plus j'ai besoin des prières d'une si sainte Communauté pour attirer sa miséricorde sur moi. Je prie aussi la Mère abbesse et les Religieuses de vouloir accepter une somme de huit cents livres.

« Fait à Paris, dans mon cabinet, le 10 octobre 1698. »

Naïveté ou malice, quelqu'un dit, en apprenant ce vœu de Racine d'être enterré à Port-Royal : « Il n'auroit jamais fait cela de son vivant. » Une épigramme en France a toujours chance de vivre [1]. »

Il fallut une permission du roi pour que le testament eût son exécution, et pour que le corps du défunt pût être transféré de Saint-Sulpice, sa paroisse, au monastère des Champs. Il y fut porté pendant la nuit et enterré le 23, non *au-dessous* de M. Hamon comme il l'avait désiré, mais au-dessus, parce qu'il ne se trouva pas de place au-dessous.

Racine mourut à temps ; s'il avait vécu seulement autant que Boileau, qu'aurait-il vu ?

Ceci nous mène au terme, et comme tout devient plus funèbre en avançant, récapitulons un peu, comptons les principales morts depuis 1679 :

M. de Saci, la mère Angélique de Saint-Jean, M. de Luzanci, 1684 ;

M. Le Tourneux, 1686 ;

---

[1]. L'épigramme (nous en pouvons juger) ne portait pas très-juste contre Racine, qui, malgré sa timidité naturelle, n'avait pas craint, depuis des années, de se mettre en avant pour Port-Royal auprès des archevêques et en Cour. — Si ce mot avait pu s'appliquer avec une parfaite justesse à quelqu'un de notre connaissance, ç'aurait été à madame de Sablé, qui avait ordonné par son testament qu'on l'enterrât dans un simple cimetière, celui de la paroisse Saint-Jacques-du-Haut-Pas. Elle qui avait tant redouté le mauvais air, le contact du prochain inconnu, la contagion, elle faisait bon marché de tout cela après sa mort, et c'eût été véritablement le cas de dire, en apprenant la manière dont elle se faisait enterrer : « C'est ce qu'elle n'aurait jamais fait de son vivant. »

M. Hamon, 1687 ;

M. de Pontchâteau, M. de Sainte-Marthe, 1690 ;

Mademoiselle de Vertus, 1692 ;

M. Arnauld, 1694 ;

Lancelot, Nicole, 1695 ;

Domat, le duc de Roannez, 1696 ;

M. de Tillemont, M. Du Fossé [1], 1698 ;

1. Nous avons, sur la fin de M. Du Fossé, quelques détails très-particuliers qui s'ajoutent à ce qu'on lit dans les Mémoires ; nous les tirons des Papiers de la famille Arnauld. — Huit jours avant de mourir, le 27 octobre (il mourut le 4 novembre, à Paris), M. Du Fossé adressait encore à M. de Pomponne une lettre de recommandation en faveur d'un sien neveu, M. de Pretot, lieutenant de vaisseau, qui désirait passer capitaine. Cette lettre, d'un ton très-mesuré, et qui, sauf le souvenir un instant invoqué de M. d'Andilly, ne présente aucune particularité intéressante, était accompagnée d'une lettre de madame du Bosroger, née Le Maître, sa belle-sœur et cousine du ministre, où l'on trouve des choses à la fois affligeantes et édifiantes sur les infirmités extrêmes et les occupations d'esprit de cet ancien élève de Port-Royal. Ce sont des pièces qui ont naturellement leur place dans cette période d'agonie :

« Voilà, Monsieur, une lettre que M. Du Fossé a fait effort pour se donner l'honneur de vous écrire, et pour laquelle j'espère que vous voudrez bien avoir d'autant plus d'égard, que c'est, je crains bien, la dernière recommandation qu'il vous pourra faire de sa main ; et si vous voyiez l'état où il est, vous seriez même étonné comment il peut tenir la plume, car il ne peut plus faire aucun usage de sa main, et la paralysie gagne tellement tous les membres de son corps, qu'il ne peut quasi plus marcher. Il ne sauroit plus monter en carrosse ; on le porte en chaise à la messe et je crains bien même que cette consolation ne lui dure guère. C'est la chose du monde la plus pitoyable que son état, car il ne se peut pas faire la moindre chose à lui-même, et ne peut pas dire un seul mot pour le demander, et n'a quasi pas la force de faire un signe, la paralysie gagnant extrêmement la main gauche aussi. J'espère, Monsieur, que cet état où est votre ancien ami vous portera à avoir plus d'égard à la prière qu'il vous fait pour M. de Pretot, à qui j'ai en mon particulier bien de l'obligation pour tous les soins qu'il a pris de mon fils, à qui il a servi de père. Nous craignons, et avec quelque fondement, que la promotion de la marine ne se fasse à Fontainebleau, comme elle se fit il y a quelques années, pour éviter la foule des officiers qui viennent l'hiver à Paris. Comme personne n'en peut mieux être informé que vous, Monsieur, nous prenons la liberté de vous supplier très-humblement de ne pas souffrir qu'elle se fasse, sans que vous nous faisiez (sic) la grâce de nous donner des preuves de

Racine enfin, 1699 ; la même année que M. de Pomponne [1].

Ainsi le long et lent convoi s'achemine.

l'honneur de votre protection, que les amis de M. Du Fossé savent qu'il vous a demandée instamment pour son neveu ; et comme tous ses maux ne le rendent que plus respectable, l'on espère, Monseigneur, que vous y aurez même égard, et que vous vous ferez un plaisir de le consoler dans un état où il ne laisse pas d'être sensible à ce qui regarde ses amis qu'il sert en toutes occasions, étant toujours prêt à faire charité ; car, malgré tous les maux de son corps, son esprit est toujours le même ; il a même fait plusieurs accommodements depuis qu'il ne peut plus parler, et madame la comtesse de Grammont, aussi bien que toutes les personnes qui le voient, sont surprises de la justesse avec laquelle il résout en deux lignes sur son ardoise les choses les plus difficiles, et elle avoit regret, il y a quelque temps, de voir effacer ce qu'il y mettoit, disant que ce seroit des sentences dignes d'être gardées. Il a même sur son visage une certaine joie qui surprend et console tous ceux qui le voient, et son temps est aussi réglé que jamais, n'ayant pas un quart d'heure de vide dans sa journée, qui est toute employée en prières, lecture et travail. Comme il a peine à écrire, il s'occupe à revoir le texte de la Bible et y faire les petites notes comme dans le Pentateuque, parce qu'il y a beaucoup plus à lire qu'à écrire ; ce sera la dernière épreuve pour lui quand il ne pourra plus tenir la plume ; car l'occupation lui fait oublier une partie de ses maux qui sont excessifs, car il ne fait aucun repas qu'il ne soit comme à l'agonie pour pouvoir avaler ; outre cela, il a une salivation la plus incommode du monde, et qui fait qu'une serviette est percée en moins d'une heure, ce qui lui fait une peine et une mortification qui ne se peut exprimer, et que l'hiver rendra encore bien plus fâcheux. Je crois, Monsieur, que vous vous ferez un plaisir de donner quelque consolation à une personne que tous ses maux n'y rendront pas insensible ; et qui sera ravi de recevoir ces marques de votre bonté pour lui, dont nous ne laisserons pas de partager, M. du Bosroger et moi, la très-humble reconnoissance ; il vous présente, Monsieur, les assurances de son profond respect, ainsi que celle qui est, Monsieur,

« Votre très-humble et très-obéissante servante,

« LE MAISTRE DU BOSROGER. »

Voilà où en étaient les anciens élèves de Port-Royal à l'expiration du siècle. — Dans une lettre du mercredi 5 novembre 1698,

[1]. Voici en quels termes, dans une lettre datée de Versailles du 16 mars 1699, M. de Pomponne annonçait à son fils le chevalier la mort prochaine de Racine : « Il n'y a rien ici de nouveau depuis votre départ, si ce n'est le pauvre Racine que je crois mort à cette heure ; on n'en espéroit rien ce matin. » Racine traîna plus d'un mois encore : M. de Pomponne ne lui survécut que de cinq mois. (Voir à l'*Appendice* un extrait des lettres inédites de M. Vuillart, témoin de la mort de Racine.)

Quels sont ceux qui survivaient alors des hommes directs de Port-Royal, rejetés chacun dans leur coin obs-

lendemain de cette mort, M. Vuillart écrivait à M. de Préfontaine après lui avoir parlé de Racine qui venait d'être malade, et des religieuses de Port-Royal qui étaient toujours opprimées : « Dieu vient de leur ôter un ami de la vieille roche, qui étoit un admirable serviteur de Dieu. C'est M. Du Fossé, continuateur des Explications des livres de l'Écriture commencées par le célèbre M. de Saci, mais demeurées par sa mort au 7, 8, ou 9e volume, et poursuivies par ce digne élève d'un si grand maître jusqu'à plus de vingt volumes. Ce fut hier que Dieu nous l'ôta, âgé d'un peu plus de soixante ans, qu'il avoit passés au service du Seigneur portant son joug dès son bas âge. Il étoit fils d'un maître des comptes de Rouen qui lui avoit fait donner une excellente éducation en même lieu où M. de Tillemont la recevoit, et il y avoit, quand le dernier mourut, cinquante-deux ans qu'ils étoient amis. *La terre se vide de saints pendant que le Ciel s'en remplit.* M. Thomas (c'étoit le nom de famille qu'avoit M. Du Fossé, et le Fossé est une terre de 4000 livres de rente qu'il avoit près de Forges) étoit demeuré garçon et laïque, nonobstant ses grands talents soit pour le monde soit pour l'Église. Il étoit grand, bien fait, de bonne mine, d'une humeur charmante. Il avoit l'esprit net, juste, décisif; et comme il entendoit les affaires et qu'il avoit le talent de la parole et de la persuasion, il étoit l'arbitre des différends et des procès de tout le voisinage du Fossé, où il passoit tous les ans trois ou quatre mois de la belle saison. Le reste de l'année il demeuroit à Paris avec son frère puîné, qui avoit épousé une nièce de MM. Le Maître et de Saci. Là il passoit avec une merveilleuse uniformité tous les matins à la prière, à la lecture et au travail, dans son cabinet et sa bibliothèque; et il donnoit la plus grande partie de l'après-dînée, d'ordinaire, à la conversation avec des amis qui le visitoient ou avec la famille de M. du Bosroger, son frère, assez nombreuse, et dont la mère (madame du Bosroger) a bien du mérite et est très-digne nièce d'oncles et de grands oncles tels que l'ont été M. Le Maître et M. Arnauld. Nous l'enterrerons demain à Saint-Étienne (du Mont), près de M. Perrault, le docteur, auteur du gros in-quarto, intitulé *la Morale des Jésuites*, et de M. Pascal, défenseur contre eux, de la Morale chrétienne. C'en seront trois grands et célèbres maîtres que la Providence aura là réunis.... M. Du Fossé a ordonné dans son testament qu'on l'enterreroit à la paroisse sur laquelle il mourroit. Il étoit trop humble pour faire une disposition particulière de son cœur. Comme il n'en a donc point parlé, la famille le donnera à Port-Royal des Champs, pour y être réuni à tant d'autres bons

cur, et dispersés? quelques-uns à peine, M. de Beaupuis, Fontaine, M. Des Touches.... D'autres sans doute s'élèvent, des amis, des zélés même; mais ils ne sont pas de la première ou de la seconde génération, ils ne sont pas de la descendance directe, ils n'ont pas reçu la nourriture sans mélange : nous ne les connaissons plus.

La mère abbesse Sainte-Thècle Racine meurt elle-même un an après son neveu (19 mai 1700). Elle se ressouvenait avec joie jusqu'au dernier moment d'avoir, enfant, reçu bien des fois la bénédiction de M. de Saint-Cyran, qui lui avait fait le signe de la croix sur le front : la sainte vieillesse se rejoint à l'enfance [1].

cœurs ou qui y reposent déjà, ou qui travaillent encore à mériter le repos des justes. » — Ces témoignages sincères, surpris dans le secret à l'amitié chrétienne, sont les plus vraies oraisons funèbres.

1. M. Vuillart, qui ne manque désormais à aucune de nos cérémonies funèbres, écrivait le 20 mai, jeudi, fête de l'Ascension : « Il ne faut pas laisser passer cet ordinaire sans vous mander que la mère Racine, tante de l'historien du roi, actuellement prieure de Port-Royal des Champs, et ci-devant abbesse neuf ans consécutifs, mourut hier au matin dès qu'elle eut reçu le saint Viatique qu'elle emporta ainsi avec elle, au bout de vingt-quatre heures seulement de maladie. Elle laisse un grand vide; car, nonobstant son âge et ses infirmités, elle étoit toujours d'une merveilleuse régularité; et son expérience avec ses avis étoit toujours très-utile à la maison. Elle étoit de ces personnes de qui un ancien (*Lucain*) a dit : *Trunco efficit umbram :*

L'arbre, par son seul tronc, faisoit une grande ombre. »

XII

Dernier répit accordé à Port-Royal. — Visite de M. de Noailles. — Madame de Grammont et les Marlys. — Le chirurgien Maréchal. — Événements du dehors : le *Cas de Conscience*. — Arrestation du Père Quesnel; saisie de ses papiers. — La bulle *Vineam Domini*. — Certificat demandé aux religieuses : clause qu'elles y ajoutent. — Cas de guerre. — Premier Arrêt du Conseil. — Mort des anciennes et de l'abbesse. — La dernière prieure. — Refus d'élection d'une abbesse. — Mort du confesseur M. Marignier. — L'ancien partage des deux maisons révoqué. — Oppositions et procédure. — Confesseurs imposés; privation des sacrements. — Excommunication et séquestre. — La communion en cachette. — Les aumônes du dehors. — Le *cotillon* de mademoiselle de Joncoux.

En 1699, sous le gouvernement de la mère Élisabeth de Sainte-Anne Boulard, qui succéda à la mère Racine et qui fut la dernière abbesse, les religieuses, sentant le monastère diminuer et dépérir chaque jour sans pouvoir réparer leurs pertes par de nouvelles professes qu'il leur était interdit depuis vingt ans de recevoir, se virent réduites à demander qu'on leur permît du moins de prendre quelques bonnes filles à qui elles donneraient le voile blanc, sans les faire ni novices ni postulantes, mais pour en être aidées dans les offices, dans l'adoration perpétuelle du Saint-Sacrement et dans les diverses *obédiences;* on les leur accorda. Ces filles auxiliaires se nommaient les *sœurs du voile blanc.* Sentinelles bourgeoises sous habit militaire, elles faisaient nombre à l'œil et remplissaient les vides.

M. de Noailles, le 20 octobre 1697, avait fait à Port-Royal la visite promise dès son avénement et trop longtemps différée [1]. « Il y étoit entré, selon les paroles de Du Fossé mourant, la lampe ardente en une main et la balance de la Justice dans l'autre, pour tout voir et pour tout peser au poids du sanctuaire. » Sa justice comme sa charité avait été satisfaite, et, au retour, il ne tarissait point en éloges de la sainte maison. C'est sans doute à la suite de cette visite qu'il sollicita du roi la permission pour les religieuses de rétablir le noviciat; demande qui ne réussit guère et dont on lui sut peu de gré à la Cour.

La pensée du roi était fixée, et à ce sujet les indices sûrs ne nous manquent pas. Nous lisons en effet chez nos auteurs : « Le roi, sur la fin de juin 1699, ayant été informé que madame la comtesse de Grammont avoit été faire une retraite à l'abbaye de Port-Royal des Champs pendant l'octave du Saint-Sacrement, la fit rayer de la liste des dames qui devoient aller avec Sa Majesté à Marly, « parce que, dit-il, on ne doit point « aller à Marly quand on va à Port-Royal. » Le comte

---

[1]. M. Vuillart en donnait la nouvelle à M. de Préfontaine, dans une lettre du 19 octobre : « ... Le prélat a été en retraite au Mont-Valérien, et j'ai appris, depuis que cette lettre est commencée, qu'il part demain dès le matin pour sa visite de Port-Royal des Champs, qu'il va faire enfin par lui-même. Ma dévotion est de dire pour lui tous les jours :

> Accende lumen sensibus,
> Infunde amorem cordibus,
> *Infirma* nostri corporis
> Virtute *firmans* perpeti.

Joignez-vous à nous, Monsieur, pour cette dévotion. »

de Grammont, son mari, alla trouver le roi et lui dit :
« Je suis au désespoir, Sire, que mon épouse, etc. » —
Le chevalier de Grammont s'exprima mieux et s'en tira
plus spirituellement, j'espère, que nos Jansénistes ne le
rapportent. Il suffit d'indiquer combien cette affaire de
Marly fit de bruit. Saint-Simon en parle, ainsi que
Dangeau. On lit dans le Journal de ce dernier : « Dimanche 28 juin, à Marly. — Le roi dit à Monsieur la
raison pourquoi il n'amenoit point la comtesse de
Grammont à ce voyage ici ; il y a longtemps que le roi
croit que les religieuses de Port-Royal des Champs sont
jansénistes ; il ne veut pas qu'on ait grand commerce
avec elles, et la comtesse de Grammont y a été depuis
huit jours et y a même couché[1]. »

Ayant été nommée pour le Marly du mois d'août suivant, madame de Grammont voulut, en saluant le roi,
lui parler de ses liaisons avec Port-Royal : « Ne parlons

---

1. Nous avons, sur cette affaire, notre bulletin intérieur, et avec quelques variantes, dans les lettres de M. Vuillart à M. de Préfontaine. Ainsi, à la date du 9 juillet 1699 : « La comtesse de Grammont (qui avoit été élevée à Port-Royal) a conservé de l'amour pour la maison. Le roi ayant su qu'elle y avoit été durant l'octave dernière du Saint-Sacrement l'a *excluse* une fois de Marly, disant que *Port-Royal et Marly étoient incompatibles;* car ce fut la réponse de Sa Majesté quand madame de Maintenon s'informa si ce n'étoit point par quelque inadvertance que la comtesse n'étoit pas sur la feuille. » Mais, dans la lettre du 23 juillet, il se glisse une sorte de correctif : « La comtesse de Grammont n'a pas été sur la dernière feuille pour Marly : c'est pour la seconde fois. Mais on espère qu'elle y sera remise ; et l'on commence à dire que le vieux comte, son époux, avoit un peu exagéré l'expression du roi, pour détourner davantage son épouse de retourner à Port-Royal : car on fait réflexion qu'une expression si dure n'est ni de l'esprit ni du style ordinaire du roi, qu'on rapporte avoir dit souvent devant Monseigneur et devant les Enfants de France que *les rois doivent toujours user de termes modérés.* » Et à la fin d'une lettre du 30 juillet : « L'affaire de Port-Royal au sujet de la comtesse de Grammont ne s'aigrit pas, Dieu merci ! C'est en sa main qu'*est le cœur du souverain.* »

point de cela, » lui dit le roi. Elle voulut insister, et toucha quelque chose des obligations qu'elle avait à ce monastère, du désintéressement des religieuses, des grands exemples de piété.... « Je vois bien, lui dit le roi en l'interrompant, que vous voulez me parler en leur faveur ; mais j'ai mes raisons pour agir à l'égard de cette maison comme je fais. »

Les choses cependant restèrent au point où elles étaient. De temps en temps le monastère de Paris endetté faisait des tentatives contre celui des Champs et essayait de revenir sur l'ancien partage, d'arracher quelques lambeaux à son aîné. « Que voulez-vous, disait un jour l'avocat des religieuses de Paris à une personne de qualité qui le questionnait là-dessus, ce sont les Vierges folles qui, n'ayant plus d'huile dans leur lampe, en demandent aux Vierges sages, qui leur répondent d'aller en acheter. » Les religieuses des Champs invoquaient en ces occasions la justice et la protection de l'archevêque ; celui-ci la leur assurait dans une certaine mesure. Un jour, ayant su que l'abbesse de Port-Royal de Paris, madame de Harlai, avait donné un bal à son parloir : « Il n'est pas juste, dit-il, que Port-Royal de Paris donne le bal, et que Port-Royal des Champs paie les violons. »

Bien qu'avec des forces si inégales, on luttait encore d'influence, et on opposait démarche contre démarche. Nous lisons ceci dans nos manuscrits :

« Vers le commencement d'octobre 1702, Madame la duchesse d'Orléans, la douairière, sollicitée par la comtesse de Beuvron, son intime, que cette princesse va voir fort souvent à Port-Royal de Paris où elle est retirée depuis longtemps, ayant remontré au roi la misère de cette abbaye qui est endettée, elle le pria en même temps de vouloir bien ordonner qu'on retranchât, pour lui appliquer, quelques revenus des filles de Port-Royal des Champs, qui est fort à son aise, et qui a beaucoup plus qu'il ne lui faut, parce que, ne recevant plus de religieuses depuis plusieurs années, elles font moins de dépense. Sa Majesté inclinoit assez à accorder cette grâce ; mais madame la princesse de Conti, la douairière, qui est sa fille naturelle [1], et auprès de laquelle les amis de Port-Royal des Champs ont trouvé de l'accès [2], ayant fait quelques remontrances au roi en leur faveur, Sa Majesté a changé de sentiment, et n'a point accordé la grâce que Madame demandoit [3]. »

C'est vers ce temps que doit se placer la curieuse anecdote si bien contée par Saint-Simon. Maréchal avait succédé à Félix en qualité de premier chirurgien du roi :

« Moins d'un an depuis qu'il fut premier chirurgien [4], et déjà en familiarité et en faveur, mais voyant, comme il a toujours fait, tous les malades de toute espèce qui avoient besoin de sa main dans Versailles et autour, il fut prié par le chirurgien de Port-Royal des Champs d'y aller voir une religieuse à qui il croyoit devoir couper la jambe. Maréchal s'y engagea pour le lendemain. Ce même lendemain, on lui proposa, au sortir du lever du roi, d'aller à une opération

1. La fille du roi et de madame de La Vallière.
2. Sans doute par M. Dodart, son médecin.
3. Cette même Madame cependant disait à Versailles, le 9 juin 1709, parlant à l'avocat Lauthier, qu'elle chargeait de le redire à Port-Royal des Champs : « Ces pauvres filles croient peut-être que je suis contre elles, parce que je vais à Port-Royal de Paris, mais je suis tout à fait pour elles. Madame de Grammont m'a dit tant de choses à leur sujet, que je suis pénétrée de l'injustice qu'on leur fait, et je crois que tous les malheurs qui arrivent à la France sont une punition de l'injustice qu'on leur fait. » Et comme Lauthier lui demandait si elle ne serait pas curieuse de lire une Lettre des religieuses qui courait alors : « Non, dit Madame, cela m'attendriroit trop et me perceroit le cœur ; je ne pourrois peut-être m'empêcher de le dire au roi, et il ne le trouveroit pas bon ; mais vous m'obligerez de leur faire savoir, sans trop me compromettre, que je suis fort touchée de leur état, et que je suis entièrement pour elles. » — Cette impression un peu inconséquente de Madame fut celle, plus ou moins, de beaucoup d'honnêtes gens qui, sans vouloir entrer dans ces questions de Jansénisme, se sentirent, à la vue de rigueurs si criantes, disposés de tout cœur pour les opprimés.
4. C'est-à-dire sur la fin de 1703 ou dans les premiers mois de 1704. Maréchal succéda à Félix en juin 1703.

qu'on devoit faire; il s'en excusa sur l'engagement qu'il avoit pris pour Port-Royal. A ce nom, quelqu'un de la Faculté le tira à part et lui demanda s'il savoit bien ce qu'il faisoit d'aller à Port-Royal. Maréchal tout uni, et fort ignorant de toutes les affaires qui, sous ce nom, avoient fait tant de bruit, fut surpris de la question, et encore plus quand on lui dit qu'il ne jouoit pas à moins qu'à se faire chasser; il ne pouvoit comprendre que le roi trouvât mauvais qu'il allât voir si on y couperoit ou non la jambe à une religieuse. Par composition, il promit de le dire au roi avant d'y aller. En effet, il se trouva au retour du roi de sa messe, et comme ce n'étoit pas une heure où il eût accoutumé de se présenter, le roi surpris lui demanda ce qu'il vouloit. Maréchal lui raconta avec simplicité ce qui l'amenoit, et la surprise où il en étoit lui-même. A ce nom de Port-Royal, le roi se redressa comme il avoit accoutumé aux choses qui lui déplaisoient, et demeura deux ou trois *Pater* sans répondre, sérieux et réfléchissant, puis dit à Maréchal : « Je veux bien que vous y alliez, mais à condition que vous y alliez tout à l'heure pour avoir du temps devant vous; que, sous prétexte de curiosité, vous voyiez toute la maison, et les religieuses au chœur et partout où vous les pourrez voir; que vous les fassiez causer et que vous examiniez bien tout de très-près, et que ce soir vous m'en rendiez compte. » Maréchal, encore plus étonné, fit son voyage, vit tout, et ne manqua à rien de ce qui lui étoit prescrit. Il fut attendu avec impatience; le roi le demanda plusieurs fois, et le tint à son arrivée près d'une heure en questions et en récits. Maréchal fit un éloge continuel de Port-Royal; il dit au roi que le premier mot qui lui fut dit fut pour lui demander des nouvelles de la santé du roi et à plusieurs reprises; qu'il n'y avoit lieu où on priât tant pour lui, dont il avoit été témoin aux offices du chœur. Il admira la charité, la patience et la pénitence qu'il y avoit remarquées; il ajouta qu'il n'avoit jamais été en aucune maison dont la piété et la sainteté lui eût fait autant d'impression. La fin de ce compte fut un soupir du roi, qui dit que c'étoient des saintes qu'on avoit trop poussées, dont on n'avoit pas assez ménagé l'ignorance des faits et l'entêtement, et à l'égard desquelles on avoit été beaucoup trop loin. Voilà le sens droit et naturel produit par un récit sans fard d'un homme neuf et neutre qui dit ce qu'il a vu, et dont le roi ne se pouvoit défier, et qui eut par là toute liberté de parler; mais le roi, vendu à la contre-partie, ne donnoit d'accès qu'à elle : aussi cette impression fortuite du vrai fut-elle bientôt anéantie. »

Nous ne croyons pas que le roi fût *vendu* à la contre-partie ; il avait son avis à lui, sa prévention ancienne, arrêtée, datant des jours même de sa jeunesse, et il n'avait qu'à se souvenir de sa politique habituelle pour revenir à des idées répressives. Les occasions de l'y rappeler ne manquèrent pas.

La vérité est que dans l'état de faiblesse, d'exténuation sénile auquel était arrivé le pauvre monastère, le moindre choc du dehors, le moindre orage dans l'atmosphère extérieure le devait emporter. Or ces orages éclatèrent. M. de Noailles avait eu raison de faire dire aux religieuses « qu'on leur imputeroit toujours ce que leurs amis, avec de bonnes intentions, pourroient faire d'imprudent. » Ce Port-Royal seul constamment en vue, vieille place forte délabrée, avec sa garnison invalide, répondait de tout.

On fit circuler dans le monde ecclésiastique, pendant l'été de 1701, une singulière Consultation connue sous le nom de *Cas de Conscience*, — le fameux *Cas de Conscience* (car il en résulta bien du bruit), — que l'on proposait à résoudre, et qui fut bientôt résolu avec signature de quarante docteurs de la Faculté de Paris.

On y présentait un confesseur de province, embarrassé de répondre aux questions qu'un ecclésiastique de ses pénitents lui avait proposées, et obligé de s'adresser à des docteurs de Sorbonne pour guérir des scrupules ou vrais ou supposés ; un de ces scrupules, entre autres, roulait sur la nature de la soumission qu'on devait avoir pour les Constitutions des Papes contre le Jansénisme : il s'agissait, par exemple, de savoir si en ne croyant pas au fait de Jansénius, en ne jugeant pas que l'Église eût droit d'en exiger la créance, on pouvait néanmoins signer purement et simplement le Formulaire en conscience, moyennant certaines réserves implicites et sous-entendues ; en un mot, le silence respectueux à l'égard du fait suffisait-il pour rendre aux Constitutions des Papes ce qui leur était dû et pour obtenir l'absolution ?

Daguesseau, qui définit à peu près dans ces termes le fameux *Cas*, paraît y avoir vu un piége des ennemis du Jansénisme ; et en effet un ennemi, qui aurait voulu réveiller les querelles et pousser les gens à se compromettre, n'aurait pas mieux inventé.

Par malheur, on a des preuves que ce *Cas de Conscience*, digne d'avoir été forgé par un agent provocateur, avait été proposé bonnement, naïvement, par M. Eustace, confesseur des religieuses de Port-Royal et très-peu théologien[1], soit qu'il en eût dressé lui-même l'exposé, soit qu'il ne l'eût proposé que de vive voix. Il y a plus : il est certain que le *Cas de conscience* fut signé à l'archevêché chez M. Pirot, docteur et professeur de Sorbonne, chancelier de l'Église de Paris et grand-vicaire du cardinal de Noailles ; cette dernière qualité seule l'empêcha de signer, et il en fut de même de son confrère M. Vivant, qui fut depuis un des principaux adversaires du *Cas*, et qui dressa même l'Ordonnance

---

1. Il l'était si peu que, s'étant laissé entraîner au système de Nicole sur la Grâce générale, il s'adressa à M. Arnauld en lui exprimant l'espérance de le voir s'y ranger lui-même, pour peu qu'il voulût s'y appliquer. Sur quoi Arnauld répondait, parlant de M. Eustace (septembre 1691) : « C'est une personne que j'estime et que j'aime. Je n'ai pas été trop surpris de ce qu'il s'est laissé emporter par ce que le système a d'éblouissant : mais je l'ai été beaucoup de ce qu'il a pu se persuader que, si je m'appliquois à étudier cette matière, je pourrois entrer dans ces mêmes pensées et y faire entrer les autres ; car j'ai regardé cela comme si quelqu'un me disoit : Appliquez-vous à la géométrie à quelques heures perdues, afin que vous en fassiez de nouveaux Éléments tout contraires à ceux que vous avez donnés au public. »

par laquelle le cardinal de Noailles le proscrivit, quoiqu'il eût sollicité la plupart de ses confrères à l'adopter par leurs signatures. Il est encore certain que ce fut M. Eustace qui se donna tous les mouvements pour inviter les docteurs à signer[1].

Quarante docteurs, avons-nous dit, signèrent ; un seul, plus avisé que les autres, se défia de l'intention ou des conséquences, et dit pour toute réponse « qu'on n'avoit qu'à lui envoyer cet ecclésiastique si scrupuleux, et qu'il lui remettroit l'esprit. » Jusque-là tout se passait à huis clos et dans le secret ; mais tout d'un coup, une année environ après la signature, cette Consultation restée manuscrite, et dont on ne s'occupait plus, parut imprimée avec une Préface agressive et provoquante, sans qu'on sût trop d'où venait l'indiscrétion. On peut juger du parti que les ennemis en tirèrent.

Ils sonnèrent de toutes parts le tocsin, firent paraître jusqu'à cinq réfutations, et mirent dans la poursuite la plus grande diligence. On ne sait non plus par qui précisément ni de quelle manière l'écrit fut déféré à Rome ; il y fut envoyé dans le temps qu'il faisait tant de bruit en France. On dit qu'il n'y arriva que le 10 février 1703. Clément XI le fit examiner sur-le-champ sans établir de congrégation, et, le 12, il rendait un décret par lequel il le condamnait. Le lendemain 13, le Pape écrivait un Bref au roi pour lui faire connaître cette condamnation du *Cas de Conscience*, et, le 23 du même mois, il écrivait un autre Bref au cardinal de Noailles pour avertir très-sérieusement sa prudence et pour exciter son zèle.

Cet archevêque avait eu besoin, à ce qu'il paraît, d'être stimulé. Mais, qu'il eût connu et favorisé ou non, à l'avance, la solution du *Cas* (et il est difficile qu'il l'ait ignorée, puisque les Jansénistes affirment que tout se fit à l'ombre des tours de Notre-Dame), il n'y avait plus

---

[1] Article de M. Eustace, dans le *Supplément* in-4° au *Nécrologe*.

moyen pour lui de tarder plus longtemps à s'expliquer. Il se vit obligé de sévir contre le *Cas de Conscience* par un Mandement qu'il data (ou peut-être qu'il antidata) du 22 février, veille du jour même où le Pape lui écrivait, ne voulant point paraître en retard et trop en arrière. Son Ordonnance, quoi qu'il en soit, ne sortit que le 5 mars et ne fut affichée que le 7.

Il y censurait la Consultation comme tendante à renouveler les querelles décidées et comme favorisant les équivoques et restrictions mentales. Fidèle d'ailleurs à son système de neutralité ou de bascule, il recommandait fortement la charité, même dans le zèle, et donnait quelques conseils à l'adresse des impatients, c'est-à-dire des adversaires du *Cas*, qui, selon lui, étaient sortis des rangs avant l'heure et s'étaient pressés de faire feu sans l'ordre du chef. Ce Mandement eut le sort de presque tous les autres actes du même prélat, c'est-à-dire d'aliéner les Jansénistes sans lui gagner leurs adversaires [1].

Cependant les docteurs qui avaient signé se rétractèrent à peu près tous, avec plus ou moins de facilité : « On les vit aller en foule, pour défaire ce qu'ils avoient fait, chez un chanoine de Notre-Dame, alors attaché au cardinal de Noailles, qui, par une mauvaise plaisanterie, en garda le nom de maître à dessiner (*dé-signer*). » Le seul des quarante qui tint bon jusqu'au bout et qui porta, sans varier, la responsabilité de son opinion, le docteur Petitpied, exilé à Beaune par ordre du roi, fut exclu de la Sorbonne à la suite d'une délibération, comme l'avait été Arnauld cinquante ans auparavant. Il crut même bientôt qu'il était plus prudent de sortir du royaume, et, se dérobant du lieu de son exil, il alla rejoindre le Père Quesnel en Hollande. De cette expulsion d'un doc-

---

1. J'emprunte beaucoup dans cet Exposé aux jugements et aux expressions de Daguesseau (*Mémoire sur les Affaires de l'Église de France*, au tome XIII des Œuvres).

teur en Sorbonne il ne résulta point les *Provinciales*
pour cette fois, mais l'*Histoire du Cas de Conscience* en
huit volumes, par MM. Fouillou, Louail, Petitpied,
Quesnel et mademoiselle de Joncoux, la nouvelle génération janséniste au complet [1].

> 1. Ce docteur Petitpied (ou Petit-Pied) paraît avoir été, d'ailleurs,
> de sa personne un fort aimable homme, fort affectueux ; c'était un
> disciple direct de Du Guet, et, dans les dissidences ultérieures, il
> suivit cette ligne de conduite : il rencontra, de la part des zélés du
> parti, les mêmes contradictions. On l'accusait, parce qu'il montrait
> quelque modération, de pencher toujours pour le parti le plus
> faible, de s'être laissé mettre à la tête d'un schisme parmi les Ap-
> pelants. Cependant M. d'Étemare, l'un de ceux qui lui étaient le
> plus opposés sur des points de conduite ou de doctrine, ne pou-
> vait s'empêcher de lui rendre justice pour le caractère : « Car qui
> est-ce qui ne l'aimoit pas ? il avoit le talent de se faire aimer
> de tout le monde. » — Nous connaissons déjà M. Louail, made-
> moiselle de Joncoux. Quant à M. Fouillou, j'ai à offrir de lui un
> portrait vraiment charmant (je suis tout étonné du mot) qui m'est
> donné par une lettre de M. Vuillart, à la date du samedi 3 juillet
> 1700 ; écoutez plutôt :
>
>> « Je dois partir aujourd'hui, écrit M. Vuillart, avec un prédicateur qui
>> doit prêcher demain à Port-Royal sur la solennité de la dédicace de leur
>> église. Ces saintes filles m'ont engagé à leur procurer un sermon sur ce
>> sujet. J'ai frappé à diverses portes : on m'en a ouvert deux ou trois ; mais
>> on étoit engagé pour ailleurs. Enfin un ami à qui je m'adressai m'en a fait
>> obtenir un dont on m'a lu une partie, où j'ai vu la matière très-bien
>> choisie, et traitée d'une manière toute lumineuse et toute pleine d'onc-
>> tion. Le premier point sera de la sainteté extérieure du temple de Dieu,
>> et le deuxième de sa sainteté intérieure. Ce n'est partout qu'un précieux
>> tissu de l'Écriture et des Pères. Le prédicateur est un jeune disciple de la
>> vérité qui sait trouver ses délices dans la parole de Dieu et dans les
>> écrits de saint Augustin. Il honore M. Arnauld comme le premier et le
>> plus intelligent disciple que ce grand saint ait eu dans ce siècle. Il est
>> charmé de sa candeur, de sa droiture de cœur et d'esprit, de sa force de
>> raisonnement, de son désintéressement parfait, de sa simplicité toute
>> aimable. Il regarde le troisième volume de la *Morale pratique* comme un
>> chef-d'œuvre de raison, et ne croit pas que la raison humaine puisse aller
>> plus loin qu'où on la voit parvenue dans ce livre et dans le traité *de l'U-
>> nité de l'Église*, qui est de M. Nicole. Ah ! le bel esprit, Monsieur, que
>> celui de ce jeune disciple que la Vérité s'est acquis et formé ! Elle s'en
>> suscite comme bon lui semble et de tout aussi forts qu'il lui plait. Celui-ci
>> doit aller bien loin s'il a l'inestimable don de la persévérance, comme la
>> sainteté de ses mœurs le peut faire espérer pour lui. Je vois qu'on ad-
>> mire sa justesse d'esprit, sa pénétration, sa finesse de goût, la fidélité et
>> la capacité de sa mémoire ; car il n'oublie rien, et tout ce qu'il a confié à

M. Eustace, le malencontreux confesseur de Port-Royal, et M. Besson, curé de Magny, proche voisin du monastère, ces deux honnêtes gens un peu trop simples, qui avaient arrangé les articles les plus fâcheux du *Cas*, en furent aux regrets amers, et on peut dire, à la lettre, aux regrets mortels : M. Besson en mourut de chagrin l'année même (le 7 avril 1703, jour du Samedi-Saint). M. Eustace comprit trop tard et pleura jusqu'à sa mort les suites de son imprudence. Il continua quelque temps encore ses fonctions de confesseur auprès des religieuses. Mandé un matin chez le lieutenant de police M. d'Argenson (10 décembre 1705), il s'effraya, jugea prudent de s'éclipser, et, après être resté quelque temps caché à Paris ou aux environs, il prit le parti de se retirer à l'abbaye d'Orval, où il vécut près de douze ans encore sous un nom emprunté, inconnu de tous dans la maison, n'ayant de communication qu'avec l'abbé et le prieur, et tout occupé à y laver sa faute devant Dieu dans les larmes d'une austère pénitence.

En même temps que paraissait le Mandement du cardinal de Noailles et le même jour, 5 mars 1703, le roi en son Conseil, sur la proposition du chancelier de Pontchartrain, donna un Arrêt semblable à celui qu'il avait rendu en l'année 1668, à l'occasion de la Paix de l'Église, pour imposer de nouveau un silence absolu et rigoureux aux deux partis. Cet Arrêt était copié mot pour mot sur l'ancien, mais il fut loin d'avoir le même succès.

cette dépositaire ne manque jamais de lui venir au besoin. S'il avoit quelque nom qui le rendît considérable, ce seroit ici le lieu de le dire ; mais il est de ces gens qui n'ayant nul relief de naissance, comme le célèbre M. Le Tourneux, M. Tiberge et d'autres, ont un mérite qui leur fait acquérir un si grand nom dans la suite de leur vie. M. Le Tourneux étoit d'une très-petite famille de Rouen. M. Tiberge est d'une aussi petite famille d'Andeli. Celui-ci, nommé *M. Fouillou*, est né à peu près de même à La Rochelle.....»

M. Fouillou (malgré le peu de distinction de son nom) réalisait tout à fait l'idéal du jeune et parfait néophyte et disciple en Port-Royal, à cette date du Jansénisme recommençant.

Les débats qui suivirent l'affaire du *Cas de Conscience*, et qui réveillaient toutes les vieilles altercations au sujet des Formulaires, provoquèrent la Bulle dite *Vineam Domini Sabaoth* (15 juillet 1705), que le roi se vit obligé de solliciter instamment de Clément XI. Cette Bulle, qui renouvelait et confirmait les anciennes, décidait que le silence respectueux sur les faits condamnés par l'Église ne suffit pas, et elle exigeait qu'en signant on jugeât effectivement le livre de Jansénius infecté d'hérésie. L'Assemblée du Clergé, séante en 1705, s'empressa de la recevoir sur l'invitation du roi. Le cardinal de Noailles, qui avait présidé l'Assemblée, donna bientôt un Mandement pour publier ladite Bulle, et il mit en tête de ce Mandement ces mots exprès : *Contre le Jansénisme*. C'est la présentation de la Bulle et de l'Ordonnance de l'archevêque, et le certificat signé qu'on demanda aux religieuses de Port-Royal, qui vont devenir l'accident et l'écueil par où la Communauté a péri.

Le *Cas de Conscience*, qui avait paru une levée de boucliers janséniste, avait été aussi, par contre-coup, le signal de nouvelles rigueurs qui s'étendirent à tous les opposants. On remarqua que le docteur Ellies Du Pin, assez peu janséniste en somme [1] et bien plutôt gallican,

---

1. Bossuet reprochait au docteur Du Pin, pour son *Histoire ecclésiastique*, d'affaiblir la tradition sur bien des articles, d'aller bien vite et de trancher bien hardiment sur les saints Pères. En matière de Grâce, Du Pin pensait que la doctrine des Pères latins n'était pas tout à fait la même que celle des Pères grecs. Il était disciple du docteur de Launoi et avait hérité de ses sentiments; cela ne menait pas précisément au Jansénisme. Et quant aux habitudes de vie, il n'était pas un rigoriste. « M. Ellies du Pin, nous dit quelqu'un qui l'a visité, étoit un savant homme, et en même temps un abbé fort coquet. Le matin il pâlissoit sur les livres, et l'après-dîner sur les cartes en bonne compagnie de dames. L'endroit où il tenoit sa bibliothèque et son cabinet à côté étoient d'une propreté merveilleuse. » (*Recueil de Littérature, de Philosophie et d'Histoire*, par Ét. Jordan, Amsterdam, 1730.)

avait été exilé à Châtellerault avec des marques d'une sévérité toute particulière. On crut, non sans beaucoup d'apparence, que son plus grand crime était d'avoir soutenu plus d'une fois, dans ses écrits, les maximes de la France contre la doctrine des Ultramontains; et le roi voulut tellement se faire un mérite auprès du Pape de l'exil de Du Pin, que, le même jour qu'il l'exila, il envoya un de ses gentilshommes ordinaires en faire part au nonce, avec l'ordre de dire que c'était pour faire plaisir au Pape qu'il traitait ainsi ce docteur. Le Pape, dans un Bref adressé au roi en ce temps-là, le remercia expressément de cette relégation de Du Pin, « homme d'une mauvaise doctrine et coupable de plusieurs attentats contre la doctrine du Siége apostolique. » Cet accord de puissances longtemps désunies ne faisait augurer rien de bon pour les résistants.

Un incident considérable, survenu par suite de ces nouvelles rigueurs et des mesures que prit l'autorité en divers pays, vint aggraver la situation du parti janséniste. Le 30 mai 1703, le Père Quesnel fut découvert et arrêté à Bruxelles par ordre du roi d'Espagne, à la requête de l'autorité ecclésiastique supérieure, et conduit dans les prisons de l'archevêque de Malines à Bruxelles même. On saisit tous les papiers qu'on trouva chez lui et sa Correspondance. Sur la première nouvelle de cette saisie, Fénelon, sentinelle vigilante à la frontière et très-alerte à intercepter les signaux entre le Jansénisme des Pays-Bas et celui de France, écrivait à l'abbé de Langeron (4 juin 1703) :

« Je commence par vous dire, mon très-cher fils, que M. Robert me mande que, le pénultième de mai, on a surpris à Bruxelles le Père Gerberon, le Père Quesnel et M. Brigode, et qu'on les a mis dans la tour de l'archevêché par ordre du roi (d'Espagne), après avoir saisi tous leurs papiers. Il ajoute qu'on avoit dit que M. Quesnel s'étoit sauvé par une porte de derrière, mais qu'il croit qu'il a été pris comme les deux autres. On trouvera apparemment bien des gens notés dans leurs papiers, et il seroit capital qu'on chargeât des gens bien instruits et bien intentionnés d'un tel inventaire. Il faudroit, pour bien faire, y poser un scellé, et faire transporter le tout à Paris pour examiner les choses à fond. Je conçois, par les choses que M. Robert m'a dites très-souvent, que ces gens-là avoient un commerce très-vif avec les premières têtes de Paris, et qu'ils savoient beaucoup de choses secrètes, mais de source. Il faudroit interroger les domestiques et autres affidés de la maison où ils ont été pris, pour savoir où sont tous leurs papiers ; car des gens précautionnés, et accoutumés à l'intrigue, auront, selon toutes les apparences, mis dans quelque autre lieu écarté et de confiance les choses les plus capitales.... Si on peut trouver des gens comme M. Boileau (de l'Archevêché), M. Du Guet et le Père de La Tour, dans les papiers saisis à Bruxelles, il faut les écarter [1], et ôter toute ressource de conseil à M. le cardinal de Noailles. »

Fénelon, je l'ai dit, était on ne peut plus alarmé à cette date, en voyant le réveil et les progrès du Jansénisme parmi les jeunes théologiens de son diocèse et des pays environnants. Tout en étant, de près, doux et tolérant pour les personnes, il ne cessait d'écrire à ses amis de Paris, au duc de Beauvilliers, à tout ce qui entourait le duc de Bourgogne, pour leur prêcher une politique sévère sur l'ensemble de la secte. Évidemment la mode y était ; il fallait, disait-il, frapper d'autorité les principales têtes pour abattre les chefs du parti ; c'était le seul moyen de décourager les autres : « La mode alors ne sera plus, pour les jeunes gens décidés par la faveur, de se jeter dans les principes de cette cabale abattue. Enfin cela encourageroit Rome, qui a besoin d'être encouragée. On peut juger de ce que fera ce parti si jamais il se relève, puisqu'il est si hardi et si puissant lors même que le Pape et le roi sont d'accord pour l'écraser. Un

---

1. C'est-à-dire les exiler : un euphémisme.

homme du parti me disoit, il y a trois jours : *Ils ont beau enfoncer; plus ils chercheront, plus ils trouveront de gens attachés à la doctrine de saint Augustin; le nombre les étonnera.* » A mesure qu'on avançait dans le siècle, Fénelon pensait avec plus de sollicitude au règne possible de son élève chéri, et il se préoccupait des circonstances; il voyait et redoutait, dans le Jansénisme, un cadre tout trouvé d'opposition politique pour les mécontents [1]. Cette opposition aurait beau jeu à l'entrée d'un nouveau règne; — et ce fut bien pis, quand le duc de Bourgogne mort, on n'eut plus qu'une minorité en perspective. Il importait de briser le cadre auparavant, d'en finir du vivant du vieux roi, et de ne pas laisser le parti traîner les choses en longueur jusqu'au moment où au début d'un nouvel ordre, encore mal assuré, et à un changement de système, on aurait trop à faire. Mater le parti dans ses chefs, en même temps que poursuivre et atteindre la doctrine sous tous ses déguisements, c'était le cri du très-clément Fénelon, son *Delenda Carthago;* on vient de l'entendre dans son premier mouvement, dès qu'il apprit l'arrestation du Père Quesnel.

Ces papiers de Quesnel envoyés à Paris et livrés aux Jésuites, furent d'un terrible effet et donnèrent bien des armes. « Il s'y trouva force marchandise, dont le parti moliniste sut grandement profiter. » Si autrefois la Correspondance de Jansénius avec Saint-Cyran avait

---

1. On mit tous les soins à prémunir le duc de Bourgogne contre la doctrine et la secte janséniste; on fit tant et si bien que cet héritier présomptif s'avisa de devenir théologien et qu'il composa un Mémoire fait pour être montré au Pape, et dans lequel il avait consigné sa profession de foi sur ces matières. Ce fut un de ses derniers écrits, qu'on trouva parmi les papiers de sa cassette, de telle sorte que son biographe, l'abbé Proyart, a pu dire que, bien loin d'être le protecteur du Jansénisme comme on en avait fait courir le bruit, le petit-fils de Louis XIV « était mort la plume à la main, en le combattant. » Un triste emploi pour un homme destiné à régner!

fourni matière à tant de commentaires malicieux et d'incriminations, ici c'était bien autre chose. Le Père de La Chaise était en mesure de dire, comme il le fit, en montrant une grande cassette : « Voilà tous les mystères d'iniquité du Père Quesnel! nous avons tous les papiers, tous les mémoires, toutes les lettres, tous les brouillons, jusqu'à leurs chiffres et leur jargon, depuis plus de quarante ans; et il est étonnant combien il s'y trouve de choses contre le roi et contre l'État [1]. »

Parmi ces papiers, il en était un qui ne paraîtra que singulier et bizarre : c'était un Projet burlesque, selon lequel les Jansénistes, sous le nom de *Disciples de saint Augustin*, auraient proposé, vers 1684, leurs conditions de paix au comte d'Avaux, lorsque ce négociateur fut chargé de conclure avec les puissances la Trêve de vingt ans. La faction *Jansénienne* aurait demandé à y être comprise et à être traitée sur le pied d'un Souverain [2]. Peut-on croire, un seul moment, qu'une telle pièce ait été sérieuse, et que les *Disciples de saint Augustin* aient prétendu traiter de puissance à puissance? Prenaient-ils donc au pied de la lettre ce qu'avait dit d'eux autrefois le plaisant Roquelaure, selon le rapport de Guy Patin : « On dit que M. de Roquelaure a proposé de beaux moyens pour envoyer une grande armée en Italie, savoir, que M. de Liancourt fourniroit vingt mille Jansénistes, M. de Turenne vingt mille Huguenots, et lui, fournira dix mille Athées [3]. » Accusés sur le Projet de traité, les Jansénistes n'ont pas eu de peine à se défendre. Selon Clémencet et suivant toute vraisemblance, cette

---

[1]. C'est ce que dit aussi et ce que prétend prouver le Père Daniel par les extraits qu'il en a donnés dans sa *Lettre à une Dame de qualité* (voir au tome III du Recueil de ses *divers Ouvrages théologiques, philosophiques*, etc.).

[2]. Je donne pour les curieux cette pièce diplomatique, d'un genre à part, dans l'*Appendice* de ce volume.

[3]. Lettre de Guy Patin, du 11 novembre 1662.

Lettre au comte d'Avaux « ne fut jamais qu'une badinerie, qu'une pièce faite à plaisir, composée par un homme oisif qui avoit voulu se divertir, une pièce semblable à l'Arrêt du Parlement en faveur des Péripatéticiens, qu'on voit à la fin des Œuvres de M. Despréaux. » Dom Clémencet ne veut même absolument pas que la pièce ait été dictée par M. Arnauld ni écrite de la main de M. Ruth d'Ans, ni que le Père Quesnel y ait pris d'autre part que d'y avoir mis après coup la date. Il me semble aller dans sa défense plus loin qu'il n'était nécessaire. Pour moi, je me figure très-bien que, vers le commencement de l'année 1685, Arnauld, Quesnel et Du Guet, réunis dans la petite maison de Bruxelles, aient imaginé ce genre de divertissement. Rappelons-nous toutes ces allusions dont leurs lettres d'alors sont remplies, sur le *Père Abbé*, le *saint homme Abraham*, le *petit monastère*. Le Projet de trêve put être l'ouvrage d'une de ces soirées de belle humeur dans la petite abbaye. Ils auront pu se dire : « Que n'avons-nous demandé aussi à être compris dans la Trêve ? La Paix de Nimègue enfreinte a produit la Trêve que nous voyons: pourquoi la Paix de l'Église enfreinte n'aurait-elle pas eu une issue pareille ? » Et ils se seront mis à rédiger la lettre postiche. Remarquons d'ailleurs que si l'idée est assez ingénieuse, l'exécution n'est pas très-piquante, et en tout la plaisanterie est bien assez méthodique et assez peu légère pour être d'Arnauld ou, si l'on aime mieux, de Quesnel.

Mais il y avait bien d'autres choses dans les papiers de ce dernier, et, quoi qu'on pût répondre sur tel ou tel point, un air de cabale était répandu sur l'ensemble. Il y avait les preuves d'une grande activité clandestine et souterraine ; des masques pour chaque personne, ce qui sentait la société secrète ; des noms de guerre pour chacun, ce qui supposait la guerre. Ces papiers déposés

chez les Jésuites de la maison professe à Paris, et là
déchiffrés, pétris, torturés et passés à l'alambic dans
une espèce de cabinet noir *ad hoc*, puis présentés par
extraits, préparés par doses au roi, lus, relus, mitonnés
chez madame de Maintenon *tous les soirs pendant dix
ans*, opérèrent à coup sûr et sans contrôle. Si la calomnie y mêla du poison, ce fut un lent et sûr empoi-
sonnement. Quantité de personnes de tous rangs furent
compromises, inquiétées; quelques-unes emprisonnées[1].
Une ligne, une phrase louche, glissée là par un ennemi,
pouvait vous perdre. M. Vittement, lecteur auprès des
Enfants de France, était en danger d'être renvoyé s'il
n'avait fait voir clairement au roi qu'on l'avait pris
pour un autre. L'archevêque de Reims Le Tellier fut
trouvé en correspondance indirecte avec Quesnel moyennant un intermédiaire, et tomba en disgrâce. Si le Père
de La Chaise a vraiment dit du soupçon de Jansénisme,
dont il était alors si aisé de noircir les gens : *C'est mon
pot au noir*, ce fut surtout depuis qu'il eut entre les

1. Les premiers emprisonnés furent : Dom Thierry de Viaixne,
religieux bénédictin de l'abbaye d'Hautville, à quatre lieues de
Reims, arrêté le 6 août 1703 et conduit à Vincennes, dont on
saisit aussi les papiers et correspondances ; Dom Jean Thiroux
autre bénédictin, mais de la congrégation de Saint-Maur (le précédent était de la congrégation de Saint-Vannes), prieur à Meu-
lan, arrêté le 23 octobre 1703 et mis à la Bastille ; M. Vuillart,
arrêté le même jour à Paris, simple laïque, qu'on représenta
comme l'agent ou le *procureur-général de tout l'Ordre des Jansénistes à Paris*, homme lettré, autrefois secrétaire de l'abbé
de Haute-Fontaine, ancien voisin de Racine, voisin de Rollin,
correspondant habituel du Père Quesnel, assez âgé déjà, et qui
resta douze ans à la Bastille. Il n'en sortit qu'en septembre 1715,
par les soins de mademoiselle de Joncoux, et pour mourir le
mois suivant (23 octobre), un mois après sa libératrice. — Il avait
76 ans et trois mois, étant né le 25 juillet 1639. J'ai amplement
usé dans cette nouvelle édition de ses lettres manuscrites originales, dont le recueil appartient à la maison de Klarenburg à
Utrecht. (Voir à l'*Appendice* un épisode de la vie du Père Quesnel
dont nous lui devons connaissance.)

mains les papiers du Père Quesnel, qu'il put le dire.
Dès qu'il y avait du Jansénisme dans une affaire, eût-on
les meilleures raisons à faire valoir, on n'avait guère
espoir d'être entendu[1]. Il n'entre pas dans mon plan
d'insister davantage sur ces papiers, et de chercher
exactement à déterminer quel était le genre et la nature
d'intrigues qu'on y pouvait démêler sans injustice ; je
ne ferai qu'une remarque toute pratique : le moyen,
après cela, de soutenir à des gens sensés qui avaient vu
les extraits, que le Jansénisme n'était qu'un *fantôme*[2] ?

Et pour en revenir à ce qui nous touche, au monastère de Port-Royal, on voit quel était en ces années tout le péril de sa situation : une guerre théologique se rallumant au dehors, les adversaires plus maîtres à la Cour que jamais, y tenant tous les accès et poursuivant leurs menées jour et nuit avec certitude. Que pouvait notre sainte masure de Port-Royal, de toutes parts croulante et en ruines, contre ces sapes calculées et savantes ?

Et pourtant, sans un incident malheureux qui appela le tonnerre, on aurait pu traîner, continuer de languir,

1. Parmi les personnes qu'on arrêta se trouvait l'abbé Anselme de Brigode, frère du compagnon de Quesnel ; on le mit dans la citadelle d'Amiens, d'où on le transféra à Vincennes, où il mourut. On demanda de plus à la mère de ces messieurs Brigode, marchande à Lille et âgée de soixante-douze ans, un cautionnement qui répondît de sa personne et de sa conduite. Elle fit un placet, que le maréchal de Vauban se chargea de remettre et d'appuyer. Le maréchal écrivait de Versailles à ce sujet : « Je me suis tué de dire que c'étoit une femme de soixante-douze ans, qui ne songeoit à rien moins qu'à quitter son pays, où elle avoit des établissements qui ne lui permettoient pas d'y songer, quand même elle en auroit envie. Je ne sais pas quel effet cela produira, mais la prévention qu'on a en ce pays-ci contre le Jansénisme pourroit bien ne lui être pas favorable. »

2. « Le Jansénisme n'est point un fantôme, disait madame de Maintenon en 1715, dans un Avis à deux demoiselles qui sortaient de Saint-Cyr pour se faire religieuses ; c'est une erreur qui dure depuis longtemps et qui s'est bien étendue ; le long règne du feu roi n'a pu le détruire, quoiqu'il y ait toujours travaillé, etc. »

faire parler de soi le moins possible ; et si l'on avait pu, par miracle, atteindre la mort de Louis XIV, l'avénement de la Régence, qui sait?...

Le 18 mars 1706, le confesseur de Port-Royal, qui n'était plus alors M. Eustace, mais M. Marignier, eut à se rendre sur invitation chez M. Gilbert, grand-vicaire de M. de Noailles et supérieur de Port-Royal depuis la mort de M. Roynette. M. Gilbert lui demanda si les religieuses avaient reçu le Mandement et la Bulle, qui avaient déjà paru depuis six mois : à quoi M. Marignier ayant répondu qu'on ne les avait point encore vus dans leurs quartiers, M. Gilbert lui donna un exemplaire de l'un et de l'autre, et il y joignit en manière de modèle la formule selon laquelle les religieuses de Gif les avaient reçus quelques jours auparavant : « La Bulle et Ordonnance ci-dessus ont été lues et publiées à la grille de l'abbaye de Gif par nous prêtre soussigné, préposé à la conduite des religieuses, et reçues avec le respect dû à Sa Sainteté et à Son Éminence par les religieuses (suivait la signature du confesseur). » Il témoigna désirer qu'on fît de même à Port-Royal, recommandant le plus de diligence possible. On ne demandait pas que les religieuses signassent, mais simplement que M. Marignier leur confesseur mît son nom au bas de cette espèce de certificat.

M. Marignier, de retour à Port-Royal dès le lendemain 19 mars, vint en surplis au Chapitre de la Communauté, qui était assemblée à onze heures du matin. Il y rendit compte de son voyage et de la commission dont il était chargé. — Une des sœurs, dans une lettre adressée au précédent confesseur M. Eustace, le mettait au fait, en ces termes, de ce qui se passa alors :

« M. Marignier nous dit qu'il avoit consulté de nos amis qui sont, dit-il, à présent en petit nombre, et qu'ils n'y trouvoient point de difficulté. On lui demanda s'il vous avoit parlé ; il dit qu'il ne savoit pas où vous étiez, mais qu'on lui avoit dit que vous ne trouviez pas non plus de difficulté. Il vouloit donc que ces Bulle et Mandement nous fussent lus ce même jour, et qu'on les renvoyât aussitôt. La Communauté demanda qu'on en fît la lecture pour voir ce qu'elle contenoit (la Bulle), avant que de l'entendre à l'église. M. Marignier paroissoit n'en avoir point d'envie, disant que *nous nous allions embarrasser ;* mais on persista et on la lut. *Elle nous fit peur*, et l'on dit qu'après avoir souffert si longtemps, c'étoit tout à fait abandonner la Vérité, que de témoigner qu'on recevoit avec respect cette Bulle et le Mandement, où il y a à la tête que c'est *contre les Jansénistes.* La Mère prieure, Madeleine de Sainte-Julie (Baudrand), et ma sœur Élisabeth Agnès (Le Féron) surtout, dirent qu'il falloit prendre du temps pour prier Dieu, et qu'il falloit que notre Mère écrivît au supérieur que nous avions accoutumé de prier Dieu avant que de conclure des choses de cette importance. »

Le résultat de la réflexion et de la prière, et aussi de la consultation secrète des amis, fut de s'encourager à ne pas céder.

Le 21 mars, dimanche de la Passion, à dix heures du matin, la Communauté s'assembla au chœur sans sonner, et, la grille étant ouverte, M. Marignier lut le Mandement et la Bulle, et il écrivit au bas ce qui avait été résolu :

« La Bulle et Ordonnance ci-dessus ont été lues et publiées à la grille de Port-Royal des Champs par moi prêtre soussigné, préposé à la conduite des religieuses, lesquelles ont déclaré qu'elles les reçoivent avec le respect dû à Sa Sainteté et à Son Éminence, *sans déroger à ce qui s'est fait à leur égard à la Paix de l'Église sous le Pape Clément IX.* Fait ce 21 mars 1706, signé : Marignier, prêtre. » L'abbesse réitéra purement et simplement cette formule dans une lettre à l'archevêque écrite le même jour.

La pensée, la résistance, l'obstination, la désobéissance, et dès lors la ruine de Port-Royal, étaient renfermées dans cette clause additionnelle : *Sans déroger* [1].

1. L'expédient de cette clause, *Sans déroger*, etc., avait été

Franchement, et à voir les choses par le dehors, des yeux du simple bon sens, lorsqu'une Bulle sollicitée par le roi était arrivée en France, y avait été reçue sans difficulté par l'Assemblée générale du Clergé, enregistrée sans difficulté par le Parlement, acceptée avec de grands témoignages de soumission par la Faculté de théologie, publiée avec Mandement par tous les Évêques du royaume, il était singulier et ridicule que, seules, une vingtaines de filles, vieilles, infirmes, et la plupart sans connaissances suffisantes, qui se disaient avec cela les plus humbles et les plus soumises en matière de foi, vinssent faire acte de méfiance et protester indirectement en interjetant une clause restrictive. Mais Port-Royal ne serait plus lui-même s'il n'était ainsi jusqu'au bout. C'est l'esprit d'Arnauld qui survit, même quand Arnauld est mort.

Remarquez que c'étaient les anciennes qui, les premières, avaient élevé les difficultés. C'étaient des soldats de la vieille armée qui donnaient le signal et l'exemple à la nouvelle; on s'échauffait au souvenir des vieilles guerres. Je ne crée point cette image de mon chef : « Pour moi, disait l'une d'elles, il me semble que je suis comme un soldat qui a été à l'armée, et qui désire toujours d'y retourner, quoiqu'il y ait eu beaucoup de mal; car la seule pensée que je souffrirai encore pour la Vérité, me remplit de joie. »

Le certificat restrictif ne satisfit point l'archevêque, et n'était point de nature à être produit à la Cour. Le mardi 23, M. Gilbert se rendit à Port-Royal, vit l'abbesse, les religieuses anciennes et nouvelles : il prit chacune de celles-ci en particulier, essaya de les vaincre. En défi-

---

donné en secret par M. Mabille, docteur de Sorbonne, attaché à la paroisse de Saint-Leu à Paris, puis retiré à Palaiseau, et l'un des conseillers habituels de Port-Royal dans les affaires des derniers temps. Il est l'auteur de la clause.

nitive et tout raisonnement épuisé, elles ne purent que se mettre à genoux, en le priant de les protéger auprès de l'archevêque : « Mais devons-nous livrer nos consciences? » C'était leur dernier mot.

Il recommença le lendemain à leur parler; il leur fit sentir que, par cette désobéissance, elles allaient se perdre, donner des armes à des *personnages malins* qui leur en voulaient; qu'elles mettaient le cardinal dans l'impuissance de les défendre auprès du roi. Tout compte fait, ces dignes et incurables filles jugèrent comme l'une d'elles, une Sœur Synclétique, qui disait : « Notre maison ressemble à une vieille masure qui menace ruine de tous côtés, par l'impuissance où l'on est de soutenir les exercices : ne vaut-il pas mieux être détruites tout d'un coup pour la gloire de Dieu, que de défaillir peu à peu? »

Je crois, en rendant ma double impression, rendre aussi celle de beaucoup de lecteurs. On trouve cette résistance, cette ardeur du martyre parfaitement déraisonnables, et on est saisi en même temps d'un sentiment de compassion et de respect. Savoir souffrir par un scrupule (même erroné) de conscience, n'hésiter pas à sacrifier son repos à ce qu'on croit la justice et la vérité, est chose si rare !

Le Père Quesnel consulté de loin, à Amsterdam où il s'était réfugié après s'être échappé de sa prison de Bruxelles, approuva la résistance, et dit :

« La disposition où sont ces fidèles servantes de Dieu, de s'exposer à tout plutôt que de trahir leur conscience par l'approbation de cet Écrit calomnieux, et de blesser par là la vérité, la justice et la mémoire de tant de saints Prélats, de leurs propres Mères si dignes de vénération, de leurs pieuses et chères Sœurs, et des excellents théologiens qui les ont instruites et défendues; cette disposition, dis-je, est un don tout particulier de la miséricorde de Dieu et de la Grâce de Jésus-Christ, qui doit les remplir d'une humble et profonde reconnoissance, allumer dans leur cœur un ardent désir d'y correspondre par un attachement inviolable, etc. »

Quesnel était alors l'oracle; il avait hérité du manteau d'Arnauld et avait reçu comme une nouvelle onction par sa prison récente, par sa délivrance merveilleuse.

D'un autre côté, des amis plus voisins, plus frappés des circonstances et des dangers, des hommes d'ailleurs profondément attachés à Port-Royal et d'un excellent conseil, tel que M. Issali, le vénérable doyen des avocats, désapprouvaient la résolution. Ce dernier ami, alors bien près de sa fin, écrivait à l'abbesse, le 24 mars, à la sollicitation de M. de Noailles, et lui disait : « Il me paroît qu'en voulant s'attacher à une restriction qui ne sert de rien, on fait voir beaucoup de présomption qui ne convient pas à des filles religieuses, et c'est hâter et précipiter leur ruine, que leurs ennemis poursuivent depuis si longtemps. »

Ce conseil sage venant d'un homme habituellement si écouté, d'un ancien ami de M. Le Maître et ancien solitaire lui-même, du père de l'une des religieuses, ne parut qu'un trait de faiblesse affligeant, mais excusable, chez un vieillard de 86 ans.

Le propre de nos religieuses, en résistant, était de prétendre qu'elles étaient dans l'ordre. L'abbesse écrivit à l'archevêque, pour le lui prouver, jusqu'à trois lettres consécutives. « Elles m'envoient des *factums* et des *instructions*, » disait M. de Noailles. Il avait dit d'abord à M. Gilbert le supérieur : « Cela ne se passera pas sans qu'il y ait quelque chose de marqué. »

Le premier effet de la désobéissance fut un Arrêt du Conseil qui défendait à Port-Royal de prendre des novices; la défense jusque-là n'avait été que verbale. M. de Noailles rendant compte au roi de ce qui s'était passé, ayant ajouté qu'on pouvait terminer cette affaire sans éclat, parce que les religieuses, étant toutes vieilles, mourraient bientôt, et qu'il leur était défendu de recevoir des novices : « Mais, dit le roi, il n'y a point d'Arrêt qui leur fasse cette défense; il faut en donner un. » L'Arrêt en forme, avec des considérants fort sévères, fut rendu le 17 avril, et signifié le 23 à la sœur Le Féron, cellérière.

Cette digne personne, qui sentit toutes les conséquences d'un tel acte, et qui avait été de celles pourtant qui avaient contribué des premières à l'attirer, en reçut un coup si rude qu'elle mourut trois jours après, le 26; elle était âgée de 73 ans. Elle avait déjà essuyé, disent nos auteurs, *le feu de deux persécutions*; elle succomba au début de la troisième, ayant été la première à *lever l'étendard*. Ils en parlent comme ils feraient d'un brave officier. Pour nous, historiens pacifiques et curieux, nous ne saurions oublier les obligations particulières que nous avons à la sœur Le Féron pour nous avoir conservé tant de Relations et de Journaux de Port-Royal écrits de sa main, et pour avoir été le dernier et infatigable archiviste de la maison.

On avait bien du courage moral dans ce Port-Royal de l'extrême fin, mais on prenait sur soi pour en avoir, et, dans l'effort, la machine trop frêle se brisait. Ce mois d'avril fut fertile en morts. Trois autres anciennes moururent à peu de jours de distance : la sœur Françoise de Sainte-Thérèse de Bernières, sous-prieure, fille de M. de Bernières, cet ancien ami; la prieure, Françoise-Madeleine de Sainte-Julie Baudrand, et l'abbesse elle-même, la mère Élisabeth de Sainte-Anne Boulard, enlevée le 20 avril,—toutes les têtes de la maison. Comme la prieure était mourante en même temps que l'abbesse, celle-ci eut le soin, avant de mourir, de nommer pour prieure la mère Louise de Sainte-Anastasie Du Mesnil, la préférant à d'autres plus anciennes à cause de son mérite. Le choix, en effet, ne pouvait être meilleur.

Pendant l'agonie de cette abbesse, la mère Boulard, « plusieurs des religieuses, et même des personnes du dehors (si l'on en croit un Nécrologe plus légendaire que les autres), entendirent des chants mélodieux chantés par de jeunes voix claires et extrêmement douces, et qui ravissoient ceux et celles qui les ouïrent. » Cette mélodie, qui semblait partir d'au-dessus des nuées, n'aurait pas duré moins de six heures et demie, tout le temps de l'agonie de la révérende mère abbesse. Cela se passait en plein jour, de dix heures du matin jusqu'à quatre heures et demie du soir que la moribonde expira. On entendit, à diverses reprises, prononcer très-distinctement ces paroles du Répons des prières pour les agonisants, *Subvenite et occurrite...*, et cependant personne ne chantait dans toute la maison. Dix-sept personnes, parmi lesquelles une sourde, attestèrent avoir entendu ces chants mélodieux. — Le délire commence, mais sur un ton assez doux; les Convulsions, qui viendront vingt et un ans plus tard, seront moins mélodieuses.

La nouvelle prieure, dès les premiers jours, écrivit à M. de Noailles pour l'informer de la mort de la mère Boulard et le supplier d'envoyer quelqu'un, selon la coutume, qui assistât à l'élection d'une nouvelle abbesse et la confirmât en son nom, demandant humblement elle-même à être relevée de ses fonctions. Il fut répondu par l'archevêque qu'il n'y avait pas lieu à l'élection d'une abbesse; et en effet Port-Royal ne fut plus admis à en élire, et tout se passa désormais sous le gouvernement d'une simple prieure[1]. Les religieuses récla-

---

1. On ne manqua pas de remarquer, après la ruine, que de même qu'il y avait cent ans, madame *Boulehart* avait été la dernière abbesse du Port-Royal d'avant la réforme, du Port-Royal antérieur à la mère Angélique, la mère *Boulard* avait été

mèrent; les lettres apologétiques ne manquèrent pas : il y en eut d'adressées coup sur coup et au cardinal, et à leur supérieur M. Gilbert, et au Pape. Dans un entretien qu'il eut, le 23 juillet, à Conflans avec M. Marignier, confesseur des religieuses, le cardinal se plaignit vivement d'elles :

« Je vous ai fait venir pour vous dire que je me décharge des religieuses de Port-Royal sur votre conscience. Qui que ce soit qui les conseille, elles ont de très-mauvais conseillers ; je les trouve dans une désobéissance tout à fait criminelle. J'ai envoyé le Supérieur pour les gagner par de bonnes raisons, et elles n'ont opposé que leur obstination. Rien n'est pire que des *demi-savantes*. Toujours je leur ai servi de patron dans l'espérance de les ramener ; j'ai rendu témoignage au roi que tout étoit en paix chez elles, et par là j'avois suspendu ce que j'ai enfin laissé aller. »

Il lui échappa cependant de dire, un instant après : « A la vérité, quand elles auroient fait ce qu'on souhaitoit d'elles, elles n'en auroient pas été mieux selon le monde ; le dessein que le roi a de les détruire étoit pris dès longtemps ; mais elles en seroient mieux selon Dieu. » Il dit encore « qu'il ne demandoit pas la foi sur le fait, mais une soumission d'enfant. » Il parut dire que ce certificat n'avait point été impérieusement exigé, et qu'on aurait pu s'abstenir de le donner ; qu'on s'était jeté de gaieté de cœur dans l'embarras et le labyrinthe où l'on était. Probablement il entendait qu'on aurait dû laisser faire M. Marignier et garder le silence : car enfin ce n'était point sans son ordre, à lui archevêque, et sans l'avoir consulté, que M. Gilbert avait parlé de Bulle et d'attestation. Il sembla toutefois, par sa mine,

---

la dernière abbesse du Port-Royal réformé et selon la mère Angélique. C'étaient des consonnances dans lesquelles on croyait voir des rapports mystérieux et des harmonies.

le donner à entendre. Ce point de l'entretien n'est pas bien éclairci. — Pour conclure, il déclara qu'il n'y avait pas à espérer l'élection d'une abbesse : « Pour l'élection, je la refuse absolument. Si on avoit fait ce que je souhaitois, elle auroit été accordée vingt-quatre heures après. »

Cette réponse que le cardinal fit à M. Marignier pour qu'il la portât aux religieuses, affligea tellement le digne prêtre, qu'il tomba malade de chagrin et mourut le mois suivant (31 août). Ces gens d'affection et de conviction unique et concentrée ont des manières de prendre les choses à cœur qui les tuent[1].

Le moment était bon, pour les religieuses de Port-Royal de Paris, de remuer leurs procédures et de pousser leurs prétentions contre le monastère des Champs. Sur la fin de cette année 1706, elles présentèrent Requête au roi pour demander la révocation de l'ancien Arrêt de partage et des actes qui l'avaient consacré, la suppression et l'extinction du titre de Port-Royal des Champs et la réunion de ses biens à leur abbaye, moyennant pension viagère aux religieuses restantes. La Requête étant prise en considération, il y eut Arrêt du Conseil du 29 décembre, ordonnant visite dans les deux maisons par le conseiller d'État Voysin (futur chancelier), et ce magistrat, après avoir commencé par la maison de Paris, se rendit, le 19 janvier 1707, à Port-Royal des Champs pour y prendre aussi connaissance du nombre des personnes, de l'état des biens, des revenus, etc. Ses opérations durèrent jusqu'au 21. J'omets les vaines Requêtes de nos religieuses au roi, les lettres inutiles au cardinal ; ce dernier, qu'elles s'étaient dorénavant aliéné, n'avait qu'un mot pour toute réponse à

---

1. C'est ce que les Anglais appellent « mourir de brisement de cœur, de cœur brisé, *broken-heart.* »

leurs Apologies : « Elles ne sont pas hérétiques, leur foi est pure ; mais ce sont des rebelles et des désobéissantes. »

Cependant, sur une seconde Requête des religieuses de Paris suppliant qu'on statuât, le roi répondit par un second Arrêt du Conseil du 9 février 1707, par lequel l'ancien Arrêt de partage était révoqué; et pour ce qui regardait l'extinction de Port-Royal des Champs et la réunion de ses biens à Port-Royal de Paris, comme l'affaire était du ressort de la juridiction ecclésiastique, elle fut renvoyée devant le cardinal de Noailles pour qu'il y fût procédé selon les règles et constitutions canoniques. De plus, l'Arrêt portait « qu'en attendant il seroit mis tous les ans en séquestre six mille livres des revenus de l'abbaye des Champs, et que les religieuses eussent à réduire au nombre de dix les personnes qui les servoient à titre d'officiers, domestiques ou autrement, en sorte que, avec les *dix-sept* religieuses et les *neuf* converses qui s'y trouvoient actuellement, il n'y eût en tout que *trente-six* personnes entretenues aux dépens de la maison ; ordonnant de faire sortir toutes les autres personnes séculières, sous quelque titre qu'elles y fussent. » Le sort de Port-Royal était irrévocablement décidé.

On tirait enfin les conséquences de cette politique de M. de Harlai, qui avait consisté à empêcher avant tout Port-Royal de se recruter et à le laisser systématiquement dépérir. Maintenant on le prenait sur le fait de dépérissement, et d'un dépérissement très-avancé, et on s'en prévalait contre lui pour dire que l'ancien partage était hors de proportion. Ainsi se révélait la tactique dans son double jeu : d'une part empêcher Port-Royal de se renouveler par des novices, et de l'autre lui retirer juridiquement ses biens sous prétexte qu'il ne se renouvelait plus.

En vertu de cet Arrêt du 9 février, dix-huit personnes qui, à des titres divers, habitaient la maison tant au dehors qu'au dedans, comme pensionnaires ou comme serviteurs, furent obligées d'en sortir.

Les religieuses des Champs, bien que sans espoir de réussir, mais jusqu'au bout fidèles à leurs habitudes de légalité, formèrent opposition à l'exécution des Arrêts; elles furent déboutées par un nouvel Arrêt. On se perd dans cette suite d'oppositions, de protestations, de mémoires et de requêtes; j'en viens d'indiquer un assez bon nombre, et j'en saute et j'en sauterai. En effet, elles se défendaient comme des lions, comme des sœurs de gens de loi, comme des filles d'Arnauld et de parlementaires : c'est un trait caractéristique de la tribu et de la race. Elles sont des raisonneuses, des plaideuses, en même temps que des martyres.

Oh! que si jamais il y avait eu moyen pour la France, pour ce pays d'honneur et de folie, de devenir un pays de force et de légalité, où l'on défendît son droit pied à pied, même par chicane, mais où l'on le défendît jusqu'à la mort et où dès lors on le fondât, c'eût été (je l'ai senti bien des fois dans cette histoire, et je le sens encore plus distinctement à cette heure), — c'eût été à condition que l'élément janséniste, si peu aimable qu'il fût, l'élément de Saint-Cyran et d'Arnauld n'eût pas été tout à fait évincé, éliminé, qu'il eût pris rang et place régulière dans le tempérament moral de la société française, qu'il y fût entré pour n'en plus sortir. L'école qui serait issue de Port-Royal, si Port-Royal eût vécu, aurait fait *noyau* dans la nation, lui aurait peut-être donné solidité, consistance; car *c'étaient des gens*, comme me le disait M. Royer-Collard, *avec qui l'on savait sur quoi compter;* caractère qui a surtout manqué depuis à nos mobiles et brillantes générations françaises.

Prévoyant tout, au spirituel comme au temporel, nos

religieuses eurent l'idée de signer en Chapitre, le 8 mai 1707, un Acte de protestation contre les signatures qu'on pourrait extorquer d'elles un jour, et de les déclarer à l'avance nulles et abusives, s'en référant pour leurs vrais sentiments à cet Acte délibéré en commun, et destiné à faire foi et témoignage : « afin que si dans la suite, y disaient-elles, on portoit les choses aux extrémités dont nous sommes menacées, et qu'il y en eût quelqu'une d'entre nous à qui l'on fît signer quelque chose de contraire, soit par menace ou par quelque mauvais traitement, cette faute ne pût être imputée qu'au défaut de liberté, et à l'accablement où les extrêmes afflictions peuvent réduire de pauvres filles âgées, infirmes et destituées de tout conseil. » — Elles n'avaient pas tort de prévoir ce cas extrême ; car, après leur dispersion, toutes en effet, excepté deux, finirent par céder et par signer.

Une première sentence de l'Officialité ou tribunal de l'archevêché, devant lequel il y eut débats et plaidoiries contradictoires, les débouta encore une fois de leur opposition et des fins de non-recevoir qu'elles mettaient en avant, et le commissaire ecclésiastique, nommé par M. de Noailles pour procéder à l'extinction, allait pouvoir commencer à informer. Elles interjetèrent aussitôt appel à la Primatie de Lyon. Comme dans une ville qu'on prend d'assaut, une barricade enlevée, on en rencontrait une autre.

Ces lenteurs et ces formalités impatientaient le roi, qui dit un jour au cardinal à Versailles : « Si l'évêque de Chartres avoit eu l'affaire de Port-Royal entre les mains, en quinze jours elle auroit été finie, et il y a six mois que vous nous tenez là. »

Le cardinal, stimulé, en vint aux rigueurs, mais il y vint selon sa nature encore et avec méthode. Il avait, nonobstant l'appel, envoyé à Port-Royal le même commissaire ecclésiastique précédemment destiné à faire la visite contentieuse, M. Vivant, l'un de ses grands-vicaires, pour y faire une visite qui ne pouvait plus être censée que pastorale ; mais elle devait servir et tenir lieu au besoin de monition canonique, et préparer la voie à l'interdiction des sacrements. M. Vivant, qui s'y conduisit d'ailleurs avec beaucoup de modération, ne put s'empêcher, en partant, de dire aux religieuses : « Vous avez eu tort de faire tant d'éclat sur la visite[1] ; vous tirez contre un plus fort que vous ; vous avez appelé à Lyon ; de Lyon vous irez à Rome ; je ne sais si on vous donnera le temps de faire tout cela. » Bientôt après, le cardinal enleva aux religieuses un jeune et modeste confesseur, le seul qu'elles eussent depuis la mort de M. Marignier, M. Havart, et qui était tout à elles. Il leur envoya deux ecclésiastiques choisis exprès, et notamment M. Pollet, vicaire de Saint-Nicolas du Chardonnet et supérieur du séminaire, qui les prêchait comme avait fait autrefois M. Bail ou M. Chamillard[2]. On revit une répétition des mêmes scènes qu'on avait vues plus de quarante ans auparavant sous M. de Péréfixe. Elles furent privées de la communion. M. de Noailles disait d'elles, dans l'amertume de son cœur et pour justifier sa sévérité (et ces paroles leur furent communiquées de sa part) :

« Plus je pense à leur conduite, plus je trouve leur résistance inexcusable. Elles agissent directement contre les paroles de Jésus-Christ même ; elles méprisent ceux qu'il leur

---

1. La visite contentieuse à laquelle elles avaient fait opposition et sur laquelle elles venaient d'interjeter appel.
2. Il faut convenir cependant que les discours qu'on a de M. Pollet ne sont point si déraisonnables, et l'un des historiens les plus aveuglément jansénistes, Guilbert, a dit de lui : « On doit cette justice à M. Pollet, qu'excepté ses préventions sur la doctrine, on ne pouvoit lui reprocher aucune mauvaise façon, et qu'il n'étoit nullement incommode à la Communauté. »

ordonne d'écouter, et elles écoutent ceux qu'il leur ordonne de mépriser. Par là je les crois très-indignes des sacrements, et je ne puis permettre qu'on les y reçoive : on ne doit plus leur donner ni la communion ni l'absolution, ni souffrir que d'autres la leur donnent.... Je suis l'homme de l'Église, obligé par conséquent à venger son autorité méprisée, et à la faire respecter dans tous les lieux de ma juridiction. Plus elles croient que j'ai eu de bonté pour elles, plus elles ont de tort et d'ingratitude à mon égard de me résister en face aussi publiquement qu'elles font. Je n'ai eu cette bonté que lorsque j'ai trouvé en elles de vieilles fautes en quelque façon réparées et pardonnées par M. de Péréfixe, mon prédécesseur, et par le Pape même. Leur nouvelle désobéissance m'a fait changer avec raison de sentiments pour elles, y trouvant, outre l'injure faite à l'Église, qui est le principal, une offense personnelle contre moi. Il n'est pas vrai que les peines qu'elles souffrent ne viennent que de la mauvaise volonté de leurs ennemis et non de mon mouvement : il est vrai que c'est avec grande peine que je me trouve contraint par leur révolte à les punir ; mais je m'y crois obligé en conscience, et je le ferai aussi fortement que je croirai le devoir faire.... »

Il les mit encore une fois au pied du mur, et en demeure de se rétracter, en leur adressant une dernière sommation ou monition canonique. Elles n'y virent que des causes de nullité, par l'omission de quelques formalités. L'archevêque n'y gagna pour toute réponse qu'un Acte capitulaire dressé par elles, et qu'elles firent signifier à M. Pollet par un huissier de Chevreuse. L'excommunication alors fut lancée par Ordonnance du 22 novembre 1707.

Pendant que ces choses se passaient au spirituel, au temporel les biens étaient saisis ; on leur retirait le pain de tous les côtés, le pain du corps, disaient-elles, comme celui de l'âme ; un séquestre de 6000 livres emportait et confisquait le plus clair de leurs biens sous leurs yeux et à leur porte même : elles n'avaient pas en tout plus de 8000 livres de revenu[1]. Leur homme d'affaires et leur conseil dans cette dernière contention, M. Le Noir de Saint-Claude, qui demeurait depuis environ quatorze ans chez elles dans la petite maison de la cour dite *la maison de M. de Sainte-Marthe*, y vivant le plus qu'il pouvait en solitaire et en pénitent, et ne redevenant avocat la plupart du temps qu'en guêtres encore et en sarrau, fut arrêté le 20 novembre 1707, et mis à la Bastille; il n'en sortit qu'à la mort de Louis XIV, et il ne mourut lui-même qu'en décembre 1742, le dernier survivant de tous ceux qu'on peut appeler proprement les Solitaires de Port-Royal[2].

[1]. Il est assez difficile de concilier ce chiffre de 8000 livres (ou, pour être tout à fait exact, 8510 livres) avec celui du règlement de partage de 1669 ; Port-Royal des Champs aurait dû, ce semble, avoir 20 000 livres de rente et Port-Royal de Paris comptait bien là-dessus. Il y fut trompé. Il y avait eu des pertes, des augmentations de charges, des frais de réparation, des non-valeurs. Et puis les finances de Port-Royal avaient bien des parties non portées en ligne de compte ; il a dû y avoir le chapitre des fidéicommis, des dons secrets : le chiffre officiel ne disait pas tout. Ainsi, dans la visite faite par M. Voysin, on n'avait pas déclaré un legs de 21 000 livres de M. de Pontchâteau. On le sut et cela fit bruit.

[2]. M. Le Noir de Saint-Claude était encore plus l'*avoué* que l'avocat des religieuses : il préparait et éclaircissait les affaires pour les avocats. On raconte qu'un jour il eut à se présenter de leur part chez l'un des premiers de l'Ordre : il arriva au moment où celui qu'il avait à voir reconduisait quelqu'un jusqu'à son escalier. Il n'était pas connu personnellement de lui, et il n'avait rien dans tout son extérieur qui indiquât un *monsieur :* des guêtres, un sarrau et un bâton blanc à la main, annonçaient plutôt un vrai paysan qui venait parler de ce qu'il n'entendait pas. L'avocat, sur l'apparence, lui demanda simplement, lorsqu'il entendit que c'était de la part des religieuses de Port-Royal, si elles ne lui avaient pas donné un Mémoire de leur affaire.—« Je n'en ai point, Monsieur, répondit-il, mais je suis assez bien au fait, si monsieur veut avoir la patience de m'entendre. » — « Eh bien ! dit l'avocat, demeurant toujours sur le palier de l'appartement, voyons de quoi il s'agit. » L'avocat *des Champs* expose l'affaire, et s'explique assez disertement pour que l'avocat *de ville* le fasse entrer insensiblement dans l'antichambre. Le discours et les éclaircissements qu'il amène se continuant

Elles avaient appelé le 1ᵉʳ décembre 1707, à la Primatie de Lyon, de l'Ordonnance qui leur interdisait les sacrements; mais ces appels ne prenaient pas. Elles les appuyèrent de plusieurs sommations qui restèrent inutiles. Elles présentèrent Requête à l'Official de Lyon pour obtenir la communion pascale en 1708 ; mais Pâques, qui tombait de bonne heure cette année-là (8 avril), était déjà arrivé, sans qu'on eût relevé leur appel ni répondu à leur Requête. Elles durent se passer de communion.

S'en passèrent-elles réellement et alors et depuis? Il y a dans l'histoire de Port-Royal la partie ostensible et la partie cachée. Or, nous savons de source certaine « que M. d'Étemare ayant été ordonné prêtre en 1709, et étant allé à Port-Royal, y porta la quatrième partie de l'Instruction pastorale de Fénelon contre le cardinal de Noailles et la donna à la prieure, la mère Du Mesnil, qui la garda pour la lire. M. d'Étemare y dit la messe, et comme depuis quelque temps les religieuses de Port-Royal, réduites à un petit nombre, étoient privées des sacrements par le cardinal de Noailles, M. d'Étemare et d'autres qui étoient allés à Port-Royal avec lui offrirent aux religieuses de leur donner la communion; mais la mère Du Mesnil remercia et dit à M. d'Étemare son *secret*, savoir, qu'elles avoient les sacrements, et que quelqu'un leur administroit la communion en

---

sur le même ton, l'avocat célèbre est étonné de ce qu'il entend, et juge le manant, qui n'en avait que l'air, digne d'arriver jusqu'au cabinet. Surpris de plus en plus de la précision et de la justesse avec laquelle cet homme s'expliquait, il le fait asseoir, achève de l'entendre et le renvoie fort poliment, en l'assurant qu'il penserait à cette affaire, et le chargeant de ses compliments pour la Communauté. Ce ne fut que le lendemain que, l'ayant rencontré à dîner chez M. Le Noir le chanoine, son frère, il sut à qui il avait parlé, et il lui fit des excuses devant toute la compagnie. M. de Saint-Claude en resta tout confondu.

cachette et sans que le cardinal de Noailles le sût[1]. » Ce *quelqu'un* était très-probablement M. Crès ou de Crès, chapelain à Saint-Jacques-l'Hôpital à Paris, et très-lié avec MM. Mabille, Louail et Tronchai, tous amis fidèles de Port-Royal. L'ennemi s'était bientôt aperçu qu'il y avait un complice qui introduisait les vivres dans la place; mais on ne pouvait le saisir. M. de Crès ne fut découvert qu'en 1710, après la dispersion des religieuses, et averti à temps, grâce à mademoiselle de Joncoux, il se déroba aux poursuites. Il quitta la soutane, prit pendant quelques années *l'habit gris* comme on disait, alla vivre en province sous un autre nom, et put à ce prix éviter la Bastille.

Au temporel pas plus qu'au spirituel, bien que spoliées et frappées du séquestre en même temps que de l'excommunication, pendant près de deux ans que durèrent toutes ces famines, elles ne manquèrent de rien; mais ce n'était que grâce au zèle des amis. C'est ce que répondit un jour fort vivement cette spirituelle et agissante mademoiselle de Joncoux, qu'on retrouve à chaque instant dans les derniers événements de Port-Royal comme le génie ou le bon démon du parti. Bien qu'amie déclarée des Jansénistes, elle avait ses franchises; elle avait ses entrées chez le cardinal de Noailles, chez M. d'Argenson et en maint lieu. Un jour donc qu'elle était allée voir le cardinal et qu'elle l'avait entretenu du sujet inévitable, discutant le droit et le fait, pesant les torts et les raisons, et mêlant bien des vérités sous air de badinage, mademoiselle de Joncoux finit par lui dire qu'au reste l'opinion du monde n'hésitait pas, et « que les personnes qui n'entendoient rien à la question de doctrine, sur laquelle on tourmentoit les religieuses des Champs, étoient indignées qu'on les réduisît à vivre

---

1. Manuscrits de la Bibliothèque de Troyes.

d'aumônes, en laissant prendre leur bien aux religieuses de Paris qui avoient mangé le leur; que cela étoit indigne et tout à fait criant :

« Je sais bien, me répondit-il[1], qu'elles ne manquent de rien; et si elles manquoient de quelque chose, je le leur donnerois, car je ne veux pas qu'elles manquent de rien, et je leur donnerai quand elles en auront besoin. » — « Mais pourquoi, lui dis-je, ne manquent-elles de rien? parce que des personnes comme moi vendent leur cotillon plutôt que de les laisser manquer de quelque chose; car je vendrois certainement le mien plutôt que de les laisser [dans le besoin. » — « Vraiment, me dit-il en riant, je le sais bien que vous vendriez plutôt votre cotillon; mais, mon Dieu! vous vous ferez des affaires. » — « Il y a longtemps, lui répliquai-je, que je suis au-dessus des affaires : quand on a une coiffe, on ne s'en met pas beaucoup en peine, et je ne la changerois pas pour la pourpre. » — En lui disant cela, je lui fis une profonde révérence et je me retirai. »

Le *post-scriptum* que mademoiselle de Joncoux ajoutait au récit de cet entretien n'est pas à négliger :

« J'ai reçu hier cinquante livres pour vous de la part de madame Geoffroi, veuve de l'apothicaire : elle souhaite avoir part aux prières de la Maison. »

Chaque veuve donnait son obole, de même que bien des prêtres offraient d'apporter la communion.

---

1. Mademoiselle de Joncoux racontait cet entretien dans une lettre à la mère Du Mesnil, prieure des Champs. (Voir l'*Appendice* à la fin du volume.)

XIII

Impatience de Louis XIV. — Le cardinal de Noailles se justifie. — Instances à Rome. — Bulle d'extinction. — Lettres anonymes à M. de Noailles. — Procédure et décret de réunion. — Visite de madame de Château-Renaud à la maison des Champs. — Colloque avec la mère Prieure. — Retour par Saint-Cyr et flatterie. — Expédition de M. d'Argenson ; journée suprême. — Ordre et résignation. — Les douze carrosses. — Sagesse et fermeté de la mère Prieure. — Impression générale ; pitié et indignation. — Port-Royal démoli. — Exhumation des corps. — Scènes de charnier. — Grandeur véritable de Port-Royal. — S'attacher à l'esprit.

Nous sommes équitables, et dès lors nous sommes favorables à Port-Royal ; si nous blâmons les religieuses de leur obstination, de leur formalisme, de leur clause *sans déroger* introduite par un excès de scrupule, nous en respectons le principe et nous honorons leur motif ; nous sentons combien le châtiment est disproportionné à la faute, et les moyens employés nous paraissent souverainement injustes ; on a été trop heureux de trouver un prétexte contre elles, et on l'a saisi ; ces pauvres filles paient pour d'autres, pour des amis redoutés que veulent écraser des ennemis puissants : eh bien ! je ne sais, malgré tout, si nous ne sommes pas tentés de faire comme

Louis XIV et de nous impatienter que leur perte tarde tant à se consommer, qu'elles y mettent tant de résistance, et qu'on y mette tant de façons. Port-Royal, comme ce personnage d'une tragédie, est *lent à mourir*.

Le Père de La Chaise, qui se sentait mourir lui-même, était de cet avis. Louis XIV, qui enfin commençait à entrevoir le terme de son règne, ne voulait pas avoir un démenti de ses ordres, à deux pas de Versailles. Il s'étonnait que l'archevêque, à qui l'affaire de l'extinction était renvoyée, n'en fût encore qu'aux préliminaires, et il le croyait au fond peu disposé à traiter avec rigueur un parti vers lequel il inclinait. Le duc de Noailles, neveu du cardinal, se fit auprès de son oncle le canal et l'organe de ces plaintes qu'on formait contre lui à Versailles. On a sa lettre et la réponse du prélat (janvier 1708). Je ne tirerai de cette réponse que ce qui nous touche. Le cardinal prétend se laver sur tous les chefs; il soutient « qu'il n'est pas plus fauteur des Jansénistes que janséniste; qu'il n'a pente naturelle ni inclination secrète pour le parti; qu'il a été élevé dans un grand éloignement pour cette doctrine, de même qu'il est par humeur ami de la paix et ennemi de toute cabale; » puis, après justification sur divers points, il en vient à celui qu'on avait alors le plus à cœur :

« A l'égard des religieuses de Port-Royal, qui est l'article qui me touche le plus puisque le roi en est, dites-vous, plus frappé, c'est celui où je suis le plus fort, et rien ne marque davantage le déchaînement injuste que certaines gens ont contre moi que de m'attaquer sur une chose où j'ai constamment fait mon devoir ; mais venons au fait.

« Je vous dirai d'abord que j'avois compté que dans trois mois au plus après leur désobéissance leur monastère seroit supprimé et l'affaire entièrement consommée, et je le souhaitois autant que personne. Je ne doutois pas que le Pape, très-zélé contre le parti, ne donnât avec plaisir et diligence la Bulle qu'on lui demanda pour cela. Le roi en fit écrire fortement à Rome, et je fis de mon côté des instances très-vives et très-pressantes : M. le cardinal de La Trémouille en peut rendre témoignage, comme d'autres à qui j'en ai écrit souvent et fortement.

« Dieu a permis, par des raisons que je ne puis pénétrer, que le Pape n'a point encore envoyé cette Bulle : est-ce ma faute? Ce retardement a dérangé mes mesures, mais ne m'a point empêché de punir les filles révoltées. Il est vrai que je n'ai pas donné d'abord le dernier coup, mais j'ai dû en user ainsi. Quiconque soutiendra le contraire sera aisément confondu. J'ose dire que je sais mon métier, et saint Paul nous apprend que nous pouvons nous louer, quand on pousse trop loin le blâme contre nous. Mais enfin, après avoir employé différentes punitions, j'ai fait tout ce que M. de Péréfixe, animé avec raison contre cette Communauté, et d'un tempérament fort vif et fort prompt, fit de plus fort contre elle; et on veut trouver qu'il n'y en a pas assez, et le persuader au roi ! Sa Majesté me fit l'honneur de me dire : « Mais il a mal fait; devez-vous faire comme lui ? » Je soutiens qu'il a très-bien fait, et moi aussi fort bien de l'imiter. Est-il juste de traiter ainsi la mémoire d'un prélat qui a témoigné tant de zèle contre le mauvais parti, et d'exiger de moi d'en faire plus que lui?

« Mais il faut que je sois janséniste pour de certaines gens, et quoi que je fasse, je le serai toujours. J'ai beau excommunier, et faire ce que celui de mes prédécesseurs qui a été le plus loin a fait contre ce monastère, j'aurai beau même le supprimer entièrement, ce que je ferai d'abord dès que j'aurai les mains libres, tout cela n'empêchera pas, tant que le roi paroîtra disposé à écouter ce qu'on lui dira contre moi, qu'on n'assure toujours que je favorise ces filles.... Des mémoires et des lettres anonymes, ou signées par des gens prévenus ou mal instruits, doivent-ils l'emporter sur des faits aussi certains [1] ? »

Ces lenteurs reprochées au cardinal tenaient en partie à la nature même de l'affaire : il ne s'agissait pas seule-

---

1. Tome IV, page 274, de la *Correspondance administrative sous le Règne de Louis XIV*, 1855.

ment de détruire et de dissiper la Communauté de Port-Royal des Champs, ce qui était facile ; il fallait transférer son bien, avec quelque ombre de justice et en sauvant les formes de la légalité, à la maison de Paris, et pour cela revenir sur un ancien partage régulier, consacré par un enregistrement de Bulle au Parlement. On avait donc eu recours à Rome sitôt la résolution prise ; mais on voit que le Pape ne s'était pas pressé. Enfin, le 27 mars 1708, « ne pouvant se refuser, disait-il, aux sollicitations d'un aussi grand prince que le roi de France, » il avait donné une Bulle pour la suppression et extinction de Port-Royal des Champs et la réunion de ses biens à Port-Royal de Paris ; il y mettait toutefois cette condition, que sur ces biens et revenus les religieuses de Paris seraient tenues de servir 200 livres de pension à chacune des religieuses des Champs, tant de chœur que converses (alors au nombre de 26), lesquelles resteraient dans leur monastère et en auraient l'entier et total usage, ainsi que de leur église, jusqu'à leur mort. Le nonce reçut la Bulle le 11 mai, et la porta au roi, qui, dès qu'il en entendit la traduction, n'en parut pas satisfait, disant « que s'il recevoit ce Bref, qui ordonnoit que toutes les religieuses jusqu'à la dernière converse mourroient dans le monastère, il n'auroit pas le plaisir de voir durant sa vie la destruction de Port-Royal. » Louis XIV a bien pu, en effet, tenir ce langage ; car cette lutte avec Port-Royal avait fini par être comme un duel personnel dont il voulait avoir une bonne fois raison. Il fallut donc solliciter de Rome une nouvelle Bulle, dont on n'apprit en France la signature que vers le commencement d'octobre, et qui fut antidatée du même jour que la précédente (27 mars). Dans cette Bulle adressée à l'archevêque de Paris, après la disposition qui supprimait le titre de l'Abbaye des Champs et qui appliquait ses biens à la maison de Paris, il était dit :

« Et afin que cette suppression et cette application aient plus promptement leur effet, et que le nid où l'erreur a pris de si pernicieux accroissements soit entièrement ruiné et déraciné (*ut nidus, in quo error prava suscepit incrementa, penitus evellatur et eradicetur*), les religieuses tant du chœur que converses, qui sont présentement au monastère de Port-Royal des Champs, peuvent et doivent être transférées ensemble, ou séparément, dans le temps, la manière et la forme que vous jugerez à propos, suivant votre discrétion et conscience, en d'autres maisons religieuses ou monastères que vous choisirez. »

Cette Bulle obtenue, et à lui personnellement adressée, déliait jusqu'à un certain point l'archevêque du côté de la Primatie de Lyon : le tribunal suprême ayant parlé, il semblait que l'on pût désormais ne pas tenir compte des appels qui se poursuivaient devant un tribunal d'un degré intermédiaire. Il y avait toujours à opposer que cette sentence suprême, qui coupait court à une instance pendante, n'avait pas été rendue selon les formes inséparables de toute justice, et qu'une des parties n'avait pas été appelée ni entendue. Les avocats de nos religieuses ne manquèrent pas, dans des Requêtes infructueuses, de faire valoir tous ces vices de forme ou de fond ; ils y dénoncèrent, selon leurs termes violents, jusqu'à dix-huit *attentats*. Mais, de fait, le cardinal était à présent armé ; il n'avait plus de prétexte à un retard ; une fois la Bulle munie de Lettres patentes[1] et enregistrée au Parlement (et elle le fut le 19 décembre, sur le réquisitoire du procureur-général Daguesseau), il pouvait procéder et comme archevêque en son propre

---

1. Le chancelier de Pontchartrain, favorable à Port-Royal, ne scella ces Lettres patentes qu'à contre-cœur : on assure qu'il fit au roi quelques représentations. Un Mémoire avait été envoyé au chancelier par la marquise de Vieux-Bourg, une des dames les plus influentes et les plus spirituelles du parti.

nom, et à titre de commissaire du Saint-Siége ; et c'est ce qu'il fit.

Je ne cacherai pas qu'il reçut vers ce temps des lettres anonymes qui avaient pour objet de l'intimider et d'arrêter son bras, de le refroidir dans ce nouveau zèle qu'il allait montrer à se *déjanséniser.* Les lettres anonymes sont une mauvaise habitude que les Jansénistes ont eue en commun avec tous les partis. Dans une de ces lettres, on lui remettait charitablement sous les yeux la triste fin de ses deux prédécesseurs, la fin soudaine et terrible de l'un (M. de Harlai), la fin troublée, disait-on, et repentante de l'autre (M. de Péréfixe). On lui prédisait, s'il ne changeait, le sort inévitable aux timides, « dont le partage est d'être jetés dans *l'étang brûlant de feu et de soufre,* qui est la seconde mort. » On le menaçait, au point de vue d'ici-bas, de révéler et de mettre au jour tous les ressorts de la cruelle tragédie où il était acteur, de façon à le déshonorer, lui et les autres, annonçant que tout le secret en était soigneusement recueilli « *dans des mémoires fidèles qui passeroient à la connoissance de tous les siècles à venir.* » On énumérait les divers signes d'alentour, où se voyait le doigt de Dieu, et l'on faisait parler la vengeance céleste : « Les malheurs dont la France est accablée, y disait-on, sont encore d'autres voix qui ne sont pas moins sensibles. Tout le monde à la Cour et à la ville est frappé de ce que, *depuis qu'on a juré la perte de Port-Royal,* il n'y a plus que déconcertement dans nos conseils, que lâcheté dans nos généraux, que foiblesse dans nos troupes, que défaites dans nos batailles. Il paroit que Dieu nous a rejetés, et qu'il ne marche plus à la tête de nos armées, si redoutées autrefois, et *toujours victorieuses jusqu'à la résolution prise pour la ruine de cette Maison.* » — Ainsi Ramillies et bientôt Malplaquet, c'était la rançon divine et le châtiment des persécutions contre Port-Royal.

Toujours l'univers vu par notre lucarne et mesuré à notre clocher? Mais, dans ce système, que ferait-on, deux ou trois ans plus tard, de la victoire de Denain?

Dans une de ces lettres anonymes, on insinuait avec beaucoup de délicatesse que l'archevêque, par des considérations de famille, s'était relâché de la fermeté que peut-être il aurait eue sans cela plus grande, et on lui faisait envisager que la Providence l'en avait déjà puni en lui enlevant un frère « qui lui étoit si cher et dont l'âge n'étoit pas trop avancé. » Le maréchal de Noailles, frère du cardinal, mourait en effet le 2 octobre 1708. Une de ces lettres anonymes écrite bien peu de jours après, dans le courant même d'octobre, contenait ce passage : « Votre Éminence vient déjà de voir de ses yeux mourir son propre frère *sans sacrements*; mais ne se prépare-t-elle point à elle-même une fin bien aussi triste devant les hommes, et encore plus redoutable aux yeux de Dieu, etc.? » Ce sont nos auteurs qui rapportent le contenu de ces lettres, et l'esprit de parti les aveugle si bien qu'ils citent ces mêmes endroits odieux comme la plus belle chose et la plus *délicate* du monde. L'injustice pousse à l'indignation, l'indignation au fanatisme. Pauvres hommes! Demain les maîtres, ces victimes de la veille seront des persécuteurs, et ils l'ont été. C'est le cas de leur dire avec un témoin intègre : « Je vous aime comme persécutés, je vous déteste comme persécuteurs [1]. »

---

[1]. Ces lettres anonymes paraissent avoir été, la plupart, de M. Mabille, le fervent docteur et le principal conseiller de Port-Royal dans ces dernières crises. Lui et M. Bertin, un de ses amis, les composaient, ainsi que plusieurs factums vigoureux qui coururent en ce temps-là. Ils s'appliquaient aussi, du sein de leur retraite de Palaiseau, à recueillir toutes les pièces et les mémoires propres à entrer dans cette histoire future dont ils menaçaient M. de Noailles. C'est avec ces pièces recueillies par eux que Guilbert a composé

Armé de tous les pouvoirs, M. de Noailles voulut encore y mettre les dehors de la justice, et il ordonna qu'une visite serait faite pour informer sur les avantages ou les inconvénients de la réunion, *De commodo vel incommodo*. M. Vivant en fut chargé. Il commença par Port-Royal de Paris, et ne vint à Port-Royal des Champs que le 13 avril 1709. On y entendit des témoins, des curés des environs, un chirurgien à qui l'on demanda si l'air était bon ou malsain. On avait fait assigner même des fermiers; l'un d'eux répondit qu'il ne savait ce que c'était que le *commodo* ou l'*incommodo*, mais que les religieuses avaient une charité qui passait tout ce qu'on pouvait dire, qu'il l'avait éprouvée lui-même dans ses besoins : « Elles en font de même à tout le monde, et on n'en dit partout que du bien. » Ce fut le témoignage universel.

A son arrivée, à son départ, M. Vivant se trouva en face d'un huissier qui protestait au nom des religieuses, et lui signifiait appel sur appel qu'elles faisaient à la Primatie de Lyon. « Je pense, Monsieur, lui dit-il en riant, que vous me suivrez partout. » — « C'est vous, Monsieur, répondit l'huissier, qui me menez partout. Ce sont des peines que vous m'épargneriez bien, si vous vouliez. »

Cependant le cardinal eut l'idée, pour mêler l'exhortation morale à cet appareil de procédure, de publier deux jours après (15 avril), avec Mandement, la Lettre (ou le projet de lettre) de Bossuet, autrefois adressée aux religieuses de Port-Royal, et par laquelle, encore simple abbé, il les avait invitées à la signature. Mais on refusa à cette Lettre du jeune abbé l'autorité due au grand évêque; on en contesta même l'authenticité, et

---

ses *Mémoires historiques sur Port-Royal des Champs*, ouvrage si mal digéré, mais si curieux pour qui sait en profiter.

cette éloquence si sensée, et déjà si pastorale dans sa bouche, ne fit que blanchir.

Sur l'enquête de M. Vivant, le cardinal rendit donc, le 11 juillet, son Décret portant extinction du titre de l'Abbaye de Port-Royal des Champs, et réunion de ses biens à celle de Paris :

1709

« ... Après que nous avons employé inutilement tous les moyens qui ont été en notre pouvoir pour porter lesdites religieuses de Port-Royal des Champs à la soumission qu'elles doivent à l'Église, lesdites religieuses persévérant en leur opiniâtreté, et tout considéré, le Saint Nom de Dieu invoqué : Nous, archevêque de Paris, tant de notre autorité ordinaire que du Saint-Siège apostolique, avons supprimé et éteint, supprimons et éteignons par ces présentes à perpétuité le titre de ladite Abbaye et monastère de Port-Royal des Champs, et en conséquence avons réuni et appliqué, réunissons et appliquons par ces mêmes présentes, à l'Abbaye et monastère de Port-Royal de Paris, tous les biens meubles et immeubles, droits et revenus généralement quelconques de ladite Abbaye et monastère de Port-Royal des Champs, etc. »

Quelques jours après, s'étant rendu à Port-Royal de Paris, et ayant annoncé à la Communauté assemblée que le Décret de réunion était conclu et qu'on allait cette fois en finir, il essaya, dit-on, de leur persuader de se retirer à cette maison des Champs, de vendre celle de Paris, et d'en payer leurs dettes. Dans la pensée de cette translation où elles entraient peu, il ne put s'empêcher de leur souhaiter autant de régularité et de vertu qu'en avaient les religieuses des Champs : « Ce sont, disait-il, de bonnes filles et bien régulières; à l'exception de leur désobéissance et de leur opiniâtreté, il n'y a rien chez elles que de louable. »

Un dernier instrument était nécessaire : un Arrêt du Parlement du 3 août donna gain de cause aux religieuses de Paris qui en avaient appelé comme d'abus, tant des premiers actes de l'Official de Lyon que de l'ancienne Bulle de partage de 1671. Il ne manquait plus rien, au moins d'humainement spécieux.

J'omets ce qui n'a nulle importance et je passe outre, car il faut terminer. L'abbesse de Port-Royal de Paris, qui y était depuis peu, et qu'on avait nommée en vue de cette réunion, madame de Château-Renaud, personne de qualité, assez peu austère, mais qui ne manquait pas d'ailleurs d'esprit et de mérite, se crut suffisamment en règle pour aller prendre possession de l'ancien monastère récupéré, et y faire acte d'abbesse. Après toutes choses concertées avec le cardinal, et le secret ayant été exactement gardé, elle y arrivait à l'improviste le mardi 1er octobre sur les onze heures du matin, accompagnée de deux religieuses de sa maison, de sa sœur religieuse Bernardine, et de deux notaires.

Les deux notaires se présentèrent les premiers, et annoncèrent que c'était l'abbesse de Port-Royal. La mère Anastasie Du Mesnil, prieure, étant avertie, se rendit au parloir, mais elle n'ouvrit point d'abord le châssis de la grille. L'abbesse la pria d'ouvrir; la prieure répondit que la règle ne le permettait pas, et elle la pria de l'en dispenser. L'abbesse repartit que les règles n'étaient point pour l'abbesse de Port-Royal, et qu'entre religieuses d'ailleurs on en pouvait user autrement. Sur ce que la prieure fit observer qu'elle avait entendu des voix d'hommes, l'abbesse fit retirer aussitôt ceux qui étaient entrés; après quoi la toile de la grille s'ouvrit, et la prieure leva son voile. Toutes deux, dans les premiers mots qu'elles se dirent, avaient la voix assez tremblante, et l'abbesse elle-même, de son aveu, eut à faire quelque effort pour surmonter sa timidité.

L'abbesse dit qu'elle venait avec un ordre de M. l'archevêque de Paris, qu'elle lut; que M. l'archevêque, en conséquence de la Requête qu'elle lui avait présentée, lui avait permis de sortir de son monastère, et enjoignait aux religieuses des Champs de la recevoir comme abbesse. Elle demanda en même temps à la prieure si elle et la Communauté n'étaient pas dans la disposition d'obéir à leur supérieur commun.

La prieure répondit que la Communauté était appelante à Lyon de tout ce qui avait été ordonné à leur préjudice dans l'affaire présente; qu'elles n'ignoraient pas l'obéissance qu'elles devaient à leurs supérieurs et en particulier à M. l'archevêque, et qu'elles ne s'en écarteraient jamais; mais que, dans les affaires contentieuses, les saints canons et les lois ont réglé les devoirs des inférieurs envers les supérieurs, et de quelle manière ils se doivent conduire les uns envers les autres.

L'abbesse dit alors qu'elle ne venait point seulement en vertu du Décret de M. l'archevêque, mais en vertu de l'Arrêt du Parlement du 3 août dernier, qui leur avait été signifié le 7 du même mois....

La prieure répliqua, en remarquant que l'Arrêt dont l'abbesse parlait n'avait été obtenu que par défaut, et que la Communauté y avait fait opposition.

« Oui, ma Mère, reprit l'abbesse, mais toutes vos procédures ne valent rien, et votre opposition n'est pas dans les formes; c'est pourquoi nous ne laisserons pas de passer outre. »

La prieure répondit : « Nous croyons, Madame, nos procédures fort bonnes, et c'est sur quoi les juges décideront quand on voudra nous écouter. »

L'abbesse éludant la discussion et insistant pour qu'on assemblât la Communauté afin de s'assurer des dispositions des sœurs, la prieure lui dit qu'elle connaissait la disposition de toutes les religieuses, qu'elle pouvait répondre pour toutes, étant toutes unies dans leurs sentiments, et qu'elle s'opposait, en son nom et en celui de toute la Communauté, à ce que madame l'abbesse entreprendrait pour se faire reconnaître comme telle.

En refusant ainsi d'assembler la Communauté, la prieure faisait comme ces commandants d'une place assiégée qui ont une garnison faible, exténuée et, pour tout dire, assez fragile, et qui évitent de la faire voir de près dans un pourparler avec l'ennemi[1].

Elle ajouta néanmoins, par égard pour son interlocutrice, qu'elle savait rendre ce qui est dû à des personnes de sa qualité et de sa considération[2]; qu'elle avait ouï parler de son mérite, et que si l'on pouvait séparer madame de Château-Renaud d'avec l'abbesse de Port-Royal, et mettre à part ses prétentions, elle se ferait un vrai plaisir et un honneur de la prier d'entrer dans la maison, et de l'y recevoir comme on a coutume de recevoir les abbesses.

— « Oh! pour cela non, » reprit l'abbesse.

[1]. Cette raison est celle même que la mère Du Mesnil a donnée dans une lettre à mademoiselle de Joncoux, écrite deux jours après (3 octobre 1709) : « Quand on voit une abbesse de qualité, disait-elle, dont l'extérieur paroît respectable, qui dit qu'elle vient avec des entrailles de mère, qu'elle veut se conduire avec cordialité, charité et amitié, et qui accompagne ses discours d'un air obligeant et de manières nobles, tout cela peut plaire à certaines personnes, leur faire faire des réflexions et les tenter de se soumettre, non pas à signer, mais à subir le joug d'une si bonne dame. Une seule qui tomberoit pourroit en entraîner d'autres : on se lasse quelquefois de son état, et on voudroit un roi. » L'intérieur de Port-Royal était très-affaibli au moral comme au physique ; on le vit bien lorsque, dès l'année suivante, toutes, excepté quatre ou cinq, eurent signé. Il y avait, depuis deux ans, de grandes divisions intestines entre les amis : les uns, comme M. Mabille, ne cessant de donner des conseils énergiques ; d'autres penchant pour l'avis mitigé que nous avons vu être celui de M. Issali. La mère prieure avait eu fort à faire pour maintenir sa Communauté dans la ligne de la mère Angélique de Saint-Jean ; il y eut un moment où elle se trouva seule de son avis, et même quand elle y eut ramené ses sœurs, elle craignait toujours une défection.

[2]. Madame de Château-Renaud était nièce du maréchal de Château-Renaud.

Aussitôt elle fit appeler les notaires qui étaient sortis d'abord, et, le prenant d'un ton plus haut, parla de son autorité et du pouvoir qu'elle avait de déposer la prieure, comme il lui plairait. Elle lui dit « qu'elle étoit surprise qu'une prieure, qu'elle pouvoit révoquer à volonté, répondît seule pour une Communauté, sans l'assembler pour prendre son avis ; que ce gouvernement lui paroissoit bien despotique ; que pour elle qui étoit abbesse titrée, et qui par conséquent avoit plus d'autorité et de pouvoir, elle ne voudroit pas, en des choses beaucoup moins importantes, agir sans prendre avis et conseil de ses sœurs ; — qu'elle voyoit avec douleur que, dans les choses les plus simples, on donnât des marques qu'on ne vouloit reconnoître aucun supérieur ecclésiastique ni séculier ; — qu'il étoit bien triste que par le défaut de soumission on rendît inutiles tant d'actions de piété et de régularité, tant de saintes pratiques et d'austérités de vie. »

La prieure répondit simplement que tout le monde ne voyait pas les choses de la même manière et qu'il se pouvait faire que les personnes instruites jugeassent différemment. « C'est sous une abbesse élective, ajouta-t-elle, que toute la Communauté a fait ses vœux, et elle n'en connoît point d'autre : si elle avoit été perpétuelle, moi-même je ne me serois pas faite religieuse. »

L'abbesse ne repartit rien de plus, craignant, avoue-t-elle d'assez bonne grâce, de s'embarquer dans une controverse et une discussion de droit ou de doctrine, d'où elle n'aurait pu se tirer à son avantage. Elle ne se sentait pas assez forte en théologie ou en droit canon pour ces joutes-là.

Les notaires alors commencèrent à dresser leur procès-verbal, et après l'avoir fini, lorsqu'ils en firent la lecture, et qu'ils eurent dit qu'ils s'étaient transportés au monastère de *Port-Royal des Champs*, l'abbesse les interrompit pour dire qu'il n'y avait point deux Port-Royal différents, mais qu'il n'y en avait plus qu'un dont elle était abbesse ; et elle voulut leur suggérer d'autres termes. Ils lui représentèrent que cela ne pouvait se mettre autrement, et lui dirent : « C'est cette différence même qui a donné lieu à la réunion, et qui nous assemble ici : c'est pourquoi on ne peut se dispenser de le marquer. » Ils continuèrent de lire, et firent mention de *rompre les portes* pour faire entrer l'abbesse, sur le refus que faisait la prieure de la recevoir en la manière qu'elle le prétendait ; mais l'abbesse se récria :

« Oh ! non, ce n'est pas là le caractère de mon esprit : je viens avec des entrailles de charité. Dès Paris on m'avoit proposé d'en venir à cette extrémité, en cas de refus ; mais j'ai dit que, puisqu'il y avoit d'autres voies et aussi sûres, j'aimois mieux que l'on s'en servît. »

On demanda ensuite à la prieure, qui pendant tout le temps de cette lecture était restée dans un grand silence, si elle avait quelque chose à dire, et, dans ce cas, si elle serait disposée à signer sa réponse. Elle répondit qu'elle signerait sa réponse, pourvu qu'on la lui fît voir après qu'elle serait écrite. Les notaires y acquiesçant et ayant dit que cela était de droit, elle fit son opposition pour elle et pour sa Communauté, et les requit de lui en laisser copie ; après quoi elle signa.

Une des religieuses qui accompagnaient l'abbesse, et qui avait déjà dit à la mère prieure, en la lui montrant : « En vérité, ma Mère, si vous connoissiez Madame, vous ne lui refuseriez pas ce qu'elle vous demande, » reprit encore la parole pour demander à la prieure si elle les laisserait aller sans leur donner la joie de voir leurs sœurs. La prieure ne put répondre qu'un mot pour s'en excuser, parce que dans ce moment l'abbesse sortit, en disant qu'elle se retirait affligée de voir que ces religieuses voulussent se perdre.

Madame de Château-Renaud alla de ce pas à l'église y prendre possession des principaux endroits qu'elle toucha selon l'usage, et en dernier lieu elle fit la cérémonie de sonner la cloche. Comme les gens de sa suite, pour lui faire honneur, continuèrent de la sonner et à toutes volées, un domestique de la maison les avertit qu'ils allaient la casser; ils s'en moquèrent et n'en tinrent compte. Ce domestique monta alors au clocher et coupa la corde. Ce fut la seule marque de vivacité qui parut durant cette visite; car du reste, et de l'aveu de l'abbesse, tout se passa avec douceur et une égale modération, et jusqu'aux domestiques tout fut dans un grand silence.

Ces cérémonies faites, l'abbesse sortit, et monta à la ferme des Granges pour en prendre aussi possession; elle y dîna. Et lorsque les notaires eurent fait la copie de leur procès-verbal, ils revinrent l'apporter à la mère prieure vers les cinq heures du soir. Celle-ci, à son tour, leur présenta un Acte signé de toutes les religieuses de la Communauté, portant qu'elles consentaient à l'opposition par elle faite le matin en leur nom. La prieure requit les notaires de le recevoir et de l'ajouter à la fin de leur procès-verbal; ils lui répondirent que cela ne se pouvait plus faire, parce qu'il était conclu. L'abbesse partit des Granges ce même soir, et alla coucher à Saint-Cyr, où le lendemain elle rendit compte à madame de Maintenon, qui en était fort curieuse, de ce qui s'était fait la veille à Port-Royal des Champs.

Ici, il faut l'entendre elle-même; le ton change, et quoique certainement, dans la visite à Port-Royal et dans l'entrevue avec la prieure, tout se soit passé fort convenablement entre elles deux et comme il séyait entre personnes *comme il faut*, chacune tenant le langage de son rang et de sa position, on n'aurait pas l'idée de la juste nuance et du contraste si l'on n'entendait les paroles du lendemain, qui terminent la Relation de madame de Château-Renaud, paroles dites d'un accent tout autrement adouci et flatteur que celui auquel Port-Royal nous a accoutumés. Jamais changement de régime ne se fit mieux sentir.

« Elle (madame de Maintenon) me fit l'honneur de m'écouter avec beaucoup de patience, de bonté et d'attention pendant plus d'une heure. Puis elle me demanda en souriant *si j'avois senti dans l'église de Port-Royal des Champs cette onction qu'on disoit y trouver?* Je lui répondis que je n'étois pas assez bonne pour avoir de ces sortes de sentiments, et je l'assurai que je n'en avois senti aucun particulier; qu'il étoit bien vrai que la situation de cette maison, placée au milieu d'un agréable désert, rappeloit une idée de la Thébaïde qui étoit propre à inspirer du recueillement, mais que je croyois que toute autre maison située également feroit le même effet; que je pouvois avoir l'honneur de lui dire et de l'assurer sans flatterie que j'avois trouvé dans Saint-Cyr véritablement cette onction, en voyant la modestie, le silence et le recueillement de tant de personnes, et de jeunes personnes, assemblées, et la manière édifiante avec laquelle Dieu y étoit servi; et je ne lui dis rien que de vrai en cela. Dans tout le reste que je vis en cette maison, je n'y trouvai rien qui ne méritât de l'admiration; et par l'ordre merveilleux qui règne et se fait remarquer partout, on est entièrement persuadé que celle qui a conduit et formé un ouvrage aussi achevé que l'établissement de cette maison est *un de ces génies qu'à peine un siècle peu produire.* Je sortis d'auprès de cette illustre fondatrice, charmée et pénétrée de toutes les grandes qualités que j'admirai en elle, mais surtout de cette piété, cette bonté et cette humilité qu'elle sait joindre avec l'élévation du plus grand mérite, et qui fait sentir que l'esprit de Dieu conduit et gouverne absolument le sien. »

Ainsi humainement tout est dans l'ordre. Le vaincu a tort; on le raille même d'un air agréable et léger : toute la louange, tout le parfum de l'encens va aux victorieux et aux heureux. Comprend-on maintenant, dans ce contraste, qui éclate ici, entre Port-Royal immolé et Saint-Cyr florissant, ce qu'il devait y avoir eu de gémissements et de larmes secrètes dans l'âme de Racine, obligé de fêter l'un pendant l'oppression de l'autre?

L'Acte d'opposition que les notaires de madame de Château-Renaud avaient refusé de recevoir, en amena un autre que les religieuses des Champs firent signifier le lendemain, 2 octobre, à celles de Paris. De son côté l'abbesse présenta une Requête, où elle exposait le refus qu'on lui avait fait à Port-Royal de la recevoir pour abbesse, et où elle invoquait des ordres du roi pour faire cesser la division. Il en résulta un Arrêt du Conseil, rendu le 8 et signifié le 19, qui enjoignait et ordonnait à la prieure et aux religieuses de Port-Royal des Champs de reconnaître pour abbesse et supérieure madame de Château-Renaud, et, en cette qualité, de lui ouvrir les portes, de lui remettre les clefs des Archives et du dépôt, et de lui obéir. Repoussées sur tous les points et n'entrevoyant plus une issue, nos religieuses n'eurent plus qu'à se tenir dans l'attente, immobiles, ne sachant sous quelle forme le coup de mort leur viendrait.

Toutes les formalités sont en effet accomplies et consommées, tous les préliminaires épuisés ; nous en sommes à la catastrophe : voici venir, comme elles l'appellent, le jour du Seigneur.

Le mardi 29 octobre, au sortir de Matines, les lampes du dortoir s'étaient trouvées toutes deux éteintes, ce qui n'était jamais arrivé dans cette maison de régularité. Présage, selon elles; selon nous, image! la lampe, à la fin, faute d'huile, expire[1].

---

1. Ceux qui cherchent des rapprochements se rappelleront un passage d'une méditation de madame Swetchine : « La lampe de ma chapelle devant le Saint-Sacrement s'est éteinte dans la nuit du samedi au dimanche des Rameaux.... » (*Madame Swetchine, sa vie et ses œuvres*, tome I, page 388.) Mais cet incident d'une

Ce même jour, après l'office de Primes, les religieuses étant déjà assemblées au Chapitre, on demanda la mère prieure. Un homme accouru des bois venait la prévenir en toute hâte qu'il avait vu une file de carrosses se diriger vers la maison. Un moment après, paraissait M. d'Argenson en personne.

On a de ce qui suit plusieurs Relations diverses. En voici une que je choisis, parce qu'elle m'a paru rendre avec plus de naïveté que les autres l'impression vraie de ces scènes pour les témoins et les victimes. Je la donnerai sans interrompre, de peur d'y introduire de mon chef quelque ton moderne. et discordant : les réflexions viendront après.

La Relation remonte à ce qui s'est passé les jours précédents :

« ... Comme la huitaine s'est écoulée sans qu'elles (les religieuses des Champs) aient fait aucune opposition (à l'Arrêt du Conseil du 8 octobre), le Père Le Tellier n'a pas laissé de dire dévotement au roi que madame de Château-Renaud n'osoit aller au Port-Royal des Champs, persuadée qu'elle y trouveroit encore des obstacles, et que ces filles entêtées, désobéissantes et rebelles se moqueroient de l'Arrêt du Conseil du roi comme elles avoient fait de celui du Parlement, et qu'à moins que Sa Majesté ne voulût bien accorder des ordres précis pour les disperser, on ne pourroit jamais en venir à bout. Le roi, pressé de la sorte, donna enfin les ordres selon les desseins du Père Le Tellier, et les fit adresser à M. d'Argenson, lieutenant de police, auquel il fut enjoint de les exécuter ponctuellement, M. de Pontchartrain[1] lui ayant marqué de ne rien négliger pour l'exécution des ordres de Sa Majesté, en gardant cependant toute la douceur et la charité dont il est capable. M. d'Argenson, ayant reçu les ordres du roi et la lettre du ministre, eut plusieurs longues conférences avec M. le cardinal de Noailles, archevêque de

---

chapelle domestique n'induit l'âme dévote qu'à des considérations tout individuelles.

1. Fils du Chancelier.

Paris, qu'on croit qui n'a donné aucune obédience [1]. Il assembla ensuite ses exempts et archers et fit arrêter douze carrosses, une litière, et donna tous les ordres qu'il jugea nécessaires pour cette expédition. Le tout devoit arriver à Port-Royal des Champs le lundi 28 octobre, fête de saint Simon et saint Jude; mais comme si le Ciel eût protesté contre cette entreprise, il fit ce jour-là un temps fort fâcheux et une pluie si continuelle, qu'on se trouva obligé de remettre au lendemain l'expédition, de sorte qu'il fallut envoyer des ordres de séjour aux exempts et aux archers, qui firent giter les carrosses le plus adroitement qu'il leur fut possible, et sous des prétextes supposés, les uns à Magny, les autres à Montigny, un à Voisins et un à Chevreuse; un, nonobstant le mauvais temps, alla jusqu'à Dampierre. Les gardes, archers, et plusieurs exempts passèrent la nuit dans les bois de Port-Royal et tinrent de grands feux en attendant le jour, pendant que les vierges condamnées, ne sachant rien de tout ce que l'on tramoit contre elles, passoient la nuit aux pieds de Jésus-Christ leur époux, l'adorant à leur ordinaire, sentant cependant une onction intérieure qui les animoit plus que de coutume; car leurs Matines durèrent cette nuit plus longtemps qu'à l'ordinaire, sans qu'elles s'en fussent aperçues, et, après avoir pris une heure de repos, elles croyoient que l'horloge tardoit, et se sentoient pressées de retourner à l'église pour nourrir et fortifier leurs âmes par l'oraison mentale et le chant des Psaumes qu'elles n'avoient interrompu qu'à regret. Après avoir chanté Primes, elles entendirent la sainte Messe, durant laquelle elles s'unirent avec Jésus-Christ au sacrifice, selon leur coutume; et comme elles sortoient du chœur, sur les sept heures et demie, M. d'Argenson arriva, accompagné d'un commissaire, dans un carrosse à quatre chevaux, et deux exempts à cheval entrèrent dans la cour. On demanda la Mère prieure, et on dit au portier de rester à la porte jusqu'à nouvel ordre. On avertit la Mère prieure de l'arrivée de M. d'Argenson, qui vouloit lui parler; elle le fit introduire au grand parloir où,

1. Les obédiences permettant la sortie. — M. d'Argenson, dans la journée du 29, ne produisit point ces obédiences et se contenta de dire qu'il les avait. On croit qu'il n'en avait que pour trois ou quatre religieuses et non pour toute la Communauté.

après des saluts réciproques, il lui marqua qu'il avoit ordre du roi pour entrer dans l'intérieur de la maison, visiter les Archives, titres et papiers; que, pour cet effet, il lui demandoit l'ouverture des portes. La Mère prieure, remplie de respect, la lui accorda et obéit aux ordres du roi. Cette entrevue dura fort peu. M. d'Argenson sortit du parloir, vint à la porte de l'entrée, ôta la clef du portier et la confia à un exempt, alla ensuite avec le commissaire à la porte intérieure du monastère qu'il trouva ouverte, et où la Mère prieure, et la sous-prieure et la cellérière, qui en avoient fait l'ouverture, l'attendoient pour le recevoir. Il leur demanda aussi leurs clefs, qu'il donna à l'instant à deux exempts, avec ordre d'en faire bonne garde. Il monta aux lieux des Archives et du dépôt, accompagné de ce commissaire et des trois mères, se fit apporter et ouvrir les coffres-forts et toutes leurs armoires, où les titres et papiers étoient enfermés. Comme il regardoit les liasses et admiroit l'ordre et l'arrangement de tout, on sonna Tierce, et la Mère prieure lui demanda permission d'y assister avec ses sœurs. Il le leur permit, à condition que cela ne dureroit guère ; car il paroissoit aussi zélé pour l'exécution des ordres de Sa Majesté que ces pieuses vierges l'étoient pour le service de Jésus-Christ, leur époux. Comme les mères alloient à l'église, quelques sœurs, inquiètes du sujet de cette visite, demandèrent à la Mère prieure ce que cela signifioit. Elle leur répondit avec sa douceur ordinaire : « C'est encore une visite
« que l'on vient de faire de notre maison : je n'en sais pas
« les suites ; il faut toujours se remettre entre les bras de la
« miséricorde de Dieu, qui connoît nos besoins mieux que
« nous-mêmes. Allons à Tierce. » Elles arrivèrent au chœur, et psalmodièrent les versets du psaume de Tierce de mardi : *Ad te, Domine, levavi,* qui convient très-bien à l'état où elles se trouvoient; elles ajoutèrent à la fin le *Veni Creator,* pour demander au Saint-Esprit les lumières et les forces qu'il connoissoit leur être nécessaires.

« A la fin de cette prière, la Mère prieure, remplie de confiance, vint rejoindre M. d'Argenson, qui lui ordonna d'assembler la Communauté dans le Chapitre. Aussitôt on fit sonner la cloche du Chapitre, et les religieuses s'y rendirent. La Mère prieure introduisit M. d'Argenson dans la place de l'abbesse, se plaça à côté, et toutes les sœurs à leurs places ordinaires ; le commissaire et deux exempts se mirent auprès de M. d'Argenson. Il demanda s'il n'y avoit plus de religieuses à venir. On lui dit qu'il y en avoit encore une fort âgée, infirme et paralytique. « Si elle ne peut venir, « dit-il, qu'on l'apporte ; car il est nécessaire qu'elle soit ici. » La Mère prieure ordonna à la sœur infirmière de la faire apporter ; ce qui fut exécuté. Six filles l'apportèrent sur un matelas dans un brancard : s'imaginant toutes d'assister à son enterrement, elles prioient Dieu en chemin et récitoient le psaume *In exitu Israel de Ægypto*. A peine achevoient-elles le dernier verset qu'elles entrèrent dans le Chapitre, où elles déposèrent cette bonne mère, nommée Euphrasie Robert, âgée de quatre-vingt-six ans, sœur de M. Robert, conseiller en la grand'chambre. M. d'Argenson demanda les autres religieuses. La Mère prieure répondit que c'étoit toute la Communauté ; qu'il ne restoit plus que des converses qui n'assistoient pas au Chapitre et n'avoient jamais été comprises dans leurs affaires. M. d'Argenson répliqua : « Il faut « qu'elles viennent, car elles ont part à celle-ci. » On les fit donc entrer au nombre de sept, lesquelles, jointes à quinze religieuses de chœur, faisoient en tout vingt-deux religieuses. Ce fut alors que M. d'Argenson fit fermer la porte du Chapitre, en confiant la garde aux exempts, et parla en ces termes :

« Mesdames, je suis venu ici pour vous annoncer un sacri« fice que vous avez à faire aujourd'hui : quoique je sois « affligé d'être chargé des ordres du roi qui vous regardent, « il faut cependant qu'ils soient fidèlement exécutés, et que « vous ne sortiez de cette assemblée que pour ne vous plus « revoir. C'est votre dispersion générale prescrite par les « ordres de Sa Majesté que je vous annonce, et qu'il veut « vous être signifiée. Vous n'avez que trois heures pour « vous préparer. »

« En même temps il fit mettre devant lui un portefeuille, une plume et de l'encre, et se mit en état de leur lire à chacune leur ordre et d'écrire leur soumission à l'ordre.

« La Mère prieure se présenta la première, et lui dit d'un ton plein de confiance : « Monseigneur, nous sommes « prêtes d'y obéir ; une demi-heure de temps est plus que

« suffisante pour nous dire notre dernier adieu, prendre
« avec nous un bréviaire, une Bible et nos Constitutions. »
Toutes les autres voulurent faire de même.

« Alors M. d'Argenson, s'adressant à la Mère prieure,
lui dit et à toute la Communauté : « Mesdames, comme les
« ordres que j'ai reçus de vous disperser en différentes mai-
« sons ne me désignent point en particulier chaque maison
« pour chacune de vous, et que je puis remplir les places
« comme je le jugerai à propos, m'étant laissé la liberté du
« choix là-dessus, vous pouvez voir entre vous les maisons
« qui vous conviennent, de celles qu'on m'a marquées. Vous,
« Madame la prieure, où souhaitez-vous aller ? »

« Elle lui répondit : « Monsieur, d'abord que notre Com-
« munauté est séparée et dispersée, il m'est indifférent en
« quel endroit je sois en mon particulier, puisque j'espère
« trouver Dieu partout où je serai ; mais, puisque vous me
« demandez mon avis, je vous dirai qu'il me semble qu'il
« seroit mieux que les plus infirmes fussent mises dans les
« maisons les plus proches, afin d'être moins incommodées
« par le voyage. Pour moi, je serai bien partout où il vous
« plaira de m'envoyer. »

« M. d'Argenson commença à lire la première lettre de
cachet qui ordonnoit à la mère de Sainte-Anastasie Du Mesnil de partir incessamment pour se rendre à la ville de Blois,
avec la sœur Françoise-Agnès de Sainte-Marthe, dans deux
Communautés différentes. Elles reçurent leurs ordres avec
respect et promirent d'y satisfaire de bon cœur. Toutes les
autres firent la même soumission avec une fermeté et une
constance qui étonna fort M. d'Argenson et ceux de sa compagnie. On reconnut alors que ces vertueuses filles, qui ne
cherchoient que Dieu, étoient assurées de le trouver partout.

« La sœur Anne-Julie de Sainte-Synclétique de Remi-
court, sous-prieure, fut envoyée à Rouen ;

« La sœur Marie-Marguerite du Sainte-Lucie Pepin et la
sœur Madeleine de Sainte-Sophie de Flexelles, à Autun ;

« La sœur Madeleine de Sainte-Gertrude Du Valois et la
sœur Françoise de Sainte-Agathe Le Juge, à Chartres, avec
deux converses, savoir : les sœurs Justine et Opportune ;

« La sœur Marie-Madeleine de Sainte-Cécile Bertrand et
la sœur Anne de Sainte-Cécile de Boicervoise, à Amiens

(cette dernière y mourut le 8 novembre, six jours après son arrivée);

« La sœur Jeanne de Sainte-Apolline Le Bègue, à Compiègne;

« La sœur Marie de Sainte-Catherine Issali, cellérière, et la sœur Catherine de Sainte-Célinie Benoise, à Meaux;

« La sœur Marie de Sainte-Euphrasie Robert, paralytique, à Nantes;

« La sœur Françoise-Madeleine de Sainte-Ide Le Vavasseur et la sœur Marie de Sainte-Anne Couturier, à Nevers;

« Et cinq converses à Saint-Denis, savoir : les sœurs Tarsille, Anne-Marine, Aurélie, Blandine et Basilisse.

« Comme il étoit midi passé et qu'elles n'avoient pas mangé de la journée, M. d'Argenson, trouvant beaucoup de soumission en elles, leur dit qu'elles pouvoient faire apporter à manger, si elles le vouloient, pendant qu'il dresseroit le procès-verbal de leur soumission et rempliroit les ordres pour en charger les exempts destinés à leur conduite. Alors une sœur converse lui dit : « Comment voulez-vous, Monsieur, que nous ayons pu apprêter le dîner pour nos mères, puisque vous nous retenez ici depuis si longtemps? » La Mère prieure la regarda d'un œil mécontent, et cette pauvre fille en rougit, dont M. d'Argenson s'aperçut. Elle lui fit signe d'en dire sa coulpe, et aussitôt elle se vint mettre à genoux devant M. d'Argenson, ce qui le surprit un peu; mais la prieure lui dit qu'elle étoit en faute d'avoir ainsi parlé à une personne comme lui, revêtue de l'autorité du roi, et que c'étoit la règle de demander ainsi pardon de ses fautes, et qu'elle le prioit de lui pardonner son imprudence.

« M. d'Argenson leur ayant donc ainsi signifié les ordres de Sa Majesté, ce fut alors que ces saintes filles se rassemblèrent comme un petit troupeau sans pasteur, se disant réciproquement adieu jusqu'à l'Éternité, s'embrassant tendrement et se mettant à genoux pour se demander humblement pardon les unes aux autres, s'animant à une foi vive, une charité ardente et une ferme espérance qui doit être tout leur soutien, se recommandant à une parfaite union de leurs cœurs et à des prières réciproques, persuadées que quand on est bien uni avec Dieu, on trouve Port-Royal partout. Il est vrai que cette cérémonie toucha M. d'Argenson et que ses yeux parurent mouillés.

« Mais durant un fort long temps que cette assemblée dura, les domestiques du dehors étoient fort alarmés et inquiets ; celles du dedans écoutoient à la porte et au-dessus du Chapitre, sans pouvoir rien entendre. Ceux et celles du dehors voyoient à tout moment entrer des archers à pied, à cheval, des carrosses de remise, de telle sorte que la cour étoit remplie de gens armés, comme si c'eût été le siége d'une ville ou qu'il y eût eu quelque résistance à craindre. Pendant cet intervalle, la sœur Françoise de Sainte-Agathe Le Juge, qui avoit été saignée le matin, s'aperçut que son bras s'étoit lâché et que son sang couloit ; elle le montra à la Mère prieure pour lui demander permission de sortir, mais cette Mère lui dit « que la Communauté étant détruite, elle n'avoit plus aucune autorité, et que c'étoit à M. d'Argenson qu'elle devoit s'adresser pour cela, puisqu'il étoit revêtu de l'autorité du roi. » Elle s'adressa donc à lui pour lui demander la permission de sortir et de se faire rebander le bras ; ce qu'il lui permit, à condition qu'elle n'iroit pas en sa cellule, et qu'elle rentreroit aussitôt. Elle sortit donc pour respirer un peu ; la sœur Julie, infirmière, obtint permission de la suivre. Des servantes vinrent demander aussitôt ce qu'on faisoit si longtemps dans le Chapitre ; elles répondirent : « Faites tous vos paquets, personne ne restera ce soir dans la maison. » Quelques moments après, les deux sœurs rentrèrent dans le Chapitre.

« Comme il étoit près d'une heure, M. d'Argenson adoucit les ordres, et permit aux sœurs de sortir deux à deux ensemble pour prendre quelque nourriture, et aller à leur cellule et faire un paquet pour porter avec elles. Quelques-unes profitèrent de cette permission et allèrent faire un tour à leurs chambres ; les autres remercièrent M. d'Argenson de sa condescendance et n'en voulurent pas profiter. La sœur Marie-Catherine Issali (cellérière) étant sortie pour faire son paquet, voyant qu'il lui restoit un sac d'argent de 3 à 400 livres environ, le mit dans le tour, disant à la tourière du dehors de partager cet argent à ceux de leurs domestiques qui n'avoient point de gages, et qui apparemment ne seroient pas récompensés du temps qu'ils avoient donné à la maison. La sœur Geneviève¹ oublia cet argent dans le tour, que des soldats, restés pour garder la maison, ont trouvé et partagé entre eux, à ce qu'on dit.

« La Mère prieure ne quitta point M. d'Argenson, et elle excitoit les autres sœurs à se hâter et à ne pas abuser de la patience de ces messieurs. Tout cela dura jusqu'à deux heures après midi, auquel temps elles sortirent toutes processionnellement du Chapitre et vinrent à la porte de la clôture. M. d'Argenson appela le carrosse d'Autun, où l'on fit monter les sœurs Sophie Flexelles et Lucie Pepin, dont la première, disant adieu aux autres, leur cria : « Armons-nous du bouclier de la foi! » et en montant en carrosse elle dit : « Comment, une fille de cinquante-huit ans aller en carrosse! » On chargea un exempt de les conduire, et M. d'Argenson donna le signal du départ, affectant de crier tout haut : « Ayez bien soin de ces dames ; conduisez-les à petites journées, et qu'elles ne manquent de rien. » Ensuite le carrosse de Nevers partit de même ; celui de Chartres, celui de Compiègne, celui de Rouen, celui de Meaux ; celui de Blois, destiné pour conduire la Mère prieure, partit le dernier sur les cinq heures du soir, cette Mère n'ayant rien pris de tout le jour, en sorte qu'elle partit à jeun².

1. Tourière du dehors, et qu'on n'appelle sœur que par courtoisie.

2. Une autre Relation nous fournit quelques détails de plus sur le procédé de M. d'Argenson, sur toute sa manière d'être et de faire pendant ce long départ des carrosses, et aussi sur l'ordre et la marche de cet enlèvement qui se régla presque comme une cérémonie, — la dernière cérémonie religieuse de Port-Royal. L'attitude de la Mère prieure y est bien exprimée. Tout s'y voit. N'oublions pas, en nous supposant de quelque hauteur voisine témoins et spectateurs de la scène, de nous représenter ces religieuses, remarquables comme elles l'étaient par leur habit blanc et par la croix rouge cousue sur leur scapulaire :

« M. d'Argenson appeloit ou faisoit avertir les religieuses qui devoient partir, qui étoient ordinairement deux à deux dans chaque carrosse parce qu'elles devoient aller dans la même province ou dans la même ville, mais toujours en différents couvents. Il conduisoit et accompagnoit lui-même les religieuses à chaque carrosse, pour voir si tout alloit bien, et se comportoit envers elles avec beaucoup d'honnêteté. Il les recommandoit fort aux exempts et autres personnes entre les mains de qui il les mettoit, afin qu'on eût bien soin d'elles. Outre les exempts et autres cavaliers ou ar-

« Dans le temps que l'on croyoit la maison vide, M. d'Argenson fit appeler les domestiques, écrivit leur nom, et leur ordonna de sortir et de lui laisser un mémoire de leurs meubles, de leurs hardes, et de ce qui pouvoit être dû. Une servante, descendant du dortoir pour porter son mémoire, passa devant le Chapitre, où elle aperçut la mère Euphrasie

chers, c'étoient d'honnêtes femmes qu'il avoit fait venir pour les accompagner dans le carrosse même le long du voyage. Il parloit aussi au cocher pour l'avertir d'éviter les dînées et les couchées dans des lieux trop exposés au grand monde, surtout dans les passages voisins de Port-Royal, comme à Versailles. En tout cela il ne paroissoit inquiet que lorsqu'il survenoit quelque retardement au départ des religieuses ou des carrosses; car alors il paroissoit chagrin et impatient, il sortoit du Chapitre où il se tenoit ordinairement, pour aller dans la cour voir à quoi il tenoit qu'on ne partît et pour y mettre ordre, puis revenoit au Chapitre.

« Il avoit auprès de lui un homme qui tenoit un sac de cuir blanc, et à chaque fois qu'un carrosse partoit, M. d'Argenson tiroit de ce sac deux petits paquets d'argent, dont l'un étoit pour les frais du voyage, l'autre pour le premier quartier de la pension de chaque religieuse, à raison de deux ou trois cents livres par an, et il donnoit ces deux paquets à l'exempt conducteur du carrosse qui partoit, lequel les venoit querir. Il lui donnoit encore les lettres de cachet et celles de M. de Pontchartrain pour la supérieure et pour l'évêque des lieux qui concernoient les religieuses de Port-Royal qui partoient.

« Les religieuses, de leur côté, après avoir fait leurs adieux aux sœurs et leur paquet à la hâte, où elles oublioient souvent le plus nécessaire, lorsqu'elles étoient sur le point de partir alloient faire leur prière à l'église devant le Saint-Sacrement pour s'offrir à Jésus-Christ en sacrifice; ensuite elles revenoient au Chapitre se jeter aux pieds de la Mère prieure pour lui dire adieu et lui demander sa bénédiction. La Mère prieure les relevoit aussitôt, et les embrassoit avec bien de la tendresse; mais, pour ne pas les affoiblir, elle ne mêloit dans ses paroles rien de trop tendre, et les exhortoit seulement avec une grande fermeté d'être fidèles à leur règle, à leur conscience, et à ne pas se laisser abattre par les afflictions. Quoique tous ces adieux dussent lui être aussi sensibles que lorsqu'on sépare d'un corps les membres les uns des autres, elle les soutint pourtant tous avec la même égalité et la même constance jusqu'au bout, étant partie toute la dernière. Cette constance de la Mère prieure fut si remarquable, qu'elle étonna et toucha les exempts qui étoient dans le Chapitre; et, en effet, il est aisé de se représenter que ce spectacle étoit fort touchant.

« Mais s'il étoit si touchant pour des étrangers, et si cet enlèvement des religieuses fit retentir les montagnes voisines des gémissements des habitants des environs, et des cris des pauvres qui étoient accourus au bruit pour être spectateurs de ce désastre et de cette exécution, combien pouvons-nous croire que cette triste journée fut rude pour les religieuses elles-mêmes, qui se voyoient en un moment arrachées pour toujours de leur cher Port-Royal, etc. ! »

Cette page est le complément tout naturel de la Relation reproduite dans notre texte. Ce sont nos *Acta sincera*.

Robert étendue sur un brancard. Touchée de compassion de voir cette pauvre Mère ainsi abandonnée, elle s'approcha d'elle et lui dit : « Hé! ma Mère, vous voilà bien seule ; de tout ce jour vous n'avez rien pris, et il n'y a plus personne pour vous secourir! » Cette bonne Mère, qui depuis trois ans n'avoit point donné beaucoup de marques de raison, lui dit : « Ma sœur, c'est aujourd'hui le jour de l'homme : celui de Dieu viendra à son tour. » Cette fille vint avertir M. d'Argenson, qui fut surpris d'avoir oublié cette bonne Mère. Ne pouvant la faire partir ce jour-là à cause qu'il étoit trop tard, il chargea une servante de sa garde pendant la nuit, et le lendemain à six heures du matin on la plaça dans une litière avec la femme de l'exempt qui devoit la conduire à Nantes. Quand il fallut la mettre dans la litière, l'exempt dit qu'on la mît devant, parce que sa femme, qui devoit l'accompagner, ne pouvoit aller à reculons, et qu'il ne vouloit pas qu'elle fût incommodée. On monta donc cette pauvre paralytique, qui ne savoit comment se placer, n'ayant pas de quoi mettre ses jambes. La servante qui en avoit soin voulut donner quelque chose à la femme de l'exempt pour lui donner en chemin, — ce qu'on lui faisoit prendre ordinairement pour lui faire revenir l'appétit : elle ne voulut pas s'en charger. On dit que madame de Verthamon, sa parente, ne put jamais la voir en chemin[1].

« Ce même jour (30 octobre) un prêtre inconnu[2], envoyé de la part du Père Le Tellier, demanda à parler à M. d'Argenson : il avoit ordre de visiter les livres, les manuscrits, les images et les tableaux ; il s'acquitta fort régulièrement de sa commission, fit ouvrir tous les paquets, et rien ne pouvoit sortir sans avoir son visa. Il désapprouvoit fort le Nouveau Testament du Père Quesnel, condamnoit et arrêtoit celui de Mons, et *l'Imitation* de la traduction de *M. de Beuil*[3],

---

1. Il faut être juste envers tout le monde : la femme de l'exempt, chargée de conduire la bonne Mère paralytique, ne se comporta pas si durement qu'on le dit ici ; M. d'Argenson avait choisi son monde le plus humainement qu'il avait pu. Mais, dans le premier moment, on se plut à croire à plus de griefs qu'il n'y en avait : il y en avait bien assez.

2. On sut depuis que c'était l'abbé Madot, un de ces hommes actifs, comme il y en a toujours, qui se font les limiers d'un parti.

3. C'est-à-dire de M. de Saci.

se saisissoit de tous les manuscrits sans épargner les petites sentences de piété tirées le plus souvent de l'Écriture sainte, que les religieuses mettoient dans leurs livres. Les portraits de M. Arnauld, de M. de Saint-Cyran, de la mère Agnès, lui faisoient horreur, et il en déchiroit plusieurs et haussoit les épaules en regardant les autres.

« Cette journée du 30 octobre se passa à régler les mémoires des domestiques et à les mettre dehors. Le jeudi, veille de la Fête de tous les Saints, M. d'Argenson établit une garnison de douze archers du guet et de deux exempts, auxquels il confia les portes du dedans et du dehors du monastère, fit faire beaucoup de paquets de ce qui se trouva dans chaque cellule, et les fit transporter dans une grande chambre qu'il fit fermer et sceller de son cachet ; il fit de même à la bibliothèque après y avoir fait mettre tous les livres qui se sont trouvés dans les cellules. Pendant qu'il travailloit en haut, les soldats égorgeoient à bon compte et mangeoient des volailles, ne pensant pas à la vigile de tous les Saints, ou s'imaginant qu'une telle exécution devoit les dispenser du jeûne et de l'abstinence.

« Le vendredi matin, Fête de tous les Saints, M. d'Argenson partit pour aller rendre compte au roi des ordres de Sa Majesté, et lui dit qu'il avoit été surpris de la constance de ces religieuses, et surtout de leur parfaite obéissance. Le roi répondit qu'il étoit content de leur obéissance, mais fâché qu'elles ne fussent pas de sa religion[1]. C'est ainsi que cette maison déserte est restée à la garde des archers du guet jusqu'à mardi 19 novembre, auquel jour on envoya quatre charrettes pour charger tous les livres, les tableaux, les images, portraits, manuscrits. La garnison partit en même temps, et les clefs de la maison furent mises entre les mains du sieur Despontis, homme d'affaires des dames de Port-Royal de Paris. On ne peut exprimer combien de profanations ont été commises dans ce lieu saint

---

1. On prétend que le roi dit à M. de Chevreuse, quand la chose fut répandue, « qu'il lui avoit ôté des voisines, et que la prieure s'y étoit comportée fort sagement. » Le duc de Beauvilliers était présent à la conversation. (Lettres de la marquise d'Uxelles au marquis de La Garde, 5 novembre 1709.)

depuis le 29 octobre jusqu'au 19 novembre. Les serviettes pleines de vin et de tabac, poussées avec les pieds et jetées dans le réfectoire des sœurs, marquoient assez que la sobriété, la modestie et les autres vertus en étoient sorties avec elles. Tous ces gens-là n'avoient de bon sens que quelques moments du matin. Cependant ils ont eu soin de piller tout ce qui est tombé sour leur main, et en chargeant les livres, chacun en emplissoit ses poches, comme si cette maison eût été abandonnée au pillage. Il faut croire que M. le cardinal archevêque de Paris ait été averti de l'intempérance et l'irréligion de ces archers, car il envoya ordre au chapelain d'ôter le Saint-Sacrement et consumer les hosties consacrées de la suspension : ce qui fut exécuté sans que personne s'en soit aperçu, dès le quatrième jour de novembre.

« C'est ainsi qu'a fini la destruction d'une maison célèbre dans l'Église de France et qui a subsisté pendant cinq cents ans ; dans laquelle Dieu étoit servi et honoré avec piété ; qui répandoit partout la bonne odeur de Jésus-Christ, et où il étoit adoré nuit et jour en esprit et en vérité ; où les actions de religion, les offices de nuit et de jour et les assistances devant le Saint-Sacrement n'ont jamais été interrompus, quoique le nombre des religieuses fût fort diminué.... Il y avoit cent ans accomplis que la réforme y avoit été mise par la mère Angélique Arnauld, abbesse de cette maison [1].

« On pouvoit y appliquer à présent ces paroles du prophète Michée : *Mulieres populi mei ejecistis de domo deliciarum suarum; a parvulis earum tulistis laudem meam in perpetuum* : Vous avez chassé les femmes de mon peuple de la maison de leurs délices, et vous avez ôté pour jamais à leurs petites filles un moyen de me louer. »

Telle fut cette expédition célèbre, ménagée et conduite, à l'égal d'un coup d'État, contre vingt-deux filles, dont la plus jeune était âgée de 50 ans, et dont quelques-unes en avaient 80 et au delà. On remarqua que M. d'Argenson et ses agents furent touchés, et que les pauvres filles, ce jour-là, « trouvèrent plus de compassion en ces in-

---

1. La Journée du Guichet est du 25 septembre 1609.

struments de justice qu'elles n'en avoient rencontré précédemment dans quelques ecclésiastiques chargés de les vexer. » Un trait qu'on a négligé dans notre Relation, mais qui doit être vrai parce qu'il est dans l'esprit de Port-Royal, c'est qu'au moment où les sœurs se virent près de se quitter et où l'on allait monter dans les carrosses, quelques-unes s'approchèrent de la prieure et lui demandèrent « si elles sortiroient ainsi sans protester et sans faire aucun Acte? » Elle leur répondit que comme tout se faisait par lettres de cachet, il n'y avait point de protestation à faire, et que le seul parti à prendre était d'obéir avec soumission. Ce mot des sœurs me paraît avoir dû être dit, parce qu'il marque l'habitude de Port-Royal, préoccupé jusqu'au dernier soupir de son droit et de la légalité. — Cinquante ans après la ruine, les historiens de Port-Royal soutenaient encore que tout ce qu'on avait fait contre lui était *nul* de toute nullité.

Cet abbé Madot qui vint le soir pour tout inspecter, et qui y revint encore, espérait mettre la main sur quelques-uns des grands secrets du parti. On s'était peut-être flatté de prendre du même coup de filet le conseiller de Port-Royal, M. Eustace ou tout autre, qu'on supposait caché dans le petit hôtel de Longueville. Mais les oiseaux étaient depuis longtemps envolés; les papiers (s'il y en avait eu de trop instructifs) étaient à couvert; et l'abbé Madot, à bout de recherches, ne put que dire : « Ils sont plus fins que nous [1]. »

1. Les manuscrits et journaux que l'on trouva à Port-Royal, et qui restèrent aux mains de M. d'Argenson, ne furent pas livrés aux Jésuites, comme on l'aurait pu craindre : loin de là, ce magistrat, qui avait de l'estime pour mademoiselle de Joncoux et de qui elle s'était fait bien venir, les confia et même les donna à cette zélée demoiselle qui en fit prendre des copies, et qui légua par testament les originaux à la Bibliothèque de Saint-Germain-des-Prés, d'où ils ont passé à la Bibliothèque du Roi.

Le grand souci de M. d'Argenson, on l'a vu, avait été d'éviter l'éclat, de brusquer le départ, de prévenir l'attroupement tumultueux des paysans et des pauvres des environs. Comme cependant le monastère était dominé de partout, et que l'intérieur de la cour et les abords se voyaient des hauteurs d'alentour, il n'avait pu tout empêcher. Il avait fait occuper les positions militairement, et l'on raconte qu'un grand seigneur qu'on disait être le comte de Toulouse, étant à la chasse ce jour-là dans les bois voisins de Port-Royal, rencontra plusieurs corps ou troupes d'archers qui en gardaient les avenues jusqu'à près d'une demi-lieue; il n'y en avait pas moins de trois cents sur pied. Ayant demandé le sujet pour lequel ils étaient commandés, il ne put retenir les marques de son étonnement; tout fils du roi qu'il était, il haussa les épaules de pitié, et s'en alla.

On sut tout à Paris le jour et à l'heure même. Dès le moment de l'arrivée de M. d'Argenson, la sœur Issali, cellérière, avait eu le temps et la présence d'esprit de faire sortir un homme du pays, qui travaillait dans le jardin, par une porte de derrière qui donnait sur la levée de l'étang, et de le dépêcher à Paris pour avertir de ce qui se passait. L'impression fut pénible, et ne se renferma point dans le cercle des amis. On perdit de vue la secte; on ne vit plus que le triomphe d'une faction. La conscience publique se sentit blessée. L'humanité eut son cri; l'opposition eut ses risées et ses épigrammes. On se demanda si M. de Noailles avait bien pu autoriser une telle expédition contre une poignée de filles qui lui étaient plus particulièrement confiées? Avait-il tout ignoré? c'était impossible à croire. Avait-il donné d'avance son consentement? c'était difficile à admettre. Avait-il délivré les *obédiences* nécessaires pour la translation d'un couvent dans un autre? il parut vouloir s'en laver les mains. Comme ces obédiences, dont on parla de vive voix, ne furent jamais montrées, il est à supposer qu'il n'en avait donné que trois ou quatre, et qu'il n'avait cru dès lors qu'à l'enlèvement de trois ou quatre sœurs; ce fut du moins la version de l'archevêché. Ce fut la réponse qu'on fit de sa part au Père de Sainte-Marthe, bénédictin, et qu'il fit lui-même à MM. Robert et Benoise, conseillers au Parlement, qui venaient demander des nouvelles de leurs sœurs. Quoi qu'il en soit, il vérifia trop bien, par toute sa conduite envers Port-Royal, ce mot de M. de Saint-Cyran : « Les foibles sont plus à craindre que les méchants. » — Il mérita qu'un jour, et bientôt, dans les démêlés avant-coureurs de la Bulle, comme il se plaignait de ce qu'il avait à souffrir de quelques-uns de ses collègues dans l'épiscopat, mademoiselle de Joncoux présente lui dît en riant ce mot terrible : « Que voulez-vous? Dieu est juste, Monseigneur : ce sont les pierres de Port-Royal qui vous retombent sur la tête. »

Saint-Simon, dans une page brûlante, a exhalé le sentiment de scandale des honnêtes gens religieux et qui n'étaient point d'ailleurs particulièrement jansénistes. Fénelon, si hostile au parti, ce même Fénelon qui, à Rome et à Versailles, n'avait cessé d'insinuer des conseils vigilants[1], qui en donnait en ce moment de très-vifs sur le fond même des doctrines et qui ne voulait point qu'on biaisât, écrivait le 24 novembre au duc de

---

1. Il y a, aux Archives de Rome, un Mémoire adressé par Fénelon au cardinal Gabrielli, peu après la Bulle *Vineam Domini*; il y dit, en parlant du Jansénisme :

« Nunquam certe Calvini secta, dum adolesceret, tot tantisque fautoribus usa est. Quamobrem, nisi petulantem et subdolam factionem quamprimum deleas, nihil est quod Ecclesiæ non immineat. — De summa rerum agitur. Quamobrem optandum arbitrarer ut Sanctissimus Pontifex regem adhortetur ne quisquam sectæ fautor ulla gratia apud cum polleat ad fovendam factionem, imo omnibus pateat singulos optimates sibi fore suspectos et omni auctoritate spoliatos iri, simul atque senserit eos tuendæ factioni clam studere. »

Chevreuse, cet ancien élève de Port-Royal, mais élève bien guéri : « Pendant que ces *Théologies* (la *Théologie* de M. Habert) mettent de si dangereux préjugés dans les esprits, un coup d'autorité comme celui qu'on vient de faire à Port-Royal ne peut qu'exciter la compassion publique pour ces filles et l'indignation contre leurs persécuteurs. ». S'il y a quelque contradiction entre ceci et les autres paroles de Fénelon, c'est une contradiction, une inconséquence que nous sommes heureux de rencontrer et de faire ressortir ; ou plutôt il n'y a pas contradiction, et, malgré la vivacité des paroles, malgré l'opposition déclarée des doctrines, la charité de Fénelon en ce qui concerne les personnes, on peut en être sûr, n'aurait jamais été en défaut. Elle ne le fut jamais. Sous cet *ennemi de plume*, ses adversaires, très-nombreux dans son diocèse, retrouvèrent constamment l'homme de paix. Ce n'est jamais lui, archevêque, qui aurait donné les mains à ce qu'on fît enlever de pauvres filles par des archers. La religion ne lui ôta jamais de son humanité ; la théologie ne lui fit jamais perdre de sa délicatesse.

En ce qui est des bonnes sœurs enlevées, je serai court. On a vu dans la Relation que j'ai donnée toutes les marques d'une simplicité extrême. C'est qu'en effet elles étaient fort simples, à l'exception de trois ou quatre. La Mère prieure avait eu raison de craindre pour elles, si elles étaient exposées au moindre choc. Elles ne tardèrent pas à signer toutes (sauf ensuite à se rétracter), excepté deux que rien n'ébranla, la sœur Du Valois reléguée à Chartres, et la Mère prieure. Celle-ci fut digne dans toute sa conduite et dans toutes ses paroles. Nous l'avons vue, le jour de l'épreuve, pareille au capitaine de vaisseau qui, dans un naufrage, pourvoit à tout, pense à tous les autres, et n'abandonne son navire que le dernier. Dans une captivité de plus de six ans, la mère Anastasie Du Mesnil ne se démentit pas un seul jour. « Son esprit étoit doux et ferme ; elle paroissoit sensible et tendre pour ses amis, et pour elle d'une grande tranquillité d'esprit et de cœur. » Quand ses sœurs eurent cédé la plupart, on ne manqua pas de lui opposer cet exemple et de la presser de nouveau plus fortement. Dans la réponse qu'elle fit aux instances de M. de Noailles, elle disait :

« Les signatures de mes Sœurs peuvent bien m'affliger, mais elles ne sont pas capables de m'ébranler, parce que de tels exemples ne détruisent point le principe qui me fait agir. Et puis, Monseigneur, quand ces signatures seroient aussi réelles que vous les supposez, de quelle autorité peuvent-elles être, étant extorquées par des menaces et une importunité de raisonnements captieux et d'entretiens sans fin qui seroient capables de faire devenir folles de pauvres filles simples, infirmes, quelques-unes même dangereusement malades, privées de toutes personnes et retenues dans une très-dure captivité ? car on me permettra de juger de la conduite qu'on tient à l'égard de mes Sœurs par celle qu'on tient avec moi. Un Acte dans une matière civile, arraché de cette manière d'un captif ou d'un mourant, ne seroit d'aucune valeur, et celui qui l'auroit passé seroit fondé à revenir contre, en prouvant la captivité et la suggestion. »

Je ne discute plus le fond ; je ne vois que le caractère, la tenue, la constance, et la mère Du Mesnil, par toutes ces qualités, honora sa disgrâce : elle resta jusqu'au bout la digne fille de la mère Du Fargis et de la mère Angélique de Saint-Jean. Elle mourut à Blois chez les Ursulines, le 18 mars 1716, en grande paix, bien que toujours privée des sacrements. Elle fut enterrée en terre sainte, dans un lieu séparé des autres religieuses, et on fit les funérailles sans chant ni son de cloche : « seulement les religieuses récitèrent les Vêpres des morts autour de son cercueil, et le prêtre chanta un *Libera*. » Lorsqu'elle mourut, l'ordre était donné pour la faire sortir de Blois. Elle avait été très-sensiblement touchée de voir, à la mort de Louis XIV, que quand tous les exilés et les prisonniers recevaient l'annonce de leur délivrance, les religieuses de Port-Royal fussent les seules qu'on eût oubliées et qui n'eussent point été admises à jouir de la faveur commune. Néanmoins elle ne voulut jamais faire aucune démarche; elle attendait patiemment les moments de Dieu. Sa sœur cependant avait agi à son insu; mais l'ordre arriva trop tard. — Elle était âgée de près de 67 ans. Elle avait fait profession le 24 février 1675; madame de Longueville avait tenu expressément à assister à la cérémonie[1].

---

1. Elle était de bonne maison. Je lis dans les manuscrits de Troyes, parmi les propos de M. d'Étemare, « que M. de Pontchartrain (le futur Chancelier) avoit voulu épouser la sœur Du Mesnil avant qu'elle fût religieuse à Port-Royal, dont elle étoit supérieure lors de la destruction, et qui étoit une grande sainte et pleine d'esprit. » — Quant à la sœur Gertrude Du Valois, la seule, avec la Mère prieure, qui soit restée inébranlable, elle mérite aussi un souvenir. Elle avait pris l'habit de novice en 1677, à l'âge de vingt-deux ans, et avait fait profession l'année suivante: elle était un *fruit* de la mère Angélique de Saint-Jean. Elle avait été guérie, en 1689, d'une piqûre de lancette au nerf du pied gauche, par l'intercession, à ce qu'on crut, de la première mère Angélique, à qui elle eut l'idée de faire une neuvaine. Sa ferveur ascétique se maintint toujours à la hauteur de ce *miracle* dont elle avait été l'objet. Exilée et conduite d'abord aux Filles-Dieu de Chartres, transférée de là aux Ursulines de Mantes en 1712, elle resta privée des sacrements pendant sept années. Elle s'était prémunie à l'avance contre un moment de faiblesse et contre toute signature qu'elle pourrait donner, par un Acte de protestation qu'elle fit passer en mains sûres. Enfin sa captivité s'adoucit. La protection de la princesse douairière de Condé, qu'une amie lui procura, vint chercher et couvrir la vertueuse fille, sur qui ce grand nom de Port-Royal, qu'elle soutenait si bien, projetait une sorte de rayon. Transférée, par ordre de M. de Noailles, à l'abbaye de l'Estrée au diocèse d'Évreux, en 1716, et rétablie dans la participation aux sacrements, elle eut les honneurs de sa constance et fut citée comme un modèle unique, comme le dernier débris, resté debout, du Port-Royal spirituel. C'était, en effet, le seul *brave* survivant de cette généreuse armée

Port-Royal désert, la grande question fut : *Qu'en fera-t-on?* On discutait dans le public à ce sujet : et l'on formait des conjectures en divers sens. Comme on s'exagérait la magnificence des édifices, on imagina un moment qu'on le donnerait, pour y loger, aux dames de Saint-Cyr. De son côté, le cardinal de Noailles continuait d'insister pour la translation des religieuses de Paris aux Champs. Ce n'était pas le compte de cette Communauté un peu amollie, ni de son abbesse. Madame de Château-Renaud y était allée faire un voyage le 27 novembre, et y était restée quelques jours pour prendre idée de sa conquête et en rapporter les dépouilles; elle prétendit en être revenue avec une enflure aux jambes[1]. D'autres considérations vinrent en aide à sa répugnance. Cette translation des religieuses eût laissé libre leur bâtiment de Paris : le bruit courut que les Jésuites le voulaient acheter et y établir un séminaire. Ici les amis de Port-Royal s'agitèrent trop. Ils espéraient toujours qu'un temps prochain viendrait où l'on pourrait réintégrer les captives dans leur monastère, et où Sion, comme on disait, reverrait sa tribu fidèle. Pour cela ils désiraient que la maison fût conservée libre et vacante; et, croyant mieux parer à cette migration des sœurs de Paris aux Champs, ils eurent l'idée d'alarmer et de mettre en mouvement Messieurs de Saint-Sulpice, qui, naturellement, n'auraient pas vu avec plaisir un séminaire rival s'élever dans le faubourg Saint-Jacques sous la direction des Jésuites. Mademoi-

---

des Angéliques, et qui, tous les autres morts ou tombés, continuait de dire : *Je ne me rends pas!* — Elle mourut le 7 novembre 1722, dans sa soixante-huitième année.

1. Cette bonne dame ne jouit pas longtemps de son accroissement de revenus et de domaine : elle mourut moins d'un an après, le 25 août 1710. Je laisse à penser si nos dévots amis virent dans cette mort subite un coup de la vengeance divine.

selle de Joncoux fut l'âme de cette intrigue. Or Messieurs de Saint-Sulpice ne virent qu'un moyen direct de rendre vain tout projet pareil et de le saper par la base : ils employèrent le crédit de madame de Maintenon qui se conduisait par eux, pour obtenir du roi la destruction des bâtiments de Port-Royal des Champs. Il leur fut aisé de faire entendre que les Jansénistes ne cesseraient d'espérer en Port-Royal tant qu'ils le verraient debout. Mademoiselle de Joncoux se trouva donc avoir travaillé précisément contre son but et avoir produit un mal plus grand que celui qu'elle cherchait à éviter. Je donne ce récit, sans y attacher d'ailleurs plus d'importance qu'il ne faut : bien des raisons concouraient à ce qu'on rasât Port-Royal et qu'on cherchât à en abolir le souvenir. Le nom en était malsonnant, la vue en était importune ; elle était trop chère aux amis pour ne pas être insupportable aux ennemis. Quelques Estampes, dans lesquelles la fille d'un libraire, mademoiselle Hortemels, avait représenté l'intérieur du Cloître, de l'Église, du Chapitre, de l'Infirmerie, du Réfectoire et l'aspect du dehors, furent saisies par la police avec les planches : c'était un reproche parlant et presque un pamphlet, dans les circonstances présentes, que ces simples Estampes ayant pour sujets des lieux condamnés. On eut beau représenter au magistrat qu'il y avait déjà quelque temps qu'elles étaient faites et gravées : « Est-ce que l'on souffriroit qu'il se fît des Estampes du temple de Charenton depuis que le roi l'a fait abattre ? » Ce fut la réponse qu'opposa M. d'Argenson. Le roi venait de prononcer en effet que rien ne devait plus subsister de Port-Royal : un Arrêt du Conseil, à la date du 22 janvier 1710, se fondant sur ce que ces bâtiments étaient devenus non-seulement inutiles, mais d'un entretien dispendieux, en ordonnait la démolition. L'église pourtant d'abord était censée exceptée. En conséquence de cet Arrêt, M. d'Argenson rendit le 8 février une Ordonnance pour procéder à l'adjudication des matériaux faite à l'enchère. On y mit le marteau dans les premiers jours de juin. Insensiblement on en vint à l'idée de démolir aussi l'église, qui s'était transformée en une sorte de magasin. C'était rendre nécessaires les exhumations et ouvrir un théâtre à d'horribles scènes.

Le premier qui eut le tort de parler d'exhumation fut le marquis de Pomponne, fils du ministre (août 1710); prévenu par le cardinal de Noailles, il eut la pensée de faire exhumer et transporter en lieu plus sûr les corps de la famille Arnauld. Il ne craignit pas de donner pour motif, dans son placet au roi, et d'alléguer qu'il demandait cette translation, « afin que sa postérité perdît la mémoire que ces corps avoient été enterrés dans *un lieu qui avoit eu le malheur de déplaire à Sa Majesté.* » Ce dernier rejeton de la branche de cour des Arnauld, et qui ne comptait pas survivre, comme il fit, à toute sa postérité, parlait là aussi platement qu'un La Feuillade. L'abbesse de Malnoue fit transporter de même le corps de mademoiselle de Vertus, sa sœur. On commençait par mettre à l'abri les morts de qualité : l'exhumation des autres devait se faire avec d'autant moins de respect et de décence.

Qu'on se rappelle ce qui s'était passé depuis tant d'années que nous étudions Port-Royal et que nous y habitons, la quantité de corps, d'entrailles, de cœurs, que la piété des fidèles y avait envoyés reposer comme en une terre plus sainte. On a évalué à plus de trois mille les corps qui, déposés dans la suite des générations, durent être ainsi exhumés inhumainement. Pour quelques-uns que la religion des héritiers ou des amis vint revendiquer et choisir[1], combien de hasard et de

1. Le corps de M. de Tillemont fut porté à Saint-André-des-Arcs;

pêle-mêle! qu'attendre des hommes grossiers chargés de déterrer confusément ces corps, et de les porter en tas dans des tombereaux au cimetière voisin de Saint-Lambert? Il y avait bien un prêtre, M. 'Le Doux, de Saint-Nicolas du Chardonnet, chargé par le cardinal de Noailles de veiller à ce que les choses se passassent convenablement; mais que pouvait-il seul, souvent absent, et eût-il été présent, sur des hommes brutaux et qui s'enhardissaient par l'ivresse à leur dégoûtante besogne? Ainsi ce qui avait été la vallée sainte par excellence et la cité des tombeaux n'offrit plus, durant ces mois de novembre et de décembre 1711, que la vue d'un immense charnier livré à la pioche et aux quolibets des fossoyeurs.

> Mais je n'ai plus trouvé qu'un horrible mélange
> D'os et de chair meurtris et traînés dans la fange,
> Des lambeaux pleins de sang, et des membres affreux
> Que des chiens dévorants se disputaient entre eux.

Cette fin du songe d'Athalie se vérifia à la lettre. Des chasseurs, qui traversèrent alors le vallon, ont raconté qu'ils furent obligés d'écarter avec le bout de leurs fusils des chiens acharnés à des lambeaux [1]. Comment s'éton-

---

le cœur de madame de Longueville, à Saint-Jacques-du-Haut-Pas; les entrailles de madame la princesse de Conti, à Saint-André-des-Arcs. Les corps de M. et mademoiselle de Bagnols furent portés au village des Trous; ceux de M. Le Maître, de M. de Saci et de Racine, à Saint-Étienne-du-Mont. Le cœur de M. Le Tourneux fut retiré par un ecclésistique qui en obtint la permission. Le curé de Magny ouvrit un asile dans son église au corps de M. de Pontchâteau, de M. le chevalier de Coislin, son neveu, et à tous les autres corps qui se trouvèrent dans des cercueils de plomb et qui ne furent point réclamés. Les autres corps, d'une sépulture plus vulgaire, demeurèrent confondus.

1. Voici une autre version du même fait, avec quelques circonstances de plus : je la tire du *Supplément au Nécrologe* : « Des chasseurs de Versailles, se trouvant proche de Port-Royal, eurent la curiosité d'y entrer pour voir ce saint lieu dans sa plus grande

ner, après cela, que la réaction morale causée par ces horreurs suscite des fanatiques, et que le gémissement d'abord, le sanglot, puis la convulsion saisisse ceux qui sont trop violemment indignés! Grâce à une incurie sans nom succédant à de longues suggestions iniques, il y eut sous Louis XIV, à deux pas de Versailles, des actes qui rappellent ceux de 1793. On le lui rendit trop bien à ce superbe monarque, et à toute sa race, le jour de la violation des tombes royales à Saint-Denis!

Dernier trait de profanation : plusieurs des tombes des religieuses, qui étaient des losanges fort larges de marbre noir ou de pierre de liais, furent trouvées dans des cabarets et des auberges, à quelques lieues aux en-

désolation, et ce qu'on y faisoit. Ils y trouvèrent plusieurs hommes qu'ils prirent pour des fossoyeurs, qui déterroient les corps des cimetières, et qui, s'étant énivrés ce jour-là, procédoient à cette action avec toutes sortes d'indécences et proférant des paroles libres et malhonnêtes, en arrachant de la terre des corps de religieuses tout entiers, et quelques-unes encore dans leurs habits. Ils en firent réprimande à ces insolents, et, voulant savoir ce qu'on faisoit de ces corps, ils entrèrent dans l'église où ils étoient jetés en un monceau, autour duquel ils trouvèrent plusieurs chiens qui dévoroient les chairs encore entières et rongeoient les os. Ils en eurent tant d'horreur qu'ils redoublèrent leurs réprimandes contre ces sortes de gens, qui n'étoient retenus par la présence d'aucun ecclésiastique, et ils en conçurent tant d'indignation, qu'ils ne purent s'empêcher de la faire éclater à leur retour à Versailles. Le récit de ce détail a été fait par le frère d'un de ces chasseurs à M. V. (l'un des amis), ce qui se confirma bientôt après; et on ajouta qu'on avoit trouvé des corps tout entiers et reconnoissables au visage, entre autres celui du *frère* Laisné, domestique de la maison, décédé le 13 février 1709, et que ces hommes brutaux avoient dit en le déterrant: *Ah! te voilà donc, Laisné!* » — Dans un exemplaire du *Nécrologe* qui appartient à la Bibliothèque de la Sorbonne, et sur les marges duquel se trouvent des notes manuscrites de M. de Montempuis, on lit au sujet de ce Jean Laisné : « Lorsqu'en 1711 on exhuma les corps pour les porter à Saint-Lambert, on le trouva tout entier sans aucune corruption, quoiqu'il fût enterré sous une gouttière dans le cimetière. Celui qui le déterra voyant que sa chemise étoit bonne, la lui ôta pour s'en servir. » — Le cœur se soulève.

virons, y servant de pavés ou même de tables à boire dans la cour. Des passants scandalisés en rachetèrent quelques-unes[1].

C'en est assez. J'aurais eu plaisir à insister sur les *Gémissements* et les chants pieux qui se succédèrent les années suivantes autour de ces ruines, si quelque talent y servait d'interprète à l'âme, si du moins une superstition aveugle ou une vision systématique ne les gâtait pas. « Les pierres de cette sainte maison ont été chères à vos serviteurs, et la terre a été précieuse à leur tendre piété[2] ! » voilà les sentiments que volontiers on partage, voilà les accents qu'on aime dans la bouche des visiteurs émus. Mais à entendre, pour la plupart, ces pèlerins du lendemain, ces disciples, nouveaux prophètes, qui prennent trop à la lettre l'antique Psaume, la destruction de Port-Royal n'est pas seulement une calamité déplorable et célèbre : elle fait *époque*, s'écrient-ils, « elle semble *avoir changé la face des choses*.... Une multitude de témoins semblent être nés du sein de Port-Royal, comme autrefois les Chrétiens naissoient du sang des martyrs. » En un mot, ils croient que Port-Royal est un *commencement*, tandis que c'était trop manifestement une fin. — Honnêtes gens de l'avenir, attendez, pour faire le pèlerinage à votre tour, que le flot des sectaires soit écoulé[3].

---

1. Ceci n'est qu'une singularité : les pierres du cloître démoli furent numérotées et transportées à Pontchartrain, à quelques lieues de là, non pas à titre de reliques ; mais on en bâtit des écuries et des communs pour le château, et la forme du cloître s'y retrouve, ou s'y retrouvait ; car je ne sais si ce qui existait hier existe encore.

2. Verset 14, Psaume CI.

3. Les années 1732, 1733, furent l'époque du plus haut paroxysme des convulsions. Interdites à Saint-Médard, elles refluèrent dans le vallon des Champs. Les deux lettres suivantes de M. de Maurepas indiquent un double moment : l'autorité crut d'abord que c'était fini et qu'elle pouvait se relâcher ; mais, dès qu'il y

Tout ce qui a vécu et brillé ici-bas est sujet à la corruption. Ce qui a été chair devient sujet aux vers. Ce qui a été grandeur plus ou moins véritable, devient matière à déclamation, sert de prétexte à la phrase, cet autre ver qui enfle et qui ronge. Ce qui a été croyance et foi au sein de la persécution, devient aisément à la longue endurcissement, rétrécissement, opiniâtreté, fanatisme, fétichisme. Il vient un moment où l'esprit qui avait animé les choses et les personnes quitte sa dépouille et remonte : suivons-le, et ne le laissons pas pour ce qui en est la défroque ou l'idole.

L'esprit de Port-Royal ne me semble véritablement plus, sauf quelques humbles et bien estimables excep-

---

avait jour, la fièvre reprenait de plus belle et redoublait. M. de Maurepas écrivait au sieur Vallier, à la date du 26 mai 1733 :

« Puisqu'il n'y a plus personne, Monsieur, dans l'endroit où étoit autrefois la maison de Port-Royal ni dans le cimetière de Saint-Lambert, vous pouvez cesser d'y établir une garde ; mais vous aurez soin de vous informer exactement, lorsqu'elle sera retirée, si on n'y retourne point. »

On y retourna vite, et deux mois après, le 28 juillet, M. de Maurepas se voyait obligé d'écrire à M. de Harlai, intendant de Paris :

« J'ai, Monsieur, parlé à M. le cardinal de Fleuri et à M. le Garde des sceaux de ce que vous me marquez au sujet du nouveau concours qui s'est renouvelé à Port-Royal : ils ont approuvé l'un et l'autre les ordres que vous avez donnés de faire arrêter et conduire dans les prisons de Versailles les personnes qui iront, et qui ne voudront pas se nommer, ou qui voudront forcer le meunier de leur ouvrir.

« Ils ont pareillement approuvé les ordres que vous avez donnés aux officiers de maréchaussée de faire établir une garde tant à Port-Royal qu'au cimetière de Saint-Lambert ; il faudra même qu'il l'augmente, afin qu'il puisse y en avoir une nuit et jour.

« Supposé qu'on soit obligé d'arrêter et conduire quelques personnes dans les prisons de Versailles, vous voudrez bien vous y transporter pour les interroger, après en avoir fait une honnêteté à M. le duc de Noailles si c'étoit gens d'une certaine espèce, vous jugerez bien qu'on ne pourroit longtemps les laisser dans les prisons de Versailles : on seroit toujours en état, dès qu'ils seroient connus, de donner par rapport à eux les ordres que Sa Majesté jugeroit à propos ; mais il y a lieu de croire que lorsqu'on verra une garde continuelle, on ne sera pas obligé d'en venir à cet éclat. » (*Archives de l'Empire.* — Dû à l'obligeance de M. le marquis de Laborde.)

tions[1], dans le Jansénisme qui a suivi : il ne s'y trouve du moins qu'amaigri, séché, et comme un bras de fleuve détourné dans les sables et perdu dans des pierres : plus on avance, et plus il s'encombre. Il se retrouve encore moins dans le Jansénisme tout politique qui fut ou qui parut si considérable à un momeut du dix-huitième siècle, et qui permettait à bien des gens d'être du parti sans être du dogme ni même de la religion. Le véritable, l'humble et grand esprit chrétien de Port-Royal, nous avons tâché de le définir dans son principe, de le dépeindre dans ses modèles vivants, dans ses œuvres originales, de le suivre dans son dernier progrès spirituel jusqu'au sein de la décadence visible ; et cette Histoire, telle que je l'ai conçue et que j'ai essayé de la construire, modestement commencée à la Journée du Guichet, agrandie avec Saint-Cyran, se reposant à son milieu sur Pascal, se variant jusqu'à la fin de plusieurs figures singulières, se soutenant à toute force par la seule présence d'Arnauld, s'épanouit idéalement et se couronne dans *Athalie*.

1. Mésenguy, M. Collard, etc. — Je regrette cependant de n'avoir pu joindre ce petit nombre de *Port-Royalistes attardés* au groupe de leurs aînés et de leurs pères ; mais on peut dire que leur portrait, sauf de légères nuances de détail, a déjà été fait dans quelqu'un de ceux qu'on a vus précédemment, tant il y a de ressemblance dans les physionomies et d'uniformité dans la teinte.

FIN DU LIVRE SIXIÈME ET DERNIER.

(Gibbon raconte que le jour ou plutôt la nuit de juin où, dans son jardin à Lausanne, il écrivit les dernières lignes de la dernière page de son grand ouvrage, après avoir posé la plume, il fit plusieurs tours sous un berceau d'acacias d'où la vue dominait et s'étendait sur la campagne, le lac et les montagnes : la lune éclairait ce spectacle, et il éprouva une première émotion de joie, suivie bientôt d'un sentiment de mélancolie et de tristesse. L'auteur de *Port-Royal*, au moment où il achevait la dernière page du manuscrit de son livre, de grand matin, un jour du mois d'août 1857, était dans une disposition analogue, bien moins douce pourtant ; il se sentait délivré, mais triste, et la pensée grave gagnant de plus en plus, il reprit la plume pour écrire en manière de conclusion les pages suivantes :)

J'ai terminé cette Histoire commencée depuis si longtemps, et dont je ne me suis jamais séparé au milieu même des distractions en apparence les plus contraires, cette description fidèle d'une tribu, d'une race sainte.

Qu'ai-je voulu ? qu'ai-je fait ? qu'y ai-je gagné ?

Jeune, inquiet, malade, amoureux et curieux des fleurs les plus cachées, je voulais surtout à l'origine, en pénétrant le mystère de ces âmes pieuses, de ces existences intérieures, y recueillir la poésie intime et profonde qui s'en exhalait. Mais à peine avais-je fait quelques pas, que cette poésie s'est évanouie ou a fait place à des aspects plus sévères : la religion seule s'est montrée dans sa rigueur, et le Christianisme dans sa nudité.

Cette religion, il m'a été impossible d'y entrer autrement que pour la comprendre, pour l'exposer. J'ai plaidé pour elle devant les incrédules et les railleurs ; j'ai plaidé la *Grâce*, j'ai plaidé la *Pénitence*; j'en ai dit le côté élevé, austèrement vénérable, ou même tendrement aimable; j'ai cherché à en mesurer les degrés, — j'ai compté les degrés de l'Échelle de Jacob. Là s'est borné mon rôle, là mon fruit.

Directeurs redoutés et savants, illustres solitaires, parfaits confesseurs et prêtres, vertueux laïques qui seriez prêtres ailleurs et qui n'osiez prétendre à l'autel, vous tous, hommes de bien et de vérité, quelque respect que je vous aie voué, quelque attention que j'aie mise à suivre et à marquer vos moindres vestiges, je n'ai pu me ranger à être des vôtres. Si vous étiez vivants, si vous reveniez sur la terre, est-ce à vous que je courrais d'abord? J'irais une ou deux fois peut-être pour vous saluer et comme par devoir, et aussi pour vérifier en vous l'exactitude de mes tableaux, mais je ne serais pas votre disciple. J'ai été votre biographe, je n'ose dire votre peintre; hors de là, je ne suis point à vous.

Ce que je voudrais avoir fait du moins, c'est d'amener les autres, à votre égard, au point où je suis moi-même : concevoir l'idée de vos vertus et de vos mérites en même temps que de vos singularités, sentir vos grandeurs et vos misères, le côté sain et le côté malade (car, vous aussi, vous êtes malades); — en un mot, à force de contempler vos physionomies, donner et sentir l'étincelle, celle même qu'on appelle divine, mais une étincelle toujours passagère, et qui laisse l'esprit aussi libre, aussi serein dans sa froideur, aussi impartial après que devant.

Il y aurait eu un profit plus grand peut-être à tirer de votre commerce, un profit pratique et tout applicable aux mœurs. Pendant que je vous étudiais, j'ai souffert, mais ç'a été tout humainement. J'ai été plus occupé des blessures de mon amour-propre que du fond même qui vous concernait. Je ne vous ai point imités, je n'ai jamais songé à faire comme vous, à mettre au pied de la Croix (ce qui n'est que la forme la plus sensible de l'idée de Dieu) les contrariétés, les humiliations même et les injustices que j'éprouvais à cause de vous et autour de vous.

J'ai eu beau faire, je n'ai été et je ne suis qu'un investigateur, un observateur sincère, attentif et scrupuleux. Et même, à mesure que j'ai avancé, le charme s'en étant allé, je n'ai plus voulu être autre chose. Il m'a semblé qu'à défaut de la flamme poétique qui colore, mais qui leurre, il n'y avait point d'emploi plus légitime et plus honorable de l'esprit que de voir les choses et les hommes comme ils sont, et de les exprimer comme on les voit, de décrire autour de soi, en serviteur de la science, les variétés de l'espèce, les diverses formes de l'organisation humaine, étrangement modifiée au moral dans la société et dans le dédale artificiel des doctrines. Et quelle doctrine plus artificielle que la vôtre ! Vous avez toujours parlé de vérité, et vous avez tout sacrifié à ce qui vous est apparu sous ce nom : j'ai été à ma manière un homme de vérité, aussi avant que je l'ai pu atteindre.

Mais cela même, que c'est peu ! que notre regard est borné ! qu'il s'arrête vite ! qu'il ressemble à un pâle flambeau allumé un moment au milieu d'une nuit immense ! et comme celui qui avait le plus à cœur de connaître son objet, qui mettait le plus d'ambition à le saisir et le plus d'orgueil à le peindre, se sent impuissant et au-dessous de sa tâche, le jour où la voyant à peu près terminée, et le résultat obtenu, l'ivresse de sa force s'apaise, où la défaillance finale et l'inévitable dégoût le gagnent, et où il s'aperçoit à son tour qu'il n'est qu'une illusion des plus fugitives au sein de l'Illusion infinie!

Août 1857.

APPENDICE.

SUR RACINE.

(Se rapporte aux pages 155-159.)

On n'a rien de mieux à faire que de reproduire les deux articles insérés dans *le Constitutionnel* du mois d'avril 1866 sous ce titre : *Les cinq derniers mois de la vie de Racine.*

PREMIER ARTICLE.

Il me semble que quand on sait quelque chose de particulier et d'un peu nouveau sur Racine, on n'est pas libre de le garder pour soi et qu'on le doit à tous. Je suis dans ce cas depuis quelque temps. Grâce à de respectables amis que j'ai en Hollande et qui sont en partie les héritiers (et de bien dignes héritiers) des derniers papiers manuscrits, des dernières reliques de Port-Royal, j'ai pu lire une Correspondance tout intime d'un des plus fidèles amis du poëte, de l'un de ceux qui l'assistèrent dans sa dernière maladie et jusque dans ses derniers instants. Par lui, par M. Vuillart (c'est le nom de cet humble ami), nous avons quelques détails de plus, parfaitement authentiques, sur les derniers mois de la vie de Racine, sur les circonstances de sa mort et sur ce qui suivit. Une de ces lettres est écrite du cabinet même de Racine, le jour du décès, et tandis que les restes mortels sont encore là, avant les funérailles. Je ne m'exagère point l'importance de ces détails dont la plupart ont passé dans la Vie de Racine écrite par son fils ; mais, si l'on n'y doit rien trouver de tout à fait neuf, on sentira du moins une pure et douce saveur originale, je ne sais quel charme d'honnêteté parfaite et d'innocence. Au lieu donc de réserver ce surplus de renseignements confidentiels pour une édition dernière de mon livre sur *Port-Royal* que je prépare, je m'empresse ici, dès à présent, d'en faire part à tous nos lecteurs.

Mais auparavant, puisqu'il est question de Racine, je ne puis manquer de recommander la nouvelle édition de ses Œuvres qui se publie dans la collection des *Grands écrivains de la France*, chez MM. Hachette. M. Paul Mesnard, qui s'en est chargé, et qui s'en acquitte en toute conscience, a mis en tête une Notice biographique puisée aux sources, la plus complète qu'on ait et, je dirai même, la seule vraiment critique jusqu'ici. Racine fils, en effet, si utile et si abondant, n'a pas apporté en bien des points l'entière exactitude qu'on recherche et qu'on aime aujourd'hui. M. Mesnard a fait tout ce qui est possible pour éclaircir les points de généalogie, d'alliance, de parenté. Après être remonté jusqu'à l'aïeul et bisaïeul du côté de père et de mère, il a suivi Racine pas à pas dès sa naissance, dès son enfance, l'a accompagné dans le cours de ses études, l'a épié et surpris dans ses premiers divertissements, a insisté (et même avec surcroît) sur ses moindres relations de cousinage, les premières occasions prochaines de sa dissipation, et n'a rien laissé passer de vague ni d'indécis, pas plus dans sa vie de famille que dans sa carrière poétique : il a tiré à clair les amours de théâtre et les querelles littéraires. Parmi les choses controversées, il a discuté la tradition si courante de la disgrâce de Racine, qui l'aurait frappé à mort. Sans la repousser ni sans l'adopter absolument, M. Mesnard la réduit à ce qu'elle dut être en effet, à un simple mécontentement du roi, à une éclipse passagère. Il n'en fallut pourtant pas davantage, sans doute, avec la sensibilité qu'avait Racine, pour lui donner cette maladie de foie qui, un peu plus d'une année après, causa sa mort. Au nombre des textes nouveaux et des témoignages peu connus que produit M. Mesnard concernant le caractère de Racine et sa position à la Cour, je citerai le passage suivant des *Mémoires* de Spanheim, lequel était en ce temps-là l'envoyé de l'Électeur de Brandebourg et son chargé d'affaires à Paris. Ce passage, qui avait été publié pour la première fois par un curieux bibliophile suisse, M. Gaullieur, nous montrera comment un étranger, homme d'esprit, jugeait Racine, après en avoir causé sans doute avec quelque courtisan railleur et caustique. Les lettres que nous avons à citer nous-même auront toute leur valeur et tout leur prix, quand on les mettra en opposition avec ce jugement dont elles sont la meilleure réfutation et dont elles montrent l'injustice.

« M. *de* Racine, disait Spanheim, a passé du théâtre à la Cour, où il est devenu habile courtisan, dévot même. Le mérite de ses pièces dramatiques n'égale pas celui qu'il a eu de se former en ce pays-là, où il fait toutes sortes de personnages, où il complimente avec la foule, où il blâme et crie dans le tête-à-tête, où il s'accommode à toutes les intrigues dont on veut le mettre ; mais celle de la dévotion domine chez lui : il tâche toujours de tenir ceux qui en sont le chef. Le Jansénisme, en France, n'est plus à la mode ; mais, pour paroître plus honnête homme et pour passer pour spirituel, il n'est pas fâché qu'on le croie janséniste. On s'en est aperçu, et cela lui a fait tort. Il débite la science avec beaucoup de gravité ; il donne ses décisions avec une modestie suffisante, qui impose. Il est bon grec, bon latin ; son françois est le plus pur, quelquefois élevé, quelquefois médiocre, et presque toujours rempli de nouveauté. Je ne sais si M. *de* Racine s'acquerra autant de réputation dans l'histoire que dans la poésie, mais je doute qu'il soit fidèle historien. Il voudroit bien qu'on le crût propre à rendre service, mais il n'a ni la volonté ni le pouvoir de le faire ; c'est encore beaucoup pour lui que de se soutenir. Pour un homme venu de rien, il a pris aisément les manières de la Cour. Les comédiens lui en avoient donné un faux air, il l'a rectifié, et il est de mise partout, jusqu'au chevet du lit du roi, où il a l'honneur de lire quelquefois : ce qu'il fait mieux qu'un autre. S'il étoit prédicateur ou comédien, il surpasseroit tout en l'un et l'autre genre. C'est le savant de la Cour. La duchesse de Bourgogne est ravie de l'avoir à sa table ou après son repas, pour l'interroger sur plusieurs choses qu'elle ignore : c'est là qu'il triomphe. »

Et voilà pourtant comme se trompent ceux qui se croient fins et qui s'en tiennent au dehors. Tout certainement n'est pas faux dans ce portrait à demi satirique, et il y a des traits qui doivent avoir été observés au naturel. Le contre-sens est dans l'intention générale et dans l'ensemble. Il n'y est tenu aucun compte de l'élément intérieur, du ressort principal qui explique les actions et toute la conduite de Racine dans ses dernières années, de son inspiration religieuse véritable, de son âme en un mot : et c'est elle qu'un ami du dedans va nous découvrir dans toute sa sincérité.

Mais, avant tout, qu'était-ce que ce M. Vuillart que j'ai seulement nommé, ce « cher monsieur Vuillart, » comme l'appelait Racine lui-même ? M. Germain Vuillart était un homme lettré, des plus lettrés, et un saint homme. Il avait servi de secrétaire, pendant vingt-quatre ans et plus, à M. Le Roi, abbé de Haute-Fontaine, personnage estimable, généreux de nature et d'humeur libérale, de plus d'ambition peut-être que de talent, d'un mérite réel toutefois, et qui est fort connu dans l'histoire ecclésiastique du dix-septième siècle. Cet abbé de Haute-Fontaine, qui avait de grandes liaisons, les avait en quelque sorte transmises et léguées à son ancien secrétaire. Celui-ci était, à six mois de distance, du même âge que Racine, et il avait tout près de soixante ans quand le grand poëte mourait à plus de cinquante-neuf. Il vivait habituellement dans le quartier Saint-Jacques, près le Collége de Saint-Jean-de-Beauvais, tout à la prière, à l'étude et aux services à rendre aux amis. Il relisait avec M. de Tillemont les volumes manuscrits de son Histoire ecclésiastique ; il surveillait la réimpression des *Réflexions morales* du Père Quesnel ; il collationnait avec de nouveaux traducteurs de saint Augustin, et l'original à la main, le texte de leur traduction. Il correspondait fidèlement avec les absents et les informait des nouvelles qui pouvaient les intéresser et les édifier. « Je vous régalerai, écrivait-il à l'un d'eux (et il l'aurait pu dire également à chacun en particulier), de tout ce que la main de la Providence mettra entre les miennes et que je croirai pouvoir servir de nourriture agréable et utile à l'amour que Dieu vous a donné pour *toute vérité.* » Les lettres que nous avons sous les yeux sont une de ces correspondances qui, le croirait-on ? devinrent par la suite un crime d'État. Elles sont adressées à M. de Préfontaine, frère de l'abbé Le Roi, et qui avait été secrétaire des commandemens de Mademoiselle de Montpensier : alors retiré du monde, il habitait dans sa terre de Fresne près Montoire, dans le Vendômois. Quand on a lu cette correspondance et qu'on a vu de quoi s'entretenaient en secret ces hommes respectables; quand on sait de plus que, peu d'années après, M. Vuillart fut arrêté un matin (2 octobre 1703) comme coupable de correspondance avec le Père Quesnel et comme agent d'intrigues ; qu'il fut mis à la Bastille où il ne demeura pas moins de *douze ans* et d'où il ne sortit qu'en 1715, après la mort de Louis XIV, pour mourir lui-même presque aussitôt, à l'âge de 76 ans passés, on ressent une indignation profonde de ces iniquités qui flétrirent la fin d'un grand règne, et l'on conçoit une horreur nouvelle pour les hypocrites ou les fanatiques qui les conseillèrent. Je ne crains pas de dire que l'embastillement de M. Vuillart est un des crimes moraux qui signalèrent l'influence triomphante des Tartufes sur la conscience de Louis XIV. Mais il nous faut chasser ces images et, pour aujourd'hui, nous tenir avec l'humble et pieux M. Vuillart dans la chambre de Racine malade où il nous introduit. Il va rendre compte, dans ses lettres à M. de Préfontaine, du mal et du mieux, de la guérison que d'abord on croyait complète et des rechutes, de tout ce dont il est le témoin. Il y a un bon intervalle que remplit une fête de famille. Chaque parole, chaque action respire la piété et la simplicité. Nous le laisserons dorénavant parler sans presque l'interrompre.

C'est dans une lettre datée du 5 novembre 1698 qu'on a la première nouvelle d'une maladie sérieuse dont Racine relevait à peine. S'excusant de n'avoir pu écrire de lettres pendant le mois précédent, M. Vuillart donne pour raison divers soins qui l'ont partagé, des épreuves à corriger pour des éditions d'ouvrages du Père Quesnel et d'autres amis, et il ajoute :

« Mon ami M. Racine a été longtemps malade. Il me coûtoit de deux jours l'un, et quelquefois tous les jours presque une matinée ou une après-dînée ; car il le souhaitoit, et son épouse, comme lui, m'assuroit que cela lui faisoit plaisir. Il est guéri, et il est à Melun pour la profession de sa seconde fille.... »

Ce voyage de Melun et les émotions qu'il y éprouva causèrent bien de la fatigue à Racine. L'apparence de sa guérison ne laissait pas de tromper les amis ; ils espéraient ce qu'ils désiraient :

« Sa convalescence, après une assez longue maladie qui nous a fort alarmés, se confirme de jour en jour (18 décembre), et elle doit augmenter notablement par la grande joie que lui donne l'heureux retour de son fils avec M. de Bonrepaux qui l'avoit mené à La Haye et qui l'a ramené, pour le remener en Hollande après un peu de séjour qu'il est venu faire à la Cour par ordre ou du moins avec l'agrément du roi. »

Cependant, dans une lettre que l'on connaît d'ailleurs et que Racine écrivait à son fils, alors à Versailles, il lui parlait de la tumeur qu'il avait toujours au côté :

« Je n'en ressens presque aucune incommodité, lui disait-il. J'ai même été promener cette après-dînée aux Tuileries avec votre mère, croyant que l'air me fortifieroit; mais à peine j'y ai été une demi-heure qu'il m'a pris dans le dos un point insupportable qui m'a obligé de revenir au logis. Je vois bien qu'il faut prendre patience sur cela, en attendant le beau temps. »

Racine parlait ainsi, le 30 janvier 1699, à la veille d'une rechute. Il s'était passé dans l'intervalle un grand événement domestique que l'état de sa santé l'avait averti sans doute de conclure sans trop de retard. Sa fille aînée semblait d'abord aussi peu disposée au mariage que la cadette, et si Port-Royal, à cette date, avait pu recevoir des novices, il est fort possible et même probable que sa vocation eût été de ce côté. Mais l'obstacle qu'elle trouvait à ce bonheur parfait dans le sacrifice la détermina autrement et lui permit d'entrer dans les vues de son père. Au lieu d'une seconde prise de voile, nous allons donc assister à un mariage chrétien, à la dernière joie de cœur de Racine. M. Vuillart est d'autant plus à écouter en cette occasion que ce fut lui qui ménagea le parti le plus sortable à la fille de son illustre ami :

« Mais voici, dit-il (31 décembre 1698), une nouvelle particulière qui va vous faire un vrai plaisir. C'est le mariage de mademoiselle Racine avec le fils du bonhomme M. de Moramber. Voici ce qui donna lieu à l'idée qui m'en vint. On me dit que M. Racine pensoit à marier sa fille. Moi qui savois qu'elle avoit passé six mois nouvellement auprès de sa grande-tante l'abbesse de Port-Royal, je doutai d'abord. Pour m'assurer du fait, je dis à M. Racine ce que j'apprenois et le priai de former lui-même le langage que je tiendrois aux personnes qui m'en parleroient comme me croyant son ami. Alors il m'ouvrit son cœur et m'expliqua confidemment ses idées sur le mariage et la qualité de l'alliance qu'il cherchoit pour sa fille, ajoutant que s'il trouvoit de quoi remplir solidement ces idées, comme seroit un jeune avocat de bon esprit, bien élevé, formé de bonne main, qui eût eu déjà quelque succès dans des coups d'essai et premiers plaidoyers, avec un bien raisonnable et légitimement acquis, il le préféreroit sans hésiter à un plus grand établissement, quoi que lui fissent entrevoir et espérer des gens fort qualifiés et fort accrédités qui vouloient marier sa fille. Il m'invita bonnement à y penser. M. de Moramber le fils, qu'on nomme Riberpré, du nom d'un fief qu'a le père à Éclaron, me vint voir quelques jours après à son retour de la campagne. Il y avoit passé deux mois, à un autre lieu près de Beaumont-sur-Oise, où ils ont aussi du bien, et me dit que, durant ces deux mois, il avoit étudié sept heures par jour avec son père. Outre que je lui savois tout ce que M. Racine désiroit, je le trouvai de plus si formé et plein de tant de raison, de bons sentiments et de bon goût, qu'après avoir pris langue du père et de la mère qui m'applaudirent, je fis la proposition à M. Racine. Il l'agréa fort. On a fait ensuite toutes les démarches qu'il convient pour parvenir à ces bons comptes qui font les bons amis. Tout a cadré à souhait. On est très-content de part et d'autre et des personnes et des biens. M. Racine ne donne que vingt mille écus, mais en très-bon bien. M. de Moramber ne veut pas qu'on le sache, en donnant plus de quinze mille à son fils qui a de grandes espérances encore de père, de mère et de sa sœur aînée qui ne se veut point marier.... La demoiselle a 18 à 19 ans, et le cavalier 25 à 26. Chacun les trouve assortis à souhait. M. Racine me nomme le Raphaël de cette alliance, et dit le dernier jour au pasteur et bon ami de Saint-Séverin [1] qu'il n'oublieroit jamais l'obligation qu'il a à l'entremetteur. Comme je suis témoin et charmé de la bonne éducation qu'ils ont eue tous deux, je n'ai qu'à souhaiter que le Raphaël valût prix pour prix la jeune Sara et le jeune Tobie. Ils seront mariés le 7 de janvier. Les articles furent signés le 23 de ce mois. On publie les bans à trois fois selon l'ordre, et selon l'inclination de si bons paroissiens de part et d'autre. L'alliance est tout à fait belle du côté de madame de Moramber. Sa mère étoit cousine germaine du président de Périgny, père de mesdames Daguesseau et de La Houssaye, et alliée des Montholon, Seguier, Le Picard, Le Coigneux, Angran, etc. Il n'y aura que neuf ou dix conviés de part et d'autre, et M. Despréaux avec le Raphaël, les deux amis des époux et des deux familles. Cet article est un peu long. Mais vous estimez M. Racine et vous aimez M. de Moramber, et vous daignez avoir mille bontés pour moi. Je recommande cette alliance à vos prières, Monsieur. »

---

1. Le curé de Saint-Séverin, M. Lizot.

Puis vient le récit de la noce, des cérémonies et de l'allégresse toute modeste qui anime cette alliance entre deux familles chrétiennes. C'est un tableau de mœurs bourgeoises, encore à demi patriarcales :

« (10 janvier 1699)... Le mariage fut célébré le 7. M. de Saint-Séverin en fit la cérémonie à Saint-Sulpice avec l'agrément du curé, car c'est depuis quelques années la paroisse de M. Racine, auparavant de celle de Saint-Séverin sur laquelle est M. de Moramber. M. Racine donna le dîner des noces. M. le Prince[1] lui avoit envoyé pour cela deux ou trois jours auparavant un mulet chargé de gibier et de venaison. Il y avoit un jeune sanglier tout entier. Le soir il n'y eut point de souper chez le père de l'époux, avec lequel on étoit convenu qu'il donneroit plutôt un dîner le lendemain, afin qu'il n'y eût point deux grands repas en un jour. Tout finit donc le soir des noces, par une courte et pathétique exhortation de M. de Saint-Séverin sur la bénédiction du lit nuptial qu'il fit. M. et madame Racine se retirèrent à huit (heures) et demie. Les jeunes gens firent la lecture de piété ordinaire à la prière du soir avec la famille. Le père, comme pasteur domestique, répéta la substance de l'instruction de M. le curé, et tout étoit en repos comme de coutume avant onze heures. Il n'y eut point d'autres garçons de la noce, ou plutôt amis des époux, que M. Despréaux et moi. Ainsi l'on y vit l'effet des prières de la bonne Mère abbesse de Port-Royal, grande-tante de l'épouse, et de l'excellent ami que vous allez reconnaître, Monsieur, à son style ordinaire auquel vous êtes fait[2]. Comme il est ami de M. Racine qu'il avoit su mon voisin, à la rue des Maçons[3], il lui en donne toujours le nom. J'avois recommandé cette alliance à ses prières. Voici donc sa réponse : « Je félicite l'illustre *voisin* de l'heureuse alliance
« dont vous êtes l'entremetteur ou plutôt le médiateur, média-
« teur entre Dieu et vos amis, car un bon mariage ne peut venir
« que de Dieu : *Domus et divitiæ dantur a parentibus : a Domino*
« *autem* PROPRIE *uxor prudens*. Le Seigneur vous a donc choisi
« pour ménager, de sa part et en son nom, un mariage qui, se-
« lon votre rapport, a tant de marques de la destination et du
« choix de Dieu. Je m'acquitterai du devoir de l'offrir à Dieu et
« en même temps tous ceux qui y ont part, afin qu'il daigne se
« trouver à ces noces chrétiennes et y apporter de ce bon vin que lui
« seul peut donner, qui met la vraie joie dans le cœur, et qui
« donne aux vierges une sainte fécondité en plus d'une manière :
« *Vinum germinans virgines*, comme parle un prophète. »

1. Le prince de Condé, fils du grand Condé.
2. Il s'agit du Père Quesnel, alors retiré à Bruxelles.
3. Racine, qui avait demeuré rue des Maçons-Sorbonne, habitait en dernier lieu rue des Marais.

« Vous éprouvez sans doute, Monsieur, qu'il n'est besoin de vous nommer l'auteur, ni de vous le désigner plus clairement. »

Ainsi échangeaient de loin leurs bénédictions, ainsi s'exprimaient entre eux avec une prudence mystérieuse ces hommes de piété et de ferveur dont le commerce semblait un crime, et en qui l'esprit de parti prétendait découvrir de dangereux conspirateurs. Ils ne conspiraient que pour le salut, en vue de l'éternité.

Mais voici encore autre chose. Le respectable ami auquel écrivait M. Vuillart, M. de Préfontaine, en lui répondant, avait semblé regretter de sa part une omission : c'est que celui qui avait fait le personnage d'ange Raphaël dans ce mariage de Tobie et de Sara n'eût point ajouté aussi le conseil que l'ange avait autrefois donné au jeune homme, de s'abstenir durant les trois premières nuits, de les passer à deux, à genoux, mains jointes, en continence et en prière. N'oublions pas que nous sommes avec des chrétiens redevenus primitifs et qui remontent aux moindres paroles de l'Écriture comme à une source sacrée. M. Vuillart, entrant dans la pensée de son ami, pensée qui eût fait sourire un profane, mais où lui ne voyait qu'un sujet d'édification de plus, répondait assez agréablement :

« Il eût été à désirer, Monsieur, que l'on eût fait cadrer en tout la comparaison de Tobie le jeune et de la jeune Sara avec nos jeunes et nouveaux conjoints. Mais comme le *His tribus noctibus Deo jungimur* (Ces trois premières nuits n'appartiennent qu'à Dieu)... dépend de la seule inspiration de l'Esprit du Seigneur et d'une grâce aussi rare que précieuse, même pour un temps, et que l'exhortation à une pratique si respectable convenoit au pasteur conjoignant, et n'étoit nullement du ressort ni de l'entremise du médiateur de l'alliance, ç'a été lettres closes pour lui. Mais la réflexion que vous faites, Monsieur, sur cette belle circonstance de l'histoire de ces anciens *enfants des Saints*, convient tout à fait à la haute idée qu'une religion aussi éclairée que la vôtre donne de l'image de Dieu qui est dans l'homme, et de l'alliance que Jésus-Christ a élevée à la dignité de sacrement.... »

Et il prenait de là occasion pour citer, à son tour, plus d'une parole de l'Écriture se rapportant à l'union mystique du Verbe avec la nature humaine et du Sauveur avec son Église, toutes choses divines dont le mariage humain, en tant que sacrement, n'est que l'ombre et la figure. Puis il terminait en disant (car il avait eu depuis peu des soupçons sur la fidélité de la poste, et il avait craint que quelque curieux ou malveillant ne s'immisçât pour intercepter la correspondance) :

« Après de telles réflexions que vous faites, Monsieur, et que vous me mettez en voie de faire aussi, voyez si je n'ai pas grand sujet de désirer que vos lettres me viennent en leur entier et que Dieu continue de me faire par vous, jusqu'à la fin de votre vie ou de la mienne, le bien qu'il a daigné me faire durant près de trente ans par feu Monsieur votre frère, mon très-honoré père en Jésus-Christ et mon très-libéral bienfaiteur [1]. »

J'abrége un peu, car il le faut, mais j'ai toujours quelque regret, je l'avoue, à ne pas laisser les phrases de ces dignes gens dans toute leur longueur, afin de mieux respecter aussi l'intégrité de leurs sentiments. Et combien ces sentiments sont profonds, gravés à jamais, ineffaçables ! La foi communique à tout ce qu'ils sentent et ce qu'ils pensent un caractère d'éternité. — La joie de la famille Racine dura peu :

« Nous passâmes avant-hier l'après-dînée chez votre sœur. Elle est toujours fort gaie et fort contente, et vous garde de très-bon chocolat dont elle me fit goûter. »

C'est ce que nous lisons dans une lettre de Racine à son fils aîné, alors à Versailles (30 janvier 1699). — Cette *sœur* chez qui on va passer une après-dînée n'est pas du tout, comme l'a cru un ancien annotateur, la religieuse de Melun ; ce ne pouvait être que la nouvelle mariée, madame de Riberpré. Mais déjà vers cette date, et un mois à peine écoulé depuis la cérémonie nuptiale, le mal, qui n'avait jamais entièrement cessé, se faisait de nouveau sentir. Il reprenait plus fort que jamais quelques semaines après, et il y avait crise. M. Vuillart écrivait le 19 mars :

« M. Racine a été malade à mourir. Il revient des portes de la mort. C'étoit une rechute. Son mal étoit si pressant que lui et sa famille me souhaitant auprès de lui par amitié, je fus privé jeudi passé de la consolation de vous écrire. A jeudi prochain le reste. »

Dès le mardi suivant 24 mars, M. Vuillart reprend la plume, et après avoir rapporté une nouvelle intéressante (l'arrivée de la Bulle condamnant le livre des *Maximes* de Fénelon) qu'il avait apprise de l'abbé Renaudot dans la chambre même de Racine, il continue ainsi :

« Il (l'abbé Renaudot) me laissa chez le malade parce que je voulus voir lever le premier appareil d'une incision qu'on lui avoit faite la veille au côté droit, un peu au-dessous de la mamelle. C'est une incision cruciale. Il en sortit une demi-poilette (palette) de pus bien cuit. Il n'en est point sorti depuis, mais il lui faut quelques jours pour se former. On ne sait s'il n'y a point d'abcès au poumon ou au foie. La patience et la douceur du malade, naturellement prompt et impatient, est un vrai ouvrage de la miséricorde du Seigneur. Il est en danger, mais si bien disposé qu'il témoigne plus craindre le retour de la santé que la fin de sa vie. — « Je n'ai jamais eu la « force de faire pénitence, disoit-il confidemment le dernier jour à « une personne. Quel avantage pour moi que Dieu m'ait fait la mi-

---

[1]. M. Le Roi, abbé de Haute-Fontaine.

« séricorde de me donner celle-ci ! » — Il est tout plein de semblables sentiments. Il lui en échappe quelques-uns quand il sent près de lui quelqu'un de confiance. Je le recommande, Monsieur, très-instamment à vos prières. Tout Paris prend grande part à son danger comme toute la Cour ; et tout le monde souhaite passionnément sa conservation[1]. Il est dans une réputation de candeur, de droiture, de probité, qui le rend plus précieux à ses amis et aux honnêtes gens que son bel esprit. Son gendre et sa sœur, mademoiselle de Moramber, sont sans cesse à le servir avec son fils et son épouse, et tous se surpassent, chacun en sa manière. »

Et dans la même lettre, reprenant la plume le lendemain (car le jour du courrier n'était que le jeudi) :

« Ce 25 mars, vers le soir. Je sors de chez le pauvre M. Racine. On le trouve toujours en danger, quoique les accidents diminuent : je crains beaucoup la fin. Elle peut n'être pas si proche : mais, selon les apparences, elle sera triste pour nous. Il est entre les mains de Celui *qui deducit ad inferos et reducit, qui eripit de portis mortis, qui dixit populo suo : Ego sum Dominus, sanator tuus,* et de qui saint Augustin dit : *Omnipotenti Medico nihil est insanabile.* Il est le Seigneur tout-puissant et le Médecin tout-puissant aussi. Rien donc n'est hors de son pouvoir. Nulle maladie n'est incurable pour lui. Il n'y a qu'à l'adorer et à le laisser faire. »

Telle était l'atmosphère de religion, d'absolue croyance, au sein de laquelle habitait Racine converti et où vivait comme lui tout ce qui l'approchait et l'entourait. On peut méditer sur la différence des temps.

DEUXIÈME ARTICLE.

Il y a croyance et croyance. Celle de Racine, je l'ai dit, et de tout ce qui l'environnait était entière et absolue : c'est la vraie. Il avait la foi dans toute la force du mot, la foi des petits et des simples. Il croyait que rien n'est impossible à Dieu, non-seulement pour les siècles passés, mais sur l'heure et présentement. Il croyait non-seulement aux anciens miracles, mais aux nouveaux :

---

[1]. On a un fragment de lettre de l'abbé de Vaubrun, sans date, mais qui paraît bien se rapporter à ce moment : « Je suis persuadé que vous serez tout à fait fâché d'apprendre l'extrémité de la maladie du pauvre Racine : il a une grande fièvre continue avec des redoublements, causée vraisemblablement par un abcès dans le foie ; il est sans espérance et quasi sans connaissance. Vous jugez aisément à quel point M. de Cavoye en est touché, car vous connaissez mieux qu'un autre son cœur pour ses amis. Le roi et madame de Maintenon ont paru prendre un fort grand intérêt à sa maladie.... »

sa raison n'élevait aucune objection contre. A part la résurrection d'un mort, d'un Lazare, miracle réservé au seul Jésus en personne, je ne crois pas qu'il y eût une seule guérison surnaturelle et miraculeuse qu'il repoussât, si elle était faite au nom du Christ et par l'intercession d'un saint, ce saint fût-il un des hommes du jour Il a montré dans son *Histoire de Port-Royal*, par l'exposé circonstancié qu'il a donné du miracle de la Sainte-Épine dont le toucher aurait guéri la nièce de Pascal, à quel point il en était convaincu et profondément pénétré. Bien des années après ce coup du Ciel et dans le temps même dont nous parlons (1698-1699), il se passait, disait-on, des choses miraculeuses au tombeau de M. Vialart, l'ancien évêque de Châlons et qui y avait été le prédécesseur de M. de Noailles, actuellement archevêque de Paris. On rapportait des guérisons de plus d'une sorte, faites par son intercession; on en tirait des inductions favorables et triomphantes pour la cause augustinienne dont M. Vialart ne s'était pourtant pas montré toujours un inflexible défenseur. Dans une lettre de M. Vuillart du 13 décembre 1698, je lis :

« M. Racine me dit le dernier jour qu'il avoit appris à l'archevêché où il avoit dîné qu'il y avoit un nouveau miracle de M. Vialart, évêque de Châlons, savoir, la guérison d'un hydropique. Le Molinisme sera désolé et inconsolable, si un Saint janséniste se met ainsi à faire des miracles. En voilà bien déjà : aveugle, lépreux, bras retiré, etc. On dresse des procès-verbaux de tout, et grande exactitude pour l'authenticité y est observée. »

Racine acceptait et rapportait ces faits favorables aux amis sans concevoir ni admettre l'ombre d'un doute ; il ne manquait pas de se redire tout bas à lui-même :

Et quel temps fut jamais si fertile en miracles ?

Rien de plus simple donc, que, dans son propre danger et à chaque moment de la maladie qui le mettait en face de la mort, lui, sa famille, ses entours, se soient abandonnés sans réserve, en toute confiance, aux mains de Celui qui peut tout et pour qui la nature n'a pas d'obstacles. Son ami Rollin sentait de même ; M. Vuillart également. Le mot *impossible* n'est pas d'un chrétien ; un malade n'est jamais *condamné* tant que Dieu lui reste. La religion ainsi aidant aux illusions de l'amitié, on surprend de ces retours d'espérance dans les bulletins de santé qui se succèdent. Le dernier finissait par un mot presque rassurant :

« Ce mercredi 8 avril 1699. — M. Racine a toujours de la fièvre. Elle est petite à la vérité, mais il y a plus d'un mois qu'elle dure. On ne peut découvrir quelle est la source d'un abcès qu'il a dans le corps, si elle est au concave ou au convexe du foie, ou dans sa région. Il se vide bien, et ce qui en sort est bien conditionné. On craint que le cours des humeurs ne se prenne par là. Si la nature s'y accoutumoit, on seroit réduit à la canule, peut-être pour toujours. Vif naturellement tout ce qu'il se peut, il est devenu patient et tranquille au delà de ce qui se peut dire. — Comme j'en suis à cet endroit, on m'apprend qu'il est de mieux en mieux; car je viens d'envoyer chez M. de Riberpré, son gendre, mon voisin. »

De mieux en mieux! mais on sait ce que cela veut dire dans de semblables maladies. On s'acheminait ainsi vers l'heure suprême. Elle a sonné; nous en sommes informés le jour même par le fidèle M. Vuillart.

« Ce mardi, 21 avril. — C'est du cabinet de M. Racine que j'ai l'honneur d'accuser la réception de votre lettre du 14 avril et que j'ai, Monsieur, la douleur de vous écrire qu'au bout de quarante-cinq jours d'une patience très-exemplaire, Dieu nous l'a ôté ce matin entre 3 et 4. Nous l'allons porter à Saint-Sulpice. Il y sera en dépôt cette nuit. Demain il sera transporté à Port-Royal des Champs, où il a prié la maison de lui accorder la sépulture aux pieds de M. Hamon dans le cimetière, quoiqu'il se soit rendu indigne, dit-il dans un acte olographe fait exprès pour cet article, qu'on lui accordât cette grâce, après sa vie scandaleuse et le peu de profit qu'il avoit fait de l'excellente éducation qu'il avoit reçue dans la maison de Port-Royal. Le roi a eu la bonté de donner son agrément sur ce point. Je laisserai ce mot pour vous être envoyé jeudi ; car je ne serai revenu que le soir de Port-Royal, où la famille a souhaité que j'accompagnasse le fils aîné de mon cher ami. Il ne faut pas omettre qu'il laisse 800 livres à Port-Royal. A mon retour j'aurai l'honneur de vous entretenir plus amplement. Divers petits offices à rendre à la famille affligée, comme lettres à écrire, soins à prendre, etc., m'obligent d'être court. »

Les lettres suivantes complètent le récit:

« Ce dimanche de Quasimodo, 26 avril. — Enfin voilà mon cher ami M. Racine au lieu du repos qu'il a choisi. Je crois avoir eu l'honneur de vous mander qu'il n'avoit point fait d'autre testament que pour demander sa sépulture dans le cimetière (des domestiques) de Port-Royal des Champs au pied de la fosse de M. Hamon. Ce sont ses termes. A quoi il ajoute qu'il supplie très-humblement la Mère abbesse et les religieuses de vouloir bien lui accorder cet honneur, quoiqu'il s'en reconnoisse, dit-il, très-indigne et par les scandales de sa vie passée et par le peu d'usage qu'il a fait de l'excellente éducation qu'il a reçue autrefois dans cette maison, et des grands exemples de piété et de pénitence qu'il y a vus, et dont il avoue n'avoir été qu'*un stérile admirateur*; mais que plus il a offensé Dieu, plus il a besoin des prières d'une si sainte Communauté, qu'il supplie aussi de vouloir bien accepter une somme de 800 livres qu'il a ordonné (par le même acte olographe du 10 octobre 1698) qu'on lui donnât après sa mort. Elle est ici, Monsieur, d'une très-bonne odeur comme les vingt dernières années de sa vie : car c'est depuis tout ce temps-là qu'il avoit renoncé si absolument à ce qu'il avoit fait pour le théâtre dans sa jeunesse, que nulle puissance de la terre n'avoit été capable de l'y faire retourner, quelque pressantes sollicitations qu'on lui en ait faites. On les avoit mêm renouvelées à l'occasion de son *Esther* et de son *Athalie*, afin qu'il en traitât du moins avec les Comédiens qui lui en offroient une somme très-considérable, et il étoit demeuré ferme, et le roi avoit toujours eu la bonté de ne point vouloir qu'ils les représentassent sans l'agrément de l'auteur qu'il a toujours très-constamment refusé.

« La *Gazette* parle de lui en termes magnifiques. Je les transcrirois ici comme dignes d'être retenus et comme si bien mérités par cet homme vraiment illustre, sans que (*si ce n'est que*) vous la voyez ordinairement. M. Renaudot y a bien mis au vrai le caractère de son ami. Il s'est mépris seulement à la qualité de gentilhomme ordinaire, car le défunt ne l'étoit pas de la maison, charge d'environ quinze mille livres, mais de la Chambre, ce qui vaut cinquante mille livres. Le fils, qui court sa vingt-unième année, en avoit la survivance et y étoit reçu. Il est à la Cour pour obtenir une pension du roi pour lui et pour aider à élever les enfants qui sont encore en bas âge et à mieux pourvoir ceux qui en sont en état. On ne sauroit au reste voir un homme plus universellement regretté que ne l'est M. Racine. Les Grands qui étoient tous les jours chez lui durant sa maladie montroient bien par leurs soins combien ils le chérissoient et combien ils craignoient sa mort, et la comtesse de Grammont, qui y étoit presque tous les jours, me dit le soir de la grande fête, les larmes aux yeux : « Hélas! quelle perte pour nous, gens de Cour, que celle d'un tel ami! car tout ce que nous y étions de gens qui pensions un peu sérieusement à notre salut, l'avions pour conseil comme pour exemple. Il nous encourageoit, nous éclairoit, nous fortifioit. »

Et dans un *post-scriptum*, M. Vuillart, revenant sur les paroles de Racine qu'il a rapportées, en assure l'exactitude :

« Je vous rapporte, Monsieur, mot pour mot les termes du petit testament de mort[1], sans y ajouter ni diminuer le moins du monde. Ils ont fait une telle impression sur ma mémoire que je crois qu'ils n'en sortiront jamais. »

Le testament publié par Racine fils confirme la fidélité de cette relation de M. Vuillart. — Dans une lettre du jeudi 30 avril, parlant de la Mère Agnès de Sainte-Thècle Racine, qui était alors prieure à Port-Royal, après avoir été neuf ans de suite abbesse, il

---

1. Un testament *de mort*, c'est-à-dire un testament écrit ou dicté quand on se croit à l'article de la mort.

répète un mot de l'illustre neveu, et un mot que nous ne connaissions pas :

« Son illustre neveu conservoit une si vive reconnoissance de l'éducation qu'elle lui avoit procurée dans la maison, d'abord sous M. Nicole, pour les belles-lettres, et ensuite auprès du grand M. Le Maître[1] pour d'autres études, qu'il disoit un jour confidemment à un ami de qui je le tiens : « Je ne me soucierois « pas d'être disgracié et de *faire la culbute* (ce fut son terme) pourvu « que Port-Royal fût remis sur pied et fleurît de nouveau. » — La bonne tante l'aimoit aussi bien tendrement. Elle l'avoit comme engendré en Jésus-Christ. »

A la fin d'une lettre datée du mercredi soir, 6 mai, M. Vuillart donne à sa manière le récit de faits assez connus d'ailleurs, mais il y met une précision qui ne laisse rien à désirer :

« Et disons, pour finir cet ordinaire (car j'ai affaire à sortir demain dès le matin), que M. Racine le fils a été très-bien reçu du roi, mais que M. Despréaux l'a été encore beaucoup mieux : car il m'a raconté (ceci est pure anecdote)[2] que le roi avoit eu la bonté de lui dire : «*Nous avons bien perdu tous deux en perdant le pauvre Racine.* » — « C'étoit un vrai honnête homme, répliqua M. Despréaux. Il l'a marqué plus que jamais durant sa dernière maladie, et il a affronté la mort avec une audace toute chrétienne, quoiqu'il eût été toujours fort timide sur ce qui regardoit la santé et qu'une égratignure lui fît peur. » — « Oui, reprit le roi, et je me souviens que pendant une des campagnes où vous étiez ensemble, c'étoit vous qui étiez le brave. » Il y avoit plusieurs années que M. Despréaux n'avoit paru à la Cour à cause de sa surdité, et c'étoit M. Racine qui le déchargeoit et se chargeoit de tout pour lui. « Ce n'est plus cela, ajouta le roi : il faut que vous soyez seul chargé de tout désormais. Je ne veux que votre style. » M. Despréaux demanda du secours pour tirer les mémoires qu'il lui faudroit de chez les secrétaires d'État et d'ailleurs, et nomma M. de Valincour au roi qui le lui accorda : sur quoi un homme d'esprit a dit que ce M. de Valincour seroit le Résident de M. Despréaux auprès de Sa Majesté Très-Chrétienne. L'entretien dura plus d'une heure, et il finit par la déclaration que fit le roi à son historien qu'il vou-

---

[1]. Le *grand M. Le Maître*, c'est ainsi que les amis de Port-Royal parlent volontiers de ce chef des pénitents. M. Le Maître, en effet, dont la conversion est contemporaine des créations de Corneille, a en lui de la grandeur : c'est son caractère dominant et qui frappe de près ou à distance. Ce terme de *grand* revient naturellement sous la plume de nos auteurs originaux quand ils parlent de lui.

[2]. Ceci est *pure anecdote*, c'est-à-dire tout à fait inédit et purement confidentiel, en prenant le mot *anecdote* dans son sens propre. M. Vuillart, qui paraîtra peut-être assez peu élégant à quelques-uns de nos lecteurs modernes, est pourtant un écrivain très-pur et qui n'emploie les termes que dans leur parfaite propriété. A cet égard aussi, il est un digne ami de Racine.

loit avoir assez souvent avec lui des conversations de deux heures dans son cabinet. M. Despréaux a tous les papiers. »

En accordant M. de Valincour comme historiographe adjoint, le roi eut donc bien soin de marquer à Despréaux qu'il entendait que lui seul eût « la plume et le style. » La fonction du nouveau collègue devait se borner à ramasser des mémoires ; on ne voit pas qu'il y ait été bien diligent, à moins que les papiers n'aient été détruits dans l'incendie qui dévora sa bibliothèque. Toujours est-il qu'il eut sans plus tarder le fauteuil de Racine à l'Académie française, et sa réception donna lieu à un incident dont nous parlerons tout à l'heure.

Dans une lettre du jeudi 14 mai, M. Vuillart revient sur le sujet qui lui est cher et qui nous intéresse ; il ajoute de dernières particularités :

« J'ai de petits paralipomènes à vous faire, Monsieur, sur le sujet de M. Racine. Je les tire d'une lettre que m'a écrite une personne qui se trouva au petit discours que fit l'ecclésiastique de Saint-Sulpice qui avoit accompagné le corps et qui le présenta, et à la réponse que fit le confesseur de la maison, nommé M. Eustace. Le discours ne fut guère qu'un lieu commun, un peu approprié au sujet ; mais la réponse y fut toute propre et mérite d'être retenue. M. Eustace dit donc au sulpicien qu'il avoit ouï avec édification ce qu'il venoit de dire de l'illustre défunt avec justice ; que c'étoit avec quelque justice aussi qu'il avoit souhaité d'être enterré dans la maison où il avoit reçu les premières semences de la Religion et de la Vérité qu'il avoit aimées. Il y ajouta quelques mots sur la tempête qui s'étoit élevée contre la maison et qui avoit obligé des personnes qui s'y étoient retirées à s'en séparer ; que, pour le défunt, les ronces et les épines avoient étouffé pendant un temps ces précieuses semences que son cœur y avoit reçues ; mais que comme on avoit lieu d'avoir une humble créance qu'il étoit une de ces heureuses plantes que le Père céleste a plantées lui-même pour ne souffrir jamais qu'elles fussent entièrement déracinées [1], elle avoit repris vigueur et avoit porté son fruit en son temps. Il fit valoir sa piété, sa patience dans sa longue maladie, son amitié pour la maison, la reconnoissance de la maison pour lui. Il lui avoit, en effet, rendu des services très-essentiels. Je n'étois arrivé là qu'environ une heure après le corps, avec le fils qui avoit eu à s'arrêter à Versailles. »

Dans cette même lettre, les bontés de Louis XIV pour la famille Racine nous sont confirmées par le menu :

« Depuis quelques jours le roi a accordé au fils une pension de mille livres, et autant à la veuve pour elle et ses enfants encore

---

[1]. J'ai bien peur, pour le goût de M. Eustace, qu'il n'y ait là une légère pointe, une allusion au nom de *Racine*.

en bas-âge. Il y en a sept en tout. L'aîné avoit la survivance de gentilhomme ordinaire. Il est dans sa vingt-unième année. Madame de Riberpré (Moramber) en a dix-huit à dix-neuf. L'ursuline de Melun, qui est la troisième, en a dix-huit. Il y a une postulante de dix-sept ans à Variville, où sa mère a une sœur prieure. C'est un couvent de l'Ordre de Fontevrault près Clermont en Beauvaisis. Il y en a une à Port-Royal parmi les voiles blancs pour se préparer à sa première communion, et une d'onze ans près de la mère, avec le cadet de la famille, qui approche de sept ans. Pardonnez tout ce détail, Monsieur, à un ami qui s'étend volontiers sur tout ce qui regarde un tel ami, dont ces restes vivants lui sont précieux. »

Tel est notre tribut particulier d'informations, notre complément scrupuleux, minutieux, mais qui n'est certes pas sans prix sur les cinq derniers mois de la vie de Racine. Il ressort surabondamment de tous ces témoignages qu'il n'y avait plus rien du poëte, presque plus rien de l'homme de lettres, dans Racine mourant : le chrétien seul et le chrétien selon Port-Royal survivait et chassait toute autre pensée.

Il n'en était pas ainsi de Boileau, et puisqu'on ne sépare guère les deux amis et que, lorsqu'on a à parler de l'un, on est conduit inévitablement à s'occuper de l'autre, je mettrai ici tout ce que la même Correspondance de M. Vuillart nous apprend. Le contraste des deux caractères, sous des sentiments religieux communs, va se prononcer bien nettement.

M. de Valincour, en entrant à l'Académie, avait justifié ce choix par un fort bon discours, — un Éloge de Racine fort délicat et fort poli. Il avait été reçu par M. de La Chapelle, directeur, qui ne parla pas mal non plus et qui dit même des choses assez neuves et très à propos à cette date de 1699, fin d'un siècle, sur les heures de perfection et de décadence littéraire pour les nations : il développa une pensée de l'historien Velleius Paterculus, et parla de cette sorte de fatalité qui fixe dans tous les arts, chez tous les peuples du monde, un *point d'excellence* qui ne s'avance ni ne s'étend jamais : « Ce même Ordre immuable, disait-il, détermine un nombre certain d'hommes illustres, qui naissent, fleurissent, se trouvent ensemble dans un court espace de temps, où ils sont séparés du reste des hommes communs que les autres temps produisent et comme enfermés dans un cercle, hors duquel il n'y a rien qui ne tienne ou de l'imperfection de ce qui commence ou de la corruption de ce qui vieillit. » C'était bien pensé et bien dit. Mais ce même directeur commit, et sans doute à dessein, une faute par omission ; il manqua sciemment à une convenance. Il affecta, dans un discours tout rempli de Racine et des mérites du nouvel académicien, de ne souffler mot de Despréaux, le premier auteur pourtant du choix de M. de Valincour et qui l'avait demandé au roi. Laissons parler notre fidèle chroniqueur, M. Vuillart :

« (9 juillet 1699.) Le discours que M. de Valincour a fait le jour de sa réception à l'Académie françoise en la place de M. Racine est très-beau.... La réponse du directeur de l'Académie au compliment de M. de Valincour est belle aussi. On a joint l'une à l'autre. M. de La Chapelle, receveur-général des finances de La Rochelle, est ce directeur. Il parle dignement et de M. Racine et de M. de Valincour, son successeur non-seulement pour l'Académie, mais aussi pour l'Histoire du roi. Mais il a gardé un tel silence au sujet de M. Despréaux qui a demandé lui-même à Sa Majesté le premier ce nouveau collègue, que ce silence paroît très-affecté : car l'inadvertance en tel cas ne peut aller naturellement si loin. Voilà de quoi produire une nouvelle querelle sur le Parnasse. Despréaux, le cher Despréaux, qui est fort naturel et fort sincère, me disoit dimanche dernier à une thèse de son petit-neveu, fils du président Gilbert, que La Chapelle, ayant affecté de ne point parler de Despréaux, avoit mis Despréaux en droit de parler de La Chapelle. Comme il est sourdaud et qu'il ne pouvoit prendre plaisir, avec toute la nombreuse et belle assemblée, à écouter le répondant qui se fit admirer, il se dédommageoit en parlant d'une chose qui lui tient fort au cœur : car ce silence lui paroît très-malhonnête et très-offensant. Et s'il n'étoit aussi occupé qu'il l'est d'un déménagement (car il quitte le logis du cloître Notre-Dame où il étoit près le Puits, pour un autre qui a vue sur le jardin du Terrain), il auroit déjà produit quelque chose de vif : car il n'est pas aussi mort à lui-même sur pareil cas qu'on a sujet de croire que l'auroit été M. Racine. M. Despréaux est droit d'esprit et de cœur, plein d'équité, généreux ami; mais la nécessité de pardonner une injure, où est un chrétien qui veut être digne de son nom, ne semble pas avoir encore fait assez d'impression sur son esprit ni sur son cœur. Peut-être que le temps et la distraction que lui cause son changement de demeure auront calmé l'émotion où je le vis, et peut-être plus encore les prières de son incomparable ami M. Racine; car comme il avoit le cœur fort pénitent depuis longtemps, il y a sujet de le croire, par la miséricorde du Seigneur, en possession de ce bienheureux repos où l'on prie efficacement pour ceux qui sont dans le trouble des passions de la vie. »

Touchante et sainte confiance! On ose à peine se permettre un sourire. L'intercession de Racine, apparemment, servit de peu. Ce qu'il y a de bien certain, c'est que si chez celui-ci, vers la fin, le poëte était tout à fait fondu dans le chrétien, il se retrouvait tout entier, toujours armé et sur le qui-vive, toujours irritable en Despréaux. L'effet, de sa part, suivit presque incontinent la menace : une épigramme sortit et courut aussitôt. Le bon M. Vuillart qui envoyait volontiers à son ami les nouveautés littéraires, fut lent pour celle-ci :

« (23 juillet.) Despréaux ne s'en est pu tenir. Il a fait une épigramme contre La Chapelle. Comme c'est un fruit honteux de sa foiblesse, je ne l'ai ni désiré ni recherché. Je ne fus pas si lent touchant le beau fruit de sa force, son admirable Épître sur l'*Amour de Dieu*. Le docteur, frère du poëte [1], l'auroit souhaité plus patient, et le plaint de son impatience. Il est en effet bien à plaindre. Il a de la candeur, et il viendra un bon moment où il s'en humiliera devant Dieu et réparera la mauvaise édification que son impatience peut donner. Ce qui l'a ému étoit beau à pardonner et est laid à relever. »

Nous ferons comme M. Vuillart, mais par une autre raison. Nous ne mettrons pas ici l'épigramme qui est d'ailleurs dans les Œuvres de Boileau, parce qu'elle est faible et assez peu piquante. Racine, en sa saison profane, l'eût faite plus méchante. L'Épigramme proprement dite n'est pas le fait de Boileau, supérieur dans la Satire et dans l'Épître. Il y eut une réponse assez flasque de La Chapelle ou de quelqu'un de ses amis. Ainsi finit cette petite guerre, peu digne des funérailles littéraires de Racine.

Quant à ce qui est de cette différence d'humeur et de procédé des deux illustres poëtes, également religieux, diversement pénitents, un moraliste comme Saint-Évremond ou La Rochefoucauld n'en serait certainement pas étonné et n'aurait pas grand'peine à l'expliquer. Il se plairait à reconnaître encore la nature et à la suivre jusqu'à travers les formes opposées sous lesquelles elle se déguise ou elle se trahit. Il était assez naturel, en effet, que Racine sensible, tendre, ouvert aux passions, timide en même temps et peu courageux, s'effrayât en vieillissant des touchantes faiblesses auxquelles il s'était livré, qu'il revînt en idée à l'innocence de ses premiers jours, qu'il se replongeât tant qu'il le pouvait en arrière, se reprochât ses fautes passées en se les exagérant, et noyât tout son amour-propre dans ses larmes. La réaction dut être extrême dans cette excessive sensibilité. Chez Boileau il n'y avait pas lieu à un si complet retour : le vieil homme, de tout temps moins tendre, n'avait pas à revenir de si loin ni à s'anéantir absolument dans le chrétien ; le poëte ne croyait pas avoir à se repentir ni à se dédire ; il gardait le plus qu'il pouvait de sa verdeur et se passait encore bien des boutades mordantes, que sa probité et sa raison ne lui reprochaient pas.

Une dernière mention que fait « du cher Despréaux » le bon M. Vuillart nous montre ce petit péché d'épigramme entièrement oublié et le Boileau des dernières années dans la stabilité complète de sa religion et de sa droiture. M. Vuillart raconte très-naïvement comme quoi, un matin, en allant voir Despréaux, il eut l'idée d'entrer dans l'église Saint-Denis-du-Pas [2], et comment le mou-

---

1. M. Boileau, chanoine de la Sainte-Chapelle.
2. Saint-Denis-*du-Pas*, c'est-à-dire *de passu*, ou *passione*, parce que

vement lui vint d'adresser à Dieu, sous l'invocation de ce saint apôtre des Parisiens, une prière à l'intention de l'archevêque son successeur, le cardinal de Noailles, afin que le prélat se montrât ferme et vaillant à son exemple, et qu'au lieu de mollir, il fût comme un mur d'airain pour le soutien de la bonne cause et de la vérité (9 octobre 1700) :

« J'allois, dit-il, chez le cher Despréaux, et c'étoit ma route, car cette petite église est derrière le chœur de la cathédrale, et Despréaux est logé près du Terrain. Je ne sais, Monsieur, si je vous ai mandé qu'il a été malade, et l'a été grièvement. En une nuit, on lui donna trois fois l'émétique, qui l'arracha des mains de la mort. Celui qui le lui avoit donné s'est trouvé là ce matin avec moi, et m'a dit que le remède avoit heureusement opéré.... Il est en bonne convalescence et compte de s'aller rétablir à sa jolie maison d'Auteuil durant l'été Saint-Denis [1] et les autres petits étés qui pourront se multiplier cette année, comme on a quelque lieu de l'espérer. C'est un bon cœur d'homme, plein de candeur, de sincérité, d'amour du vrai, de haine du faux. Il est généreux et fidèle ami. Il aime fort l'Écriture, et surtout les Psaumes. »

Boileau resta donc davantage lui-même jusqu'à la fin ; il était une nature plus fixe que Racine.

On ne saurait se le dissimuler en effet, il y avait quelque faiblesse de caractère ou de tempérament dans Racine. Le chrétien étant donné, cette faiblesse, de sa part, consistait, sur la fin, à rester courtisan un peu malgré lui, à n'oser se séparer de la faveur, à vouloir mener de front deux choses inconciliables, la Cour et la dévotion, à vouloir pousser celle-ci jusqu'à la pénitence et à ne jamais passer outre. Boileau était un caractère plus simple, plus uni. Nullement insensible ni indifférent à ses succès d'esprit en haut lieu, dès qu'il s'était senti souffrant ou affaibli dans ses organes, il avait pris bravement son parti et avait quitté Versailles pour n'y plus remettre les pieds. Racine ne put jamais s'y décider ; il se donnait pour excuse de conscience qu'en restant sur ce terrain glissant il pouvait mieux servir à l'occasion les religieuses de Port-Royal ; mais au fond il ne pouvait se résoudre à se sevrer de ces douceurs enchanteresses : il était atteint de la même faiblesse que Bossuet qui, lui aussi, se montra aussi longtemps qu'il put à

la tradition était que le saint y avait reçu quelque souffrance. — Je donne cette étymologie d'après M. Vuillart qui, en tant qu'ami intime de M. de Tillemont, devait savoir là-dessus le dernier mot de l'érudition chrétienne.

1. L'été de la Saint-Denis tombait en octobre, de même que l'été de la Saint-Martin tombe en novembre. On ne se souvient plus que de ce dernier. Du temps qu'on croyait dévotieusement aux saints, on n'oubliait rien, et M. Vuillart, qui adressait une prière à Dieu par les mérites de saint Denis, ne manqua pas sans doute de demander pour cette année-là un petit été de grâce en faveur de son ami Despréaux.

Versailles et qui même à la fin, et à bout de force, s'y trainait; il était affecté de la même faiblesse encore que M. de Pomponne, le plus aimable des Arnauld, mais un Arnauld amolli qui, tout octogénaire et tout pieux qu'il était, ne pouvait se décider à résigner le ministère et qui, apprenant la retraite chrétienne de M. Le Peletier (1697), disait au roi qui lui en donnait la première nouvelle: «Cette retraite, Sire, rend M. Le Peletier aussi louable que je dois être honteux de n'avoir pas, à mon âge, le courage de l'imiter.» Racine était de cette famille d'esprits distingués et de cœurs tendres, que se disputaient, on l'a dit, l'amour du roi et l'amour de Dieu ; il se le reprochait lui-même. Boileau n'avait pas de ces doubles amours; il allait tout droit. Il est vrai qu'ayant moins de cordes à l'âme, il avait à cela moins de peine et moins de mérite.

Et maintenant ai-je à m'excuser [1] d'avoir si longuement reparlé de deux poëtes célèbres, chers à la France, mais sur lesquels il semble que tout, depuis longtemps, soit dit et qu'il n'y ait plus qu'à se répéter avec de bien légères variantes? Je me le demande en me relisant : n'ai-je pas commis une impertinence en plein journal? N'ai-je pas fait au moins un anachronisme? N'est-ce pas un hors d'œuvre que je suis venu offrir devant des générations ailleurs occupées, et dont la faculté d'admiration est engagée dans des voies toutes différentes? Nos idées sur les poëtes ont, en effet, changé presque entièrement depuis quelques années. Ce n'est plus la question classique ou romantique, si vous le voulez ; il s'agit de bien autre chose que d'une cocarde, que des coupes et des unités, — des formes et des couleurs: il s'agit du fond même et de la substance de nos jugements, des dispositions et des principes habituels en vertu desquels on sent et l'on est affecté. Pourrai-je réussir à bien rendre cet état nouveau, cette direction devenue presque générale des esprits? Autrefois, durant la période littéraire régulière, dite classique, on estimait le meilleur poëte celui qui avait composé l'œuvre la plus parfaite, le plus beau poëme, le plus clair, le plus agréable à lire, le plus accompli de tout point, l'*Énéide*, la *Jérusalem*, une belle tragédie. Aujourd'hui on veut autre chose. Le plus grand poëte pour nous est celui qui, dans ses œuvres, a donné le plus à imaginer et à rêver à son lecteur, qui l'a le plus

---

1. Cette fin se rapportait au lieu où ces articles avaient d'abord été publiés ; j'avais cru qu'il était besoin d'une excuse ou d'une sorte de précaution oratoire. Ici, dans *Port-Royal*, je suis chez moi : dans un journal quotidien, on est chez les autres, et l'on n'a droit de s'étendre sur le passé même le plus illustre qu'à la condition de le rattacher par un bout, et ne fût-ce qu'avec contraste, à ce qui est actuel et présent. Au reste ces deux modes d'écrire ont tour à tour et chacun leur avantage : il est bon quelquefois, il est nécessaire de pouvoir être tout à fait soi-même; il est utile aussi d'avoir à compter à chaque instant avec le goût d'autrui.

excité à poétiser lui-même. Le plus grand poëte n'est pas celui qui a le mieux fait : c'est celui qui suggère le plus, celui dont on ne sait pas bien d'abord tout ce qu'il a voulu dire et exprimer, et qui vous laisse beaucoup à désirer, à expliquer, à étudier, beaucoup à achever à votre tour. Il n'est rien de tel, pour exalter et nourrir l'admiration, que ces poëtes inachevés et inépuisables ; car on veut dorénavant que la poésie soit dans le lecteur presque autant que dans l'auteur. Depuis que la critique est née et a grandi, qu'elle envahit tout, qu'elle renchérit sur tout, elle n'aime guère les œuvres de poésie entourées d'une parfaite lumière et définitives; elle n'en a que faire. Le vague, l'obscur, le difficile, s'ils se combinent avec quelque grandeur, sont plutôt son fait. Il lui faut matière à construction et à travail pour elle-même. Elle n'est pas du tout fâchée, pour son compte, d'avoir son écheveau à démêler, et qu'on lui donne de temps en temps, si je puis dire, un peu de *fil à retordre*. Il ne lui déplaît pas de sentir qu'elle entre pour sa part dans une création. Quand une fois je les ai vues et admirées dans leur pureté de dessin et dans leur contour, qu'ai-je tant à dire de Didon et d'Armide, de Bradamante ou de Clorinde, d'Angélique ou d'Herminie? Parlez-moi de Faust, de Béatrix, de Mignon, de Don Juan, d'Hamlet, de ces types à double et à triple sens, sujets à discussion, mystérieux par un coin, indéfinis, indéterminés, extensibles en quelque sorte, perpétuellement changeants et muables : parlez-moi de ce qui donne motif et prétexte aux raisonnements à perte de vue et aux considérations sans fin. Quand on a lu *le Lutrin* ou *Athalie*, l'esprit s'est récréé ou s'est élevé, on a goûté un noble ou un fin plaisir ; mais tout est dit, c'est parfait, c'est fini, c'est définitif ; et après.... Il n'y a pas là de canevas ; cela paraît bien court. Il semble même que les habiles et parfaits auteurs de ces chefs-d'œuvre l'aient compris tout les premiers; car, leur œuvre achevée, ils détendaient leurs esprits, ils baissaient le ton, ils n'étaient plus les mêmes. Leur pensée n'était plus à la hauteur de leur talent. Leur conversation ne portait pas au delà d'un cercle borné. Leur tous-les-jours était assez ordinaire. — Non, il ne l'était pas autant qu'on le croirait, et cette simplicité, cette vertu, cette prud'homie touchante de Racine, couronnée d'une belle et douce mort, est-ce chose si ordinaire?

SUR LE PROJET DE TRAITÉ

SAISI DANS LES PAPIERS DU PÈRE QUESNEL.

(Se rapporte à la page 178.)

Voici cette pièce singulière, qui est censée adressée au comte d'Avaux :

« Monseigneur,

« Le pouvoir si ample que le Roi vous a donné de recevoir à la Trêve de vingt années généralement tous ceux qui voudront bien l'accepter, a porté les *Disciples de saint Augustin* à vous faire connoître, par cette lettre, qu'ils sont résolus d'embrasser encore ce moyen qui se présente de se procurer un repos, qui ait au moins plus de durée que celui que la Paix sous le pape Clément IX leur avoit si heureusement rendue. Ils ne sauroient se persuader, Monseigneur, qu'après que Sa Majesté a bien voulu accorder sa grâce à des Pirates insolents et impies qui l'avoient grièvement offensée, et qu'après vous avoir ordonné de déclarer de sa part qu'elle vouloit bien mépriser, en quelque sorte, ses avantages et oublier ses propres intérêts pour rétablir le repos dans toute l'Europe par une Trêve générale, il n'y ait que les *Disciples de saint Augustin* qui soient exclus d'une grâce qu'on offre à toutes sortes de nations, sans distinction de religion ou de mérite. On ne sauroit soupçonner Sa Majesté d'une si étrange acception de personnes, que l'Écriture défend si sévèrement en plusieurs endroits, sans faire tort à son équité naturelle et sans donner des bornes à sa bonté, contre l'intention qu'elle fait paroître de vouloir qu'elle soit générale, et qu'il ne tient point à elle qu'on n'en ressente partout les effets.

« Tout cela, Monseigneur, a fait juger à ceux au nom desquels je prends la liberté de vous écrire, qu'il ne faut que vouloir la Trêve pour l'avoir, et j'ai ordre de vous déclarer de leur part qu'ils la veulent et qu'ils la souhaitent de tout leur cœur.

« Il vous sera aisé, Monseigneur, de juger de la sincérité et de la droiture de leurs intentions par les conditions mêmes qu'ils ont cru devoir proposer, pour ne point paroître singuliers, et pour ne rien faire contre les formes ordinaires de ces sortes de contrats publics : c'est pour cela que je les appelle conditions, quoique ce ne soient en effet que des offres très-avantageuses, capables d'aplanir toutes les difficultés s'il s'en rencontroit, et incapables même d'en faire naître de nouvelles. J'ose même dire qu'il est de la grandeur et de la gloire de Sa Majesté de les écouter favorablement et de ne les point rejeter.

« La première est que tous ceux qui ont eu le malheur de déplaire à Sa Majesté par quelque endroit, seront obligés de se justifier par de bonnes Apologies, dans lesquelles ils rendront raison de leur conduite et répondront à tout ce qu'on aura pu objecter contre leur vie et contre leur doctrine ; et s'ils ne font pas voir manifestement l'innocence de l'une et de l'autre, ils seront punis à la discrétion de Sa Majesté.

« 2° Que Sa Majesté sera très-humblement et très-respectueusement suppliée de faire cesser les voies de fait et l'usage des lettres de cachet, parce qu'étant employées le plus souvent contre des personnes dont la piété et l'innocence sont connues du peuple, cela ne peut faire qu'un fort méchant effet au préjudice de la gloire et de la réputation de Sa Majesté[1]. Il est vrai qu'elle ne se porte pas d'elle-même à ces sortes de voies odieuses, et qu'il y a tout sujet de croire qu'on ne les arrache d'elle qu'en surprenant sa religion ; mais c'est un des plus grands services qu'on lui puisse rendre que de lui faire connoître qu'on la surprend ; car quoique les plus grands princes puissent être surpris, l'être si souvent, ce pourroit être une tache à sa gloire, qui dureroit dans la postérité, et qu'il ne seroit pas aisé d'effacer.

« 3° Que Sa Majesté sera encore très-humblement et très-respectueusement suppliée d'accorder la liberté à ceux que la rigueur de ces voies, ou la nécessité qu'ils ont eue de les prévenir, renferme dans des prisons ou oblige de vivre en exil dans des pays étrangers ou incommodes, sans avoir égard ni à leur âge ni à leurs infirmités, ni à leur pauvreté, et sans qu'on puisse leur reprocher aucun crime que d'avoir toujours mieux aimé obéir à Dieu qu'aux hommes, et de n'avoir jamais voulu trahir leur conscience par de lâches complaisances ou par de basses flatteries.

« 4° Qu'ils s'obligeront de n'importuner jamais Sa Majesté pour des bénéfices, mais que ceux à qui on aura donné quelque emploi ecclésiastique auront toute la liberté d'en faire les fonctions pour la plus grande gloire de Dieu et l'édification du prochain.

« 5° Qu'ils s'obligeront de seconder Sa Majesté dans le dessein qu'elle a de ramener à l'Église ceux qui s'en sont malheureusement séparés, et qu'ils continueront à faire des livres et des écrits pour convaincre leurs esprits, pendant que Sa Majesté fera des ordonnances pour les faire rentrer en eux-mêmes et les faire profiter de la vérité qu'on leur présentera.

---

[1]. C'est ce qui faisait dire, sur la fin de Louis XIV, au docteur Boileau, frère du satirique, « que les lettres de cachet étoient des lettres de noblesse. »

« 6° Qu'ils soutiendront toujours avec vigueur les vérités de la Grâce de Jésus-Christ prêchées par saint Paul et expliquées par saint Augustin, contre les nouvelles opinions qui sont nées dans le cerveau d'un seul homme; qu'ils répandront leur sang pour elles, s'il est nécessaire, et qu'ils s'exposeront avec joie à toutes les incommodités de la vie, plutôt que de consentir qu'on les affoiblisse en aucune manière.

« 7° Qu'ils veilleront toujours avec grand soin sur les corrupteurs de la morale de Jésus-Christ, et qu'ils auront une attention toute particulière à s'opposer à la doctrine parricide des rois et à l'opinion séditieuse de leur déposition, sans s'endormir sous prétexte que l'une et l'autre ont déjà été terrassées et que ceux qui les enseignoient autrefois n'en font plus mention dans le royaume, sachant qu'il leur est très-aisé, tant que leur doctrine pernicieuse de la probabilité subsistera, de réveiller toutes sortes d'opinions et de les rendre sûres dans la pratique.

« 8° Comme il est très-difficile de n'avoir point d'ennemis et d'être entièrement à couvert de la calomnie, quelque sage et irréprochable que l'on soit dans sa conduite, Sa Majesté sera très-humblement et très-respectueusement suppliée de ne point tellement privilégier ceux qui se rendront les accusateurs des *Disciples de saint Augustin*, qu'on les dispense de prouver dans les formes et devant les tribunaux ordinaires ce qu'ils auront avancé contre eux, que les accusés auront aussi toute liberté de se défendre, et que les lois contre les calomniateurs seront mises en vigueur sans que personne puisse s'exempter de subir des peines qui y sont portées, lorsqu'ils l'auront mérité.

« Quoiqu'on n'ait dû faire ici mention que des Disciples de saint Augustin, sujets de la France, on peut être assuré que ceux que la Providence a fait naître dans d'autres provinces ne sont pas moins jaloux de leur repos, et qu'ils seront très-contents de l'obtenir aux conditions proposées; mais ils n'ont pas cru qu'il fût nécessaire de se faire comprendre nommément dans le Traité, parce qu'ils sont persuadés que, comme on se pique partout d'imiter la France, ils ne manqueront pas d'avoir le même sort, ou à peu près, qu'il plaira à Sa Majesté Très-Chrétienne d'accorder à ceux qui m'ont donné ordre de parler pour eux.

« Je ne crois pas, Monseigneur, qu'il soit nécessaire maintenant de prouver que ces conditions ne sont nullement onéreuses, et qu'elles sont au contraire bien plus capables d'avancer la Trêve que de l'empêcher. Vous aurez vu tout d'un coup qu'elles ne tendent qu'à procurer à Sa Majesté une gloire solide devant Dieu et devant les hommes.

« Une partie de ces conditions éloigne ce qui est contraire à cette gloire, et l'autre a pour but de l'affermir de plus en plus, et de la rendre plus éclatante; n'y ayant rien qui affermisse davantage le trône des rois, comme dit l'Écriture, que la miséricorde et la justice, ni qui les fasse régner avec plus de sécurité, de paix et de bonheur, que les soins qu'ils ont de faire régner Jésus-Christ parmi leurs sujets et de les assujettir à Dieu par la grâce et l'observation de l'Évangile; à quoi on s'engage par ces conditions de travailler.

« Nous espérons, Monseigneur, que vous voudrez bien représenter ceci à Sa Majesté et l'appuyer de tout le crédit que vous avez auprès d'elle. Pardonnez-moi si je prends la liberté de vous dire que ce n'est pas l'affaire la moins importante qui vous occupe. Le succès vous en sera glorieux; et s'il ne réussit pas, vous aurez la gloire de vous y être employé : et pour nous, nous croirions que le moment n'est pas encore arrivé, et nous l'attendrons avec patience en redoublant nos vœux et nos prières pour Sa Majesté; et en vous assurant que nous aurons toute la reconnoissance possible pour les bons offices que vous rendrez en cette occasion à la Vérité en la personne de ceux qui sont avec respect, Monseigneur,

« Vos très-humbles et très-obéissants serviteurs,

« Les Disciples de saint Augustin. »

— Voltaire a dit que les Jansénistes avaient la phrase longue, mais on peut dire, encore plus certainement, qu'ils avaient la plaisanterie longue.

UN ÉPISODE DE LA VIE DU PÈRE QUESNEL.

(Se rapporte à la page 180.)

Le Père Quesnel fit un voyage très-secret à Paris dans l'été de 1700. Nous en sommes informés dans un parfait détail par les lettres de M. Vuillart à M. de Préfontaine. Mais ce n'est qu'avec bien des détours et moyennant des mystères infinis qu'il en vient à lui annoncer la présence à Paris de ce maître spirituel, le premier dans leur amour et dans leur vénération depuis que M. Arnauld n'était plus. M. de Préfontaine s'appelait *Louis* de son nom de baptême, et à cette occasion M. Vuillart lui écrivait :

☦

« Ce jour de Saint-Louis, 25 août 1700.

« Quand je n'aurois pas, Monsieur, à me donner l'honneur de répondre à votre lettre du 21, la fête d'aujourd'hui me seroit seule un engagement plus que suffisant à le faire. Je vous ai porté dans mon cœur à l'église, où *j'ai servi la messe d'un des plus grands serviteurs de Dieu*, à qui vous avez été d'autant plus uni en vertu de la Communion des Saints, que vous avez plus de respect et plus d'amour pour l'Épouse du Saint des Saints notre commune Mère. Et vous m'avez été surtout, Monsieur, très-vivement (présent) aux endroits de la Secrète et de la Post-Communion où cette sainte Mère demande pour ses enfants les mêmes vertus dont elle remercie Dieu d'avoir comblé votre saint Patron par ces belles paroles : *Da nobis, Domine...., eamdem animi constantiam quam Beato Ludovico tribuisti, ut nec prosperis efferamur, nec dejiciamur adversis.* Elles sont de la Collecte. Et voici la Post-Communion : *Deus qui Beato Ludovico.... inter fallaces temporalis regni delicias veram æterni regni felicitatem toto corde concupiscere tribuisti ; fac nos.... ejusdem felicitatis amatores, cujus in hoc sacramento pignus accepimus.* Outre votre participation à la Communion des Saints, *vous participez en particulier aux prières du célébrant, à qui l'on vous a recommandé avec soin* : et son nom vous sera dit ici, Monsieur, puisque vous faites espérer qu'on aura bientôt la consolation de vous voir. »

M. de Préfontaine ne fit pas le voyage de Paris, et dans une lettre du 5 septembre suivant, tout en lui exprimant ses regrets et après lui avoir donné quelques nouvelles ecclésiastiques du jour, M. Vuillart ajoutait :

« *Tibi soli quod sequitur.* On auroit eu l'honneur de vous dire à l'oreille, Monsieur, que celui à qui l'on vous recommanda le jour de votre saint Patron, est l'incomparable faiseur de Réflexions [1] avec qui vous vous entretenez tous les jours dans votre chère solitude. Après avoir gardé étroitement la sienne plusieurs années, il est venu faire *incognito* un petit séjour ici, pour y régler des affaires qui ne pouvoient se faire de loin. Tous les jours j'ai le bonheur de le voir, et très-souvent de manger avec lui. Il veut consacrer le reste de ses jours à ce qui regarde l'ami dont il a fermé les yeux [2]. Il s'en retournera bientôt ; et charmant au point qu'il l'est par sa simplicité, sa douceur, sa tranquillité, etc., je ne pourrois pas ne le point suivre et m'aller confiner avec lui, sans que lui-même me détermine à demeurer où je suis. Il est de notre aimable *invicem* [3], et un pareil confrère sera autant à profit qu'à honneur pour cette confrérie. »

Nous apprenons son départ de Paris par une lettre du 16 septembre :

« Mon ami n'est plus ici. Mon cœur l'a suivi en partie, et en partie est auprès de vous. Mais les nécessités de fonctions par rapport à vous et à lui retiennent le corps ici. Cet ami ne va plus s'occuper que de ce qui peut

---

1. Les *Réflexions morales sur le Nouveau-Testament.*
2. M. Arnauld.
3. *Il est de notre* INVICEM, c'est-à-dire de notre petite confrérie. Le mot en abrégé revient continuellement dans cette correspondance, pour dire : « *Oremus pro invicem. O invicem !* » — « Souvenons-nous, s'il vous plaît, de l'*invicem*, en la présence de Dieu, etc. » L'*invicem*, c'est avoir part aux prières l'un de l'autre.

faire bien connoître quel présent Dieu avoit fait à son Église en lui donnant l'incomparable défunt que vous savez. Vous avez été et serez bien recommandé à ses prières. »

Quoiqu'il semblât qu'il ne pût y avoir d'incertitude dans ces paroles, elles paraissent avoir eu besoin de quelque explication auprès de M. de Préfontaine, et le 25 septembre M. Vuillart, mettant les points sur les *i*, lui écrivait :

« M. Valloni (*Du Vaucel*) est l'ami de Rome que vous vîtes, Monsieur, en 1681, 82 ou 83, à Haute-Fontaine, et l'ami nouvellement parti de Paris est M. de Rebecque (*le Père Quesnel*). J'ai reçu trois de ses lettres depuis son départ, qui me font voir sa bonne santé. Il va de solitude en solitude avant son retour à la sienne. Il y avoit longtemps qu'il n'en étoit sorti; et comme il se propose de la garder et de s'y occuper de son mieux, à ce que je crois avoir eu l'honneur de vous faire du moins entrevoir dans ma dernière lettre, il a accordé aux amis qui se trouvent sur la route qu'il s'est faite la consolation de quelque séjour chez chacun. Je n'ai jamais vu d'homme plus doux, plus attentif à Dieu sans gêne et par une sainte habitude, d'une humeur plus agréable et plus uniforme, plus commode à qui auroit à vivre avec lui. Nous l'avons éprouvé délicieusement durant près de cinq semaines que nous avons eu le bonheur de le posséder. Je vous avoue que cette épreuve a bien multiplié et fortifié les liens du commerce que j'ai la bénédiction d'entretenir très-régulièrement avec lui depuis plus de quinze ans. Vous voilà, Monsieur, établi avec lui dans l'*invicem*, et vous allez vous y affermir de plus en plus par ce que je serai fidèle à lui dire de temps en temps de votre part. Je suis un peu long sur son article. Mais quel moyen d'être court sur le sujet d'un ami si digne qu'on parle de lui de toute l'abondance du cœur? Il en a une extrême pour ses amis, et une reconnoissance la plus vive et la plus ingénieuse en expressions et en moyens de se faire sentir qui se puisse imaginer. Enfin, s'il n'y avoit trop de disproportion entre un homme comme lui et un petit garçon comme moi, je vous dirois que je sens pour lui ce que David sentoit pour Jonathas, lorsqu'il disoit : *Agglutinata est anima mea cum anima Jonathæ.* Nous avons céans deux demoiselles un peu âgées, qui ont porté le joug du Seigneur depuis leur jeunesse. Elles ne sont point parentes : mais la consanguinité de la foi les fait vivre ensemble comme deux sœurs. Elles m'ont extrêmement aidé à exercer l'hospitalité. Elles ont fait le plus fort de ce côté-là. Il y avoit longtemps que j'avois contribué à leur faire acquérir part aux prières de cet ami, plus particulière que celle qu'on a en vertu de la Communion des Saints. Elles ont profité à souhait de cette occasion-ci de marquer leur gratitude. Il faut voir, aussi, comme il exprime la sienne dans ce qu'il leur écrit à chacune de dessus sa route; comme tout ce qu'il dit convient précisément au caractère de chacune, et comme toutes ses expressions sont également fines, délicates, obligeantes, chrétiennes surtout; car son grand talent est de tout mettre à profit pour le prochain, et de le tourner à la gloire de la Grâce de Jésus-Christ. Eh bien! Monsieur, me voilà pris dans le piège que tend insensiblement l'abondance du cœur. Je voulois finir de parler de mon ami vers le bas de la page précédente, et à peine puis-je le faire tout au bas de celle-ci. Quand la source est grosse, si on bouche un de ses ruisseaux, elle s'en fait un autre. »

Le retour du Père Quesnel et sa perambulation mystérieuse ne furent pas sans quelques difficultés et sans aventures ; il courut même des dangers :

« (Dimanche 31 octobre 1700.) M. de Rebecque est chez un ami fidèle, près de son séjour ordinaire. Il a versé une fois sans blessure et a été préservé d'une chute dans un précipice par une protection singulière. Il me l'écrit du 24 de ce mois. Prions pour lui, y joint notre précieux *invicem*. »

Les pieux amis ne seraient pas fâchés de voir un peu de miracle dans les divers accidents de voyage dont il s'est tiré sans encombre :

« (Ce jeudi 25 novembre 1700.) Je vous rends grâces pour votre joie sur la protection que Dieu a donnée tout sensiblement à M. de Rebecque dans le péril qu'il courut. En voici une anecdote qu'il m'a bien voulu confier tout nouvellement dans une lettre du 13 de ce mois, afin que la mémoire en fût conservée dans un petit nombre de cœurs dont il est sûr, avec ordre de ne la point divulguer. Se voyant en pleine nuit mené par un guide qui s'étoit égaré, il mit sur sa tête une grande calotte de taffetas noir qui venoit d'un saint évêque (*M. Pavillon*). Il avoit sur lui une camisole de chamois qui avoit servi à un saint docteur de ses amis plus intimes (*M. Arnauld*). Il se souvint de les invoquer et d'implorer leur protection *a tanto negotio perambulante in tenebris*, dont il repoussa l'effort dans une telle cuirasse et sous un tel casque ; car, bien qu'il fût environ 8 heures au moment de cette invocation, il entendit la voix d'un guide inespéré qui se présenta en demandant s'il pouvoit être bon à quelque chose et qui les remit dans le chemin et les conduisit jusqu'à leur gîte. Quelle merveille ! Je me tiens bien assuré qu'il consentiroit fort volontiers, que votre cœur, Monsieur, fût au rang de ceux où un tel secret est mis en dépôt. »

L'anecdote va se compléter dans une autre lettre ; mais de plus, ce qu'on ne savait pas, c'est que la liaison de charité du Père Quesnel avec les Carmélites du faubourg Saint-Jacques était nouée fort étroitement à cette date. Cela résulte du passage que je donne tout entier. Il faut savoir que le pape Innocent XII étant mort en septembre, il y avait conclave à Rome et qu'on était aux aguets en France au sujet du futur pape : ·

« (Ce 28 novembre 1700.)... On ne sait rien de sûr, écrivoit M. Vuillart. Je vis du moins à Saint-Magloire un homme très-instruit qui n'en savoit pas plus. Je le quittai à la nuit.

« J'étois entré là au sortir des Carmélites, où l'on me dit tant de choses des souffrances de goutte, de rhumatisme et d'autres douleurs de ma sœur Anne-Marie (d'Épernon) que je ne pus pas ne la point comparer à notre autre honorée souffrante mademoiselle de Marcilly. Une de mes raisons d'aller hier aux Carmélites étoit de leur apprendre des nouvelles de notre bien-aimé et très-honoré M. de Rebecque *qu'elles révèrent tout ce qu'il est possible*. Ah ! Monsieur, que j'ai une riche addition à la très-précieuse anecdote que j'ai eu la consolation de vous en confier dans ma dernière lettre, jeudi passé ! La voici sans vous la faire attendre. Elle est du 15 de ce mois :

« Je vous ai dit (c'est le Père Quesnel qui parle) que j'avois eu le *casque*
« en tête et la *cuirasse* sur le dos : mais je n'ai pas dit que j'avois aussi
« l'*épée* au côté ; car j'avois sur moi le Nouveau-Testament du saint Prélat
« (*M. Pavillon*) que je porte toujours du côté de l'épée, *gladium spiritus*,
« *quod est verbum Dei*. Quand je pense à ce bon enfant, qui nous vint si
« à propos montrer le chemin et qui ne voulut rien recevoir de nous, je
« me souviens de la pensée d'un prédicateur italien, qui expliquant ces
« paroles de saint Pierre délivré par un Ange : *Nunc scio vere quia misit*
« *Dominus angelum suum, et eripuit me*, etc., dit que saint Pierre connut
« que c'étoit un Ange, parce qu'il ne lui demanda rien. »

Convenez que tout cela est d'une piété ingénieuse et fort agréable en ses propos. Ils ont de l'esprit avec l'Évangile, comme d'autres avec Virgile et avec Horace.

Le Père Quesnel, rentré dans sa solitude de Bruxelles, se croyait à l'abri de tout danger ; et c'est là que ses ennemis surent le surprendre. — Mais je devais au moins à sa mémoire le récit de cet épisode qui nous initie et nous fait assister de près aux joies, aux craintes, aux transes, aux superstitions, aux consolations inespérées de la vie janséniste, à la veille d'une reprise de persécution odieuse : en même temps on y voit combien le Père Quesnel avait de qualités personnelles aimables et attachantes. Encore une fois, je lui devais cette réparation pour l'espèce de sévérité involontaire que je lui ai témoignée à la rencontre, par ennui des tristes et dernières disputes auxquelles se rattache son nom.

SUR MADEMOISELLE DE JONCOUX.

(Se rapporte à la page 199.)

Voici tout le récit de ces entretiens qu'eut mademoiselle de Joncoux avec le cardinal de Noailles ; c'est elle-même qui les raconte, en écrivant à la mère Sainte-Anastasie Du Mesnil, prieure de Port-Royal des Champs :

» J'engageai il y a quelque temps mademoiselle Issali[1] à aller voir Son Éminence pour la solliciter ; mais n'étant pas connue

---

1. Mademoiselle Issali, fille du célèbre avocat, ancienne élève et postulante de Port-Royal, sortie par force majeure en 1679 ; elle avait une sœur aînée religieuse à la maison des Champs. (Voir ci-après, dans ce même *Appendice*, sur M. Issali.)

d'elle, cette demoiselle souhaita que je l'accompagnasse. Nous y fûmes le premier samedi de Carême (16 février 1709), après la messe. J'avois une permission à lui demander. Quand cette conversation fut finie, je lui dis que mademoiselle Issali n'ayant pas l'honneur d'être connue de lui, cette demoiselle avoit souhaité que je l'accompagnasse. Sur cela il lui demanda ce qu'elle souhaitoit. — « Je viens, lui dit-elle, Monseigneur, vous demander justice pour Port-Royal des Champs contre Port-Royal de Paris. » — Il fut assez étonné de ce compliment, et lui répondit qu'on feroit justice. — Je pris la parole, et lui dis que cette demoiselle étoit fort alarmée d'une signification qui vous avoit été faite depuis peu de jours (l'assignation signifiée le 9 février, jour des Cendres). — « Il ne faut pas tant s'alarmer, dit-il, il ne faut pas tant s'alarmer. » — « En effet, lui dis-je, je ne m'alarme point, et je rassure toujours mademoiselle ; car je suis persuadée que Port-Royal de Paris sera fondu avant que Port-Royal des Champs soit détruit. » — « Oh! me dit-il, vous êtes toujours la même. » — Mademoiselle Issali reprit que pour elle, elle ne pouvoit s'empêcher d'être inquiète, quand elle pensoit à la destruction d'une maison où il y avoit autant de piété que dans la vôtre, et qui avoit tant édifié l'Église; et lui adressant la parole : « Vous le savez, Monseigneur, » continua-t-elle. Le prélat répondit : « Cela est vrai ; mais ce sont des désobéissantes. Jésus-Christ leur commande d'obéir à l'Église et à leurs supérieurs, et elles ne leur obéissent point. » Je pris sur cela la liberté de lui dire qu'il falloit savoir en quoi vous étiez désobéissantes, et lui demandai si, au cas que vos supérieurs vous commandassent de vous jeter par la fenêtre, il vous trouveroit désobéissantes parce que vous ne vous y jetteriez pas. — « Belle comparaison ! » me dit-il. — « Elle n'est pas si éloignée, lui dis-je, car ces filles sont persuadées qu'elles ne pourroient faire ce qu'on leur commande sans faire un mensonge et un parjure ; et il ne leur est pas plus permis de faire un mensonge et un parjure que de se jeter par la fenêtre. » — « Vous vous moquez, me répondit-il, et ce sont des désobéissantes. » — « Mais, Monseigneur, lui-dis-je, quand il seroit vrai que ces filles seroient désobéissantes, la matière sur laquelle elles désobéissent peut-elle faire une cause légitime pour détruire leur maison? » — « Vraiment ! me répondit-il, assurément la désobéissance est une cause. » — « Eh bien ! lui dis-je, si cette désobéissance est une cause, c'est une cause bien mince et bien légère. » Sur cela il me répliqua : « C'étoit une chose bien mince et bien légère de manger d'un fruit ou de n'en pas manger : cependant voyez quelle a été la suite de la désobéissance d'Adam! » — Cette comparaison me parut assez peu convenable, et je lui répondis qu'en effet avant la défense que Dieu fit à Adam, dans le Paradis terrestre, de manger d'un certain fruit, c'étoit une chose fort indifférente d'en manger o 1 de n'en manger pas, mais que depuis la défense ce n'étoit pas une chose mince et légère de désobéir à Dieu ; que, dans tous les cas, cette comparaison ne pouvoit avoir lieu ici, parce que la chose qu'on vous commandoit n'étoit pas une chose indifférente en soi, comme étoit celle de manger ou ne manger pas d'un fruit, puisque vous étiez persuadées que c'étoit un mensonge et un parjure. — Se trouvant embarrassé de ma réponse, il jugea à propos de s'en aller en disant que vous étiez des désobéissantes.... »

« Jeudi dernier, 14 de ce mois de mars, j'y retournai seule (à l'archevêché) pour la même permission que je lui avois demandée, et pour laquelle il m'avoit remise à son audience. Il ne me parla qu'après avoir expédié tout le monde. Lorsqu'il m'eut accordé ce que je lui demandois, je lui dis : « Mais n'y a-t-il donc aucun moyen d'accommoder cette misérable affaire de Port-Royal ? En vérité, rien n'est plus criant, et tout le monde en est indigné. » — « On ne sauroit qu'y faire, dit-il, ce sont des opiniâtres et des entêtées. » — « Si vous les connoissiez, lui dis-je, aussi bien que je les connois, vous ne les accuseriez ni d'opiniâtreté ni d'entêtement. Vous savez qu'elles ont trop de vertu pour être capables de ces passions ; tout ce que vous pourriez dire, ce seroit au plus qu'elles sont trop scrupuleuses. » — « Eh bien ! reprit-il, à qui est-ce à lever les scrupules, sinon à leur supérieur, à leur évêque ? » — « Je ne trouve pas mauvais, lui dis-je, si vous leur trouvez un scrupule mal fondé, que vous fassiez tout ce que vous pourrez pour lever ce scrupule ; mais si vous ne pouvez en venir à bout, comme il n'intéresse point leur salut et regarde des matières dont on ne leur devroit jamais parler, je crois que vous devez les laisser dans leur scrupule et ne les point tourmenter. » — « Elles doivent obéir, continua-t-il, et ce sont des entêtées. » — « Je lui dis : « Mais dans la lettre qu'elles ont écrite au Pape, et que vous avez vue, y avez-vous trouvé quelque terme, quelque expression qui marque de l'entêtement, de l'opiniâtreté, de l'erreur? de bonne foi, cette lettre-là ne devroit-elle pas contenter? » — Ne sachant que me répondre, il me dit : « Mais, mon Dieu ! ne vous mêlez point de ces affaires-là ; ce sont des affaires de l'Église, et n'étant qu'une fille, vous ne devez point du tout vous en mêler. » — Je lui répondis : « Mais puisque ce sont des affaires de l'Église dont les filles ne doivent point se mêler, pourquoi donc tourmente-t-on ces pauvres filles pour des affaires d'Église ? Elles sont filles comme moi, et je vous avoue que tant qu'on les tourmentera pour de telles affaires, je me croirai en droit de m'en mêler et d'y prendre part. » — Il avoit fort envie de rire de tout cela ; mais comme il ne vouloit rien répondre sur la lettre ni sur ma réponse, il me dit que vous étiez des entêtées, et qu'après tout ce qui s'étoit passé à votre égard, vous ne devriez pas refuser de faire ce que l'on vous demandoit. — « C'est tout juste, repris-je, à cause de ce qui s'étoit passé à leur égard qu'on devoit être assuré de leurs sentiments, et qu'ainsi on devoit ne leur rien demander. Et en vérité si le roi ne s'intéressoit pas comme il fait à cette affaire, on ne les trouveroit ni opiniâtres ni entêtées, et on ne songeroit seulement pas à elles. » — « Pourquoi dites-vous cela? reprit-il; ce n'est pas seulement le roi, c'est mon affaire, cela me regarde. » — « Mais puisque c'est votre affaire, lui ai-je répliqué, que ne traitez-vous donc de même toutes les filles qui sont de votre diocèse, et qui sont dans les mêmes sentiments que les religieuses de Port-Royal? » — « C'est, dit-il, que cela ne m'est pas connu. » — « Oh! vraiment, si vous vouliez, vous les connoîtriez bien, lui dis-je; mais c'est que cela vous embarrasseroit trop, et une telle entreprise vous causeroit plus de peine que tout votre diocèse ensemble. » — Il ajouta que, de plus, c'étoit toute une Communauté. — Je lui marquai combien j'étois touchée de votre état, que cela me tirailloit l'âme. — « Je le sais bien, reprit-il, cela vous tiraille l'âme et le corps aussi; et croyez-vous que leur état ne me fasse pas de peine? » — Je lui dis qu'il m'en faisoit aussi beaucoup. — A quoi il a répondu que la différence qu'il y avoit entre lui et moi, c'étoit que je sentois votre mal où il n'étoit pas, et que, pour lui, il le sentoit où il étoit. — « Je crois, lui dis-je, que nous le sentons tous deux au même endroit. » — Comme il me parla encore de votre entêtement, et que je voulois le faire convenir que tout au plus, selon lui-même, vous n'étiez que des scrupuleuses, et que sur cela il me dit encore que vous deviez lui soumettre vos scrupules, et que c'étoit à lui à les lever, en pratiquant ce précepte de l'Apôtre : *Obéissez à vos supérieurs,* je lui répliquai : « Mais vous croyez que vous levez les scrupules de ceux que vous faites signer; point du tout; ils demeurent toujours dans les mêmes sentiments, et y ajoutent le scrupule de vous avoir obéi. C'est ce qui est arrivé à tous les docteurs que vous avez obligés de dessigner (dans l'affaire du *Cas de Conscience* en 1702) : aucun ne change de sentiment, et le pauvre abbé Des Hayettes est mort dans le regret d'avoir dessigné, et n'a eu aucun repos de conscience depuis ce temps-là. » — « Oh! me dit-il, comment pouvez-vous dire cela? l'abbé Des Hayettes est mort sans parler; ainsi vous ne pouvez pas savoir dans quels sentiments il est mort. » — « Il est vrai, repris-je, qu'il est mort sans parler, mais on peut juger de ses sentiments par ceux où on l'avoit toujours vu jusqu'alors. Or, il est certain, et il ne s'en cachoit pas à ses amis, qu'il n'avoit jamais eu de repos depuis cette signature; qu'il ne songeoit qu'à ranger ses affaires de manière qu'il pût se retirer quelque part en sûreté, et rétracter la signature que vous lui aviez fait faire, et dont il avoit un très-grand scrupule. D'autres m'ont dit qu'ils souhaiteroient avoir eu le courage de faire comme M. Petitpied et comme les religieuses de Port-Royal; mais qu'ils n'avoient pu se résoudre à aller en exil. Voilà comment vous levez les scrupules en faisant signer ! » — Il ne me répondit à cela autre chose, sinon qu'il ne croyoit pas que l'on fût jamais damné pour avoir obéi à ses supérieurs. — « On ne sera pas damné précisément, lui dis-je, pour avoir obéi à ses supérieurs, mais je crois qu'on pourra bien l'être pour avoir fait des choses qu'ils auront commandées, lorsqu'elles se trouveront contraires à la loi de Dieu. » — A cela il ne me répondit rien. Je lui dis ensuite que les personnes qui n'entendoient rien à la question de doctrine, sur laquelle on vous tourmentoit, étoient indignées qu'on vous réduisît à vivre d'aumômes, en laissant prendre votre bien à des religieuses qui avoient mangé le leur ; que cela étoit indigne et tout à fait criant. — « Je sais bien, me répondit-il, qu'elles ne manquent de rien ; et si elles manquoient de quelque chose, je le leur donnerois, car je ne veux pas qu'elles manquent de rien, et je leur donnerai quand elles en auront besoin. » — « Mais pourquoi, lui dis-je, ne manquent-elles de rien ? parce que des personnes comme moi vendent leur cotillon plutôt que de les laisser manquer de quelque chose ; car je vendrois certainement le mien plutôt que de les laisser dans le besoin. » — « Vraiment, me dit-il en riant, je le sais bien que vous vendriez plutôt votre cotillon ; mais, mon Dieu ! vous vous ferez des affaires. » — « Il y a longtemps, lui répliquai-je, que je suis au-dessus des affaires : quand on a une coiffe, on ne s'en met pas beaucoup en peine, et je ne la changerois pas pour la pourpre. » — En lui disant cela, je lui fis une profonde révérence, et je me retirai. »

Mademoiselle de Joncoux soutenait ainsi avec vaillance l'honneur du pavillon. Cette spirituelle et vive personne a son originalité dans cette série déjà bien longue de Mères de l'Église et de filles de la Grâce. Je ne puis mieux me la représenter et me la définir que par ce seul mot : C'est une sœur Christine Briquet hors du cloître.

Elle mourut au même âge que la sœur Briquet, à quarante-sept ans, par suite des extrêmes fatigues qu'elle s'était données, à la mort de Louis XIV, pour obtenir la délivrance des amis prisonniers à la Bastille (27 septembre 1715). Dans les courses perpétuelles qu'elle faisait, et pour les visites qu'elle avait à rendre aux plus importants personnages, mademoiselle de Joncoux se servait habituellement, non pas d'un carrosse, non pas d'une chaise à porteurs, mais d'une brouette, autrement dite *vinaigrette*. Elle y lisait quelque livre pendant qu'on la brouettait. C'est dans cet équipage qu'elle se présentait à la porte des prélats, des magistrats, des seigneurs les plus qualifiés. On voyait sortir de cette boîte une toute petite personne alerte, très-bien prise dans sa petite taille, d'une mise très-simple, très-exacte, au linge uni, à la coiffe sévère, ne portant de robes que de couleur écorce d'arbre très-rembrunie. Son écharpe noire, est-il besoin de le dire? n'avait aucun de ces falbalas autorisés alors par l'usage. Un air d'enjouement corrigeait en elle ce qui, au premier aspect, eût paru austère. Elle était partout la bienvenue et la très-écoutée. Elle était l'âme du petit sanhédrin janséniste. On assure qu'aussitôt morte, le parti et les principaux docteurs s'aperçurent qu'ils avaient perdu celle qui leur servait de centre et de lien. « Tout se déconcerta en peu de temps. »

SUR M. FEYDEAU.

(Se rapporte à la page 594 du tome IV, et 625 du tome V.)

M. Feydeau dont il a été parlé plus d'une fois, précédemment, et dont nous avons eu à indiquer le témoignage, peut représenter à nos yeux l'image exacte, non pas d'un ami tout à fait intime et familier de Port-Royal, mais d'un ami extérieur, fidèle au même esprit, adhérent à la même doctrine, marchant dans la même voie, sans s'écarter d'une ligne ni dévier jamais : c'est le modèle du catéchiste et du curé selon Port-Royal, et comme tel persécuté en chacune de ses résidences; au bout de quelque temps, calomnié, expulsé, promené de lieu en lieu, ballotté sans cesse. Nul ne fut plus souvent exilé et ne supporta plus patiemment ses divers exils. Il a raconté lui-même sa vie, depuis 1644 jusqu'en 1678, de la manière la plus simple et la plus naïve [1]. Je n'aurai pour montrer l'homme et le chrétien au naturel qu'à extraire ce qu'il dit et à compléter çà et là, par quelques traits, ce que sa modestie ne dit pas.

M. Matthieu Feydeau, docteur de la maison et société de Sorbonne, issu d'une famille qui a donné à l'Église et à la Robe des personnes d'un mérite distingué, était fils d'un avocat de la branche de Feydeau de Brou, d'où sont sortis le président Feydeau, madame d'Ormesson, madame de Bagnols, M. de Brou conseiller d'État. Il vint au monde l'an 1616, à Paris. On ne sait rien de sa jeunesse. Dans le cours de ses études théologiques, il avait pour confesseur M. Charton, grand pénitencier, et pour maître et directeur M. Martineau, depuis évêque de Bazas, « qui, certainement, disaient ceux qui les avaient connus, ne lui inspirèrent, ni l'un ni

---

1. *Mémoires* manuscrits de M. Feydeau : Bibliothèque Mazarine, H. 3012; et Bibliothèque du Roi, résidu Saint-Germain, 302.

l'autre, le zèle qu'il témoigna depuis pour la doctrine de saint Augustin. » Ordonné prêtre à Paris, au jour de Pâques de 1644, des mains du coadjuteur, le futur cardinal de Retz, il se résolut à ne dire sa première messe qu'au jour de la Pentecôte ; et de plus il eut la dévotion de ne la vouloir dire que dans quelque lieu plus particulièrement édifiant, dans quelque solitude hors de Paris. Il choisit à cet effet, après y avoir bien songé, la cure de M. Du Hamel à Saint-Maurice au diocèse de Sens. Il venait de lire le Livre de *la Fréquente Communion*, et la manière dont il était parlé, dans la Préface, de ce curé alors exemplaire, avait enflammé sa piété. Il connaissait déjà, d'ailleurs, M. Du Hamel et avait même dû à son amitié d'être son successeur dans son logement et sa chambre de Sorbonne.

On ne se ferait pas une juste idée de la foi naïve et entière de M. Feydeau, si on ne le laissait parler lui-même. Tout son soin, durant toute sa vie, fut de tâcher de discerner et de reconnaître quelle était la volonté et l'intention de Dieu sur lui, afin de la suivre uniquement et de ne pas faire un pas sans s'être assuré autant qu'il le pouvait par quelque signe qu'il était bien dans la ligne de sa vocation. Ainsi, quand l'idée lui vint d'aller dire sa première messe à Saint-Maurice, il ne se livra point tout d'abord à son désir :

« Je ne voulus néanmoins pas prendre cette résolution absolument, nous dit-il, mais seulement à cette condition que M. Charton, pénitencier, et M. Martineau, qui depuis a été évêque de Bazas, l'approuvassent, le dernier étant mon grand maître, et M. le pénitencier mon directeur. Il me sembla difficile que tous deux y consentissent, parce que ni l'un ni l'autre n'approuvoient pas autrement tout ce qui se faisoit et que la conduite de M. Du Hamel ne leur paroissoit pas assez mesurée. Je crus que, si l'un et l'autre y consentoient, ce seroit une marque de la volonté de Dieu. Je le leur proposai donc à chacun d'eux en particulier. Ils y donnèrent les mains et l'approuvèrent ; et je ne doutai point que ce ne fût la volonté de Dieu que je fisse comme Moïse qui, voulant sacrifier à Dieu, entreprit un voyage de trois jours pour le faire dans le désert. »

Tout le monde alors, dans le cercle ecclésiastique et alentour, s'entretenait du livre de *la Fréquente Communion* ; dès qu'un prêtre ou des religieux se rencontraient, c'était le sujet inévitable du discours ; M. Feydeau s'en aperçut dans son voyage de Paris à Sens :

« Je fis une partie du chemin par eau, étant dans un des grands bateaux publics qui vont sur la Seine. Il ne se passa rien de remarquable sinon que l'on s'entretint du livre de *la Fréquente Communion* qui pour lors faisoit grand éclat. Chacun en dit son avis. J'en dis le mien, et quelques Récollets dirent ce qu'ils en pensoient sans que personne se prît à partie pour disputer. Mais je fus étonné qu'arrivant chez M. Du Hamel, un gentilhomme du voisinage, M. de Toury, lui dit aussitôt qu'il me vit :

« Voilà l'ecclésiastique dont les Récollets m'ont parlé et dont ils m'ont dit dans Montargis qu'ils l'avoient convaincu qu'il y avoit cinq hérésies dans le livre de *la Fréquente Communion.* » Je fus fort étonné, n'étant pas encore accoutumé en ces temps-là, comme je l'ai été depuis, à de semblables impostures. »

M. Feydeau n'avait pas encore fait beaucoup de chemin et déjà il se heurtait à ce qui, dans sa vie honnête et droite, sera son obstacle perpétuel et sa pierre d'achoppement. L'imposture habita volontiers en face de lui.

Il fut édifié de tout ce qu'il vit durant son séjour prolongé à Saint-Maurice. Il y dit sa première messe au temps qu'il avait fixé, le jour de la Pentecôte; il y vint, ce jour-là, des environs un grand nombre de pauvres auxquels M. Du Hamel donna à dîner : on en compta jusqu'à trois cents. Il y avait bien, dans cette cure de Saint-Maurice, quelques pratiques extraordinaires de pénitence, surtout pour les femmes, qui étonnèrent un peu la piété réglée de M. Feydeau; mais, somme toute, son édification fut entière. Il nous avoue qu'à cette époque il était plus touché de la vue des mœurs chrétiennes qu'instruit à fond sur certains points de doctrine. Jansénius n'était pas encore divulgué, et le livre de *la Fréquente Communion* faisait plus de bruit que le gros in-folio latin. On fut quelque temps avant de saisir le rapport et le lien qu'il y avait de l'un à l'autre. Plus d'un docteur de Sorbonne qui se déclarera bientôt contre Jansénius tenait bon encore, à cette date, pour saint Augustin. M. Feydeau n'avança lui-même en ces matières que pas à pas, mais il n'en fut ensuite que plus ferme et plus inébranlable :

« M. Floriot, grand disciple de saint Augustin et qui depuis a donné au public la *Morale chrétienne*, vint en ce temps-là à Saint-Maurice. Nous disputâmes fort de la Grâce; et comme je n'étois pas encore persuadé de tout ce que j'ai trouvé depuis dans saint Augustin, je lui résistois fortement, et lui opposois le passage de saint Paul : *Ignoras quantum benignitas Dei te ad pœnitentiam adducit?* Le fruit de cette conférence fut que je lus avec attention saint Augustin, étant persuadé qu'il valoit mieux s'en rapporter à cet organe de l'Église sur la matière de la Grâce, comme l'appelle le cardinal Du Perron, qu'à tout autre..

« Je commençai par les livres *De Gratiâ et libero Arbitrio* et par celui *De Peccatorum meritis et remissione* : et à mesure que je les lisois, je trouvois que M. Floriot n'en disoit pas assez, et que saint Augustin s'exprimoit plus fortement même que Jansénius ne l'avoit représenté. »

Le livre de M. Arnauld, l'*Apologie de Jansénius* en réponse aux trois sermons de M. Habert, acheva de fixer et de fonder sa conviction[1].

---

1. Vers la fin de sa vie, il exprimait bien vivement cette inébranlable croyance au Christianisme selon saint Augustin et saint Paul et la résu-

M. Du Hamel, nommé curé à Saint-Merry sur la fin de l'été de 1644, n'y vint qu'en février 1645 : il y appela M. Feydeau que la paroisse de Saint-Maurice aurait bien voulu retenir, et avoir pour curé en remplacement de celui qu'elle perdait. Le jeune prêtre aima mieux revenir à Paris. M. Du Hamel le décida, après quelque résistance, à être son vicaire à Belleville qui était alors une dépendance et une annexe de la paroisse Saint-Merry. A peine installé, M. Feydeau y entreprit un *réveil* chrétien comme M. Guillebert faisait dans le même temps à Rouville. M. Bourdoise, fondateur de la Communauté de Saint-Nicolas du Chardonnet, ce grand réformateur de la cléricature au dix-septième siècle, vint passer quatre mois avec lui dans sa maison même et conçut de l'affection pour lui en voyant la vie édifiante qu'il menait et qui se répandait alentour. Il y avait souvent avec M. Feydeau à Belleville de jeunes étudiants en philosophie et en théologie que M. Du Hamel lui envoyait pour faire quelques jours de retraite. De ce nombre fut, notamment, M. Bouilli, chanoine d'Abbeville, qui se retira un ou deux ans après à Port-Royal et qui y passa le reste de sa vie dans la pénitence. Ce digne ecclésiastique, qui était assez âgé déjà et qui avait lu plus d'une fois le *Nouveau-Testament*, dit un jour à M. Feydeau : « Mais vous ne m'avez pas donné le *Nouveau-Testament* ordinaire et il faut qu'on l'ait changé, parce que celui que j'ai lu autrefois ne me parloit point si clairement ni si fortement que celui-ci. » M. Feydeau lui répondit « que ce n'étoit pas le *Nouveau-Testament* qui étoit changé, mais que c'étoit lui-même, que le *Nouveau-Testament* changeoit et régénéroit dans son cœur. » M. Feydeau envoya également à Port-Royal une fille du voisinage qui l'avait prié d'être son directeur. Il préparait ainsi des sujets pour le dehors et pour le dedans de Port-Royal. M. Singlin le vint voir une fois avec M. Du Hamel pour lui proposer la cure de Saint-Maclou à Rouen, mais cette visite n'eut pas de suite. Pour tout le bien qu'il faisait là, il était déjà calomnié, comme le lui apprit un jour un de ses pénitents les plus attachés. Ce brave homme, ancien marchand retiré, ayant du bien, frère d'une femme fort pieuse, était une des conquêtes de M. Feydeau :

« Il ne me pouvoit quitter ni jour ni nuit, et il demeuroit dans un abattement étrange quand je faisois seulement un tour à Paris sans le mener avec moi. Il fit sa résolution de quitter le siècle et de se retirer toute sa vie auprès de moi, étant toujours dans les larmes et dans les

mait en ces termes : « Il ne faut leur opposer à tous que saint Augustin : c'est une face de Méduse qui arrête tous leurs mouvements. Ils ne peuvent rien alléguer où il n'ait répondu par avance, ni porter de coup qu'il n'ait déjà paré. Mais saint Augustin ne défend pas saint Augustin, il ne fait que défendre saint Paul, ou plutôt c'est saint Paul qui défend saint Augustin et qui le couvre de la vérité comme d'un bouclier impénétrable à tous les traits que peut tirer la raison humaine. »

gémissements de ce qu'il ne croyoit pas tant avancer dans la piété que madame Mathon, sa sœur. Mais il étoit dans des surprises étranges quand, venant quelquefois à Paris, il avoit conversation avec des ecclésiastiques de la paroisse de Saint-Merry qui lui disoient des choses si horribles contre moi qu'il ne savoit à qui le dire ni à quoi se résoudre. Enfin il me dit un jour qu'il étoit mon espion, qu'il m'observoit depuis le matin jusqu'au soir pour voir s'il ne découvriroit point quelques-uns de ces crimes si noirs dont ces gens me calomnioient : et n'y voyant point d'apparence, il ne pouvoit assez admirer que des gens de notre profession pussent être de si grands calomniateurs. »

Ce fut bien pis quand M. Du Hamel, au bout d'une année (fin de 1646), eut appelé M. Feydeau à Paris et qu'il en eut fait son vicaire en titre. Quoique M. Feydeau ait tenu absolument, après trois ans d'exercice, à résigner le vicariat, il ne resta pas moins, pendant huit années, le collaborateur essentiel et assidu de M. Du Hamel, portant avec lui le poids des devoirs et des inimitiés. Il fut de tout temps le catéchiste de la paroisse : le *catéchisme* était proprement son talent, et sa modestie elle-même n'en disconvient pas :

« Cette fonction, dit-il, étoit tout à fait conforme à mon génie, et comme je m'y plaisois, j'y réussissois en quelque façon, et mes auditeurs croissant tous les jours, ma satisfaction augmentoit. J'ai toujours continué cette fonction pendant que j'ai été à Saint-Merry. Ce n'étoient pas des enfants seulement qui venoient au Catéchisme, mais les pères et mères de famille et des magistrats ; et sur la fin on y envoyoit garder des places dès la prédication qui se faisoit à une heure, le Catéchisme se faisant à quatre. Personne ne s'y ennuyoit, et on se trouvoit instruit et convaincu de beaucoup de vérités qu'on ignoroit, en sorte qu'on disoit dans la paroisse qu'il n'y avoit rien de pareil au Prône de M. Du Hamel et au Catéchisme de M. Feydeau. »

On a beau être saint, on a son petit amour-propre. Celui de M. Feydeau se contient dans son humble sphère. Il n'était pas précisément un prédicateur. Ce degré de plus dans l'effusion de la parole lui demandait un certain effort ; il eut pourtant quelques prédications remarquables. Il raconte comment et en quel lieu il prépara l'un des sermons qu'il eut à prêcher par extraordinaire à Saint-Eustache devant le Recteur de l'Université :

« Je m'y préparai l'avant-veille, dit-il, n'en ayant été averti que trois jours auparavant par M. le Recteur. Ce fut pendant la nuit dans l'église de Port-Royal des Champs. J'étois arrivé assez tard avec madame Gorge qui y menoit un médecin pour voir sa fille qui étoit fort malade. M. Singlin m'ayant dit que c'étoit manquer de sagesse et de conduite d'arriver si tard au couvent et qu'il n'avoit pas le temps de donner ordre pour nous faire coucher, je me retirai sans rien dire après le souper. J'entrai dans l'église et m'enfermai dans la loge de M. d'Andilly où je fis ma prédication sur ces paroles : *Qui fecerit et docuerit, magnus vocabitur in regno Cœlorum.* Je ne voulus point dire la mauvaise réception que M. Singlin m'avoit faite, de peur que cela ne fît| tort à Port-Royal. Ce que j'appris avoir été fort loué de M. d'Alençon¹. Mais je m'en plaignis à M. Du Hamel et lui dis qu'il avoit pour directeur un homme à qui je ne voudrois pas ressembler, l'esprit de Notre-Seigneur étant d'être doux et humble et non pas d'être dur et rude; ayant été condamné avant que d'avoir été ouï pour avoir fait une charité à une paroissienne que j'accompagnois avec un médecin. M. Singlin m'en fit, après, des excuses. »

On entrevoit par ce récit un des défauts de M. Singlin, le trop de roideur. Nous entreverrons ainsi, chemin faisant, quelques-uns des défauts de nos amis, mais qui ne touchent pas à l'essentiel.

On devine que M. Feydeau, fort jeune encore pendant les années de son ministère à Saint-Merry, était dans une situation fort délicate, ayant à conduire les âmes, surtout beaucoup de personnes du sexe. Il avait souvent affaire à des natures exaltées, à des visionnaires : on est tenté de sourire à plus d'un de ses récits. Lui, il ne souriait jamais. Il s'efforçait, dans la pratique, d'allier aux principes de *la Fréquente Communion* quelques-uns des préceptes de saint François de Sales, et il unissait sagement les deux esprits.

Il eut pour ami et compagnon en ces années, parmi les prêtres et docteurs qui formaient une petite communauté dans cette paroisse, un ecclésiastique d'une physionomie assez intéressante et assez singulière, et qu'il nous définit de la sorte :

« Nous eûmes encore la consolation d'avoir avec nous M. de La Croix-Christ. C'étoit un homme très-bien fait, très-éloquent et très-spirituel. Nous avons de lui les *Soliloques* de saint Augustin, traduits en françois. Il étoit sorti de chez M. le duc d'Orléans pour avoir mené mademoiselle Saujon aux Carmélites. Monsieur avoit délibéré s'il ne devoit point le faire jeter par les fenêtres, le voyant encore dans sa chambre après cette action-là. Il y demeuroit sans crainte, ne croyant pas que Monsieur sût que c'étoit lui qui avoit emmené mademoiselle Saujon². Monsieur se contenta de lui faire dire qu'il se retirât. Il choisit la maison de M. Du Hamel comme la croyant la plus déclarée pour soutenir les vérités les plus contestées. Je n'ai point vu d'homme plus rempli de l'amour de Dieu. Il en faisoit une étude particulière. Il ne s'appliquoit presque à autre chose qu'à le faire croître en lui autant qu'il le pouvoit, et il avoit composé je ne sais combien de méthodes pour cela. Il avoit été contraint de quitter l'oraison, parce qu'un si grand feu lui montoit à la tête que tout le reste s'affoiblissoit; et quand il parloit de Dieu, c'étoit d'une manière tout extraordinaire, comme on entendroit parler un amant de la personne qu'il aime. »

1. L'un des confesseurs des religieuses, un humble et digne serviteur de la maison.
2. M. Olier, curé de Saint Sulpice, se trouva dans cette affaire en contradiction directe avec M. de La Croix-Christ : il fut d'avis que madame de Saujon restât à la Cour. (Voir la *Vie de M. Olier*, par l'abbé Faillon, tome II, pages 158, 159, 180.)

Ce M. de La Croix-Christ avait un nom prédestiné[1].

Je n'ai pas à revenir ici sur les divisions intestines de la paroisse de Saint-Merry et sur la guerre des deux curés[2]. M. Feydeau y fut mêlé forcément comme étant le prêtre de confiance de M. Du Hamel. Lorsque M. Amiot eut succédé comme curé à M. Barré, homme assez bon, mais faible et vers la fin prévenu, ils eurent affaire à un ennemi déclaré et à un méchant esprit. La meilleure réponse aux calomnies du Père Rapin, qui ne sont autre chose que les rapports et les notes provenant de M. Amiot, c'est ce passage des *Mémoires* de M. Feydeau, plume honnête et véridique :

« Le comble de nos peines fut qu'enfin M. Barré n'étant pas satisfait de l'arrêt qui régloit ses prétentions, voulut enfin quitter la cure. Il n'y eut pas moyen de rompre ce coup, et quand nous sûmes qu'il la vouloit donner à M. Amiot, notre déplaisir augmenta encore beaucoup, sachant que ce M. Amiot étoit un emporté, un homme de procès et qui prétendoit encore faire fortune par la persécution contre ceux qui paroissoient attachés au cardinal de Retz et à Port-Royal. M. Barré avoit un neveu qui avoit toutes les qualités pour être un bon curé. Il étoit docte et près d'être docteur, un esprit doux et modéré ; mais M. Barré dit que c'étoit par cette raison-là qu'il ne le vouloit pas donner à M. Du Hamel pour confrère et que M. Du Hamel l'auroit mangé d'un grain de sel.

« Je ne pouvois assez admirer ce que c'est que l'esprit humain. M. Barré avoit autant de zèle que nous pour la doctrine de saint Augustin, et il en étoit encore plus instruit, et il va chercher entre tous les ecclésiastiques celui qui y avoit le plus d'opposition et qui en étoit le plus ignorant, et qui disoit ordinairement qu'*il n'avoit jamais lu un livre tout entier, parce qu'il n'y avoit jamais trouvé un quart d'écu au bout*. Il voyoit M. Du Hamel être l'homme du monde le plus éloigné des procès, et il lui donnoit pour confrère le plus grand chicaneur de Paris qui avoit ruiné le Chapitre d'Auxerre dont il étoit le doyen par ses procès et par ses chicaneries. Si tôt que je le vis entrer dans la paroisse, je dis à M. Du Hamel : « Cet homme n'est venu ici que pour vous en faire sortir. » Ce qu'il ne voulut point croire en ce temps-là, mais ce qu'il a éprouvé depuis. »

1. Son vrai nom était M. Anillet de La Croix-Christ. Il était d'Alençon, du diocèse de Seez en Normandie. On ne connaît la suite de sa vie que par M. Feydeau. Il eut sa part dans la même persécution, s'étant retiré de Saint-Merry en même temps que lui. Il eut aussi une lettre de cachet de par le curé M. Amiot. Il s'en retourna alors, sans mot dire, à Alençon qui était son pays, puis alla à Buzanval près Rueil, et, la mélancolie le saisissant, il revint quelque temps après se loger à Paris dans la même rue où était alors caché M. Feydeau. C'est là qu'il mourut. Il reçut les derniers sacrements de M. Joli, depuis évêque d'Agen. Le chirurgien, M. Guillard, qui le traitait et qui voyait également M. Feydeau, dit à ce dernier que « son malade étoit plus enflammé du feu de l'amour de Dieu que de celui de sa fièvre ; qu'il n'avoit jamais vu une attention à Dieu si fervente ni si appliquée. » Le Père Gerberon, dans son *Histoire générale du Jansénisme*, le fait mourir le 11 octobre 1660. D'après les *Mémoires* de M. Feydeau, il faudrait reporter cette mort en 1661. C'est un ami de Port-Royal qui manque, d'ailleurs, dans les *Nécrologes* : plusieurs de ceux qui moururent en ces années de la dispersion ont pu être ainsi oubliés.

2. Voir à l'*Appendice* du tome II, p. 545.

On ne s'étonne pas, après cela, du rôle de M. Amiot, de cet esprit de zizanie et de délation qui est encore caractérisé suffisamment en ces termes :

« Je continuois mon Catéchisme dans la paroisse, nous dit M. Feydeau, et M. Amiot et son vicaire nommé Le Blond, docteur de Navarre, étoient aux écoutes pour me surprendre, afin d'avoir de quoi m'accuser et m'ôter cette fonction s'ils pouvoient. Ils m'obligèrent d'aller deux ou trois fois à l'Officialité, mais sur des vétilles si impertinentes qu'ils n'y gagnèrent jamais rien. M. l'Official qui étoit M. Du Saussay prenoit mon parti contre eux. Je me souviens qu'ils m'accusèrent une fois d'avoir dit que l'amour ou la charité étoit nécessaire pour recevoir l'absolution ; et comme je me défendois en disant avec saint Augustin qu'il y avoit *Caritas inchoata* et *Caritas perfecta*, M. Amiot s'en mettant fort en colère, M. l'Official lui dit qu'il étoit dit dans l'Ecriture : *Primam caritatem reliquisti ;* qu'ainsi il y avoit une charité parfaite et une autre qui ne l'étoit pas [1]. »

Le moment vint où M. Du Hamel commit l'imprudence de faire son prône et d'entonner sa manière de *Te Deum* en l'honneur du cardinal de Retz qui s'était échappé du château de Nantes : il fut exilé, et les ecclésiastiques de son choix se trouvèrent sans point d'appui dans la paroisse après son départ. Pourtant une audience favorable du cardinal Mazarin les rassura et les raffermit quelque temps :

« Nous trouvâmes ensuite un peu plus de paix dans la paroisse ; mais M. Amiot cherchoit toujours toutes les occasions de nous traverser ; ce qui donnoit de grandes inquiétudes à M. de Morangis, qui étoit premier marguillier et qui ne vouloit ni déplaire à la Cour en nous soutenant, ni aussi nous abandonner tout à fait, faisant profession d'amitié avec M. Du Hamel et voyant de quel côté étoient la vérité et la justice. Un jour que M. Amiot sortoit de chez lui, après que M. de Morangis lui eut bien fait des honnêtetés, il me dit : « Ce coquin-là me fera sortir de la paroisse. » Ce qu'il fit incontinent après. Il faisoit tout notre appui et notre consolation. Je lui disois librement ce qu'il me sembloit de son état. Je lui dis une fois que ce qui m'en fâchoit, c'est qu'il recevoit tous les ans 12 000 liv. du roi pour aller dormir au Conseil. — « Et moi, dit-il, ce qui me fâche,
« c'est que je ne les reçois pas, car il y a je ne sais combien de temps
« qu'on ne me les paye plus. » Il étoit pour lors directeur des finances. »

M. Feydeau tenta de trouver quelque appui auprès d'un personnage plus ferme, le premier président Molé devenu ministre, qui avait été son parrain :

« Je cherchois tous les moyens de nous maintenir contre M. Amiot. Je

---

1. C'est le cas ici, à l'occasion de M. Du Saussay, d'adoucir un mot qui me paraît un peu fort dans le Mémoire sur le cardinal de Retz (Tome V, page 562). Cet Official et Grand-Vicaire, qui était au gré de la Cour plus que du choix du cardinal, n'était pas favorable aux Jansénistes, mais il ne semble pas non plus qu'il ait été « un *très-vif* adversaire. » Sa manière d'agir envers M. Feydeau montre qu'il y mettait de la modération.

m'avisai de me procurer l'honneur de saluer M. le garde des sceaux : c'étoit messire Matthieu Molé. Je lui dis que je lui venois rendre compte de ma foi, comme, selon les lois de l'Église, il en devoit rendre compte à Dieu ; que j'étois docteur et prêtre servant l'église de Saint-Merry, et que je lui demandois sa protection. Il me dit qu'il se souvenoit bien de m'avoir tenu sur les fonts de baptême à Saint-André avec mademoiselle Du Plessis. Il me demanda ce qu'il pouvoit faire pour moi. Je lui dis qu'il pouvoit tout, mais que je lui demandois seulement qu'il lui plût interposer son autorité à ce qu'on vécût dans la paroisse de Saint-Merry en paix et en union. Et depuis on dit que M. Amiot m'épargnoit un peu davantage. »

Enfin, après dix-huit mois de lutte, il fallut céder la place, lui et ses amis, et sortir de la paroisse où il était resté onze ans. Ce départ de Saint-Merry eut lieu le 21 mars 1656 [1].

Ici commence pour M. Feydeau une vie errante et plus ou moins cachée, tantôt à la campagne chez des amis, tantôt chez des curés de village de sa connaissance, tantôt même dans des villes (comme Melun) à l'ombre des monastères. On jugea probablement qu'il y était encore trop actif. Le curé tracassier et persécuteur Amiot, ne le perdait pas de vue. Une lettre de cachet fut lancée contre lui ; elle lui enjoignait de se rendre à Cahors. Il crut devoir s'y dérober et chercha un asile à Merentais ou Mérenci, maison de campagne de M. Le Roi, abbé de Haute-Fontaine. De là il allait quelquefois à Port-Royal ; il y assista au service funèbre de M. Le Maître (1658). Cependant M. d'Andilly, respectueux à la royauté, trouvait à redire que M. Feydeau n'eût pas obéi à l'ordre du roi :

« J'allois quelquefois à Port-Royal. Je demandai même une fois une fille que j'y avois mise, que je n'avois pas vue il y avoit plusieurs années. On me la refusa fort sèchement. Cela me fâcha. J'en fis des plaintes assez grandes sur-le-champ au Tour et aux amis. M. Taignier, qui étoit venu en ce temps-là à Port-Royal, me vint voir et m'en fit des excuses pour elles (les religieuses). Comme je reconnus que M. d'Andilly avoit de la peine de ce que

---

1. Ce départ produisit une grande émotion et presque un schisme dans la paroisse ; je recueille les propos du temps, là où je les trouve. M. Des Lions écrivait dans son *Journal*, à la date du 8 juin 1656 : « Mademoiselle de Tournon, de la paroisse de Saint-Merry, m'a dit que depuis l'expulsion des prêtres de M. Du Hamel, les dames de leur parti au nombre de trente ou quarante avoient quitté les assemblées de la charité, qu'elles s'emportoient à d'étranges mépris de M. Amiot ; qu'un jour, comme il préchoit, elle étoit auprès d'une qui disoit : *Tu as dit vrai !* et autres paroles d'injures ; qu'elles et leurs filles sont toutes savantes en ces matières ; qu'un M. de La Planche, contrôleur (trésorier) des bâtiments du Roi, avoit, dès le lendemain de la sentence, mis un écriteau sur sa porte pour quitter la paroisse ; qu'il étoit allé loger au faubourg Saint-Germain (en une maison appelée la *Cour des Flamands*), où M. Feydeau s'est retiré ; qu'il a deux filles qui savent le latin et qui font les doctes..., etc., etc. » Nous avons le commérage ecclésiastique.

j'allois à Port-Royal, n'ayant pas obéi à ma lettre de cachet, je m'abstins d'y aller et ne bougeai de la maison de M. l'abbé (Le Roi), m'occupant toujours dans la lecture. »

On voit que M. Feydeau avait plus de goût pour Port-Royal qu'il n'y trouva d'accueil. Cela tint à de purs accidents. L'union d'ailleurs était réelle. On aura remarqué aussi que M. d'Andilly poussait le royalisme jusqu'à prendre un peu sur la charité.

M. Feydeau caché et à demi solitaire n'était pas, en ces années, sans avoir bien des douceurs d'étude et de prière [1], en même temps qu'il éprouvait des ennuis et parfois des alarmes : je passe sur bien des détails et j'arrive à la plus cruelle des tribulations qu'il eut à souffrir, à une aventure vraiment funèbre et terrible. De 1659 à 1661, il vivait à Paris rue de la Chaise (faubourg Saint-Germain) chez un ami, M. de La Planche, qui y avait une vaste demeure avec jardin et chapelle; il y était traité comme l'enfant de la maison. Il ne laissait pas d'abord de sortir avec précaution et d'entretenir quelques relations pieuses. Il allait quelquefois chez M. de Sainte-Beuve, son confesseur. Il allait à l'hôtel de Liancourt. Il allait chez madame de Sablé [2], et il prit part à la conférence qui se tint dans son salon du faubourg Saint-Jacques entre le Père Des Mares et le ministre Gache sur la demande de mademoiselle d'Aumale, une protestante qui finit par se convertir [3].

Vers ce temps, les ennemis ayant fait courir le bruit que lui-même, M. Feydeau, était allé à Maëstricht se faire protestant et ministre, il dut démentir cette imposture par une lettre qui courut. Mais

1. Il y a une lettre de consolation de lui à M. Taignier, datée de Paris du 3 mai 1661, qui se peut lire dans l'*Histoire du Jansénisme* de M. Hermant, page 1337. M. Taignier venait d'être frappé, ainsi que son ami M. de Bernières, par une lettre de cachet. En rassemblant les nombreuses marques d'affection qui furent données en cette occasion à ces deux messieurs et après avoir transcrit la lettre de M. Feydeau, toute pleine d'onction et de tendresse, M. Hermant fait cette observation fort juste : « On n'a pas cru inutile de rapporter toutes ces lettres, parce que l'on y remarque *des traces de piété qui ne se trouveroient pas dans des personnes réunies par un esprit d'intrigue et de cabale*; et ceux qui en jugeront sans passion verront que la charité régnoit dans le cœur de MM. de Bernières et Taignier au milieu de leurs disgrâces, et que leurs amis leur eussent été fort incommodes si les consolations qu'ils tâchoient de leur donner en cet état n'eussent été que des civilités humaines. » Cette remarque est vraie pour tous ces chrétiens sincères, pour tous ces fidèles de Port-Royal qu'on persécutait. La preuve morale est évidente.

2. Madame de Sablé paraît avoir eu du goût pour M. Feydeau; elle désira, à un moment, qu'il vînt se loger auprès d'elle, et M. Feydeau s'en excusa sur la proximité de Port-Royal d'où l'on avait déjà fait sortir les pensionnaires : elle reconnut elle-même par un billet qu'elle lui écrivit la justesse de ses raisons, et qu'en effet cette situation ne serait pas crue innocente. Mais c'est pour M. Feydeau une bonne marque que madame de Sablé ait voulu l'avoir pour voisin.

3. Ne pas confondre cette mademoiselle d'Aumale de Ventadour avec mademoiselle Suzanne d'Aumale d'Haucourt, qui épousa M. de Schomberg.

bientôt une nouvelle lettre de cachet vint l'avertir de se surveiller et de se resserrer davantage. Cependant la femme de son hôte, personne d'un grand mérite, mourut sur ces entrefaites, le 29 janvier 1660 (ou plutôt 1661). La fille de la maison, mademoiselle Catherine de La Planche, que dirigeait M. Feydeau, se sentait une vocation particulière pour entrer en religion :

« Après avoir prié Dieu et l'avoir beaucoup écoutée[1], je consultai M. Singlin sur sa vocation. Il étoit pour lors déguisé et ressembloit à quelque gros financier : la persécution qu'on faisoit à Port-Royal l'avoit réduit à cet état-là. Je lui racontai comme je m'étois conduit avec la fille. Je lui dis mes pensées et ses dispositions, et nous conclûmes sa vocation à l'hôpital Sainte-Catherine, rue Saint-Denis.

« Je l'y menai moi-même le jour de la Visitation (2 juillet 1661). Nous partîmes à cinq heures du matin et nous fûmes à pied à Sainte-Catherine de la Couture où je dis la messe pour elle, la communiai, et de là la menai à l'hôpital de Sainte-Catherine où je la laissai. Je me privois d'une grande consolation et d'un grand secours en m'ôtant la fille après que Dieu m'avoit ôté la mère. Je ne sais quelle impression cela laissa dans mon esprit, mais huit jours après je tombai malade d'une maladie qui me conduisit jusqu'aux portes de la mort. »

C'est à ce moment que commence une série de scènes odieuses et funèbres, tracasseries et obsessions au chevet d'un moribond, accompagnées de circonstances presque grotesques, qui sentent le délire, qui appellent la pitié et le mépris, mais qui inspirent encore plus l'indignation :

« Je reçus tous les sacrements, continue M. Feydeau, et il y arriva des choses bien extraordinaires de la part de MM. de Saint-Sulpice qui étoient fort entêtés contre ceux qu'on appeloit Jansénistes.

« Je me confessai à un prêtre de la paroisse qui ne me reconnut point pour être prêtre, qui me tint longtemps et qui me vouloit persuader que je ne lui voulois pas dire tous mes péchés et qui ne finissoit point ses questions importunes. M. de La Planche avec M. du Plessis conclurent de me faire recevoir Notre Seigneur sans dire qui j'étois. Ils concluoient à ce que je ne reçusse point l'Extrême-Onction quand je viendrois à l'extrémité : mais je témoignai que je la voulois recevoir, ce qui m'a attiré beaucoup de maux.

« MM. de Saint-Sulpice ayant appris par M. Copin, docteur (de Navarre) et curé de Vaugirard, que c'étoit moi qui étois malade chez M. de La Planche, ce qu'il leur dit sans penser à tout le mal qu'ils me feroient, M. le curé de Saint-Sulpice[2] me vint voir et me demanda si je n'étois pas

1. Après avoir écouté mademoiselle de La Planche, ou peut-être écouté Dieu dans la prière. Les deux sens sont possibles.
2. Il est juste de faire observer (ce qu'a tout à fait perdu de vue Besoigne dans son article de *M. Feydeau*) que le curé de Saint-Sulpice, à cette date, n'était plus M. Olier; c'était M. de Poussé. M. Hermant a soin de l'indiquer dans le narré très-circonstancié de ces scènes qui ne furent pas, dit-il, un des moindres événements du mois de juillet 1661 (*Histoire du Jansénisme*, pages 1524-1562). Si le Jansénisme avait laissé une

soumis à l'Église. Je lui dis que oui et que je n'avois aucune pensée contraire. Il me demanda si je ne recevois pas la Bulle contre Jansénius; je lui dis que oui. Il s'en alla en bas et dit à M. l'abbé de Lalane : « Nous avons abattu M. Feydeau, il a rendu les armes; il renonce à Jansénius. » M. de Lalane lui dit : « Je connois bien M. Feydeau, je ne crois point qu'il vous ait dit ce que vous dites. Il n'est pas homme à se rendre comme cela. » M. le curé remonta en haut afin de me faire expliquer. Il me demanda si je ne condamnois pas Jansénius ? Je lui dis que non. « Mais vous m'avez dit que vous receviez la Bulle. » — « Je la reçois aussi, lui dis-je ; mais je reçois aussi le Mandement de MM. les Grands-Vicaires de Paris ; je garde le silence pour le fait et la créance pour le droit, comme ils l'ont expliqué. » J'avois une si grande fièvre et tant de peine à parler, et j'étois si résolu de ne dire autre chose, qu'il n'en put tirer rien davantage. Quelque temps après, je tombai dans une convulsion qui me fit perdre toute connoissance.

« MM. Guenaud et Brayer (les médecins) étoient tous deux d'accord que je ne pouvois pas vivre encore huit heures. On alla quérir l'Extrême-Onction. M. le curé vint lui-même accompagné de plusieurs ecclésiastiques, d'un notaire et de quelques laïques. Il ne voulut point me l'administrer que je ne disse que je croyois le fait et que je m'y soumettois. J'avois la tête tout en feu, et comme il crioit : « Au fait ! au fait ! » je croyois qu'il criât : au feu ! Le monde qui voyoit le pitoyable état où j'étois le pressoit de me donner le sacrement ; mais lui me serroit la main afin que je serrasse la sienne en signe de ma soumission au fait. J'avois assez de connoissance pour m'en apercevoir : c'est pourquoi je n'en faisois rien. Aussi dit-il tout haut : « Serrez-moi la main comme vous demandez pardon à Dieu. » — « Quand je lui dis cela, dit-il, il me la serre, mais quand c'est pour témoigner qu'il croit le fait, il l'ouvre. » Enfin comme il me tenoit la main, il me prit un mouvement convulsif, et il dit : « Il m'a serré la main. — N'en êtes-vous pas témoin, dit-il au Frère de la charité qui m'assistoit. » — « Ce n'est qu'un mouvement convulsif, lui dit le Frère, que nous voyons tous les jours dans les malades et qui ne signifie rien. » — « Vous êtes des Jansénistes vous-mêmes, leur dit-il, je m'en plaindrai à la Cour. » Il demanda ensuite à un nommé Baumel, artisan, qui se mêloit de controverse, s'il ne m'avoit pas vu serrer la main. Il dit que oui. Mais M. de La Planche dit à ce Baumel qu'il étoit un faux témoin, parce qu'alors qu'on prétendoit que j'avois fait le signe, ils causoient ensemble et me tournoient le dos. Enfin il (le curé) prit l'acte par devant notaire comme j'avois fait le signe. Mais mes amis qui avoient amené le sieur d'Aubenton notaire firent un procès-verbal qui contenoit tout le contraire. Je n'ai jamais vu ce procès-verbal. M. Girard en étoit bien content ; il le gardoit chez lui.

« Enfin on me donna l'Extrême-Onction, et M. le curé laissa un prêtre auprès de moi avec ordre de découvrir si je n'avois point fait une feinte de perdre la connoissance ; et elle ne me revint que le lendemain. M. Girard me vint conter une partie de ce qui s'étoit passé : et ayant appris qu'ils m'avoient attribué un signe pour signifier ce qu'ils prétendoient, je

postérité comme les Jésuites en ont une, ils feroient imprimer aujourd'hui cette Relation de M. Hermant comme la meilleure réfutation de celle du Père Rapin ; mais de telles questions n'intéresseroient plus personne, et nous, mondains respectueux et amis des honnêtes gens, nous ne pouvons que montrer du doigt en passant de quel côté il y a le plus de vérité et de droiture.

lui dis : « Je ne suis pas moins près de la mort que j'étois hier, et par conséquent en état de dire la vérité : je ne sais ce que c'est de ce signe, et je vous prie de me faire venir un notaire afin que j'en fasse ma dernière déclaration. » Ce qui fut exécuté sur l'heure même.... »

Le successeur du doux et pieux M. Olier s'entendait, on le voit, à tourmenter un malade à l'extrémité, sous prétexte de l'honneur de la vérité et dans l'intérêt de son âme : il eût été un bon inquisiteur. Le pauvre malade, à son tour, vrai martyr de son jansénisme, supportait toutes les tortures morales plutôt que de laisser vaincre son scrupule et de manquer à son point d'honneur de conscience. Au sortir de ces lugubres et affligeantes misères, on est tenté de s'écrier dans le pur langage de la sagesse : Heureux celui qui, à l'heure suprême, s'il ne croit qu'en l'éternité de l'univers, exhale en paix son dernier soupir dans le vaste sein de l'univers; s'il croit en un Dieu créateur, remet en toute confiance son âme aux mains de la puissance créatrice, et demeure à jamais préservé et délivré de ces interventions funestes!

M. Feydeau n'était pas au bout des persécutions. MM. de Saint-Sulpice, l'estimant un homme mort, firent solliciter à la Cour qui était pour lors à Fontainebleau, afin de se saisir de ses papiers :

« Le Roi, nous dit M. Feydeau avec une ingénuité fine, eut la bonté de répondre que, supposé que je fusse mort, on les saisît. M. le lieutenant-civil le supposa, et comme il passoit de ma chambre dans le cabinet, on le pria de voir comme je prenois un bouillon : mais, voulant que je fusse mort afin de pouvoir faire sa saisie, il s'empêcha de me regarder quoique le cabinet fût à la ruelle du lit. Il enleva donc je ne sais combien de manuscrits après les avoir paraphés. Ils ne m'ont point été rendus depuis. Ceux que j'ai regrettés le plus furent les *Méditations sur la Concorde* qui étoient à moitié, et une réponse à la réfutation du *Catéchisme de la Grâce*. On les donna à examiner à des docteurs, comme j'ai appris depuis. Il y a bien de l'apparence que, s'ils y eussent pu trouver quelque doctrine contre la foi, on n'eût pas recherché d'autres raisons pour me mettre en prison [1]. »

Le malade non encore remis dut être transporté à grand'peine dans un autre quartier; il changea ainsi plusieurs fois de maison avant d'être guéri. M. Amiot n'était pas moins à craindre pour lui que tous les Sulpiciens : il était comme traqué entre deux curés. Il ne trouva un peu de repos que lorsqu'il eut quitté Paris pour le séjour des champs :

« Je demandai à M. l'abbé Le Roi, qu'il me fît la grâce de me recevoir chez lui à Mérentais : il me l'accorda. Madame Gorge [2] m'y mena; mais je ne

---

1. Le Père Rapin, dans ses *Mémoires* (tome III, page 155), s'est étendu avec complaisance sur cette aventure de M. Feydeau. Ceux qui croient faire tort aux Jansénistes en racontant ces odieux procédés dont ils furent l'objet, et qui ne voient à y dénoncer que l'esprit de la cabale, ne s'aperçoivent pas qu'ils portent témoignage contre eux-mêmes.

2. Une riche bourgeoise de la rue Quincampois.

sais ce qui lui vint dans l'esprit, il vouloit que je m'en retournasse avec elle. Je dis à M. Vuillart¹ qu'il ne me falloit pas faire venir pour me renvoyer et que je ne m'en retournerois pas. J'y demeurai donc. C'étoit sur la fin du mois de novembre (1661). »

M. Feydeau, je l'ai dit, nous ouvre un jour sur les défauts de quelques-uns de nos amis ; nous avons surpris un léger tort, à son égard, de M. Singlin, de M. d'Andilly ; ici c'est le tour de M. Le Roi. M. Feydeau l'exhorta fort à aller demeurer à son abbaye de Haute-Fontaine dont il était commendataire. M. Le Roi s'y rendit sur son conseil et travailla à y établir une règle sévère. M. Feydeau l'y accompagna ; mais là, comme à Mérentais, l'abbé paraît avoir conçu quelque crainte de garder auprès de lui un homme qui avait deux lettres de cachet sur le corps ; c'est, du moins, ce qui semble ressortir du récit de M. Feydeau ; celui-ci n'était pas entièrement remis des suites de sa maladie :

« Cet état entre la santé et la maladie est fort mélancolique, nous dit-il, et ne rend pas les personnes fort agréables. Aussi M. l'abbé se lassa de moi : il me parla d'aller demeurer à son abbaye de Verdun. Je lui dis qu'après Pâques, je le déchargerois de ma personne, et que jusque là je lui voulois payer ma pension. Je mandai à madame Gorge qu'elle m'envoyât 100 francs, qu'elle m'envoya à cet effet : ce qu'elle fit avec grande répugnance, ne pouvant comprendre la conduite de M. l'abbé.

« Il me fit voir une lettre de M. de Préfontaine son frère qui lui faisoit entendre que mon séjour à Haute-Fontaine pourroit lui rendre quelque mauvais office. Je m'aperçus bien que cette lettre étoit mendiée, et je demeurai ferme à ne m'en vouloir aller qu'après Pâques.

« Pendant ce temps je m'occupois à traduire le prophète Jérémie. J'en conférai avec M. l'abbé, et je le suppliai de me vouloir marquer mes fautes. Cela lui gagna tellement le cœur qu'il me fit des excuses de tout ce qui s'étoit passé : il me pria de ne point penser à m'en aller. Cette prière que je lui avois faite dans la simplicité sans aucune vue m'attira cette douceur qui m'étoit assez nécessaire dans l'amertume de cœur que je ressentois du traitement que l'on me faisoit. »

Son humilité avait désarmé M. Le Roi, dont l'amour-propre se trouva très-flatté de voir un homme plus savant que lui se soumettre à lui.

Dans les années qui suivirent, de 1662 jusqu'en 1665, M. Feydeau vécut dans une assez grande irrésolution, caché tantôt à Paris où il craignait toujours de s'établir entre MM. de Saint-Sulpice d'un côté et M. Amiot de l'autre², tantôt chez des amis, en province, à la ville ou aux champs. En 1665, il lui fut proposé de se rendre dans le diocèse d'Aleth pour remplir la théologale de Saint-Paul

---

1. Le secrétaire de M. Le Roi et qui nous est maintenant si connu, celui qui sera le voisin et l'ami de Racine.
2. M. Amiot mourut en juin 1663. Persécuteur et mauvais homme comme il était, il mérite bien un dernier souvenir qui achèvera de donner idée de

de Fenouillèdes, et, sur le conseil de M. Arnauld, il crut que Dieu l'y appelait. Il se mit en route en compagnie de M. Du Vaucel, alors jeune avocat de 25 ans et bien connu depuis comme ecclésiastique de négociation ou de conseil, dans l'affaire de la Régale et par la Correspondance de M. Arnauld. Ils firent le voyage par Lyon et Avignon sur le Rhône. On voit, à un endroit du récit, combien il était vrai qu'à cette date être un homme de mérite en matière ecclésiastique et passer pour un des Messieurs de Port-Royal, c'était presque la même chose. Les deux idées s'associaient et se confondaient volontiers :

« Nous trouvâmes à Carcassonne MM. les Évêques de Comminges et de Rieux. S'étant un peu entretenus avec M. Du Vaucel, ils me tirèrent à part, et M. de Comminges (M. de Choiseul) me dit qu'il ne falloit point lui dissimuler que ce monsieur qu'ils venoient d'entretenir ne fût quelqu'un de ces Messieurs de Port-Royal, ce qu'ils disoient à cause de l'idée qu'ils avoient conçue en un moment de son mérite ; et, quelque chose que je leur disse, ils eurent bien de la peine à croire qu'il n'en fût pas [1]. »

lui. Il finit d'une manière assez étrange et qu'on a dissimulée le plus qu'on a pu ; mais nous allons écouter dans le tête-à-tête des contemporains bien informés. Le docteur Des Lions, qui tient registre dans ses *Journaux* des principales conversations qu'il a eues, rapporte, entre autres, celle-ci : « Le 18 décembre (1667), j'ai vu M. de Sainte-Beuve de qui j'ai appris que.... que (suivent plusieurs nouvelles)... ; qui a fait cette remarque que tous ceux qui ont choqué la vérité pour faire fortune ont perdu l'esprit, le bon sens et l'honneur : témoin M. Hallier qui est devenu imbécile de sens, sitôt qu'il est devenu évêque ; témoin M. Le Moine qui... etc.; qui a été, après sa mort, déclaré confidentiaire par un arrêt du Grand Conseil...; témoin M. Amiot, à qui il a entendu dire à la table de Sorbonne qu'il aimoit mieux un quart d'écu dans sa poche que de lire Jansénius qu'il ne laissoit pas pourtant de proscrire, et il est mort dans l'opprobre de la pédérastie, la reine-mère ayant, à la sollicitation de son neveu Amiot, fait enlever un jeune homme d'auprès de lui dont il étoit comme fol et possédé, et il est mort d'une maladie qui l'avoit rendu muet et paralytique. » (*Journaux* de Des Lions, Bibliothèque du Roi, 1258, page 592.) C'est ainsi que s'exprimait le grave docteur de Sainte-Beuve dans le tête-à-tête avec une liberté de Suétone chrétien. Je laisse de côté sa théorie vengeresse, et ne prends que le fait qui est avéré. On sait d'autres détails : le neveu jaloux non-seulement obtint qu'on enfermât le beau jeune homme à Saint-Lazare, mais encore, comme il le savait idolâtre de sa chevelure, à la manière de ces sortes de jeunes gens (καλὸν ἐθειράζοντες), il fit tondre et raser le mignon. L'oncle fut quelque temps sans savoir ce qu'était devenu son ami ; mais, ayant appris la manière dont on l'avait enlevé, il entra dans une si étrange colère contre son neveu qu'il le chassa de sa maison et jura de ne lui jamais donner sa cure. Comme la famille pourtant ne vouloit pas laisser perdre une si belle place, on lui conseilla de prendre chez lui un autre neveu, à qui l'on fit même quitter pour cela l'état militaire. Le Père Rapin, qui a calomnié M. Du Hamel à l'article des femmes et comme étant l'idole de ses paroissiennes, se tait complétement sur ce vice de M. Amiot, — un péché, il est vrai, auquel les Jésuites n'ont jamais été, dit-on, bien sévères. Quant à M. Feydeau, il se tait par esprit de charité.

1. Si, à cette date, les personnes du monde et les prélats avisés soupçonnaient et flairaient un des Messieurs de Port-Royal dans tout homme de mérite et de doctrine ecclésiastique qui ne se donnait pas à connaître, les

A leur arrivée à Aleth, ils furent reçus par l'évêque, M. Pavillon, avec beaucoup de bonté, et M. Feydeau put tout d'abord apprécier une des originalités chrétiennes du saint prélat :

« Après le souper, comme on parla de M. Talon, avocat général, qui avoit déclamé publiquement contre M. d'Aleth (je ne me souviens pas maintenant en quelle occasion), je blâmai en cela M. Talon. Je fus bien étonné de voir que M. d'Aleth prit fort le parti de M. Talon, ne pouvant souffrir qu'on lui donnât le moindre blâme. Mais j'ai appris depuis que c'étoit sa coutume, et qu'il soutenoit toujours le parti de l'absent et de ceux même qui lui étoient les plus opposés. »

Après quatre années de séjour à Saint-Paul, M. Feydeau fut demandé à M. d'Aleth par son confrère, l'évêque de Châlons (M. Vialart), pour être curé à Vitry. La Paix de l'Église était faite : les exilés pouvaient reparaître et se montrer. Les amis de M. Feydeau étaient dans le sentiment qu'il rendrait là plus de services à l'Église et que c'était proprement son talent. Il se décida à obéir, sur le conseil de M. d'Aleth lui-même, et d'autant plus qu'il était dans un pays où presque personne n'entend le français; il s'en revint à Paris en plein hiver par Toulouse et Bordeaux. Faisant le voyage par eau sur la Garonne, il rencontra dans le bateau l'abbé de Cambiac, un sulpicien qui s'était retiré de la Communauté :

« Il m'étoit venu voir autrefois à Saint-Merry dans la pensée de se retirer de Saint-Sulpice et de faire une très-grande et très-longue retraite. Je ne l'avois pas vu depuis la proposition qu'il m'en fit, ne sachant quel parti il auroit pris depuis. Nous eûmes tout le loisir de nous entretenir parce qu'on passe cette seconde nuit dans le bateau même qui va toujours, cette rivière n'étant point périlleuse. Il me raconta comme M. Olier, curé de Saint-Sulpice, étoit persuadé d'avoir des lumières extraordinaires et des espèces de révélations, et qu'on n'étoit guère bons catholiques et bien superbes à Saint-Sulpice, quand on n'y croyoit pas. Je lui parlai de M. de La Haye qui avoit tant de mérite et qui néanmoins avoit quitté cette Communauté. Il me dit que c'étoit pour cette raison-là, parce que c'étoit un

gens du commun et qui ne jugeaient que sur l'apparence avaient une manière à eux, et tout à fait grossière, de définir le *janséniste* et de le signaler : « Le Prieur des Bénédictins réformés de Saint-Martin de Pontoise disoit à mon frère, écrit M. Des Lions dans son Journal (9 juin 1661) qu'étant ces jours passés à une de leurs abbayes à Caen et voulant se promener dans le jardin d'une ferme, il aperçut un ecclésiastique qui s'y promenoit, et ayant demandé au fermier qui il étoit, celui-ci repartit : « Mon Père, c'est le plus grand janséniste que je connoisse j'ai défendu à mes enfants et à mes gens de le hanter. » Lors, le religieux pensant en apprendre quelque chose davantage, et lui ayant demandé comment il savoit que ce prêtre étoit janséniste, il lui dit : « Mon Père, je l'ai prié, je ne sais combien de fois, de collationner et de boire avec moi ; jamais je n'ai pu lui persuader. Voyez-vous pas comme il tient son bréviaire sous son bras ? Il ne vient jamais ici qu'il ne l'ait. » Le bénédictin se mit à rire et en a fait rire les autres. M. Poncet m'a dit, à ce propos, que quatre petites pensionnaires de Port-Royal étant entrées aux Ursulines du faubourg Saint-Jacques, les enfants et quelques religieuses les ont appelées *jansénistes*, parce qu'elles ne vouloient pas être braves comme les autres et qu'elles alloient les yeux baissés. »

de ceux qui avoient moins de foi aux révélations de M. Olier, qui s'y fortifioit par l'appui d'une veuve dévote qui se regardoit en quelque façon comme la Vierge, M. Olier comme Notre Seigneur, et ses ecclésiastiques comme les Apôtres ; que c'est pourquoi M. Olier prononçoit souverainement sur les matières de la Grâce sans avoir jamais lu ni saint Augustin ni Molina. »

L'abbé Faillon, un sulpicien respectable, a écrit la *Vie de M. Olier* : il y pallie et y couvre de son mieux ces travers du fondateur de Saint-Sulpice. Reportons-nous aux inimitiés du temps : il y avait eu rivalité ardente, émulation de zèle en sens contraire entre Saint-Sulpice et Saint-Merry ; aussi, d'une part, on calomniait M. Du Hamel, de l'autre on ridiculisait M. Olier. Il est juste d'entendre les deux sons [1].

Arrivé à Paris sur la fin de janvier 1669, M. Feydeau reçut l'hospitalité chez madame de Bélisi, une de ses pénitentes, une personne de charité, de bonté, et qui lui montra un constant attachement. Il crut devoir consulter encore sur la cure de Vitry M. de Sainte-Beuve, son ancien confesseur, lequel n'était pas tout à fait d'avis qu'il acceptât. Il paraît que Vitry était une cure difficile ; les cœurs y étaient durs, et il y avait d'ailleurs bon nombre de Protestants. Bref, malgré le partage des avis, M. Feydeau crut voir le doigt de Dieu dans la désignation de cette cure. Il y alla donc, non sans avoir fait visite auparavant à l'archevêque de Paris, M. de Péréfixe :

« M. Du Hamel, qui étoit pour lors chanoine de Notre-Dame, voulut que j'eusse l'honneur de saluer M. l'archevêque de Paris. Ce prélat me demanda d'abord ce que valoit mon bénéfice. Je lui dis que pour le spirituel il me faisoit peur, que pour le temporel je n'en savois rien. Je lui fis ensuite quelques honnêtetés de la part de M. d'Aleth, à qui ce prélat avoit eu autrefois quelque confiance pour son intérieur, et il me parla de M. d'Aleth assez froidement. Si j'eusse eu le temps, je l'eusse fait souvenir qu'en 1643 il m'avoit dit à Richelieu qu'il aimoit tellement le livre de *la Fréquente Communion* que, si M. Arnauld lui eût demandé son approbation, il la lui auroit donnée, et que si M. le cardinal de Richelieu eût été dans un sentiment contraire, il lui eût demandé permission de le soutenir contre lui : mais le temps n'étoit plus pour lui d'être dans ces sentiments-là. Madame de Saint-Loup l'ayant fait souvenir de ce qu'il

1. Dans la même conversation M. de Cambiac rapporta à M. Feydeau la parole célèbre qu'avait dite feu M. de Solminihac, évêque de Cahors. Ce prélat, un saint homme, avait expressément chargé M. du Ferrier, frère de M. de Cambiac, de dire à quelques autres évêques ses voisins « qu'étant au lit de mort, il leur mandoit et déclaroit son sentiment, à savoir que les Jésuites étoient les plus grands ennemis de l'Église et qu'il n'avoit jamais pu les réduire. » Le mot circula et fut imprimé. On fit tout au monde, on usa tour à tour de menaces et de promesses pour obliger M. du Ferrier à le démentir : il tint bon. Il était pour lors grand vicaire de Narbonne, administrant parfaitement bien le diocèse pendant l'exil de l'archevêque, M. Fouquet. Compromis dans l'affaire de la Régale, il mourut des années après à la Bastille. L'inimitié des Jésuites n'y nuisit pas.

m'avoit dit, il ne fit que dire en gémissant : « Ah ! j'étois homme de bien en ce temps ! »

Est-ce bien sérieusement que M. de Péréfixe a laissé échapper cette exclamation, ou n'était-ce qu'une légère plaisanterie à l'adresse de madame de Saint-Loup?—Je n'ai pas à entrer dans le détail de cette cure difficultueuse et orageuse dont M. Feydeau eut la charge durant six années. C'était assurément un curé apostolique; mais eut-il tous les ménagements désirables? Peu soutenu de son évêque, il souleva d'une part des oppositions vives, et de l'autre excita des enthousiasmes non moins violents. Vers la fin la division était au comble. Il avait contre lui les moines du lieu : il avait pis, il avait pour ennemie une femme, madame Nolin, une dévote qui prétendait que Dieu lui parlait, et qui prophétisait en mentant à pleine gorge. D'un autre côté, il avait pour lui le peuple, le menu peuple : c'est au point qu'il faillit y avoir une émeute lorsqu'on sut sa démission. Il fallut user de stratagème pour le faire sortir. Le récit, sous la plume de M. Feydeau, est d'une naïveté incomparable; l'amour-propre y est absent, on ne sent que la peine d'un pasteur qu'on arrache à ses ouailles, d'un chrétien qui se voit contraint de faire retraite devant l'ennemi :

« Le 3ᵉ juin (1676) j'écrivis à M. de Châlons que j'étois bien empêché sur la manière dont je sortirois, car on m'avoit dit que le peuple ne me laisseroit pas sortir et qu'il pourroit y avoir quelque émotion à la porte par où je sortirois; qu'il ne me sembloit guère honnête de m'en aller en plein minuit, de peur de donner occasion de dire que je m'en étois fui [1]. M. de Châlons envoya dès le lendemain M. l'Évêque d'Aulone avec une commission pour moi d'aller faire la visite de quelques paroisses du côté de Sainte-Menehould.

« M. d'Aulone fut attendri de voir les larmes de tant de monde qui le venoit conjurer de s'employer à me retenir dans la cure. Il demanda à tous les religieux s'ils se plaignoient de moi, et ils lui dirent que non; et tous les officiers qui le vinrent voir le prioient de me retenir.

« Je partis le lendemain qui étoit le 5ᵉ juin à 3 heures du matin, et je pris un chemin détourné pour gagner la porte de Vaux, étant à pied avec un bâton à la main. M. d'Aulone partit sur les six heures; son carrosse alloit devant, et un grand monde l'accompagnoit. On croyoit que je fusse dans le carrosse, et on vouloit l'empêcher de sortir de la porte. Comme il fut au faubourg de Vaux, il rencontra un bon vigneron qui s'en alloit à sa vigne avec sa bêche sur son épaule, qui lui dit : « Que faites-vous, Monseigneur? Vous êtes comme l'Ange qui tirez Loth de Sodome. Que pouvons-nous attendre sinon de périr et de voir l'embrasement de la ville? » M. d'Aulone étoit encore attendri de cette parole quand il me la dit à Vitry-le-Brûlé où je l'attendois. Il ne me la put dire sans larmes et ne pouvoit

---

[1]. Je m'*en* étois *fui*; pour dire, je m'étois *enfui*. M. Feydeau, dans son langage un peu suranné, sépare encore les mots que l'usage avait joints et soudés depuis longtemps à cette date de 1676. Le Père Bouhours, ce grammairien à la mode, qui épilogue les locutions de Port-Royal, aurait eu là de quoi s'égayer.

assez admirer une parole si bien dite. Sur ce que je lui disois qu'il n'étoit pas croyable que ce vigneron l'eût dite si bien, il me protesta qu'il n'y ajoutoit rien et qu'il la rapportoit de la même manière. »

A partir de ce jour de sa sortie de Vitry, M. Feydeau redevient un persécuté. Il en a la marque au front. On avait dès lors l'idée en haut lieu de poursuivre de nouveau le Jansénisme, et il était un janséniste avéré et noté. La froideur et l'isolement vont se faire autour de lui. Il le sentira et en aura le cœur serré. Seul, M. d'Aulone, un honnête homme [1], témoin des faits et qui les avait vus de près, aura le courage d'écrire en sa faveur :

« M. d'Aulone se donna la peine d'écrire à M. de Paris (M. de Harlai); il lui représenta comme j'avois été opprimé et calomnié, la douleur des gens de bien, les larmes du pauvre peuple. Il le conjuroit de se rendre mon protecteur contre tant d'ennemis. Mais je n'ai point été trompé dans mon attente que ce prélat n'en feroit rien *pour des raisons que je ne puis dire*. Il en écrivit une autre à M. de Pomponne. »

Lettre également vaine! M. de Pomponne, cet aimable homme, n'était pas de ceux qui osent se commettre en Cour pour le prochain. Le sentiment de la justice est faible dans la plupart des âmes; il en est peu de généreuses. M. Vialart, évêque de Châlons, dont je lis partout, et chez les nôtres en particulier, tant d'éloges, se conduisit à l'égard de M. Feydeau, dans cette disgrâce, de manière à le navrer. Quoi ! pas un mot de consolation pour le juste sacrifié qui n'avait d'autre tort que d'être trop strictement chrétien :

« Je demeurai dans le séminaire de Châlons jusqu'au 12e juillet où je m'aperçus qu'on ne me donnoit pas le moindre petit emploi. On ne m'offroit plus de dire la grand'messe comme auparavant ; on ne me prioit plus de me trouver dans les conférences, et on ne parloit plus de me faire enseigner comme M. de Châlons me l'avoit fait promettre et m'y avoit engagé; et ce prélat me laissoit sans me rien dire ! Enfin je fus prendre congé de lui un dimanche 11e juillet. Il me reçut assez froidement, et il m'offrit du même ton la demeure dans son séminaire tant que je voudrois. Je ne lui pus rien dire : j'avois le cœur trop serré. Il s'étonna de mon silence. Cela ne me fit rien dire davantage.... »

C'est dans cette disposition humiliée et contrite que M. Feydeau partit de Châlons. Après quelques visites de famille ou d'amitié dans les contrées environnantes, il s'en revint à Paris accompagné d'un vicaire fidèle qui s'était donné à lui, M. Flambart :

« Nous y arrivâmes le 12e août. Nous descendîmes chez la charitable hôtesse, madame de Bélisi. Le même jour, nous fûmes voir M. de Sainte-Beuve qui nous reçut assez froidement, sans nous prier de nous asseoir.»

Quoi ! vous aussi, Monsieur de Sainte-Beuve, vous avez peur

---

1. M. Berthier, un des approbateurs des *Pensées* de Pascal (tome III, page 458).

de vous compromettre, et vous battez froid à l'un de vos humbles pénitents et qui a toujours eu tant de déférence pour vos avis!

M. Feydeau se trompa alors en croyant pouvoir accepter impunément la place de théologal que s'empressa de lui offrir l'évêque de Beauvais, M. de Buzanval, ancien paroissien de Saint-Merry. Le conseil de M. Arnauld et une lettre de M. Hermant le déterminèrent. Mais, en arrivant à Beauvais, il rencontra de l'opposition dans le Chapitre, une résistance absolue de la part du doyen, et il y était depuis un mois à peine qu'une lettre de cachet vint le surprendre, qui l'envoya en exil à Bourges (février 1677).

Il demeura dans cette ville durant six années, inspirant à tous le respect et l'estime. Il y vivait en paix sous des archevêques modérés, M. Poncet et son successeur M. Phélippeaux. C'est là qu'il écrivit ses *Mémoires*; c'est de là qu'il adressa aux religieuses de Port-Royal une longue, une éloquente lettre de consolation et d'encouragement, datée de la veille de la Toussaint 1680. Il était allé prêcher l'Avent à Port-Royal en 1676, après son retour de Vitry et avant son départ pour Beauvais; il y avait renouvelé l'alliance spirituelle qu'il n'avait cessé d'entretenir. C'était un ami, un frère en affliction et qui souffrait pour la même cause [1].

On ne laissa point M. Feydeau dans cet exil de Bourges devenu

---

[1]. On peut lire la lettre de M. Feydeau au tome 1 (pages 125 et suiv.) des *Vies intéressantes des Religieuses de Port-Royal*; elle est admirablement appropriée au sujet et aux circonstances; il avait qualité pour parler de la sorte, et ses accents sortaient d'un cœur pénétré : « Il est vrai, dit-il aux religieuses, il est vrai, il n'y avoit rien de plus beau que votre sainte Communauté, si florissante, si fructifiante et si féconde; mais elle ne donnoit que des exemples de régularité et d'esprit de piété que nous voyons pratiquer à d'autres. Il est vrai qu'elle éclatoit particulièrement par le désintéressement; mais la perfection, c'est la souffrance : *Patientia opus perfectum habet*. C'est elle qui tire les fruits cachés dans le fonds de la vertu chrétienne; une grappe de raisin, quoique très-belle, n'est point utile au vigneron, et il n'en sauroit tirer du vin, s'il ne la serre, ne la presse et n'en écrase tous les grains. Il fait plus, il la foule et la met sous le pressoir. Voilà sa fin et sa destinée. C'est la nôtre. Ç'a été celle de Notre Seigneur même, qui a été sous le pressoir toute sa vie et qui l'a finie sur une croix. » M. Feydeau rappelle que la première fois qu'il eut le bonheur de parler à la mère Angélique, elle lui dit cette parole : « *Quærite ergo primum regnum Cœlorum*: Cherchez premièrement le royaume des Cieux. » Il commente avec onction cette pensée dans le passage suivant qui exprime le sentiment du chrétien brisé sous l'injustice : « Quand nous voyons qu'on ne pense à nous que pour nous faire quelque nouveau mal, pendant qu'on ne fait que du bien aux autres qui n'en paroissent pas plus dignes que nous, disons en nous-mêmes : *Notre royaume n'est pas de ce monde*. — Quand nous ne voyons pas de fin à nos maux et qu'on tourne en mal le bien que nous voulions faire, pensons que *notre royaume n'est pas de ce monde*. — Quand nous nous voyons abandonnés de nos amis, que nous nous voyons entre les mains et sous la puissance de ceux qui nous haïssent, qui nous refusent ce qu'on ne refuseroit pas à des scélérats et à des criminels, consolons-nous dans cette pensée que *notre royaume n'est pas de ce monde*. » Il y a encore d'autres choses fort belles et fort touchantes dans cette lettre.

trop doux. Comme on vit que l'archevêque l'y traitait trop bien, les ennemis obtinrent contre lui une nouvelle lettre de cachet qui l'exilait à Annonay dans le Vivarais (1682). Il y passa ses dernières années et y mourut le 24 juillet 1694, à l'âge de 78 ans. On a une lettre de M. Flambart, son fidèle disciple, sur cette mort. Il finit comme un saint, en outrant les mortifications et en exerçant sur lui-même les plus rudes pratiques de la pénitence. Il fut enterré aux Célestins de Colombier, ces bons religieux ayant voulu posséder son corps. On lui fit une belle épitaphe latine : il y était dit par allusion aux trois ou quatre lettres de cachet qui l'avaient promené d'exil en exil et à l'esprit chrétien dans lequel il avait supporté ces épreuves : « *Nusquam exul, factus civis Sanctorum et domesticus Dei : ubique exul, nondum assumptus in Civitatem sanctam Jerusalem;* » c'est-à-dire : « Nulle part il ne se regardoit comme un exilé, puisqu'il appartenoit à la Cité des saints et à la maison de Dieu : partout il se considéroit comme en exil, parce qu'il n'étoit pas encore enlevé et ravi dans la sainte Cité, dans la Jérusalem céleste. » — On pourrait lui appliquer ce mot d'éloge qui a été dit d'un autre de nos honnêtes gens persécutés, mais que nul ne mérite mieux que lui : « C'était un bon esprit et un grand juste. »

Tel est l'abrégé de la Vie de ce constant et invariable ami de Port-Royal, figure remarquable dans sa ligne secondaire ; un des fidèles de la génération religieuse qui appartenait au mouvement produit par le livre de *la Fréquente Communion :* car ce livre fut une date.

SUR M. DE PONTCHATEAU.

(Se rapporte aux pages 249 et 609 du tome V.)

Je me suis décidé, après réflexion, à mettre ici en entier et textuellement (sauf de très-légères corrections de détail) la Vie que j'ai recouvrée de M. de Pontchâteau, celle, très-probablement, qui a été écrite par M. de Beaubrun et dont on avait signalé l'existence. Elle m'a été communiquée par mes amis les Catholiques non romains de Hollande, et la copie appartient aux archives de leur maison de Klarenbourg à Utrecht. Ma pensée est que la meilleure réfutation des adversaires est dans la connaissance intime et la production immédiate de la vérité. On perd son temps et sa peine à vouloir désinfecter les sources empoisonnées : on se détourne, on s'écarte, on s'irrite. Au contraire, on n'a jamais qu'à se louer d'avoir ouvert de nouvelles sources directes et pures. Le mieux est, en tout sujet, d'étudier les choses selon leur esprit, de suivre le suc nourricier et la sève dans la continuité des canaux, de considérer l'arbre dans le sens des fibres et de la tige. Or, il ne se peut rien qui soit plus dans le sens de la pénitence et de la solitude selon Port-Royal que cette Vie de M. de Pontchâteau. La voici donc dans sa naïveté incomparable et dans ses respectueuses longueurs.

LA VIE DE M. L'ABBÉ DE PONTCHATEAU.

AVERTISSEMENT.

Aussitôt après la mort de M. de Pontchâteau plusieurs personnes entreprirent d'écrire sa Vie, et le neveu de M. Lancelot qui étoit pour lors en Flandre y ayant travaillé, il en fit voir quelque chose en manuscrit au mois de septembre 1691. Mais comme ce qu'il avoit donné ne parut pas assez bien écrit, et qu'il pouvoit blesser la famille de M. de Pontchâteau, on jugea à propos d'en écrire à cet auteur pour l'empêcher de le faire imprimer en cas qu'il en eût le dessein, l'avertissant que M. Racine s'étoit offert obligeamment de faire lui-même cette Vie, qu'ainsi il étoit à propos qu'il lui envoyât ses mémoires, personne n'étant plus capable d'y réussir que cet illustre historien. On ne sait point cependant si M. Racine y a travaillé ; mais on convenoit alors que, s'il le faisoit, on ne devoit pas s'attendre qu'il la rendît si tôt publique, le temps ne permettant pas d'y exposer les circonstances les plus intéressantes ; qu'ainsi il valoit mieux ne rien donner, que de supprimer ce qui étoit plus capable de la faire estimer ; que cependant cela ne devoit pas empêcher d'y travailler en attendant un temps plus favorable pour la rendre publique. Ce temps est, pour ainsi dire, arrivé, puisque la plupart de ceux qui pourroient y être intéressés sont morts, et qu'on a affecté de n'y rien mettre qui pût blesser ceux qu'on a nommés et qui vivent encore, et que l'on appréhende, si l'on différoit davantage à ramasser les mémoires qui regardent la vie de cet illustre pénitent, qu'on ne perdît plusieurs choses qui peuvent contribuer à en rappeler toute l'idée et nous le représenter tel qu'il a été aux yeux de Dieu, et qu'il a paru à ceux qui l'ont connu de plus près dans le monde. On s'est appliqué dans ce qu'on décrit ici à ne rien rapporter qui ne fût conforme aux mémoires qu'on a eus des personnes qui ont été attachées plus familièrement à sa personne, qui entretenoient avec lui un commerce de lettres le plus ordinaire, et l'on peut assurer le public que ce que l'on en rapporte n'est, pour ainsi dire, que l'expression de ses propres lettres qu'on a en original, et de celles qui ont été écrites par ses amis.

On verra qu'on n'y a rien déguisé, mais qu'on y a rapporté avec toute la sincérité possible les légèretés de sa jeunesse, ses résistances persévérantes à l'attrait de Dieu qui l'appeloit, ses combats contre la Grâce qui l'attiroit, l'instabilité de son cœur, enfin sa conversion et sa persévérance dernière qui l'ont rendu un prodige d'humilité et de pénitence.

LA VIE DE M. DE PONTCHATEAU.

Sébastien-Joseph du Cambout vint au monde le 20 janvier 1634, dans le château de Coislin. Il étoit fils de Charles du Cambout, marquis de Coislin, baron de Pontchâteau, et de La Roche-Bernard, chevalier des Ordres du Roi, gouverneur de Brest, lieutenant général en basse Bretagne, famille illustre depuis plus de cinq cents ans. Sa mère s'appeloit Philippe de Burges, fille de Charles de Seuri en Lorraine. Il fut baptisé le même jour dans la chapelle du château sans les cérémonies accoutumées, mais on les suppléa avec la permission de M. l'Évêque de Nantes dans la même chapelle le 27 août suivant. Il fut nommé Sébastien-Joseph, par Sébastien de Rosmadec, chevalier des Ordres du Roi, seigneur du Plessis-Josseau-L'Épinay, et par Marie Carheil, épouse de Jérôme du Cambout, aussi chevalier des Ordres du Roi. Deux ans après, le 7 juin 1636, ce jeune enfant perdit Philippe de Burges sa mère, et Charles du Cambout son père épousa en secondes noces Lucrèce de Quinquempoix, veuve, qui avoit un fils qu'elle destinoit à en faire un chevalier de Malte [1].

[1]. Dans une lettre de M. Arnauld à M. Du Vaucel du 1er janvier 1683, on lit ce résumé sur M. de Pontchâteau, très-suffisant, ce semble, et qui montre en aperçu combien il était puissamment apparenté : « Ce que vous désirez savoir touchant *M. Michelin* (M. de Pontchâteau) est assez inutile ; car je ne crois pas qu'on le puisse jamais faire résoudre à accepter, etc. Mais pour satisfaire votre curiosité, je vous dirai que son nom est Joseph-Sébastien du Cambout de Pontchâteau, d'une des anciennes maisons de Bretagne : — son père étoit cousin-germain du Cardinal de Richelieu ; — que son frère aîné avoit épousé la fille aînée de M. le chancelier Séguier, qui étoit fort riche et n'avoit que deux filles, dont la cadette a épousé en premières noces le duc de Sully, et en secondes le duc de Verneuil, fils naturel d'Henri IV ; que l'une des sœurs de *M. Michelin* a épousé M. le duc d'Épernon, dont elle n'a point eu d'enfants ; et la seconde M. le comte d'Harcourt de la maison de Lorraine, dont elle a eu cinq garçons et une fille qui est abbesse de Notre-Dame de Soissons. Mais j'avois oublié de dire que M. le marquis de Coislin, son frère aîné, a laissé trois gar-

Le 23 mars 1640, Sébastien-Joseph fut confirmé, et à peine eut-il atteint l'âge de sept ans, qu'il se trouva revêtu de tous les bénéfices de François du Cambout son frère qui s'en démit en sa faveur, préférant une vie toute séculière aux engagements de la cléricature. En conséquence Sébastien-Joseph reçut la tonsure, et le Pape lui accorda des bulles pour les trois abbayes dont François du Cambout son frère s'étoit démis en sa faveur, savoir celle de Geneston située sur les frontières du Poitou à trois lieues de Nantes, de l'Ordre de Saint-Augustin, qui valoit cinq mille livres; celle de la Vieuxville, de l'Ordre de Cîteaux, à une journée de Rennes, fondée en 1135, qui valoit six mille livres; celle de Saint-Gildas-des-Bois, de la Congrégation de Saint-Maur, située à plus d'une journée de Nantes, de la fondation des barons de La Roche-Bernard, qui valoit quatre mille livres; qui toutes ensemble pouvoient produire quinze mille livres de rentes. Quelque temps après, la nouvelle de l'indisposition où se trouva le cardinal de Richelieu, par une maladie de langueur qui le conduisit à la mort le 4 décembre 1642, obligea Charles du Cambout de faire un voyage à Paris, et d'y mener le jeune abbé son fils pour profiter du reste du crédit de ce premier ministre dont il étoit cousin-germain; mais ce fut fort inutilement, car ils en apprirent la mort en chemin. Étant donc arrivé à Paris, Charles du Cambout mit en pension Sébastien-Joseph son fils, avec le fils de sa seconde femme, au Collége des Jésuites à Paris, et leur donna pour précepteur un docteur nommé Magnet, qui étoit dans les mêmes sentiments que ces Pères, et ils y demeurèrent jusqu'à la mort de leur père, qui arriva le 4 mars 1648. Quelque temps après, l'abbé de Pontchâteau âgé d'environ quatorze ou quinze ans, étant obligé d'aller étudier la philosophie dans un des colléges de l'Université, loua une maison proche Saint-Étienne-du-Mont, pour lui, son précepteur, un valet de chambre et son équipage; de là il alloit prendre les cahiers de philosophie chez M. Rohault, et dans les entretemps de ses études, comme il étoit naturellement porté au bien, qu'il aimoit la retraite et fuyoit le grand monde, il s'occupoit à lire avec goût les livres qui pouvoient l'entretenir dans cet esprit, et entre ceux-là il lut avec une application particulière les *Vies des Pères des Déserts*, et celui de *la Fréquente Communion* qui faisoit

çons dont l'un est le duc de Coislin, le second l'Évêque d'Orléans, et le troisième le chevalier de Coislin. Pour celui dont il s'agit, le Cardinal de Richelieu lui avoit fait donner trois abbayes dont il n'en a plus aucune, s'en étant dépouillé pour n'avoir point à répondre du bien de l'Église et pouvoir passer sa vie sans aucun engagement ni du côté du monde, ni de l'Église, dans une entière retraite, qu'il avoit choisie dans le dehors du monastère de Port-Royal des Champs, où il s'occupoit à cultiver une vigne et un plant d'arbres de ces bonnes religieuses.» Assiégé, investi de toutes parts et tenté par ces pompes et ces grandeurs, l'honneur moral de M. de Pontchâteau est d'y avoir résisté.

alors le sujet de l'entretien des personnes savantes. Il fut si touché de ce dernier qu'il chercha les moyens d'en connoître l'auteur, et dans ce dessein il alloit souvent entendre les prédications de M. Singlin qui prêchoit à Port-Royal de Paris, dans son voisinage, où se trouvoient ceux qui pouvoient lui en procurer la connoissance.

La première année de son cours de Théologie, il prit les cahiers de M. Alphonse Le Moine qui dictoit un traité de la Grâce, mais quoiqu'il fût aidé dans cette étude par M. Magnet son précepteur, grand moliniste, il ne put goûter leurs sentiments, et la curiosité l'ayant porté à jeter les yeux sur un petit livre intitulé *S. Augustinus per seipsum docens*, ce qu'il en lut l'engagea à vérifier lui-même quelques citations qui le frappèrent, et par cette occasion il se mit à lire le 10°, le 11°, et le 12° chapitre du livre de la *Correction de la Grâce efficace par elle-même*. Désabusé des faux sentiments de M. Le Moine, et de ceux de son précepteur, touché du désir de se sauver, animé par la lecture ordinaire qu'il faisoit du livre des *Confessions* de saint Augustin, excité par l'exemple des *Vies des Pères des Déserts*, ne trouvant point d'autres voies de son salut que la retraite, il eut dessein de se retirer aux Chartreux chez lesquels il alloit souvent converser par l'avantage du voisinage. Il en fit la confidence à un chartreux de ses amis qui s'appeloit Dom Étienne, qui lui conseilla d'en conférer avec M. de Rebours et M. Du Hamel, curé de Saint-Merry, qui étoient amis de Messieurs de Port-Royal. Ces deux messieurs, ne voulant pas eux-mêmes se charger de sa conduite, l'adressèrent à M. Singlin qu'il avoit souvent entendu prêcher à Port-Royal dès l'année 1651.

Lorsque M. l'abbé de Pontchâteau se mit sous la conduite de ce pieux ecclésiastique, il pouvoit avoir de seize à dix-sept ans ; car il écrivoit au 1er mars 1687, qu'il y avoit trente-six ans qu'à pareil jour il étoit (allé) à Port-Royal pour la première fois en 1651. M. Singlin commença d'abord par lui faire comprendre la nécessité où il étoit de se dépouiller de la pluralité de ses bénéfices, mais il ne fut pas aisé de l'en persuader ; ce jeune abbé étoit lié avec tout ce qu'il y avoit de plus grands seigneurs à la Cour, qui, avec toute leur autorité, l'en dissuadoient et lui représentoient qu'il n'avoit point d'autre ressource pour vivre, et pour soutenir le rang que lui donnoit sa famille et sa naissance. M. Singlin sentit bien cette difficulté et se contenta d'abord de le porter à en faire un bon usage, en contribuant au rétablissement de la discipline de ses moines, et en tâchant d'y introduire quelque réforme. Il lui fit remarquer combien on avoit surpris le Pape dans la concession qui lui avoit été faite de ses bénéfices; que dans ces bulles on lui donnoit de grandes louanges sur sa prud'homie, sur sa grande science, et sur ses bonnes mœurs, quoiqu'il n'eût alors que six ou sept ans. Il lui représenta que sa famille n'avoit eu que des vues humaines en l'appelant à l'état ecclésiastique ; qu'ils avoient considéré les bénéfices qu'ils lui avoient fait donner comme un bien héréditaire, qui devoit suivre la ligne du sang de leur famille.

M. l'abbé de Pontchâteau fut frappé de ces vérités, et entra dans les desseins que M. Singlin lui proposa pour remédier à tous ces maux ; mais il cachoit autant qu'il pouvoit ses pieuses relations à son directeur moliniste qui ne travailloit qu'à l'en détourner par les idées des grands établissements dont sa naissance et ses alliances pouvoient le flatter. Ce docteur s'opposa aussi très-vivement à la réforme que son élève se proposoit de faire dans ses abbayes, et il lui en écrivit le 17 février 1652, de Nantes où il étoit allé par ordre de M. de Pontchâteau pour s'informer de l'état de l'abbaye de Geneston ; il s'en expliqua en ces termes :

(Lettre du docteur Magnet, qui se signala en Sorbonne deux ou trois ans après contre M. Arnauld, en 1655 ou 1656.)

« J'ai été un peu surpris de ce que vous me mandez touchant vos études, et que ce carême qui est le temps de redoubler le travail, vous prétendiez tellement vous donner à Dieu que vous ne fassiez rien d'extraordinaire pour vos études. Les personnes de votre condition doivent être animées d'une ambition qui ne les fasse pas marcher dans cette carrière du doctorat comme les personnes ordinaires. Le Coadjuteur de Paris, les Archevêques de Rouen, les d'Estrées, et beaucoup d'autres que l'on vous pourroit nommer, n'ont pas été dans le sentiment où vous êtes, et ont cru qu'ils devoient marcher dans cette route à pas de géants. Le sang de Richelieu qui bout dans vos veines ne devroit pas vous inspirer de moindres mouvements qu'à toutes les personnes de condition. L'ambition réglée et l'émulation sont des vertus qui ne sont pas incompatibles avec le service de Dieu. Vous savez ce que je vous ai dit plusieurs fois là-dessus, qu'une solide dévotion n'étoit point ennemie d'une grande étude : les ouvrages de saint Augustin et des autres Pères de l'Église vous en sont des preuves convaincantes. Je laisse ce discours pour vous prier de ne vous avancer de rien, s'il vous plaît, touchant la réforme de votre abbaye de Geneston. Quand je vous aurai entretenu là-dessus, j'espère que vous serez de mon sentiment, qu'il n'y aura point de mal pour vous, mais auparavant que d'en venir là, il y a bien des choses à dire dont vous tomberez d'accord. »

Pendant l'absence de ce docteur, l'abbé de Pontchâteau qui cherchoit la retraite, et qui tâchoit sincèrement à marcher dans la voie sûre qui conduit au salut, alla passer le carême à Port-Royal des Champs, par le conseil de M. Singlin qui l'adressa à M. Antoine Baudry d'Asson, dit de Saint-Gilles, qui y demeuroit, et qui dès lors lia une amitié si étroite avec ce jeune abbé, que rien n'a pu en rompre les liens. M. de Saint-Gilles étoit un gentilhomme de mérite, fort riche, qui avoit tout quitté pour se retirer dans ce désert.

M. Magnet étant de retour de son voyage de Bretagne, voulant rompre toutes les liaisons que le jeune abbé de Pontchâteau avoit formées avec ceux qu'on appeloit Messieurs de Port-Royal, l'engagea à quitter le voisinage du faubourg Saint-Jacques, et à s'aller loger dans l'Ile; mais cet éloignement n'empêchant point qu'il ne continuât ses liaisons ordinaires, et ce précepteur ne pouvant réussir à le détourner des desseins de retraite et de réforme qu'on lui inspiroit, il tâcha d'engager la comtesse d'Harcourt à l'emmener avec elle en Alsace et en Allemagne, dont le comte d'Harcourt son mari étoit gouverneur en partie; mais n'ayant pu y réussir, il proposa à l'abbé de Pontchâteau d'aller à Rome, non pas qu'il eût en effet ce dessein, mais il s'en servoit pour couvrir les vues qu'il avoit de l'attacher, en passant à Lyon, auprès de son oncle Alphonse du Plessis, cardinal et archevêque de cette ville. Ils partirent donc ensemble et arrivèrent à Lyon au mois d'octobre 1652. M. de Pontchâteau y fut très-bien reçu par le cardinal de Lyon son oncle (à la mode de Bretagne) qui lui persuada de rester avec lui. Il le logea dans son palais avec tout son domestique, le goûta beaucoup et en fit son favori. L'abbé de Pontchâteau le méritoit bien; il avoit tous les avantages d'esprit et de corps qu'on pouvoit désirer dans une personne de sa qualité; il étoit bien fait, de bonne mine, il avoit l'air et les manières très-engageantes, une extrême politesse, une grande facilité d'apprendre, de concevoir, et de s'énoncer, une sagesse et une droiture qui passoit de beaucoup celle de son âge, mais qui n'étoit pas encore à l'épreuve de tout ce qui se présentoit alors de grand à ses yeux, ni au-dessus de ses espérances ni des dignités dont le cardinal le flattoit continuellement en le traitant comme son futur successeur. Ces idées lui firent perdre de vue pour un temps l'amour de la retraite et de la pénitence, et lui ôtèrent le goût qu'il avoit pris pour la piété dans les liaisons qu'il avoit eues avec Port-Royal.

Ce fut selon ces projets de sa future grandeur que le cardinal se résolut de l'envoyer à Rome, et qu'il fit marcher avant lui les équipages avec lesquels il vouloit qu'il lui fît honneur dans cette grande ville. Mais Dieu qui avoit d'autres desseins sur l'abbé de Pontchâteau, et qui le consideroit avec des yeux de miséricorde, renversa ces projets et le délivra de cette périlleuse tentation.

Le jour même qu'il devoit partir pour Rome, le cardinal fut attaqué d'une hydropisie qui l'enleva de ce monde en peu de temps; il mourut la veille de l'Annonciation, 24 mars 1653, sans avoir pu disposer d'aucun de ses bénéfices en faveur de l'abbé de Pontchâteau, n'ayant eu que le temps de lui laisser par un codicille les meubles les plus magnifiques d'un de ses appartements, qui valoient bien quarante ou cinquante mille livres, et de dire en mourant, qu'il eût bien mieux valu pour lui mourir dans le lit de dom Alphonse que dans celui du cardinal de Lyon. Il avoit été d'abord évêque de Luçon, mais ayant remis cet évêché à Armand-Jean son frère, il se fit chartreux; ensuite il fut fait archevêque d'Aix, puis de Lyon, cardinal, grand aumônier de France, commandeur de l'Ordre du Saint-Esprit, abbé de La Chaise-Dieu, de Saint-Victor de Marseille, et de Saint-Martin de Tours.

Après cette mort l'abbé de Pontchâteau quitta Lyon où il n'avoit demeuré que huit ou neuf mois, et revint à Paris en diligence faire sa cour à la Reine mère, et au cardinal Mazarin; on lui offrit la coadjutorerie de l'évêché de Dol en Bretagne, mais se trouvant trop jeune, il la refusa. Il demeura encore quelque temps à la Cour où il se trouvoit à tout comme les autres courtisans, et suivoit le torrent du monde dont il étoit aimé; mais enfin, ayant fait un tour en Bretagne où il laissa son docteur Magnet malade, il revint à Paris, quitta le quartier du Louvre, alla loger rue Saint-Dominique, faubourg Saint-Jacques, s'attacha de nouveau à entendre les sermons de M. Singlin, et se réunit très-étroitement à tous les défenseurs de la doctrine de saint Augustin et de la bonne morale, en sorte qu'en 1654 il se trouva très-lié à tous les amis de Port-Royal : il tâchoit de leur rendre tous les services qui dépendoient de lui. Il se remit sous la conduite de M. Singlin. Il embrassa la vie pénitente, il couchoit sur la dure, il gardoit une étroite retraite, et s'appliquoit à l'étude sérieuse de la théologie et surtout à la lecture de saint Augustin et de tous les livres que l'on composoit alors sur les matières qui faisoient le sujet des disputes, et il en faisoit des extraits. Il s'appliquoit à mettre quelque réforme dans ses abbayes, et ne pouvant pas encore se résoudre à les quitter absolument, sa famille n'y consentant point, et étant encore trop jeune pour oser se déterminer à faire cet éclat contre leur sentiment, il tira de la Congrégation de Sainte-Geneviève quelques bons sujets pour mettre la réforme dans son abbaye de Geneston. Il marqua, par une lettre du 30 mai 1654, à madame la comtesse d'Harcourt, sa sœur, qui avoit eu soin de lui dès son enfance, qu'il étoit toujours dans le dessein de se donner entièrement à Dieu, et de quitter tout à fait le monde; que ce n'étoit point une pensée passagère, qu'il l'avoit toujours eue, et qu'elle étoit gravée en lui plus fortement que jamais : dans ces dispositions il ne fut plus question pour lui que de se déterminer sur le choix d'une retraite, et ce fut sur cette incertitude qu'il consulta dom Étienne, chartreux, prieur d'Orléans, qu'il avoit connu à Paris, et qu'il savoit être dans de bons sentiments; mais ce chartreux ne lui conseilla pas d'entrer dans leur Ordre et le renvoya à M. Singlin, l'exhortant à se retirer absolument à Port-Royal où il

avoit beaucoup d'amis, et où il seroit soutenu dans la piété par
leurs bons exemples. La lettre de ce Père est du 10 juillet 1655;
voici comme il s'en expliquoit :

« Je ne puis vous exprimer combien je vous suis obligé de votre
confiance qui m'est d'autant plus honorable que son sujet est précieux; mais je ne sais comment vous pouvez me consulter, puisque
notre Père (il entend M. Singlin, directeur du dehors et du dedans
de Port-Royal, et dont ce chartreux prenoit les avis) vous peut
résoudre votre difficulté par les lumières que Dieu lui donne pour
votre conduite. Si j'étois en votre place, je m'arrêterois entièrement, ce me semble, à ce qu'il m'en diroit, sachant bien qu'il
n'agit pas dans toutes les affaires par précipitation, mais avec
poids et mesure, c'est-à-dire après beaucoup de prières : néanmoins, parce que vous voulez que je vous déclare mes sentiments,
je vous dirai maintenant ce que je vous ai mandé autrefois, que
vos forces corporelles ne me semblent pas suffisantes pour résister
à la fatigue qui est inévitable dans l'état de notre vie; l'expérience
confirme très-souvent ce que je vous écris, et en vérité c'est une
grande désolation d'être détenu d'infirmité dans un genre de vie
comme la nôtre. J'en parle comme savant; c'est pourquoi, quelque
résolution que vous preniez dorénavant pour y entrer, prenez
garde surtout, je vous prie, à ne vous point flatter sur la présomption de vos forces; cela est important. Pour ce qui vous
arrête davantage et sur quoi, dites-vous, votre esprit a peine à
se résoudre, vous savez que la conduite de notre Ordre n'est pas
cachée à tout le monde, c'est-à-dire aux spirituels tel que votre
bon Père duquel j'ose dire qu'il connoît *ex ungue leonem* et auquel
vous pouvez vous en rapporter, car je suis assuré qu'il ne vous
trompera pas, et tout ce qu'il vous en dira n'est rien en comparaison de ce que vous éprouveriez dans cette conduite, si vous y
étiez engagé comme moi, et tous les autres. Il y a bien des mystères; partant je vous dis en secret qu'encore que je me sente
obligé de rendre grâces à Dieu tous les jours de ma vocation dans
l'état où j'ai fait profession, néanmoins si j'étois à recommencer
ce que j'ai fait volontairement une fois et sans regret, et de plus
si j'eusse connu en ce temps Port-Royal et la sainte vie de nos
amis qui y demeurent, je vous avoue qu'il me semble que j'aurois
d'autant plus combattu (si Dieu m'eût tenu dans une incertitude
pour choisir) pour me rendre à Port-Royal, que j'aurois été certain des avantages qu'il y a dans cette sainte maison par dessus
plusieurs autres religieuses pour y vivre selon la pratique de
l'Évangile; et sans vouloir le moins du monde condamner votre
irrésolution qui est peut-être une disposition divine, je m'étonne,
oui, je m'étonne, comment vous qui y avez tant d'habitudes et
depuis si longtemps, qui y êtes si fort aimé, qu'un chacun de nos
amis qui y demeurent arracheroit volontiers ses yeux pour vous

les donner, s'il étoit besoin ; je m'étonne, dis-je, comment et pourquoi vous balancez tant pour y demeurer, puisque vous voulez quitter le monde comme un lieu dangereux. Je ne suis pas si téméraire que de condamner vos sérieuses réflexions sur un choix si important, mais aussi permettez-moi de vous dire modestement qu'il ne faut pas toujours craindre, mais qu'il faut se déterminer tout de bon, de peur que notre vie ne se passe toute en inquiétudes. Pour moi je ne présume pas pouvoir vous donner conseil, mais si j'étois à votre place, et qu'il me fût permis de choisir, je me déterminerois à finir mes jours dans Port-Royal quand même j'y devrois être employé aux plus vils offices. J'ai conçu une si haute estime de tous ces bons solitaires, que je ne sais si je pourrois trouver des occasions sortables à ma volonté pour les servir, (mais certainement si je le pouvois) je le ferois. Oh ! que tous les solitaires ne leur ressemblent pas ! et que l'on seroit heureux si dans les déserts qui se rencontrent aujourd'hui dans l'Église, on étoit conduit par de tels directeurs ! Dieu a marié dans leurs âmes la connoissance et l'amour, et ces deux qualités règnent si absolument dans toutes les actions de ces bons serviteurs de Dieu, qu'il n'y a point d'homme raisonnable qui les connoisse, qui ne les aime. Et je suis si persuadé de l'éminence de leur vertu, que je défie toute la persécution imaginable, je ne dis pas de me la faire perdre (cette persuasion), mais de la diminuer d'un degré dans mon esprit. Et qui pourroit faire autrement sinon des aveugles qui, par quelque punition secrète, ne s'apercevroient pas de la visible protection de Dieu qui reluit en ce misérable temps sur cette sainte maison, comme le feu anciennement sur le tabernacle durant la nuit. C'est pourquoi je vous dis avec l'esprit que vous aimez en moi, qu'il me semble que vous ne pouvez faire un meilleur choix que de vous retirer à Port-Royal, pourvu que Dieu, le maître des volontés, ne vous appelle point autre part : car il le faut suivre en tout et partout. Que croyez-vous qui manque dans Port-Royal ? Vous y serez toujours libre, ce que vous ne pourrez avoir dans un Ordre religieux où vous ferez profession, et où je ne vous conseille point d'entrer, dans les appréhensions où vous êtes à présent, et même depuis longtemps ; de plus, si vous aspirez à vous retirer dans une solitude, je ne sais pas où vous pourrez en trouver une pareille à Port-Royal tant pour le corps que pour l'esprit ; davantage, ce qui vous doit faire choisir et même préférer la solitude de Port-Royal à une infinité d'autres des réguliers, c'est que vous y professerez librement la doctrine de saint Augustin, qui est si bannie aujourd'hui de presque toutes les Communautés où la plupart des disciples de ce grand saint sont assez maltraités, vous ne l'ignorez pas. Pourquoi donc vous engager à une telle captivité, quand vous pouvez être dans une sainte liberté ? Je suis bien éloigné de mesurer mon jugement foible à la solidité du vôtre ; mais, pour vous parler franchement, si j'étois à votre place, je ne marchanderois pas tant pour me procurer quelque coin dans Port-Royal, supposé que Dieu ne m'appelât point manifestement dans une autre condition, et ce qui me semble vous devoir porter davantage à faire ce choix de cette retraite, c'est que vous en connoissez l'esprit et la conduite et les effets par les exemples visibles, au lieu que, voulant entrer chez nous, vous ne sauriez pas connoître notre manière de vivre tant intérieure qu'extérieure, si vous ne la pratiquez, et vous ne sauriez la pratiquer que vous n'y soyez engagé. Or, de vous y engager dans la crainte où vous êtes maintenant, je ne vous le conseille point du tout, et non pas même de vous en conseiller à d'autres qu'à notre Père que je salue très-humblement, et dont j'implore la continuation des prières. Je prie Dieu qu'il vous console et confirme dans votre bonne volonté de le servir jusqu'à la mort. Adieu. »

Tous ces desseins et ces consultations furent terriblement interrompus par un coup de providence aussi peu attendu qu'il étoit extraordinaire ; en effet, lorsqu'on s'y attendoit le moins, M. le Lieutenant civil vint signifier à Port-Royal un ordre de la Cour de faire sortir incessamment de la maison des Champs les pensionnaires du dehors, et tous les Messieurs qui s'y étoient retirés. Ainsi il fallut prier M. de Pontchâteau de s'abstenir d'y aller, et l'engager même ainsi que les autres amis de quitter le faubourg Saint-Jacques, pour ne pas nuire aux religieuses du monastère de Port-Royal de Paris. M. de Pontchâteau quitta donc sa maison de la rue Saint-Dominique et alla se loger au faubourg Saint-Marceau rue des Postes, où M. Arnauld, M. du Mont Akakia, confesseur de Port-Royal, et quelques autres ecclésiastiques de grande piété vinrent se retirer dans des appartements séparés. Peu de temps après, M. de Pontchâteau partit pour la Bretagne, afin de donner quelque ordre à ses abbayes et assister aux États de Bretagne. M. Singlin qui avoit eu soin de sa conduite lui donna M. Charles Le Maître, docteur de Sorbonne, pour l'y accompagner. Il fut reçu dans cette province avec la distinction que méritoit sa naissance et ses agréments personnels ; il y goûta beaucoup l'accueil qu'on lui fit, et s'y seroit volontiers attaché, s'il eût cru son penchant : mais, pour en éviter les engagements, il alla passer quinze jours à Saint-Cyran, après lesquels il revint visiter ses abbayes. Ce fut en cette occasion que M. Le Maître, jugeant que le séjour de Bretagne seroit plus long qu'il n'avoit pensé, se résolut de quitter M. l'abbé de Pontchâteau et de s'en retourner à Paris. L'absence de ce docteur ne contribua pas peu à refroidir le zèle et la piété de l'abbé de Pontchâteau, et c'est à cette occasion qu'il a dit depuis, en regrettant l'absence de ses amis de Port-Royal : *Væ soli !* que c'étoit là le malheur d'être seul. En effet, ce fut pendant cette absence qu'il se répandit plus qu'il n'avoit fait jusqu'alors dans les assemblées mondaines, qu'il se livra aux plaisirs auxquels la convocation des États lui avoit donné occasion. Il y parut avec distinction ; il harangua éloquemment MM. des États, parla fortement contre les levées des deniers et se seroit attiré de la Cour quelque mécontentement, si le comte d'Harcourt et le duc d'Épernon, ses beaux-frères, n'eussent répondu au roi de sa droiture et de sa fidélité. Il se lia d'amitié avec les jeunes seigneurs qu'il trouva en Bretagne, et entre autres avec M. l'abbé d'Espinose et M. de La Granrivière, mais il s'attacha surtout à M. du Boichevel (?) qu'il secourut de tous ses soins et avec tout l'attachement d'un véritable ami dans la maladie dangereuse dont il fut attaqué, et il lui remit généreusement, après sa parfaite guérison, le bénéfice dont il lui avoit fait sa résignation. Les fatigues qu'il se donna pendant la maladie de ce cher ami lui causèrent quelque légère indisposition qui l'obligea à passer l'hiver à Nantes. Enfin, ayant terminé toutes ses affaires, il revint à Paris dans sa maison rue des Postes, où sur la fin du carême il eut une légère maladie, dont ayant été parfaitement guéri il se résolut de relier la partie qu'il avoit projetée en Bretagne d'aller à Rome. Il écrivit secrètement aux seigneurs qu'il avoit laissés en Bretagne de se rendre incessamment à Paris, donna congé de sa maison, laissa des ordres pour serrer ses meubles, et partit le 30 d'avril 1658, sans dire adieu à M. Singlin, ni à aucun de ses amis de Port-Royal. Il écrivit seulement un billet à M. du Mont Akakia, par lequel il lui apprenoit ce voyage. Il prit sa route par Dijon et arriva le 6 mai à Pagni, terre où étoit alors la comtesse d'Harcourt sa sœur ; il y demeura deux jours avec les jeunes seigneurs qui l'accompagnoient ; ensuite ils reprirent leur chemin par Châlons, passèrent à Mâcon, à Trévoux, et se rendirent à Lyon où ils firent quelque séjour pour donner le temps à M. de Rochebonne de les y venir joindre : c'étoit un jeune comte de Lyon que M. de Pontchâteau avoit connu lorsqu'il étoit en cette ville, et avec lequel il avoit renoué amitié à Paris et projeté le voyage de Rome. Ils partirent enfin de Lyon le 18 mai. L'abbé de Pontchâteau changea de nom, prit un habit séculier et une cravate, et se fit nommer le marquis Élie. Ils passèrent à Genève et en sortirent le 22. Le 28 ils arrivèrent à Zurich, et le 4 juin ils s'embarquèrent sur le lac des Grisons ; ils passèrent le 11 juin à Padoue, le 12 à Venise ; le 11 juillet ils s'embarquèrent et passèrent auprès de Malamocco ; le 14 ils partirent de Ferrare pour Bologne, où ils arrivèrent le 21, et le 29 ils vinrent à Florence, et le dernier du mois d'août ils partirent pour Lorette et arrivèrent à Rome le 13 septembre 1658. Ils louèrent un palais qu'ils firent meubler par les Juifs, prirent des estafiers. L'abbé de Pontchâteau y reprit son habit et son nom ; ils virent tout ce qu'il y avoit de plus remarquable, et y jouirent de tous les plaisirs, et de tous les amusements auxquels les jeunes seigneurs de France ont coutume de se livrer dans cette Cour. L'abbé de Pontchâteau eut l'avantage de converser avec le Pape, et avec plusieurs cardinaux qui furent charmés de son entretien et de sa politesse, et quoique tous ces applaudissements dussent beaucoup le flatter, ses premiers projets de retraite et de fuite du monde en diminuoient beaucoup la sensibilité, et la visite qu'il fit des Catacombes ne réveilla pas peu les désirs qu'il conservoit depuis longtemps dans son cœur d'embrasser la vie chrétienne et pénitente de Port-Royal. Il conçut même beaucoup de dégoût pour la vie qu'on menoit à Rome et de l'horreur pour les périls et les dangers auxquels le salut étoit exposé ; il a laissé un Journal de ce voyage où il fait une description assez exacte de tout ce qu'il a vu dans Rome et dans sa route[1]. Il revint à Paris le 12 septembre 1659. Ainsi il n'employa qu'un an entier à ce voyage, pendant lequel il conserva toujours quelque liaison avec Dom Étienne, chartreux, MM. d'Autingues (d'Aubigny?) et Taignier ; il ne fut qu'un mois à Paris, et ne vit aucun de ses amis ; il partit pour la Bretagne le 12 octobre, et alla visiter le 17 novembre son bbaye de Geneston, le 8 décembre celle de Saint-Gildas-des-Bois, et ensuite il revint à Rennes où il séjourna jusqu'au 13 janvier 1660. Il vint enfin à son abbaye de La Vieuxville, où il resta malade depuis le 13 septembre jusqu'à son départ pour Paris le 22 octobre de la même année. Cette maladie étoit une fièvre quarte qu'il a gardée 14 ans, qui ne lui laissoit jouir que par intervalle de quelques mois d'une foible santé ; cette maladie ne lui servit pas peu à le dégoûter d'une vie aussi inutile, aussi distraite, et si peu occupée de son salut que celle où l'avoit jeté le goût de ses voyages. Car celui-ci qu'il fit en Bretagne ne fut, pour ainsi dire, qu'un sujet de dissipations et d'amusements. Pendant tout ce temps (qu'il étoit éloigné de M. Singlin, de tous les amis qu'il avoit à Port-Royal, et qu'il affectoit de les oublier), on ne le perdoit point de vue, on faisoit au Ciel d'instantes prières pour son retour, et pour son salut. La mère Marie-Angélique Arnauld, et la mère Marie-Madeleine du Fargis ne discontinuoient point leurs vœux pour lui au-

---

[1]. Ce Journal de voyage ne sauroit être donné ici, sans faire par trop hors d'œuvre. J'y remarque, entre autres anecdotes, cette gentillesse de la reine Christine : « Dans ce temps (vers février 1659) l'on a coupé la queue à six chevaux de carrosse de la princesse Rossane, femme du prince Pamphile ; les uns ont attribué cela à la reine de Suède, parce que la princesse Rossane est sœur de la duchesse Ceri, et qu'elle veut empêcher son mariage avec Sentinelli ; et comme on parloit à cette princesse que la reine y prenoit part, elle témoigna s'en soucier fort peu, parce que la reine est une reine « sans queue » ; ce qui devoit avoir aigri la reine et la porter à envoyer des gens masqués dans l'écurie pour lui faire cet affront. — Les autres ont dit que cela venoit du prince Colonne, etc. » Mais cela a bien l'air, en effet, d'une vengeance de femme à femme, et d'être la réplique du « sans queue. »

près de Dieu, surtout la dernière qui se fit une dévotion particulière de prier pour son retour, afin de réparer par un acte de charité envers lui les fautes de ressentiments qu'elle croyoit avoir autrefois commis contre le cardinal de Richelieu qui avoit persécuté et beaucoup fait souffrir sa mère ; elles en parloient souvent avec M. Singlin pour l'exhorter de le recevoir en cas de retour. C'est ce qui a fait dire depuis à M. de Pontchâteau (en se servant des paroles de saint Ambroise au sujet de saint Augustin) qu'une conversion demandée avec tant d'instance ne pouvoit manquer d'être obtenue.

En effet ces prières eurent tout le succès que l'on pouvoit souhaiter. M. de Pontchâteau étant de retour à Paris au mois de juin, écrivant à M. de Saint-Gilles d'Asson, lui dit comme en passant : « Je soupire après ma patrie, mais je me suis égaré *in regionem longinquam*, » s'appliquant à lui-même l'égarement de l'Enfant prodigue ; et dans une deuxième lettre il lui avoua qu'il se sentoit à charge à soi-même, qu'il avoit besoin de trouver un lieu de repos pour se guérir et se consoler ; qu'il avoit lu dans Fulbert de Chartres, que les Chrétiens ne trouvoient leur repos que dans la solitude, qui est le lieu où repose véritablement l'âme du Chrétien affligé : *Ubi requiescit anima afflicti Christiani*. On voyoit par ses sentiments qu'il tâchoit à ménager sa réconciliation avec ceux qui pleuroient son égarement, mais qu'il n'osoit les approcher de près, ne se croyant pas encore en état de les assurer de son entière conversion, ni capable de soutenir ses résolutions. La situation où madame la duchesse d'Épernon sa sœur se trouvoit alors l'empêcha de se retirer, et de rompre entièrement avec le monde : elle étoit menacée de perdre bientôt son mari, M. le duc d'Épernon qui étoit retenu au lit par une maladie dangereuse qui diminuoit ses forces de jour en jour, et elle avoit besoin des conseils et des avis de M. de Pontchâteau son frère, en cas que Dieu en disposât, ce qui arriva le 25 juillet 1661. M. de Pontchâteau se chargea du soin de toutes ses affaires, vint loger avec elle et y demeura jusqu'au 9 novembre 1662, où il se sépara d'elle en conséquence d'une conversation violente qu'ils eurent ensemble après le souper au sujet de mademoiselle Brice, fille de qualité de Picardie, de la famille des Kaergrek (?), à laquelle madame d'Épernon sa sœur le soupçonnoit d'avoir trop d'attache ; et n'ayant pu souffrir ce reproche, dès le lendemain à 4 heures du matin il fit emporter ses meubles de l'hôtel, et se retira chez l'abbé de Coislin, son neveu, au Cloître Notre-Dame. Mais ayant appris que madame d'Épernon sa sœur, par emportement, avoit fait mettre cette mademoiselle Brice dans un de ses carrosses avec une de ses femmes et l'avoit fait mener à l'Abbaye-aux-Bois, sous prétexte qu'il s'étoit passé quelque chose de scandaleux entre cette demoiselle et lui, il prit la résolution de quitter ses bénéfices, et de réparer le déshonneur que sa sœur faisoit à cette demoiselle pour se venger de quelques avis qu'il lui avoit donnés sur certains bruits qu'on répandoit contre elle dans le monde. Il se proposa donc d'épouser cette demoiselle ; mais, comme elle étoit très-sage, elle répondit qu'elle n'acceptoit point cet honneur qu'auparavant elle ne sût qu'il s'étoit entièrement réconcilié avec le Seigneur. Elle savoit de lui qu'il y avoit cinq ou six ans qu'il n'avoit fait ses pâques, c'est-à-dire depuis son départ de Paris pour Rome ; ainsi l'abbé de Pontchâteau, voulant la satisfaire, résolut de s'y disposer pour le Jeudi-Saint 22 mars 1663 ; mais, comme il n'avoit point été à confesse depuis la Pentecôte de l'année précédente, il se sentit effrayé du dérangement de sa vie passée, et rompant une bague qu'il avoit au doigt, il se dit à lui-même : « Que pensez-vous faire, ayant encore des attaches au monde ? » et s'adressant à Dieu, il lui dit : « Seigneur, rompez mes liens, comme je viens de rompre celui-ci. » Dieu l'exauça, et entrant dans l'église il sentit que la Grâce éclairoit son esprit et échauffoit son cœur, et dès ce moment il forma le dessein d'embrasser le reste de ses jours une vie entièrement pénitente et éloignée du monde. Il se confessa à un prêtre de sa paroisse, et ensuite il écrivit à M. Singlin l'état où il étoit, et l'embarras où ce changement jetteroit cette demoiselle. Et en effet la nouvelle d'un changement si subit attrista si fort cette demoiselle qu'elle tomba malade et en mourut, âgée de 22 ans. Ainsi Dieu accorda à M. de Pontchâteau la prière qu'il lui avoit faite de rompre tous ses liens qui l'attachoient au siècle. Depuis, tous les ans, il en faisoit au même jour une fête d'action de grâces, et disoit le Psaume LXXXVIII : *Misericordias Domini in æternum cantabo*.

Il alla trouver M. de Saint-Gilles son ancien ami, qu'il pria de le mettre entre les mains de ses premiers directeurs, et d'engager M. Singlin de se charger de sa conduite. M. Singlin se crut obligé de profiter de cette occasion pour le soutenir par ses avis dans les résolutions que Dieu avoit formées en lui. Ce ne fut pas cependant sans peine que ce digne directeur se chargea de nouveau de sa conduite ; il le reçut avec précaution, et doutant fort de sa persévérance, il lui représentoit souvent ses légèretés et ses inconstances. M. de Pontchâteau, tâchant de son côté à renouer les anciennes liaisons qu'il avoit eues avec les amis de Port-Royal afin de se soutenir par leurs exemples dans la piété et la pénitence qu'il vouloit embrasser sérieusement, s'attachoit à leur rendre tous les services dont il étoit capable : et en effet il leur servit beaucoup à la distribution du *Journal* de Saint-Amour, et ce fut par les liaisons qu'il eut avec ce docteur qu'il prit part pour vingt mille livres à l'acquisition qu'on fit de l'île de Nordstrand dans le duché de Holstein. Cette somme d'argent étoit le fruit d'une transaction qu'il avoit faite avec M. de Coislin son frère au sujet de ce qui pouvoit lui appartenir des biens de la succession de son père, et des jouissances qu'il avoit eues, pendant sa jeunesse, du revenu de ses abbayes : transaction par laquelle il prétendoit qu'on l'avoit frustré de la moitié de ce qui lui devoit revenir du côté de son père. En plaçant ainsi cet argent, il crut se faire un revenu plus considérable dans la résolution où il étoit de quitter incessamment tous ses bénéfices ; car il s'étoit défait de son abbaye de Geneston, pour faire donner un prieuré au frère de mademoiselle Brice, ne s'étant réservé sur cette abbaye que huit cents livres de pension. Peu de temps après, sans qu'on le sollicitât en aucune façon, il quitta entièrement ses autres abbayes, et se plaignant un jour à M. de Sainte-Marthe de ce qu'on ne lui avoit pas conseillé de le faire plus tôt, ce saint prêtre lui répondit qu'il y avoit des choses que l'on ne conseilloit pas, mais que l'on devoit faire de soi-même. Enfin, sa résolution prise, il n'hésita plus que sur le choix de ceux en faveur desquels il s'en démettroit, gémissant beaucoup sur la démission qu'il avoit faite de celle de Geneston en faveur du jeune Brice, et désirant autant qu'il seroit en lui de choisir des personnes qui en pussent faire un bon usage. Il donna l'abbaye de Saint-Gildas à M. de Coislin son neveu, évêque d'Orléans, afin d'employer les revenus à son séminaire ; et celle de La Vieuxville, il en fit sa démission au prieur régulier de cette abbaye, qui étoit un très-bon religieux, et qui, se voyant par son grand âge près de sa mort, ne crut devoir l'accepter qu'en accordant sur cette abbaye deux mille livres de pension qui pussent, en un besoin, servir à M. l'abbé de Pontchâteau comme de pension alimentaire, persuadé que cet abbé, ayant quitté tous ses bénéfices, trouveroit à peine son nécessaire dans ce qui pourroit lui revenir des biens de sa famille. M. de Pontchâteau le laissa faire, mais il n'en a jamais rien voulu toucher, et tous les ans il en envoyoit une quittance à ce prieur. Jusqu'alors M. de Pontchâteau demeuroit au Cloître Notre-Dame chez M. de Coislin son neveu, où il avoit un appartement bien meublé, une belle et magnifique bibliothèque de livres proprement reliés et marqués de ses armes. Il y avoit conservé ses domestiques et son équipage, et, hors des visites nécessaires, il alloit entendre tous les jours l'office de l'Église derrière le chœur de Notre-Dame, pour n'être pas vu ni ne voir personne. Mais ayant quitté ses bénéfices qui pouvoient fournir à la dépense proportionnée à sa condition, il jugea à propos, pour éviter l'éclat d'un si subit changement, d'aller faire un voyage ; il se servit pour cela de l'occasion de celui que M. de Saint-Amour alloit faire en Hollande au sujet de l'île de Nordstrand dont il avoit acheté une demi-portion, et suivit en quelque sorte sur cela l'avis de M. de Liancourt. Avant que de partir, il se réconcilia avec madame d'Épernon sa sœur ; leur entrevue se fit au Val-de-Grâce par l'entremise de la mère Marie de Saint-Benoît de Burges leur tante. Ensuite il congédia tous ses gens, et ne garda que son valet de chambre qu'il mena avec lui. Il fit porter sa bibliothèque chez M. Arnauld, et une partie de ses meubles, et donna le reste de ses biens aux pauvres, sans se réserver qu'une pension de deux cents écus qu'il se fit à fonds perdu sur l'Hôtel-Dieu. Il partit avec un valet de chambre le 7 mai 1664, accompagné de M. de Saint-Amour, et de M. Massin qui avoit connaissance des affaires de l'île de Norstrand.

Le 3 juillet il dîna avec M. le duc d'Holstein et lui recommanda l'île de Nordstrand qui étoit de son duché, et, après avoir visité toutes les villes de Flandre et de Hollande, ils arrivèrent le 2 septembre 1664, à Strasbourg, où MM. de Saint-Amour et Massin le quittèrent; il y resta quelques jours. Le 7 il reçut des nouvelles de Paris, par lesquelles on lui mandoit que le 26 août on avoit enlevé à Paris et aux Champs plusieurs religieuses de Port-Royal et qu'on les persécutoit avec la dernière rigueur pour les obliger à signer le Formulaire. Il eut une sainte joie de leur constance, et de ce qu'elles s'étoient trouvées dignes de souffrir pour le nom de Jésus-Christ. Et ayant quitté Strasbourg le 9, il vint à Saint-Dizier où M. Vuillart vint le trouver, et le 15 septembre ils arrivèrent à Haute-Fontaine, près Châlons en Champagne, où il trouva l'abbé Le Roi. M. de Pontchâteau séjourna un mois entier avec cet illustre abbé qu'il avoit connu pendant qu'il demeuroit dans le Cloître Notre-Dame, et avoit été aux conférences qui se faisoient chez lui à Paris, et à sa maison de campagne nommée Mérentais ou Merency, située assez près de Port-Royal des Champs. Il quitta Haute-Fontaine le 15 octobre 1664, après avoir donné congé à son valet de chambre, bien résolu de n'en avoir jamais; il emprunta un cheval à M. Le Roi, et partit à sept heures du matin. Il passa à Provins, où, après avoir séjourné quelque temps, il se rendit à Paris le 26 octobre, et alla loger avec M. Arnauld qui demeuroit dans l'Ile. Ce docteur avoit été obligé de se retirer pour se cacher et se mettre à l'abri de toutes les persécutions qu'on lui suscitoit. M. de Pontchâteau fit tout ce voyage sous un habit très-commun avec une grande perruque, et se faisoit appeler *de Monfrein*. Il ne demeura pas longtemps chez M. Angran[1], mais il alla loger avec MM. de Sainte-Marthe et de Saint-Gilles dans la vieille rue du Temple, chez un maréchal, et c'est ce qui lui donna occasion de se mettre sous la direction du P. (*le nom est en blanc*) au défaut de M. Singlin qui étoit mort le 17 avril 1664. Ils ne demeurèrent pas longtemps dans cette maison parce qu'elle n'étoit pas commode ni décente, et

---

[1]. Il semblerait résulter de ce récit que M. Arnauld était caché chez M. Angran dans l'île Saint-Louis. J'ai discuté ailleurs (tome IV, page 586) ce point des retraites cachées de M. Arnauld : le présent passage n'est guère propre à les éclaircir.

comme M. de Sainte-Marthe et M. de Saint-Gilles étoient obligés de se cacher, M. de Pontchâteau changea de nom, et loua pour eux et pour lui une maison au faubourg Saint-Antoine, sous le nom de M. de La Noue; elle étoit fort logeable, et avoit un assez grand jardin, et une porte cochère. Elle étoit située dans la rue de Basfroi. Cette situation avantageuse servit beaucoup à y recevoir un grand nombre de Messieurs qui, pour la défense de la vérité, étoient obligés de disparoître. Ils vivoient dans une grande pénitence, ne mangeant point de chair, à moins que quelque ami ne les vînt voir ; ils ne vivoient presque que de légumes, ne buvant point de vin, et observant exactement dans tout le reste la même vie que la plupart des solitaires de Port-Royal menoient. M. de Pontchâteau s'étoit chargé de la culture du jardin, et de soulager la bonne sœur Marcelle qui avoit soin du ménage. Comme M. de Pontchâteau et M. de Saint-Gilles passoient dans le quartier pour de bons gentilshommes ou officiers, et qu'on étoit édifié de leur assiduité à la paroisse, qui étoit Sainte-Marguerite, on fit l'honneur à M. de Pontchâteau de lui faire porter le dais le jour de la Fête-Dieu. Ils demeurèrent ainsi cachés quatre années sur cette paroisse, et y rendirent le pain bénit; et M. de Pontchâteau disoit souvent en riant que, s'il y eût demeuré plus longtemps, il croyoit qu'on l'auroit fait marguillier.

Dans cette retraite M. de Pontchâteau ne s'occupoit pas seulement au jardin, mais il s'appliquoit à copier les écrits que ces Messieurs y composoient; il donnoit ses avis, et les aidoit de ses conseils. Il leur fournissoit des mémoires, instruisoit des nouvelles, et faisoit les courses nécessaires; il avoit soin des impressions et contribuoit aux moyens de les faire entrer à Paris et dans le royaume, par ses correspondances, se sacrifiant tout entier aux intérêts de la vérité et de la bonne cause.

Lorsqu'on prit la résolution de donner au public la traduction du *Nouveau-Testament*, à laquelle on avoit travaillé il y avoit dix ans, MM. Arnauld, de Saci, Nicole et de Pontchâteau firent quelque séjour chez madame de Longueville qui avoit acheté l'hôtel d'Épernon, rue Saint-Thomas du Louvre ; ils y firent plusieurs conférences pour revoir cet ouvrage. M. de Pontchâteau lisoit et tenoit la plume pour les corrections.

Ceci se passoit dans le temps de la plus grande persécution; car dès le 26 août 1664, on avoit enlevé de Port-Royal de Paris la Mère abbesse, et onze autres religieuses, au sujet de la signature. Cependant M. de Pontchâteau ne laissoit pas de se prêter encore à tous les docteurs fugitifs ou exilés pour leur donner des avis et leur apprendre les nouvelles. Le 3 juillet 1665, les religieuses de Port-Royal dispersées en divers monastères ayant été renvoyées à Port-Royal des Champs, et y étant gardées par des soldats et des exempts jusqu'au 18 février 1669, il crut qu'il ne devoit pas les abandonner;

ainsi il y alloit souvent seul, et y accompagnoit quelquefois M. de Sainte-Marthe pour tâcher de leur donner quelques consolations.

Le 4 juin 1667, il partit de Paris pour la Hollande, et fit faire à ses dépens par Elzevir la première édition du *Nouveau-Testament* de Mons; de là il alla à l'île de Nordstrand pour compter des travaux qu'on y faisoit. A son retour de (à) Paris il fit entrer par la porte Saint-Antoine une charrette pleine de ces Nouveaux-Testaments, et d'autres livres sur les matières du temps qui étoient alors en dispute. Il lui servit d'escorte, et par sa prudence il évita tous les dangers où d'autres que lui se seroient trouvés indiscrètement exposés.

Le 30 septembre 1667, il écrivit une grande lettre à M. de Péréfixe archevêque de Paris, pour lui demander la liberté de M. de Saci et des religieuses de Port-Royal. Cette lettre est très-forte, et très-vive et très-touchante.

On commençoit, lorsqu'il arriva à Paris, à parler d'accommodement au sujet des disputes qui avoient jusqu'alors agité l'Église de France, et comme nul autre que lui, entre ceux qu'on appeloit Messieurs de Port-Royal, n'étoit plus propre à négocier cette affaire, soit par sa politesse, soit par sa droiture, soit parce qu'il étoit laïque et qu'il étoit considéré dans le monde par ses alliances et ses amis, on l'engagea à se charger de cette négociation. Il fit pour cela plusieurs voyages à Angers, à Pamiers, à Aleth et à Beauvais, pour convenir de toutes choses avec les quatre évêques qui avoient plus de part à ces projets de paix. Il vit souvent M. le Nonce et les évêques qui étoient pour lors à Paris. Pendant ces négociations M. de Pontchâteau fut fort affligé par la perte qu'il fit de M. Antoine Baudri d'Asson de Saint-Gilles avec qui il avoit été très-intimement uni. Ce gentilhomme tomba malade sur la fin de l'année 1668; il reçut tous ses sacrements par le ministère du vicaire de la paroisse de Sainte-Marguerite, et mourut le 30 décembre de la même année. Il le fit enterrer sous la chaire du prédicateur, qui depuis a changé de place.

Enfin la Paix de l'Église, à laquelle M. de Pontchâteau avoit eu tant de part, fut entièrement conclue au commencement de l'année suivante 1669, et en conséquence tous les docteurs et toutes les religieuses qui avoient été inquiétés, au sujet des contestations de la Grâce et du Formulaire, furent rétablis dans leur entière liberté. Les religieuses de Port-Royal eurent permission de faire des religieuses, de prendre des pensionnaires, de choisir tel confesseur qu'il leur plairoit, et de retirer chez elles tous ceux qui, comme auparavant, voudroient vivre dans la retraite et dans la pénitence. Le 18 février de cette même année, M. de Pontchâteau crut devoir profiter de cette occasion pour satisfaire le désir qu'il avoit eu jusqu'alors pour la vie solitaire et retirée. Il jeta pour cet effet les yeux sur une petite maison qui est bâtie sur la montagne des Granges, auprès de la ferme qui est de la juridiction du monastère de Port-Royal des Champs. Cette résolution fut combattue par plusieurs de ses amis, qui le croyoient propre à toute autre chose pour le bien même de l'Église ; mais il surmonta toutes les difficultés, et passa sur tous les obstacles qu'on y forma, et le 1ᵉʳ mars 1669 il s'établit dans cette petite maison des Granges, qui n'étoit composée que d'une grande chambre accompagnée d'un palier pour y entrer, et d'un petit escalier pour monter au grenier qui étoit au-dessus ; la chambre étoit tapissée d'une simple natte, et l'on y avoit fait un retranchement pour faire un petit cabinet à cette maison. On y avoit joint un petit jardin qui avoit une sortie pour descendre à l'abbaye. M. de Pontchâteau fit mettre dans sa chambre quelques tablettes pour y placer ses livres, une table de bois, des chaises de paille, et composa son lit sur deux tréteaux d'une paillasse piquée, sur quoi il ajoutoit une claie d'osier, et un blanchet qui lui servoit de drap ; il avoit pour oreiller un chevet de paille, et pour ciel de lit un châssis couvert de toile verte auquel il attacha des tringles pour porter des rideaux de serge verte qui servoient à cacher son lit pendant le jour ; il couvrit le mur de sa chambre d'une tapisserie de natte de l'image de saint Arsène auquel il avoit une dévotion particulière par rapport à son état ; et il mit dans le lieu principal de sa chambre une grande croix de bois, et dans tout le reste diverses sentences tirées de l'Écriture sainte, et quelques cartes de géographie, quelques portraits gravés de ses amis, et une Grande-Chartreuse.

Dans cette solitude il choisit pour son occupation ordinaire l'agriculture, c'est-à-dire le soin du petit jardin et du grand jardin des Granges, et, en conséquence, il prit le nom de jardinier des Granges, et lorsqu'il avoit du temps de reste, il travailloit à la vigne qui est plantée le long de la montagne des Granges. Il fit une étroite liaison avec celui qui gouvernoit alors la ferme de l'abbaye. C'étoit un homme extraordinaire qui avoit aussi pris le parti de la retraite, et le nom simple de Charles (son véritable nom était Charles du Chemin); qui, ayant compris que son entrée au sacerdoce avoit été précipitée et sans vocation, se réduisoit le reste de ses jours à la communion laïque pour n'être point connu. M. de Pontchâteau joignoit à son travail la prière et la lecture de l'Écriture sainte. Il disoit exactement le Bréviaire de Paris, aux mêmes heures que les religieuses, la nuit et le jour ; il ajoutoit à cela plusieurs autres prières pour ses besoins particuliers et ceux de l'Église ; il couchoit tout habillé, et ses habits étoient conformes à l'état où il s'étoit réduit, c'est-à-dire à ceux d'un laboureur. Ils étoient faits de serge de Londres, d'Aumale la plus forte ; son linge étoit aussi proportionné à cet état qu'il avoit embrassé, et souvent il portoit un cilice auquel il ajoutoit d'autres instruments de pénitence, dans les temps que l'Église avoit destinés à la pénitence. Sa santé ne lui permettant pas de faire une abstinence de viande toute l'année, il s'appliquoit à ne donner à son appétit que le simple nécessaire. C'est dans cet esprit qu'il s'étoit retranché le souper, qu'il se contentoit d'une très-frugale collation, et qu'il usoit pour sa boisson du cidre tel qu'on le donnoit aux valets. Il mangeoit ordinairement à midi, mais l'Avent, et tout le Carême, il ne faisoit qu'un seul repas à cinq heures du soir, et la dernière quinzaine il ne mangeoit que des fruits secs.

Tous les dimanches et les fêtes, il venoit à matines à l'abbaye à une ou deux heures après minuit, selon qu'on avançoit l'office ou qu'on le reculoit. Il trouvoit une singulière consolation de joindre ses prières et sa voix à celles de cette sainte Communauté de religieuses qu'il regardoit toutes comme ses sœurs; il ne sortoit point de l'église après matines, mais y demeuroit jusqu'après sexte, c'est-à-dire jusqu'à onze heures ou midi, s'il y avoit sermon. Il ne considéra jamais le péril où il s'exposoit de descendre en hiver la nuit la montagne sans lumière, et ne crut pas qu'aucun temps pût le dispenser de se réunir à la prière commune de ses frères, car c'est ainsi qu'il appeloit les domestiques mêmes qui demeuroient dans l'abbaye.

Après la messe il remontoit aux Granges pour dîner; entre les différents offices auxquels il assistoit, il s'entretenoit quelque temps avec M. Charles; ensuite il s'occupoit à quelque lecture, ou transcrivoit pour son édification et son utilité quelques écrits spirituels de M. de Saint-Cyran et de M. Hamon qui n'avoient point encore été imprimés, ou à extraire des pensées spirituelles et des sentences des Pères qu'il avoit lus, en sorte que peu à peu il s'en servoit lui-même pour s'occuper dans l'église entre les offices de la matinée. Les jours de fêtes qui n'étoient pas solennelles il alloit après vêpres rendre visite à ses frères et à MM. de Saci et de Sainte-Marthe et autres; il voyoit aussi quelquefois la mère du Fargis avec laquelle il avoit eu une liaison particulière, et ils s'entretenoient de tout ce qui pouvoit contribuer à les porter à Dieu, et souvent il proposoit aux Messieurs des questions de piété et de morale, afin de s'instruire et de s'édifier.

Tous les jeudis, autant que ses occupations et son travail le pouvoient permettre, il venoit à l'adoration du Saint-Sacrement, et lorsqu'il ne pouvoit pas descendre à l'abbaye, il ne laissoit pas de faire dans son cabinet une demi-heure d'assistance du Saint-Sacrement, suivant les intentions marquées par les religieuses. Il ne se contentoit pas de l'occupation que lui donnoient les jardins dont il avoit soin, il s'appliquoit encore à rendre tous les services les plus bas et les plus humiliants; il apportoit les fruits des Granges dans de grands paniers; il venoit aider à cueillir et à ramasser ceux du jardin de l'abbaye.

Quand il falloit enterrer quelqu'un, c'étoit lui qui s'étoit destiné à faire la fosse; il aidoit à les ensevelir et à les enterrer; il veilloit les malades; il cueilloit les fruits, et quand on faisoit la pêche de l'étang, ou les vendanges du vin, ou du cidre, il venoit comme un homme de journée faire tout ce qu'on lui ordonnoit. Il alloit au marché acheter les provisions, et vendre celles qu'on avoit de trop dans la maison, et pendant le chemin, lorsqu'il étoit seul, il s'occupoit à réciter quelques Psaumes sur lesquels ensuite il faisoit de pieuses réflexions.

On l'a vu souvent en travaillant au jardin, tout brûlé de l'ardeur du soleil et sa chemise pénétrée de sueur, ne pas discontinuer pour cela son travail, et répondre en style de jardinier au chevalier de Coislin son neveu qui l'étoit venu voir et qui lui crioit de la fenêtre de sa chambre de se ménager : « Celui qui nous mouille nous séchera. » En effet il ne changeoit de linge que tous les huit jours. Une vie si dure, si pénitente et si extraordinaire dans une personne de sa qualité, faisoit l'étonnement de tous ceux qui l'avoient connu dans le monde. Quelques paysans des environs qui l'avoient vu plusieurs fois passer à Port-Royal en équipage d'abbé en allant à Mérentais chez M. l'abbé Le Roi, disoient, tout étonnés de le voir vêtu en jardinier : « Vraiment c'est M. l'abbé de Pontchâteau! nous le connoissons bien. »

M. Benoise qui alloit souvent voir ses filles à Port-Royal et qui avoit connu M. l'abbé de Pontchâteau dans le monde, l'ayant vu passer et l'ayant reconnu, fit tout son possible pour lui parler, mais il ne put y parvenir, non plus que bien d'autres.

Madame de Longueville, qui venoit souvent à Port-Royal, avoit une extrême curiosité de voir ce fameux jardinier des Granges, et comme on ne pouvoit rien refuser à cette princesse, on fit consentir M. de Pontchâteau à l'aller voir; mais ce ne fut pas sans peine, parce qu'il vouloit demeurer entièrement inconnu; il y consentit enfin, et cette princesse l'ayant prié de s'asseoir, il lui dit agréablement : « Que diroit-on, Madame, si l'on voyoit un jardinier s'entretenir avec vous, et être assis en votre présence? » et elle répondit : « On diroit que je suis bien humble. »

Au mois de novembre 1674, M. de Pontchâteau ayant appris que madame la duchesse d'Épernon, sa sœur, s'étoit retirée au Val-de-Grâce auprès de la mère de Saint-Benoît sa tante, il en eut une extrême consolation, d'autant que, depuis qu'il savoit qu'elle en avoit formé le dessein, il n'avoit cessé de demander à Dieu par ses prières qu'il voulût bien en soutenir l'exécution; il lui écrivit aussitôt pour lui en marquer sa joie.

Madame d'Épernon, de son côté, désirant de voir son frère et l'entretenir dans la situation où il étoit, fit amitié avec mademoiselle de Vertus qui étoit auprès de madame de Longueville, et obtint par son moyen de le voir à Port-Royal une fois tous les ans. M. de Pontchâteau ne venoit que très-rarement à Paris, parce qu'il n'entreprenoit ce voyage que pour quelques besoins considérables de l'Église, et pour le service des amis de la Vérité et de la bonne doctrine; et lorsqu'il y venoit, il quittoit son habit de jardinier pour en prendre un qui ne le pût pas faire connoître ni remarquer. Il faisoit ordinairement le voyage à pied et à jeun, et se retiroit chez M. Arnauld qui logeoit au faubourg Saint-Jacques, vis-à-vis la paroisse, chez madame de Saint-Loup, et par cette occasion il alloit au Val-de-Grâce rendre quelque visite à madame sa sœur avec laquelle il avoit quelque commerce de lettres. La mère du Fargis qui étoit abbesse pour lors à Port-Royal, ayant appris que le cardinal de Retz son oncle avoit témoigné, en quittant l'archevêché de Paris, qu'il étoit dans la disposition de se séparer absolument du monde et de renvoyer à Rome son chapeau, chargea M. de Pontchâteau d'aller trouver son Éminence à Commercy où elle étoit, pour le faire souvenir de ce bon mouvement qu'il avoit eu; mais il s'étoit évanoui, et M. de Pontchâteau n'y put réussir.

Les affaires de l'Église prenant une disposition avantageuse sous le pontificat d'Innocent XI, madame de Longueville, M. l'évêque d'Aleth, et plusieurs autres amis jugèrent à propos d'envoyer à Rome le Père Poisson, de l'Oratoire; mais n'ayant pas réussi dans sa négociation, et s'étant même attiré quelques affaires, on détermina M. de Pontchâteau à partir incessamment pour Rome. Quelque répugnance qu'il eût à retourner dans un pays qu'il ne pouvoit regarder qu'avec beaucoup de larmes, il se soumit à l'autorité de ceux qui avoient soin de sa conduite; il crut même que Dieu le vouloit ainsi, afin qu'il pût réparer ses fautes dans les lieux mêmes où il les avoit commises.

Il partit donc de Paris la veille de la Saint-Jean 1677, accompagné d'un jeune ecclésiastique Liégeois qui s'étoit retiré à Port-Royal depuis quelques années. Quelques jours après qu'il fut arrivé à Rome, il fit demander audience au Pape qui la lui accorda volontiers, et qui lui donna des marques de sa bienveillance pour Messieurs de Port-Royal. Ce fut par ses sollicitations qu'il empêcha la condamnation du Catéchisme d'Angers que les Jésuites avoient déféré à Rome; et il obtint une réponse du Pape à la lettre que M. l'évêque d'Angers lui avoit écrite. Il eut pendant ce temps des liaisons étroites avec M. Favoriti, secrétaire des chiffres de Sa Sainteté; mais enfin, s'apercevant que toutes les bonnes dispositions ne produisoient rien par les lenteurs, il se résolut de revenir en France, et après avoir fait ses adieux, visité quelques églises auxquelles il avoit quelque dévotion particulière, il se rendit à sa chère solitude vers la fin du mois de décembre de la même année, n'ayant été en tout que six mois à son voyage. Ce fut depuis son retour de Rome à Port-Royal qu'il se résolut d'aller voir M. d'Aleth, pour le consulter et recevoir ses avis sur le désir qu'il avoit de se retirer absolument dans un cloître et de s'y engager par des vœux : mais ce saint prélat ne lui conseilla pas de prendre ce parti ; il l'engagea de suivre le genre de vie dans lequel Dieu sembloit l'avoir appelé. M. de Pontchâteau revint donc à Port-Royal en 1678, où il se proposoit de finir ses jours, avec madame la duchesse d'Épernon, sa sœur, qui avoit pris la résolution d'y venir aussi finir les siens, ne s'accommodant pas fort alors du Val-de-Grâce. Elle avoit employé le crédit de mademoiselle de Vertus pour lui procurer ce bonheur. Mais tous ces projets furent renversés par la mort de madame de Longueville, protectrice de Port-Royal, qui arriva le 15 avril 1679 ; car un mois après, le 17 mai suivant, M. l'archevêque de Paris vint lui-même en cette abbaye donner ordre à tous les confesseurs et ecclésiastiques et autres d'en sortir, aux religieuses de renvoyer leurs pensionnaires et leurs postulantes, et leur défendit de faire aucune religieuse. On ne douta point que ce coup imprévu ne fût l'effet de la vengeance des Jésuites qui avoient eu 65 Propositions de leur morale condamnées à Rome le 4 mars précédent.

Lorsque M. l'archevêque arriva, M. de Pontchâteau étoit au Tour, qui, ne jugeant pas à propos de paroître devant ce prélat, alla passer la journée dans quelque lieu retiré, et y revint sur le soir. Ensuite il prit la résolution de retourner à Rome pour chercher les moyens de rétablir la tranquillité dans cette maison désolée, et pour faire approuver les Constitutions de Port-Royal que les religieuses avoient eu permission de faire imprimer. Il se chargea aussi d'une lettre de la Mère abbesse pour le Pape, et il partit le mardi de la Pentecôte, le 23 mai suivant, avec un ecclésiastique nommé M. Métayer ; ils arrivèrent à Rome le 1er juillet, et ils prirent un logement chez de très-honnêtes gens. L'ecclésiastique qu'il avoit avec lui, n'étant pas accoutumé aux mesures que l'on doit garder dans Rome, fut reconnu pour ecclésiastique françois, et l'ambassadeur de France en ayant été averti, donna ordre à cet ecclésiastique de s'en retourner en France : ainsi M. de Pontchâteau demeura seul. Il y trouva M. Favoriti toujours bien disposé à rendre service à la bonne cause ; il lui procura même quelques audiences du Pape. M. de Pontchâteau se lia d'amitié avec le Père Purban, procureur des Bénédictins de France, et avec le Père Gouet, procureur des Chanoines réguliers de Sainte-Geneviève. Il fit traduire en italien les Constitutions de Port-Royal pour les présenter aux cardinaux consulteurs. Mais le chapitre du (sic) dot des religieuses ayant déplu à ces messieurs, ils refusèrent de l'approuver. Il demeura une année entière à Rome sans y être connu que de ceux dont il avoit eu besoin de se faire connoître. Cependant M. le duc d'Estrées, ambassadeur de France, s'étant fait informer quel il étoit, lui fit dire de se donner la peine de passer chez lui. M. de Pontchâteau y alla et reçut ordre de s'en retourner en France dans la huitaine. Il prit congé de Sa Sainteté qu'il trouva un peu refroidie, et qui l'invita aussi de s'en retourner en France; cependant elle lui fit présent de plusieurs reliques considérables, pour lui et pour les religieuses de Port-Royal.

Il partit de Rome sur la fin de juin 1680, avant la huitaine, après avoir pris congé de M. Favoriti et de ses amis. Peu de temps après son départ, les Pères de l'Oratoire reçurent de la Cour quelques plaintes contre le Père Chappuis, leur procureur général à Rome : on l'accusoit d'avoir été en liaison en cette ville avec M. de Pontchâteau, et en conséquence ses supérieurs lui envoyèrent un ordre de revenir incessamment en France. C'étoit au commencement de l'automne de l'année 1680. Le Père Chappuis, qui alors se trouvoit fort incommodé, leur écrivit pour les prier de le laisser à Rome jusqu'au printemps; mais il ne put obtenir cette grâce. Il partit donc, et ses incommodités s'étant augmentées, il mourut en chemin : c'étoit un des plus anciens de l'Oratoire qui avoit eu beaucoup de liaison avec M. le cardinal de Bérulle, et qui étoit fort attaché à la doctrine de saint Augustin sur la Grâce.

M. de Pontchâteau arriva à Paris très-fatigué du chemin et des maladies dont à peine il étoit guéri; il alla joindre M. de Sainte-Marthe qui étoit à Port-Royal et y demeura deux mois incognito, après lesquels il partit pour aller en Hollande voir M. Arnauld. Pendant le séjour que M. de Pontchâteau fit en ce pays, il visita les lieux où les bienheureux martyrs de Gorkum avoient souffert. Messire Jean de Neercassel, évêque de Hollande, lui fit présent de quelques-unes des reliques de ces saints martyrs, que M. de Pontchâteau à son retour donna à Port-Royal des Champs. Ce fut dans ce voyage qu'il fit imprimer le Recueil de la Paix[1]. Il revint à Paris au mois d'avril 1681, dans le dessein d'y demeurer caché, et ne trouvant point de retraite sûre, il alla loger chez M. Métayer, ce jeune ecclésiastique qui l'avoit accompagné à son dernier voyage de Rome, et qui avoit été obligé de sortir précipitamment par les ordres de M. l'ambassadeur de France. Il occupoit alors une maison dont il achevoit le terme pour un de ses amis qui l'avoit quittée à Pâques dernier : elle étoit située dans la rue Saint-Jacques, et étoit toute démeublée; on n'y avoit laissé qu'un lit sans rideaux, une table et quelques chaises. M. de Pontchâteau n'y demeura que dix jours en deux fois et s'en alla à Corbeville pour voir M. de Sainte-Marthe, qui n'étoit qu'à six lieues de Paris. Pendant qu'il y demeura, on lui loua une chambre dans la rue Saint-Antoine près les Jésuites chez des dames dévotes (madame Marc, et mademoiselle Barbereau), qui avoient soin de lui apprêter son manger; et au commencement du mois de juin de la même année il reprit l'habit qu'il avoit aux Granges et

---

1. C'est-à-dire le *Recueil des pièces qui justifient la vérité de ce qui se passa dans l'affaire de la Paix de l'Église*.

alla avec M. de Sainte-Marthe et M. Ruth d'Ans et M. Métayer, chez M. Eustace, curé de Frêne-en-Vexin. Mais les habitants de ce lieu n'étant point tournés du côté de la piété, ils soupçonnèrent ce qu'il pouvoit être, et il fallut revenir à Paris après un mois tout au plus de séjour. Par l'inclination que M. de Pontchâteau avoit pour la solitude, et par l'aversion qu'il avoit de rester à Paris où il y avoit toujours nécessité de recevoir des visites et d'en rendre aux amis, il se résolut d'aller passer quelque temps à Haute-Fontaine chez M. l'abbé Le Roi, à 40 ou 50 lieues de Paris; mais l'expédition qu'il apprit que l'huissier Macon y avoit été faire (au mois de juin il avoit été à Haute-Fontaine par ordre du roi visiter toute la maison et les papiers) l'en détourna absolument, et M. Arnauld, la mère Angélique de Saint-Jean, abbesse de Port-Royal, et plusieurs de ses amis le déterminèrent à revenir à Paris contre son gré, en lui représentant la nécessité où il étoit de leur rendre des services que nul autre que lui ne pouvoit leur rendre; et comme il savoit parfaitement bien le grec, le latin et l'espagnol, l'italien et l'allemand, on l'occupa à revoir l'édition des Lettres au Provincial en quatre langues, qui furent imprimées l'année suivante. On lui faisoit transcrire des écrits qui pouvoient servir à la bonne cause, et on l'employa aussi à la distribution de la deuxième et troisième Réponse à M. Mallet. Mais ces espèces de distractions involontaires ne le détournoient point du désir qu'il avoit pour la solitude, et il alloit incognito passer quelques jours à celle de Port-Royal qu'il avoit quittée avec tant de douleur. Enfin, lassé d'une vie si distraite, il se retira chez M. Métayer, le même qui l'avoit accompagné à son voyage de Rome, et qui depuis quelque temps étoit en possession d'une des cures de la ville d'Évreux ; mais n'y ayant pas trouvé ce qu'il espéroit, il se résolut de quitter ce lieu, et d'aller passer quelques jours au séminaire de Valognes; mais ayant reçu des nouvelles de Paris qui l'engageoient d'y revenir, il n'y demeura pas longtemps. Il étoit à Évreux au commencement de janvier 1682, et c'est de ce lieu qu'il écrivit une lettre à M. l'archevêque de Paris pour le prier de consentir qu'il pût retourner à Port-Royal, son ancienne solitude, pour y vivre dans un entier repos; il la lui fit rendre par madame la duchesse d'Épernon, mais n'en ayant reçu aucune réponse, il lui récrivit une deuxième fois pour le même sujet, et lui demanda une réponse positive ; cette dernière lettre est du 3 janvier 1682.

M. de Pontchâteau arriva à Paris au commencement de février 1682, et alla loger rue Saint-Antoine chez M. Boué; il y apprit quelques jours après que M. Métayer, chez qui il avoit logé à Évreux, avoit reçu ordre d'aller trouver M. l'intendant de Rouen, et que cet intendant l'avoit envoyé au Havre comme étant suspect de cabale et d'intrigue. Pendant son séjour à Paris il fit plusieurs voyages incognito à Évreux, à Port-Royal, et à Haute-Fontaine chez M. l'abbé Le Roi, et il étoit en cette dernière abbaye au commencement de juin de cette année, et y demeura jusqu'au commencement de mai 1683, qu'il revint faire un tour à Paris pour examiner avec ses amis quel lieu pouvoit lui convenir pour y vivre absolument en retraite, ne pouvant plus espérer de rentrer dans sa chère solitude de Port-Royal. Pendant le séjour qu'il fit à Haute-Fontaine il alloit le matin à la messe, et ne parloit à personne jusqu'à l'heure du dîner. L'après-dinée il alloit à vêpres et observoit le même silence jusqu'au souper. Lorsqu'il n'avoit point d'occupation nécessaire, il se promenoit dans de grandes allées d'un bois solitaire, ou s'asseyoit au pied d'une croix sur l'herbe et regardoit les divers contours de la Marne qui serpente dans une longue étendue de pays; ensuite il s'occupoit à lire tout ce qui pouvoit nourrir en lui le désir qu'il avoit pour une retraite entière : et pour lui faire supporter le regret sensible d'être séparé de Port-Royal que nul autre lieu ne pouvoit suppléer, et dont il disoit souvent qu'il en aimoit jusqu'à la poussière; lorsqu'il étoit rentré dans sa chambre, il s'occupoit à traduire quelques ouvrages de Port-Royal ou à en extraire quelques sentences, et aux autres exercices de piété qu'il s'étoit prescrits; car il n'avoit rien diminué de ses austérités et de sa pénitence, et dans une de ses lettres du mois de décembre 1683, il dit qu'il avoit achevé de traduire le mois de janvier du *Pain quotidien de l'Année* ou *Exercices de piété* pour honorer le Saint-Sacrement tous les jours de l'année, et qu'il commençoit le mois de février. C'étoit un livre italien fait pour tous les jours de l'année par le Père François Masqués de l'Oratoire de Saint-Philippe de Néri de Rome, où il avoit trouvé beaucoup de piété, et de quoi s'édifier; il a depuis continué jusqu'à la fin du mois d'avril. Pendant l'hiver il se passoit absolument de feu, et ne se chauffoit qu'à l'occasion des repas, n'en ayant jamais dans sa chambre. Il s'occupoit souvent dans la journée à cultiver la terre et à avoir soin du jardinage, et lorsqu'on lui représentoit qu'il pouvoit s'occuper à toute autre chose, il disoit bonnement qu'il n'étoit propre qu'à planter des choux et à remuer la terre; qu'il appréhendoit beaucoup la vie sédentaire. Il se plaisoit beaucoup au chant de l'office divin et aux exercices réguliers de la vie monastique, et il ne fut pas peu charmé quand il vit venir à Haute-Fontaine une nouvelle colonie de religieux d'Orval : car dans une de ses lettres datée du 25 février 1683, qu'il écrivoit à un de ses bons amis, il lui disoit : « Nous avons depuis dimanche dernier un nouveau prieur et de nouveaux religieux; si vous les voyiez, vous en seriez charmé : c'est une modestie et un recueillement sans affectation, une gravité dans le chant, une gaieté sur le visage et dans l'entretien, une exactitude aux observances, enfin un composé de tout ce qui peut faire aimer la vie religieuse. Je crois qu'on chantera tous les jours la grand'messe à onze heures en carême, et vêpres à trois heures parce qu'ils ne mangent qu'à quatre heures. Je n'en dis pas davantage, parce qu'ayant diverses petites choses à faire pour leur accommodement, je suis souvent occupé, parce que j'entends un peu le petit ménage d'un cloître. » Il ajoute dans la même lettre que le Père prieur d'Orval avoit amené trois religieux de chœur avec un prêtre qui a quitté ses bénéfices pour se faire religieux, et le frère de ce prêtre qui sera convers, pour établir une réforme à Haute-Fontaine, et que depuis qu'ils y étoient arrivés, ils avoient beaucoup édifié ; que le Mercredi-Saint ils avoient reçu des cendres nus pieds ; que c'étoit une chose charmante que leur modestie et leur recueillement. Durant le séjour que M. de Pontchâteau fit à Haute-Fontaine, ses amis le sollicitèrent souvent d'employer son crédit pour obtenir la liberté de se retirer à Port-Royal, où il désiroit si ardemment de retourner ; mais ne se voulant point servir de mauvais moyens, ni de la voie de la flatterie, ni de l'entremise de personnes opposées à la bonne cause, il se résolut de renoncer à ce dessein, et de revenir à Paris pour se déterminer sur le choix d'une autre retraite. Il y arriva donc au commencement du mois de mai de l'année 1683, et alla peu de temps après à Port-Royal des Champs où il demeura jusqu'à la fin du mois de juin suivant, sans s'y faire connoître que de ses plus intimes amis avec lesquels il convint qu'il falloit qu'il prît le parti de se retirer ailleurs, l'archevêque de Paris ne lui permettant pas d'y rester pour toujours. Il partit donc sur la fin du même mois pour la Flandre ; il passa à Mons, et arriva à Bruxelles le 11 ou 12 juillet; il y demeura jusqu'au 19 novembre 1683. Il vit M. Arnauld et se chargea de ses lettres pour M. de Saci. Il ne s'étoit pas proposé d'y faire un aussi long séjour, mais une maladie en fut la cause ; ainsi il ne revint à Haute-Fontaine que vers la fin de décembre 1683, et y demeura jusqu'à la fin de janvier 1684. Il alla ensuite à Port-Royal incognito, et il y resta jusqu'au commencement du mois de mai. Il fit un tour à Paris et alla loger chez M. Boué, rue Saint-Antoine ; il y demeura jusqu'au commencement du mois de juin qu'il retourna à Haute-Fontaine. La mort de M. l'abbé Le Roi, qui étoit arrivée le 19 mars précédent, l'obligea d'y aller pour prendre quelques mesures avec des religieux d'Orval qui étoient venus mettre la réforme. Ensuite il alla passer quelques jours à Châtillon chez M. l'abbé Golfer dans le dessein d'aller à Clairvaux y fêter ensemble la fête de Notre-Dame, et se consoler avec lui de la perte qu'ils avoient faite non-seulement d'un bon ami, mais d'une agréable retraite où l'on trouvoit dans le besoin un asile commode et toujours prêt à vous y bien recevoir. M. de Pontchâteau revint ensuite à Paris au commencement de novembre, fit un tour à Port-Royal, ensuite partit au commencement de décembre pour la Flandre, où il demeura jusqu'à la fin de janvier de l'année 1685. Ce fut dans ce voyage qu'il se résolut de renoncer absolument à tout espoir de retourner jamais à sa chère solitude des Granges, et qu'il se détermina à se retirer à l'abbaye d'Orval (elle est à 55 lieues de Paris, entre la ville de Sedan et celle du Luxembourg), dont il avoit conçu de hautes idées dans les différents voyages qu'il y avoit faits, et par l'édification que plusieurs des religieux de cette abbaye lui avoient donnée à Haute-Fontaine où ils étoient venus pour établir une espèce de réforme, dont le projet fut renversé par la mort de cet illustre abbé qui obligea cette nouvelle colonie à se retirer à Orval. M. de Pontchâteau arriva à Orval le 10 février 1685 [1], ne se faisant connoître que sous le nom de *M. Fleuri.* Il demanda d'abord à M. l'abbé d'être reçu dans sa maison dans le dessein d'y prendre dans la suite l'habit de convers, d'avoir soin du jardin, ou d'être admis à tel autre emploi qu'on jugeroit à propos de lui donner. En attendant que M. l'abbé lui eût accordé ce qu'il lui avoit demandé, il se rendit assidûment à tout l'office du chœur, ne trouvant point de plus grande consolation pour lui en ce monde que celle d'unir sa voix à plus de soixante religieux qui composoient pour l'ordinaire cette illustre Communauté, dans laquelle il voyoit revivre avec plaisir l'ancienne régularité de la première institution de Cîteaux. Mais M. de Pontchâteau ayant écrit diverses fois à M. Arnauld pour le consulter s'il croyoit qu'il dût se lier par des vœux à cette sainte maison, et ce savant docteur lui ayant représenté les inconvénients auxquels il exposoit cette abbaye, les engagements où il étoit de servir l'Église dans la situation où Dieu l'avoit mis, les obligations qui le lioient à Port-Royal, enfin les avis que M. d'Aleth lui avoit donnés de n'entrer dans aucun autre engagement, et M. l'abbé d'Orval lui ayant dit aussi qu'il ne croyoit pas que ce fût la volonté de Dieu qu'il abandonnât l'abbaye de Port-Royal pour prendre l'habit de l'Ordre dans celle d'Orval, il reçut cette réponse avec une extrême douleur, ayant toujours eu toute sa vie le dessein d'embrasser la vie monastique; mais considérant les divers événements qui l'avoient jusqu'ici empêché de le faire, il se soumit à la volonté de Dieu qui paroissoit s'y opposer si ouvertement, et il se contenta d'être seulement du nombre des religieux de ce monastère par la disposition de son cœur, et par la pratique fidèle et exacte de toutes les observances régulières qui y étoient en vigueur. Et quoique dans Orval on tâchât dès lors d'approcher autant qu'on le pût de la régularité du premier siècle de l'Ordre de Cîteaux, comme il s'en

---

1. Ce qui suit est tiré d'un *Mémoire* qui se trouve pages 109 et suiv. du *Supplément au Nécrologe*, et dont il existe copie aux manuscrits de l'*Arsenal* (Belles-Lettres fr. 375 bis), *sur la manière dont M. de Pontchâteau s'est comporté dans l'abbaye d'Orval; écrit par un religieux de cette maison.* Mais le document original est combiné ici avec les autres circonstances de la vie de M. de Pontchâteau, et avec ses actions au dehors de cette abbaye.

falloit encore beaucoup qu'on suivît l'observance littérale de la règle de Saint-Benoît, M. de Pontchâteau qui souhaitoit volontiers de la voir pratiquer dans toute sa régularité, eut dessein de se retirer avec quelques religieux de cette abbaye par la permission de M. l'abbé d'Orval dans un désert nommé Conques, ancien fonds de l'abbaye, qui n'en est éloigné que de quatre lieues où il y avoit eu autrefois une ancienne abbaye nommée *Casa Conchodunum* (?), fondée par le roi Sigebert, et donnée à saint Remalde ou Remacle depuis évêque de Mastricht, dont néanmoins il ne reste à présent aucun vestige, sinon une grotte au milieu des bois taillée dans le roc, appelée encore aujourd'hui la grotte de saint Remalde. C'est le plus beau désert et le plus propre pour de véritables religieux de l'Ordre de Cîteaux. M. de Pontchâteau y alloit quelquefois demeurer avec une demi-douzaine de religieux qui y vivoient dans une grande pauvreté, et dans toutes les anciennes pratiques de l'Ordre de Cîteaux. Il y balayoit la maison, y nettoyoit les écuries, y faisoit la lessive, la cuisine, et avoit soin d'aller chercher tous les jours de quoi manger pour les vaches; il alloit avec les autres religieux labourer ou houyer les terres où la charrue n'avoit pu passer, défricher les bois, faire les foins; il assistoit à tout l'office divin, alloit à matines, et ne se recouchoit point avant prime; il couchoit sur une simple paillasse, et portoit toujours un cilice. Il y vécut ainsi durant cinq années.

Au commencement l'abbé lui donna place au réfectoire immédiatement après les religieux prêtres. Mais M. de Pontchâteau ne pouvoit supporter cette distinction. Il obtint enfin, vers les dernières années de son séjour en cette abbaye, d'être le dernier, c'est-à-dire après les novices et les postulants; ce qu'il observoit aussi à l'église; il alloit aux conférences des novices; il gardoit exactement le silence comme les religieux; il ne recevoit des visites que du Père Abbé, du Prieur, et de son confesseur, et rarement des religieux; il fuyoit la conversation des étrangers et surtout des personnes de qualité, et souvent il commettoit à leur égard des espèces d'incivilités : un jour accommodant les arbres dans le jardin, M. le marquis de Vandy, gouverneur de Montmédy, s'approcha de lui, et après s'être salués l'un l'autre, lui dit : « Monsieur Fleuri, j'ai été hier en votre chambre pour avoir l'honneur de vous y voir, mais vous n'y étiez pas. » M. de Pontchâteau ne lui répondit point, et, sans le regarder, continua son travail. Ainsi M. de Vandy fut obligé de le quitter sans avoir pu tirer de lui un mot de réponse. Sa chambre n'étoit pas autrement ornée que celle des religieux; il y avoit deux croix, une sans crucifix avec cette devise au bas : *Solatium exilii nostri*, la consolation de notre exil. Il avoit plusieurs images, l'une de la sainte Vierge, l'autre d'un Jérémie pensif avec ces paroles : « *Solus sedebam, quia comminatione replesti me* : Je me suis retiré dans la solitude parce que vous m'avez rempli de la terreur de vos menaces; » une d'un saint Arsène avec ces paroles : « *Ad quid venisti? fuge, tace, quiesce :* Dans quelle vue êtes-vous venu ici? fuyez, taisez-vous et ne vous agitez point. » Outre ces estampes il avoit la Grande-Chartreuse comme l'objet qu'il avait eu en vue dès le commencement de sa conversion; et il avoit fait dessiner le désert de Conques en crayon, qu'il avoit souvent devant ses yeux. Il ne se promenoit jamais dans la maison excepté trois ou quatre fois l'année qu'il alloit après le repas se promener le long des arbres; il ne put même se résoudre pendant la guerre à quitter sa chambre pour se mettre à l'abri des partis qui l'auroient pû enlever, et sur ce qu'on lui représentoit le péril auquel il s'exposoit, il disoit en souriant, « qu'on ne pouvoit lui faire plus de mal qu'il s'en vouloit faire, qu'on seroit toujours obligé de lui donner du pain et de l'eau. » Quoiqu'il fût très-frileux, il n'avoit de feu dans son petit appartement qu'autant qu'il en falloit pour allumer une chandelle. Il avoit une grande exactitude à se rendre à l'église avant le dernier coup de chaque office; par son exemple, il édifia toute la Communauté, et l'obligea peu à peu à observer de ne manger les jours de jeûne du carême qu'après vêpres, et les jours de jeûne de la règle qu'après none. Le mercredi des Cendres et le Vendredi-Saint il assistoit à l'office sans souliers comme les religieux, et disoit le Psautier tout entier avec eux le Vendredi-Saint. Vers la fin du mois de juin 1685, il fit un voyage en Flandre pour tenir compagnie à M. Arnauld qui étoit resté seul à Bruxelles, et pour l'aider à son travail; il y demeura deux mois, y ayant été retenu par une indisposition assez considérable; il ne revint à Orval que le 27 août suivant: il reprit alors les pratiques des religieux de cette abbaye, et il dit dans une lettre du 5 septembre : « Nous allâmes hier serrer les avoines avec une partie des religieux, nous n'en revînmes qu'à six heures; nous avons dîné avant que d'y aller, mais nous fîmes une petite collation en silence à l'ombre d'un arbre. Je fus aussi à la dernière conférence, dont je fus bien édifié. Je suis si à mon aise ici que je crains tout à fait que cela ne dure pas. Je vous écris pendant le réfectoire des infirmes, car nous ne mangerons qu'après none. » Et dans une autre lettre du 25 du même mois, il dit : « Si vous saviez comment la journée est remplie, vous verriez que nous n'avons guère de loisir. Nos matines ont fini aujourd'hui un peu après quatre heures, et il en est cinq; mais à la demie il faut retourner à l'église, à six heures et demie au travail jusqu'à huit, à huit heures et demie à tierce, à la grande messe ensuite; le reste jusqu'à dix heures trois quarts est quelquefois assez court, on le passe à l'église; on dit sexte aux trois quarts; après sexte on va au travail jusqu'à une heure ou une heure et demie; on dit none à deux heures, on va au réfectoire; à quatre heures on dit vêpres, à cinq heures et demie on se rafraîchit en buvant un coup ; aux trois quarts on fait la lecture, ensuite on dit complies, et puis il faut aller dormir, car à deux heures il n'y a plus d'appel. » Dans une autre lettre il dit « que le 8 octobre M. l'abbé d'Orval le mena dans le désert de Conques dont on a déjà parlé, et qu'il l'y laissa avec quatre religieux de chœur, et deux frères convers ; qu'il y avoit passé trois semaines comme trois heures, et que tout ce qui lui faisoit de la peine étoit qu'ils étoient contraints de parler plus qu'ils n'eussent voulu ; qu'ils avoient beaucoup d'ouvrage dont il falloit changer souvent, ce qui ne se pouvoit faire sans dire quelque mot. » Il ajoute : « Nous nous levions à deux heures pour dire matines, qui n'étoient pas si longues qu'à l'abbaye, parce que nous les récitions seulement, quoique avec des pauses ; à cinq heures et demie on fait la prière, ensuite on entend la messe, et puis on dit prime ; cela dure jusqu'à sept heures, et alors, après avoir mangé un morceau de pain, et bu un coup ou deux, on s'en va au travail qui n'est interrompu jusqu'à deux heures que par tierce et sexte qu'on dit à deux heures : le travail, c'est d'épandre du fumier, de labourer de la terre en friche, d'arracher des souches, couper du bois, et autres choses selon les besoins du ménage, comme faire la lessive et balayer, écurer, travailler un peu à la cuisine ; à deux heures none, et puis dîner ; après le repas la conférence ; on disoit ensuite les vêpres, et après avoir bu un coup on alloit à la lecture et à complies. Je vous assure que je m'y trouvois fort bien. » Il y demeura trois semaines et revint après en l'abbaye d'Orval et y demeura jusqu'à la fin d'avril 1686, qu'il partit pour aller à Villers, prieuré de M. Le Tourneux en Normandie, pour le consulter sur quelques rits et cérémonies de l'Église. Ce ne fut pas sans peine qu'il se résolut de quitter sa retraite, et il disoit sur cela à un de ses amis : « Je ne sais où j'en suis quand je pense à un voyage, car le moyen de quitter l'office, la règle, le maigre, la solitude, le silence et le repos, pour tout le contraire ! J'ai grand'peine à m'y résoudre, je vous l'avoue ; j'y vois bien quelque nécessité, mais je ne sais si elle est assez grande. » Après avoir demeuré quelque temps chez M. Le Tourneux, il vint à Port-Royal et logea incognito aux Granges où il disposa de quelques livres et de quelques meubles qu'il y avoit laissés ; il y étoit avant le 22 mai, et il y demeura environ deux mois. Pendant ce séjour il alla voir M. de Sainte-Marthe à Corbeville. Il se rendit à Paris le 19 juillet pour revoir avec M. Angran, madame de Fontpertuis et M. Nicole, quelques comptes de M. de Saint-Amour au sujet de l'île de Nordstrand ; il vint loger rue Saint-Antoine vis-à-vis la vieille rue du Temple, chez M. Boué, ancien marchand, juge-consul et marguillier de Saint-Gervais : c'étoit sa demeure ordinaire quand il venoit à Paris. Il n'y séjourna pas longtemps, et alla revoir M. Le Tourneux à son prieuré où il ne fit pour ainsi dire que passer, car il n'y demeura que trois jours entiers, et partit ensuite pour Orval où son cœur s'impatientoit de n'être pas assez tôt retourné. Il y arriva le 16 août, après avoir essuyé une grosse pluie, un tonnerre, et une tempête horrible. Il trouva sa chambre prête, avec de certains accommodements qu'on avoit faits en son absence; ensuite il alla à vêpres, et la nuit à matines; il recommença comme à l'ordinaire sa vie régulière et pénitente, reprenant tous les exercices monastiques. Le 9 de novembre 1686, il reçut la nouvelle de la mort de M. Le Tourneux, qui étoit arrivée le 28 d'octobre précédent; il en fut très-affligé, et dans une lettre qu'il écrivit sur ce sujet, il dit : « J'ai pleuré M. Le Tourneux par bien des raisons, mais quand Dieu fait une chose, nous n'avons qu'à baisser la tête, et lui dire : *Justus es, Domine*: Seigneur, vous êtes juste. » Et dans une lettre suivante il marque qu'il avoit dit un Psautier pour demander à Dieu l'accomplissement des vues de ses miséricordes sur cet illustre défunt. Cette mort et quelques autres circonstances d'affaires l'obligèrent à faire un voyage incognito à Port-Royal. Il y arriva sur la fin du mois de janvier 1687, et eut la joie d'être, pour ainsi dire, présent à l'élection ou la continuation de la même abbesse Henriette-Marie de Sainte-Madeleine du Fargis, ce qu'il avoit ardemment désiré; il en rendit à Dieu des actions de grâces comme d'une protection visible de sa toute-puissance sur cette sainte maison, et dans cet étonnement il disoit : « Qui l'eût cru, il y a quelques années, que nous dussions voir tant d'élections paisibles? En vérité Dieu nous aime et a trop soin de nous. Malheur à nous si nous manquons à ce qu'il demande de nous après tant de grâces! J'avoue que j'en ai une vraie joie, Dieu soit béni! » Il demeura à Port-Royal tout le mois de février, et une partie de la première semaine du mois de mars. Il vint à Paris, mais il n'y fit que passer, car il en partit le 11, et fut le 13 à Reims, et arriva à Orval le 17, non pas sans avoir essuyé beaucoup de pluie et avoir souffert bien du froid; il y demeura jusqu'au 23 avril, car le lendemain il partit pour aller faire un petit voyage en Flandre pour ses amis, et faire quelques affaires en chemin, et s'informer de quelques rits et usages de l'ancienne discipline et vie monastique. Il ne demeura en Flandre que jusqu'au 23 juin qu'il se rendit à Orval : pendant ce voyage il visita quelques abbayes d'hommes et de filles de l'Ordre de Cîteaux. Deux mois après qu'il fut arrivé, il partit avec M. l'abbé d'Orval pour aller en Allemagne; ils passèrent à Aix-la-Chapelle le 31 août, et ils y demeurèrent jusqu'à la fin du mois de septembre, et ils y virent les reliques de saint Charlemagne. Au retour de ce voyage M. de Pontchâteau reçut des nouvelles de Paris qui l'obligèrent d'y aller quinze jours après : il partit, en effet, le 19 octobre à cheval; il passa à Reims le 21, à onze heures du matin, et arriva à Paris le 25 du même mois, 1687. Le sujet de son voyage étoit une contestation que M. de Saint-Amour vouloit lui susciter au sujet de quelques comptes qu'il avoit à faire avec lui pour les revenus de l'île de Nordstrand. Il alla loger à Paris chez M. Boué, son gîte ordinaire, et se rendit à Port-Royal le 18 décembre, et y demeura jusqu'au 5 janvier 1688, qu'il partit pour aller à Corbeville voir M. de Sainte-Marthe chez qui il ne demeura que trois jours, et se rendit à Paris le 8 janvier entre trois ou quatre heures du soir; il y resta jusque vers la fin de février, et se rendit à Orval le 4 mars, ayant une grande impatience de rentrer dans la solitude; mais il avoue dans une de ses lettres que la consolation qu'il avoit eue en y rentrant l'avoit jeté dans un regret et une tristesse si considérable qu'il n'avoit pu s'empêcher de passer dans l'abattement la fête de son patron, parce qu'il avoit été si troublé de la dissipation de quatre mois et demi, qu'il ne savoit quand il en seroit remis, et il ajoutoit : « Voyez si je n'ai pas raison de craindre Paris et les voyages. » Comme il s'étoit chargé à Paris, de faire quelques traductions de livres espagnols, et même de quelques endroits de Rodriguez, il se résolut, après avoir fait cet ouvrage, de s'en aller en Flandre pour en conférer avec M. Arnauld; il partit donc le 17 juin pour Bruxelles et y arriva le 23, et y demeura jusqu'au 22 août suivant qu'il revint à Orval pour assister aux premières vêpres de Saint-Bernard, non pas sans avoir essuyé toute la rigueur du chaud qu'il faisoit alors; mais, comme il ajoute dans sa lettre : « Je ne m'en souviens plus; un office fait comme on le fait ici raccommode tout, et surtout quand on y est avec de bons frères qui me témoignent tant de bonté et de charité. » M. de Pontchâteau revenant à Orval espéroit que ce seroit pour toujours, car il le désiroit ainsi, et il étoit harassé et fatigué de ces fréquents voyages et de ces distractions continuelles; mais il fut fort attristé quand dans le même temps on lui manda de différents lieux qu'on avoit besoin de sa présence; la nécessité en parut même si pressante que M. l'abbé d'Orval fut obligé de lui dire, mais en riant, qu'il le chasseroit s'il ne vouloit point y aller. Il se résolut donc d'aller à Paris pour terminer les comptes de Nordstrand. Il partit d'Orval sur la fin de novembre, et fut un mois environ à Paris, et fit un tour à Port-Royal pour y passer les fêtes de Noël en retraite, et par occasion il passa à Corbeville et y vit M. de Sainte-Marthe, et se rendit ensuite à Orval où il demeura jusqu'à la fin du mois de janvier 1689. — Auquel temps on l'engagea de faire encore un voyage en Flandre où il demeura avec M. Arnauld jusqu'au 20 de février, et revint ensuite à Orval le 26, où il ne demeura que jusqu'au 26 décembre suivant qu'il fut obligé d'aller faire un tour à Paris pour rendre quelques services à Port-Royal. Avant que de partir, il avoit souvent marqué dans ses lettres qu'il avoit quelque répugnance à faire ce voyage par des pressentiments qu'il avoit de sa mort.

C'est dans ces vues qu'il écrivoit à l'un de ses amis : « Je ne sais ce qu'il m'arrivera dans ce voyage ; j'espère que ce ne sera rien de mal, parce que je ne l'entreprends pas pour me divertir, mais parce que je m'y crois obligé.... » Dans une autre lettre il disoit : « Il faut penser à mourir et s'y préparer, c'est pourquoi je donne l'ordre que je puis à certaines petites choses ; » et en effet il fit son testament et le déposa cacheté entre les mains du Père abbé, et lui écrivit un petit mot en ces termes : « Je suis à la veille d'un voyage de Paris, et peut-être en ferai-je un autre, c'est-à-dire celui de l'Éternité, avant d'être à demain matin que je dois partir. De quelque manière qu'il plaise à Dieu de disposer de moi, mon très-Révérend et honoré Père, il est à propos que je fasse comme si ce dernier jour devoit arriver : ainsi je laisse ce petit mémoire que je vous prie de faire exécuter. » Ce mémoire étoit couvert d'une enveloppe cachetée sur laquelle il avoit écrit : « Je supplie très-humblement le très-Révérend Père abbé de garder ce paquet, et de l'ouvrir si je meurs hors d'ici, et non autrement. » Ce qui est d'autant plus remarquable qu'il n'avoit jamais pris les mêmes précautions à l'égard de tous les voyages qu'il avoit faits auparavant.

Il vint à Sedan le 27 octobre, à Reims le 30 décembre, et arriva à Paris le mardi 3 janvier 1690, avec un rhume et un mal aux yeux. Il alla loger chez M. Boué, marguillier de Saint-Gervais, demeurant rue Saint-Antoine vis-à-vis de la vieille rue du Temple, où il prit un petit appartement au troisième étage sur le derrière, qui lui parut assez commode ; il accommoda son lit à sa manière, c'est-à-dire qu'il en ôta le commode, en mettant la paillasse entre les deux matelas, afin qu'on ne s'aperçût point de la manière qu'il étoit couché : c'est pourquoi il faisoit lui-même son lit et tout ce qui regardoit sa personne et sa chambre, ne se réservant en cela ni valet ni servante. Là il menoit une vie inconnue à tout le monde, hors de quelques amis ; il étoit vêtu en simple bourgeois, ne mangeant qu'une fois le jour et fort frugalement, se contentant le soir tout au plus d'une pomme, d'un verre d'eau, ou d'un petit biscuit de deux liards, assistant à tous les offices de la paroisse avec toute la piété et le recueillement dont il étoit capable.

Le dernier jour de janvier (M. Nicole dans sa lettre 80, *Essais de Morale*, vol. VIII, dit : « La maladie dont il est mort le prit chez moi, après un entretien de deux heures ; j'ai eu le bonheur de le voir durant sa maladie et même d'assister au sacrifice de sa mort), il fut attaqué d'une pleurésie qu'il dissimula le plus qu'il put, et ne se résolut de voir des médecins qu'à la prière de ses amis, et lorsqu'il se sentit fort oppressé ; il pria qu'on lui lût de temps en temps quelque chose qui pût l'édifier, ne le pouvant faire lui-même. Cette première maladie et le temps de sa convalescence dura jusqu'au 21 février, et le douzième jour de carême il reprit le maigre, et le lundi de la Semaine-Sainte il partit pour la campagne ; cependant le fond de son mal n'étoit pas guéri, il lui restoit encore une envie de dormir et un assoupissement involontaire que lui-même disoit à ses amis être un signe de mort, et il s'en réjouissoit néanmoins, n'ayant pas de plus ardent désir que d'être séparé de ce monde, et d'être uni à Jésus-Christ ; ce qui lui faisoit répéter souvent ces paroles : « *Tædet animam meam vitæ meæ :* La vie m'est devenue ennuyeuse. » Il fut depuis cette maladie presque toujours languissant, et étant de retour à Paris il fit son jubilé, et le 21 juin il fut derechef attaqué de la maladie dont il mourut. Il fut si terriblement accablé d'abord qu'il ne lui fut pas possible d'exécuter le dessein qu'il avoit toujours eu, s'il se trouvoit dangereusement malade à Paris, de se faire porter aux Frères de la Charité pour y mourir inconnu et avec les pauvres ; néanmoins, quelque accablement qu'il ait eu, il récitoit tout bas continuellement des Psaumes, et il ne prenoit rien qu'auparavant il ne fît sa prière. Il avoit une attention continuelle si exacte sur tout lui-même qu'on voyoit bien que son cœur avoit toujours Dieu présent, et qu'il s'en étoit fait lui-même une ancienne habitude. Le quatrième jour de sa maladie, entre une heure et deux après midi, il reçut le Saint-Viatique après s'être confessé à M. Brusseau qu'il avoit envoyé quérir ; la nuit et la moitié du cinquième jour sa maladie fut très-violente, il ne pouvoit à peine parler, son râle étoit extrême ; les douleurs très-cuisantes qu'il souffroit ne lui laissoient presque pas sa mémoire libre, en sorte qu'il parut plus mal ce jour-là que le 7e, qui fut celui de sa mort. Au commencement de son cinquième il reçut l'extrême-onction, et répondit à toutes les prières. Jusque-là il ne fut connu ni d'aucun prêtre de la paroisse, ni des vicaires, ni de M. le curé ; mais son hôte, le voyant abandonné des médecins et hors d'espérance, se crut obligé d'en avertir MM. ses parents, et n'être plus obligé au secret que M. de Pontchâteau avoit exigé de lui en entrant dans sa maison. Il en fit avertir M. le duc, madame la duchesse, et M. le marquis de Coislin, et plusieurs autres parents et amis. Ils y vinrent plusieurs fois incognito pour s'informer eux-mêmes de l'état où il étoit, mais sans le voir qu'au travers des rideaux de son lit, M. de Pontchâteau ayant marqué très-précisément qu'il n'étoit pas à propos qu'il vît et qu'il parlât à ses parents ni à ses amis, dans la situation où il étoit ; qu'il ne vouloit être occupé que de Dieu, et qu'il lui étoit utile d'oublier toutes les liaisons qu'il pouvoit avoir eues avec le monde ; les ayant même fait prier que, s'ils envoyoient demander de ses nouvelles, ce ne fût pas par des gens de livrée. Madame d'Épernon sa sœur et madame d'Épernon la carmélite ne pouvant y venir elles-mêmes y envoyoient incessamment. M. le curé de Saint-Gervais, ayant appris le trésor qui étoit caché dans sa paroisse, vint le voir lorsqu'il étoit presque à l'agonie, et ne put l'entretenir qu'un moment; M. de Pontchâteau l'ayant prié de ne point trop marquer ses visites, de crainte de le faire connoître, c'est ce qui avoit engagé M. le curé à lui faire porter l'extrême-onction par le prêtre qui fait ordinairement cette fonction dans la paroisse. La veille de sa mort, à dix heures du soir, les médecins se retirèrent ne voyant plus rien à faire pour eux; alors plusieurs personnes de qualité vinrent le voir, entrèrent dans sa chambre, et y passèrent une partie de la nuit. Les rideaux du pied de son lit avoient été ouverts par son ordre, pour ne pas perdre un instant de vue un crucifix qu'il avoit fait mettre sur la muraille qui étoit en face de son lit : et ce fut par ce moyen que M. le duc et madame de Coislin le virent pour la dernière fois, car il ne perdit connoissance que deux heures avant sa mort, qui arriva à cinq heures et un quart du matin le 27 juin 1690. Voici ce qu'en écrivit M. Boué, son hôte, à l'un de ses amis, le 8 août 1690.

LETTRE DE M. BOUÉ SUR LES CIRCONSTANCES DE LA MORT DE M. DE PONTCHATEAU [1].

« A Paris, ce 8 août 1690.

« Monsieur, je n'ai point eu le temps de vous écrire quelque chose du trésor qui étoit caché dans notre maison, et qu'il a plu à Lieu de découvrir et de manifester au monde avec une grande gloire. Je sais bien que vous rendrez de grandes actions de grâces à Dieu lorsque vous saurez qu'il lui a plu de répandre très-abondamment son amour et sa grâce dans le cœur de défunt M. de Pontchâteau qui est décédé le mardi 27 juin 1690, à cinq heures et un quart du matin, en grande réputation de sainteté, étant âgé de 56 ans. Il étoit neveu de M. le cardinal de Richelieu et de M. le cardinal de Lyon; frère de madame la duchesse d'Épernon, qui demeure avec les dames religieuses du Val-de-Grâce, et de madame la comtesse d'Harcourt; oncle de M. l'évêque d'Orléans, de M. le duc de Coislin, de M. le comte d'Armagnac, grand écuyer de France. Il y a trente ans qu'on l'appeloit M. l'abbé de Pontchâteau; il quitta en ce temps-là les trois abbayes qu'il avoit, et s'est trouvé seulement huit ou neuf cents livres de rentes pour vivre.

« Il aimoit grandement les dames de l'abbaye de Port-Royal des Champs, et il leur a rendu tous les services dont il étoit capable.

---

1. Cette lettre n'est pas fort exacte, mais on peut en tirer quelques circonstances qu'on n'a pas d'ailleurs. L'auteur étoit alors âgé de près de quatre-vingts ans. (Note du manuscrit.)

Il a demeuré dans cette abbaye en qualité de jardinier durant dix années. Une personne digne de foi m'a dit l'avoir vu travailler en chemise à labourer la terre : pour moi, je l'ai vu dans ladite abbaye avec son habit honnête de jardinier de petite serge grise, et un bas de chausse de toile blanche. Depuis l'année 1680, auquel temps il a été obligé de sortir de ladite abbaye, il a fait plusieurs voyages qui n'étoient pas inutiles, et s'est retiré plusieurs fois à l'abbaye de Haute-Fontaine près de Châlons en Champagne avec feu M. l'abbé Le Roi, qui étoit un homme de grande vertu et très-docte : vous savez que, ordinairement, chacun cherche la compagnie de son semblable; M. l'abbé de Pontchâteau étoit aussi une personne de mérite, de piété, et très-savant théologien. Étant en cette abbaye de M. l'abbé Le Roi, il fit connoissance avec les religieux Bernardins réformés de l'abbaye d'Orval. Incontinent après le décès arrivé de M. l'abbé Le Roi, notre illustre jardinier alla visiter cette abbaye et offrit ses services à M. l'abbé d'Orval qu'il trouva être un excellent maître, accompagné de soixante bons religieux. Cette abbaye est éloignée de Paris de cinquante-cinq lieues; elle est située entre la ville de Sedan et celle de Luxembourg. Ces religieux ne mangent point de viande, et vivent comme les religieuses de Port-Royal. M. de Pontchâteau n'eut aucune peine à s'accommoder à vivre avec eux, et d'autant qu'il aimoit bien à prier et à chanter les louanges de Dieu, qu'il avoit un grand esprit, qu'il étoit très-savant, qu'il entendoit bien le ménage des champs et des maisons religieuses, et qu'il avoit beaucoup de connoissances de plusieurs choses, il devint comme le coadjuteur de M. l'abbé d'Orval qui ne vouloit faire aucune chose, aussi bien que ses religieux, sans prendre son avis. Depuis l'année 1668, il a visité plusieurs fois M. l'abbé de La Trappe [1], M. Le Maître, docteur en théologie, et d'autres personnes de grand mérite et de sainte vie; et, quand il venoit à Paris, il passoit huit ou quinze jours ou trois semaines, quelquefois six, dans une petite chambrette dans la maison où il est mort. Depuis le 1ᵉʳ avril 1689, il trouva occasion d'avoir une chambre plus grande dans la même maison, où il arriva le troisième jour de janvier 1690. Un mois après, il tomba malade, et cette maladie dura six semaines, et depuis il ne se porta pas fort bien jusqu'au 20 juin suivant qu'il fut obligé de se mettre au lit où il est demeuré malade d'une fièvre continue qui ne l'a point quitté. Il reçut Notre-Seigneur comme viatique le jour de la fête de saint Jean-Baptiste à deux heures après midi, et le lendemain, qui étoit dimanche, à dix heures au matin l'extrême-onction; le lundi 26 juin, il commença à mourir, et au commencement du mardi 27 juin, un peu après minuit, M. Boué lui demanda s'il vouloit qu'on lui lût la Passion : il dit

---

[1] Ceci n'est pas vrai des voyages de La Trappe. (Note du manuscrit.)

qu'il le vouloit bien; il pria M. Brusseau son confesseur de la lire, et, après, de lire quelques Psaumes qu'il lui marqua. On dit ensuite les prières des agonisants, et il rendit son esprit à Dieu à cinq heures et un quart du matin, en la cinquante-septième année de son âge; il eut de la connoissance jusqu'à trois heures du matin. Sur les huit ou neuf heures du matin il se répandit un bruit dans tout le quartier qu'il étoit mort un saint chez M. Boué, ce qui fit qu'il fallut laisser la porte ouverte depuis midi jusqu'à dix heures du soir, et le lendemain mercredi jusqu'à dix heures du matin, afin que tout le monde lui baisât les pieds. Encore qu'il fît un temps bien chaud il ne sentoit pas mauvais. » — Voilà ce que contenait cette lettre.

Le bruit de cette mort s'étant répandu de tous côtés, en un instant on vit une infinité de personnes s'empresser pour le voir, et pour lui rendre les derniers devoirs, et lui marquer leur estime et leur vénération. Avant que de l'ensevelir, on lui ôta son cœur que l'on destinoit d'abord pour être envoyé à l'abbaye d'Orval; on lui trouva à nu sur la chair une chaîne, un crucifix d'argent et un reliquaire enfermé dans un petit sac d'étoffe avec lequel il avoit déclaré qu'il souhaitoit d'être enterré. Il avoit fait un codicille ou testament le 25 juin 1690, deux jours avant sa mort, par devant notaire, par lequel il confirmoit les deux dispositions testamentaires qu'il avoit faites, dont il avoit mis l'une entre les mains de la Révérende Mère abbesse de Port-Royal des Champs, et l'autre entre celles du Révérend Père abbé d'Orval. Ensuite il déclaroit qu'il vouloit être porté à l'église de la paroisse comme un pauvre, par le convoi de la charité, et qu'il choisissoit pour le lieu de sa sépulture l'église dudit Port-Royal des Champs; qu'il souhaitoit que le convoi et le service se fît avec toute la modestie et la simplicité chrétienne. Il instituoit son légataire universel de tous les deniers comptants qui pouvoient lui appartenir, M. Akakia du Plessis, pour être employés par lui en œuvres de piété et aumônes, suivant qu'il s'en étoit expliqué à lui, sans être obligé d'en rendre aucun compte. Il déclare la même chose à l'égard de ses habits, hardes et linges qui lui appartiennent; déclare que tous les livres qui sont dans sa chambre et dans son cabinet appartiennent à M. Arnauld, et il souhaite qu'ils lui soient rendus au plus tôt. Il révoque toute autre disposition qu'il auroit pu faire auparavant. Et par son deuxième codicille du même jour il laisse quatre cents livres à la veuve du sieur Massin, marchand de la ville de Provins,... pour reliquat de compte.... (probablement un reste de l'affaire de Nordstrand).

M. de Coislin souhaitoit le faire porter à Saint-Sauveur pour le faire enterrer dans sa chapelle, et M. le curé de Saint-Gervais prétendoit qu'il devoit demeurer dans le lieu où il étoit mort; il en parla à M. l'archevêque qui alla, dit-on, en Cour pour savoir la volonté du roi qui lui dit qu'il falloit exécuter les dernières volontés du défunt.

On mit son corps dans un cercueil de plomb avec une inscription gravée sur une plaque de cuivre, et le convoi se fit le lendemain sur le midi, à la paroisse de Saint-Gervais où il fut porté. M. le duc de Coislin, pour suivre en tout la volonté de son oncle, se contenta d'y faire assister seulement quinze prêtres plus qu'il n'y en auroit eu, n'ordonna qu'une douzaine de flambeaux pour accompagner le convoi et fit l'honneur de marcher à la tête du deuil avec son cordon bleu, malgré la simplicité et la pauvreté du convoi. Après la messe, le peuple étant entré dans le chœur, et s'étant aperçu que le cercueil étoit entr'ouvert, acheva de l'ouvrir avec des couteaux et en tira des morceaux de sa chemise et de son linceul, ce qui obligea les prêtres de porter le cercueil dans une chapelle fermée pour le ressouder et l'ôter des mains du peuple. L'après-midi, sur les trois heures, deux carrosses le vinrent prendre, dans l'un desquels on mit le corps accompagné du vicaire de Saint-Gervais, de M. Brusseau son confesseur, et de plusieurs amis, et il fut porté à Port-Royal des Champs où on n'arriva qu'à plus de onze heures et demie du soir[1]. Le corps fut reçu à la porte de l'église par les ecclésiastiques du lieu et par plusieurs autres qui s'y étoient rendus pour honorer les funérailles de ce serviteur de Dieu. M. le vicaire de Saint-Gervais y harangua et assista à la cérémonie de son enterrement. (Son cœur, mis en dépôt à l'intérieur de Port-Royal, fut enterré au dedans du chœur des religieuses, mais seulement trois mois plus tard et le même jour qu'on y enterra M. de Sainte-Marthe, rien n'ayant paru plus naturel que de joindre en

---

1. Le Journal manuscrit de Port-Royal a, de son côté, un compte-rendu circonstancié : « Le samedi 24ᵉ (juin), jour de Saint-Jean, nous apprîmes la maladie de *M. Mercier*, à qui la fièvre avoit pris le mardi précédent au soir. L'on envoya Rose (domestique) à Paris, parce que l'on le demandoit pour servir le malade. Il ne partit qu'après la grande messe.... La manière dont l'on avoit écrit faisant craindre la fin de cette maladie, on jugea qu'il étoit bon que M. Dessaux (l'homme de confiance) y allât aussi pour voir s'il n'avoit rien à dire en particulier. Ils partirent donc ensemble dans la chaise. — Le dimanche 25ᵉ, M. Dessaux revint à la fin de la grande messe; il rapporta l'extrémité et que l'on perdoit presque espérance, mais que l'on demandoit M. Hecquet, qui partit après midi. — Le mardi 27ᵉ on apprit la mort. — Le mercredi 28ᵉ au soir, nous apprîmes que le corps venoit et devoit partir à 4 heures de Paris. Il arriva à minuit, conduit par M. le vicaire de Saint-Gervais. Il y avoit un autre carrosse où étoient M. Akakia, madame de Fontpertuis, madame Marc (qui avoit quelquefois logé M. de Pontchâteau), mademoiselle Gallier. Ils étoient partis de Paris à 4 heures; mais, un timon du carrosse s'étant rompu, il fallut venir quérir ici du secours. On fit le convoi, et on dit ensuite matines. Le matin l'on dit la première messe des Apôtres et, après, tierce, laudes et la messe de *Requiem*; après none que l'on avança d'un quart d'heure, on dit vêpres des morts, et puis on fit l'enterrement : ce fut M. Eustace. Outre les ecclésiastiques de la maison, il s'y trouva M. Du Noir, M. Bocquillot. On ne mit point les herses, mais les six chandeliers. »

une même cérémonie deux personnes qui avoient été si fort unies pendant leur vie.) — Voici la harangue :

HARANGUE DE M. LE VICAIRE DE SAINT-GERVAIS
EN PRÉSENTANT LE CORPS DE M. DE PONTCHATEAU
A PORT-ROYAL DES CHAMPS.

« Nous vous présentons, Messieurs, le corps de messire Sébastien-Joseph de Coislin du Cambout de Pontchâteau auquel nous avons eu l'honneur d'administrer les sacrements dont l'Église console et fortifie les mourants, qu'il a reçus avec toute la dévotion et piété dont peuvent être capables les plus grands saints. Sa personne pour lors nous étoit inconnue, et vous n'ignorez pas qu'il y avoit déjà longtemps qu'il étoit caché aux yeux du monde avec lequel il avoit fait divorce et fermé toutes les avenues aux occasions qui ont coutume de corrompre le cœur humain, se dépouillant pour ce sujet tout d'un coup de ses grands biens pour mener une vie pauvre, fuyant les honneurs que son illustre naissance lui donnoit, et que les grandes qualités dont Dieu l'avoit doué lui faisoient justement mériter. Il s'étoit non-seulement voulu priver de tous les plaisirs les plus innocents de la vie, mais il s'étoit condamné pour le reste de ses jours à une mortification et à une pénitence aussi rudes que celles que nous lisons dans les Vies des anciens Anachorètes. Ne vous attendez pas que je descende dans le particulier d'une vie si extraordinaire : il n'y a personne qui en soit mieux informé que ceux de cette maison ; mais je n'ai pu me dispenser de vous dire qu'il me semble que le dessein qu'il a eu de désirer que son corps fût mis en dépôt en cette église pour y attendre la résurrection générale, a été que se souvenant que Dieu lui avoit inspiré cette vie pénitente par les bons exemples des saintes Religieuses de ce monastère, il étoit persuadé qu'après sa mort il pourroit espérer un grand secours de leurs prières pour satisfaire à ce qu'il pourroit être redevable à la justice de Dieu ; car c'est l'ordinaire des personnes les plus pieuses de s'estimer les plus grands de tous les pécheurs ; mais je ne puis aussi m'empêcher de croire que ces vertueuses Religieuses de leur part ne le considèrent comme un puissant intercesseur auprès de Dieu, pour leur obtenir cet aimable don de persévérance dans leurs continuelles austérités, et une protection particulière dont elles ont un très-grand besoin, et qu'ainsi elles recevront ce dépôt avec joie, comme un grand présent qui leur est fait. Pour moi je vous assure que j'ai reçu avec un singulier plaisir l'ordre d'être le député de M. le pasteur de Saint-Gervais de Paris pour vous en venir faire le compliment. »

RÉPONSE DE M. EUSTACE EN RECEVANT LE CORPS DE MESSIRE DU CAMBOUT DE PONTCHATEAU.

« Nous recevons, Monsieur, avec tous les sentiments que la foi et la charité nous peuvent inspirer, le corps de cet illustre serviteur de Dieu que vous nous remettez entre les mains. Il a mieux aimé pendant sa vie s'obscurcir et s'humilier dans la maison de Dieu que de vivre avec éclat et avec honneur dans les palais du monde; il n'a pas eu moins de zèle à se cacher aux yeux des grands de la terre, à fuir tous les avantages du siècle, qu'il a eu d'ambition pour les biens du Ciel, et de soin de vivre toujours comme en la présence de Dieu et des Anges. Il avoit préféré la retraite de cette solitude à tous les autres lieux où il auroit pu s'appliquer aux exercices de piété, et il l'avoit choisie pour y passer sa vie à servir Dieu dans les travaux de la pénitence, en servant cette Communauté pour laquelle Dieu lui avoit donné une charité singulière; mais les ordres de sa providence ne lui ont pas permis d'y demeurer autant qu'il auroit souhaité, et qu'il en avoit pris le dessein. Il a porté avec peine l'exil de cette vie qui ne lui permettoit pas de vivre toujours en liberté avec des personnes qu'il aimoit avec beaucoup de tendresse; mais il avoit appris à mettre infiniment au-dessus de tout ce qu'on peut goûter de plus doux sur la terre, cette céleste Patrie où nous ne serons plus séparés comme on l'est le plus souvent ici-bas par l'éloignement des lieux où chacun se trouve attaché, mais où nous serons tous parfaitement unis dans la contemplation d'un même objet qui est la Vérité, la Sagesse et la Justice éternelle. Il a été heureux de s'occuper de ces choses-là pendant sa vie; il a été encore plus heureux de les aimer de toute l'étendue de son cœur. Pourquoi ne penserons-nous pas qu'il est maintenant heureux, ou qu'il le sera bientôt en les possédant dans la paix et le repos de l'Éternité? Il a souhaité qu'après sa mort son corps fût remis dans un lieu d'où son cœur n'est jamais sorti. C'est à vous, Monsieur, que nous sommes redevables de ce que ce précieux dépôt nous est remis entre les mains; vous avez satisfait à tous les devoirs que la religion et la piété vous pouvoient prescrire : c'est à nous maintenant à nous acquitter, par nos prières et nos sacrifices, de ce que nous devons à une personne qui nous a toujours aimés, et les Religieuses qui composent cette Communauté, toutes pénétrées des sentiments de la reconnoissance qu'elles ont pour la charité qu'il a eue pour elles, ne manqueront pas de lui rendre par leurs vœux, et par tous les exercices que la religion leur prescrit, leurs devoirs et les secours dont il pourroit avoir besoin. »

Après le service et la messe, il fut enterré dans l'église de

Port-Royal des Champs devant la grille du chœur, et couvert d'une tombe sur laquelle on grava son Épitaphe faite par M. Dodart, son intime ami et son médecin.

En 1711, ayant été déterré dans la destruction totale de ce saint monastère, son corps fut porté avec celui de M. le chevalier de Coislin, son petit-neveu, dans l'église de Magny-Lessart près de cette abbaye.

Madame d'Épernon, sa sœur, lui fit faire un service au Val-de-Grâce huit jours après, où M. le duc de Coislin, M. le comte d'Armagnac et tous les autres seigneurs de sa famille se trouvèrent, et firent l'honneur à tous ceux qui y assistoient de les remercier.

Le Révérend Père Abbé (Charles) d'Orval, ayant appris par mademoiselle Gallier sa mort, lui écrivit en ces termes le 3 de juillet 1690 :

« J'ai reçu, Mademoiselle, ce matin tout ensemble vos deux lettres du 24 et du 28 du mois passé par lesquelles vous me mandez la maladie, et puis ensuite la mort du bon *M. Fleuri*, que Dieu veuille avoir en gloire! Cette triste nouvelle m'a étrangement surpris, et jamais mort ne m'a touché le cœur comme celle-là. Il n'y a que la seule soumission que nous devons aux adorables jugements de Dieu qui soit capable de m'en consoler, et la persuasion que j'ai qu'il est un puissant intercesseur auprès de Dieu pour nous. Comme cependant les choses de l'autre monde nous sont fort cachées, nous ne laisserons pas de prier pour lui, et de faire le devoir comme pour un de nos confrères, puisque nous avons eu le bonheur de l'avoir considéré comme un membre de notre Communauté. Dieu nous avoit fait la grâce de nous prêter ce grand exemple pour nous réveiller de notre assoupissement ; mais parce que nous ne lui avons pas été assez reconnoissants, il nous l'a retiré en punition de notre ingratitude. En partant d'ici il m'avoit laissé entre les mains un paquet, avec ordre de l'ouvrir, s'il mouroit hors d'ici, et non autrement. Je l'ai ouvert en suite de la triste nouvelle de sa mort, qu'il a prévue et nettement prédite comme il paroît par ce que j'ai trouvé dedans. Il y a aussi deux articles qui vous regardent. Il faudroit, dit-il, avertir mademoiselle Gallier qu'il y a une cassette à lui envoyer.... » Et dès le lendemain, par une deuxième lettre que cet illustre Abbé écrivit à la même demoiselle, il lui dit :

« Ce 4 juillet 1690.

« ... Je n'ai publié la mort de *M. Fleuri* que ce matin au Chapitre en présence de tous les religieux et convers, dont une partie fondoit en larmes; il y en a quelques-uns qui demeurent inconsolables. On vient de faire un service conformément à ses intentions et à son esprit, c'est-à-dire selon la première simplicité de l'Ordre, étant persuadé qu'il auroit regardé d'en haut avec indignation la moindre magnificence dont on eût pu se servir selon l'usage du temps. Prenez s'il vous plaît la peine de me marquer les particularités de sa mort. Je suis votre... Fran. Charles, abbé d'Orval. »

(Suit un chapitre intitulé : *Les dispositions intérieures du cœur de M. de Pontchâteau;* c'est celui qu'on va lire.)

Voilà tout ce qu'on a pu recueillir de la vie extérieure de M. de Pontchâteau ; mais, comme cet extérieur ne suffit pas pour le faire connoître dans tout son entier, il est à propos d'ajouter ici ce qui peut nous apprendre quel étoit le fond de la disposition de son cœur et les sentiments les plus intérieurs de son âme. M. de Pontchâteau devoit beaucoup aux dons que Dieu lui avoit faits en naissant, car la bonne éducation eut peu de part au bien qui a paru depuis en lui ; il perdit sa mère, comme on l'a remarqué, deux ans après sa naissance, et ne reçut d'instruction que celle que voulut bien lui donner sa belle-mère qui avoit un fils de son premier mariage, sur lequel elle eut toujours préférablement toutes ses attentions, et M. de Pontchâteau a dit depuis, se ressouvenant comme on l'avoit élevé, qu'il n'avoit été gouverné et conduit que par des femmes qui ne l'avoient amusé qu'à des bagatelles et à des oiseaux, qu'il n'avoit été instruit que par des ecclésiastiques de village; qu'à la vérité son père l'avoit élevé avec des principes d'honneur et en enfant de qualité, qu'il lui avoit donné une grande horreur du mensonge, lui répétant souvent qu'un gentilhomme ne doit jamais mentir; qu'il lui avoit appris à ne tutoyer personne, pas même ses valets, et à avoir une extrême politesse et être civil envers tout le monde, mais que son père ignoroit les grandes maximes du Christianisme, et n'inspiroit à ses enfants qu'un air de grandeur et d'élévation ; qu'il comptoit les bénéfices qui étoient dans sa famille comme un bien héréditaire dont il pouvoit disposer sans considérer la vocation de ses enfants, et sans se soucier d'en acquitter les charges, ni les obligations. Aussi l'abus que M. de Pontchâteau en avoit fait dans sa jeunesse fut pour lui un sujet de gémir le reste de ses jours, quoiqu'il s'en fût démis : c'est pourquoi il ne pouvoit supporter la pluralité des bénéfices de M. son neveu l'abbé de Coislin, depuis évêque d'Orléans et cardinal. Il ne lui a jamais écrit qu'il n'ait gémi sur son sujet, et qu'il ne l'ait exhorté à les quitter. Il ne supportoit pas avec moins de peine le faste qu'on lui avoit inspiré dès le berceau, et ce n'étoit qu'avec douleur qu'il apprenoit que sa famille croissoit en grandeur et en magnificence; lorsqu'on lui parloit des rangs, des dignités, et des charges que ses parents occupoient à la Cour, il répétoit ces excellentes paroles de Job et se les appliquoit à lui-même : « *Putredini dixi : Pater meus es ; et mater mea et soror mea, vermibus :* J'ai dit à la pourriture : Vous êtes mon père ; et aux vers de la terre, Vous êtes ma mère et ma sœur. » Il ne s'étudioit qu'à oublier sa famille, et à faire en sorte d'en être entièrement oublié. Dans une de ses lettres, il disoit de soi-même pour s'humilier : « J'avois naturellement les inclinations assez bonnes, et si Dieu avoit permis que j'eusse eu une éducation qui y eût été conforme, il me semble que je me fusse porté au bien, mais quel moyen de la trouver dans des familles qui ne sont pas chrétiennes? » Dans une autre il disoit que « c'est un grand déshonneur devant Dieu d'être né de quelque condition selon le monde, parce que d'autant plus qu'on a de parents élevés, on peut en compter dans sa famille un plus grand nombre de réprouvés? Ne seroit-ce pas un bel honneur à un homme de descendre en droite ligne de deux ou trois voleurs de grands chemins, ou de criminels de lèse-majesté? On s'iroit cacher si cela étoit, et n'est-ce pas bien pis de se trouver allié avec des gens qui sont morts dans le crime et dans l'impénitence, ou d'autres qui vivent encore dans le même état? Voilà ma généalogie. Que fais-je donc, en y renonçant, que de m'élever véritablement et d'ôter cet opprobre qui me devroit couvrir de confusion devant les gens de bien? » Il disoit ceci à l'occasion de ce qu'on le félicitoit que dans la promotion des chevaliers de l'Ordre du Saint-Esprit le 2 décembre 1688, le roi avoit mis de ce nombre cinq de ses neveux, c'est à savoir : M. l'Évêque d'Orléans, M. d'Armagnac, le chevalier de Lorraine, M. de Brionne et M. le duc de Coislin. On peut voir ce qu'il dit de sa famille et de son élévation, dans sa lettre du 27 avril 1676[1]; dans la même lettre parlant du mauvais usage qu'il avoit fait du revenu de ses bénéfices, il ajoute : « Pour ce qui est de moi, je vous supplie de me dire ce que vous jugeriez d'un homme qui ayant eu l'administration de l'Hôtel-Dieu en auroit dissipé les revenus, en auroit fait bonne chère, laissé mourir les pauvres de faim, et qui après cela, pour toute réparation, quitteroit cette administration. Dites-en ce que vous en pensez, et vous prononcerez ce que je mérite? »

Lorsqu'il se souvenoit des dangers où les liaisons qu'il avoit eues dans sa jeunesse avec sa famille et à la Cour l'avoient exposé, et qu'il se représentoit les attentions qu'il avoit eues à plaire au monde et à y faire une agréable figure, il ne pouvoit retenir ses larmes ni ses gémissements. Il avouoit, au milieu de sa vie pénitente, qu'il avoit beaucoup de peine à en effacer les idées de son cœur, et il se vouloit du mal d'avoir encore conservé dans ses manières des restes de cette politesse. Et à cette occasion, parlant de soi-même, il disoit : « On a un certain sot air, dont on ne se peut défaire; ne croyez pas que je ne l'aie pas pris ce matin en

---

[1]. Il existe ou il existait une collection des lettres manuscrites de M. de Pontchâteau, que le biographe avait sous les yeux.

entrant chez vous, car la nature aime à se dilater. » Sur les bienséances que demande la qualité, il ajoutoit que « c'étoient des chimères qui lui étoient insupportables; qu'elles n'étoient fondées que sur la folie de la qualité et de la noblesse qui est une sottise dont les gens du monde ne peuvent presque se défaire. » Il ne pouvoit penser aux grâces qu'il avoit reçues de Dieu, et au mépris et à l'abus qu'il en avoit fait, sans s'humilier profondément. Il reconnoissoit que Dieu ne l'avoit point perdu de vue nonobstant ses égarements; et il se remettoit souvent devant les yeux « les sentiments de retraite, de conversion, d'amour pour la vérité, que Dieu avoit bien voulu graver profondément dans son cœur, lorsque dès sa plus tendre jeunesse il lut les *Figures de la Bible*, les *Confessions* de saint Augustin, les *Vies des Pères des Déserts*, sentiments, disoit-il, qu'il n'a jamais oubliés, et qui l'ont toujours rappelé à son devoir, au milieu même de ses plus grandes dissipations. » Il étoit dans de continuelles actions de grâces de ce qu'il avoit plu à Dieu de le lier étroitement à Port-Royal, et il ne pouvoit s'empêcher de se reprocher continuellement de s'en être éloigné quelque temps. C'est pourquoi il disoit souvent à Dieu : « *Ab instabilitate cordis libera nos, Domine* : Seigneur, délivrez-nous de l'instabilité du cœur. » Il étoit persuadé que son salut étoit attaché à sa liaison avec Port-Royal, au moins à cet esprit de solitude, de retraite et de piété, qui y régnoit, et qu'il ne trouvoit en aucun autre endroit si solidement établi; aussi étoit-il désolé des traverses qui s'opposoient au désir ardent qu'il avoit d'y passer le reste de ses jours; c'est ce qui lui fit dire en 1681, dans une de ses lettres, attribuant à ses péchés les oppositions qui y survenoient : « Je pleure en vous écrivant ceci, et en voyant ce qui est dit dans le deuxième livre d'Esdras, où Néhémie rapporte la tristesse où il fut en apprenant l'état où Jérusalem étoit réduite; il en fut si touché que le roi s'en aperçut, et lui en demanda le sujet. Hélas, Sire, lui dit-il, comment ne serois-je pas affligé, sachant que la ville où sont enterrés mes pères est déserte, que ses portes ont été brûlées? Et ce n'étoit que des murailles qu'on pouvoit rebâtir, comme en effet on les rebâtit quelque temps après; au lieu que si Dieu n'a pitié de nous, et qu'il n'arrête les desseins de nos ennemis, on ruinera notre maison, de sorte qu'il ne sera presque plus possible de la rétablir.... Hélas! j'ai contribué par mes péchés à mettre Port-Royal dans l'état qu'il est : car je puis avec bien plus de sujet m'en accuser que les Sœurs professes. » Et finissant cette lettre, il dit : « En voilà assez pour l'état où je suis, car je ne veux pas qu'on me trouve les larmes aux yeux. » C'est dans cet esprit qu'il répétoit souvent ces paroles du Psaume 66 : « *Deus misereatur nostri et benedicat nobis* : Que Dieu ait enfin pitié de nous, et nous comble de ses bénédictions! » Il ne pouvoit recouvrer autre part ce qu'il trouvoit à Port-Royal, et lorsque malgré lui il étoit obligé d'en sortir, il disoit : « Comment faire pour s'éloigner de ce qu'on aime, d'un lieu où Dieu paroît si visiblement? » Et c'est ce qui faisoit qu'il n'en pouvoit supporter qu'impatiemment la privation. Il appeloit ce lieu sa maison, les religieuses ses Mères, et ceux qui demeuroient avec elles ses frères et sa famille; il reconnoissoit que leurs prières avoient contribué beaucoup à sa conversion, ce qui avoit fait dire de lui ce qu'un saint Evêque dit à sainte Monique, qu'un enfant de tant de larmes ne pouvoit périr. Ainsi il ne parloit de toute cette sainte maison qu'avec transport. « Il est vrai, disoit-il sur la fin de sa vie, que j'ai connu les vérités d'assez bonne heure, il y a trente ans que je connois Port-Royal, mais pour vous dire le mauvais usage que j'ai fait de cette connoissance il faudroit un livre. » C'est ainsi que l'estime qu'il faisoit de cette maison, et le mépris qu'il faisoit de lui-même, le faisoient parler, car il s'est toujours regardé comme un grand pécheur [1]. Et écrivant à l'un de ses amis dans ces mêmes sentiments, il lui disoit : « J'ai une telle horreur de moi-même, que lorsque j'étois chez nous (c'est de Port-Royal qu'il parle), je n'osois parler à pas une de nos Sœurs. Il est vrai que j'ai toujours eu un respect très-grand pour elles, même au milieu de mes désordres, que je les ai toujours défendues et soutenues autant qu'il m'a été possible, et que mon respect s'est encore augmenté depuis que j'ai été plus uni à elles, mais cela n'empêche pas que je ne reconnoisse que c'est avec justice que j'en suis éloigné. Pour servir des vierges, il faudroit avoir quelque rapport à leur pureté, et, quand je me regarde, je me fais peur à moi-même. Les lieux saints chassent les personnes qui ne sont pas saintes, c'est ce qui fait ma crainte; il m'est bien sensible de quitter ma famille, mais vraiment je ne mérite pas d'y être. » On peut lire la lettre qu'il écrivit à madame d'Épernon sur le bonheur de sa solitude, le 6 janvier 1675. Et plus bas, il ajoute : « Je ne sais où j'en suis depuis que je suis hors de chez nous. » Et répondant à un ami qui lui mandoit les sentiments avantageux qu'on avoit de lui à Port-Royal, il lui dit : « On n'en doit point avoir de tels de moi : on a cru qu'il falloit vous dire ce qui pouvoit vous édifier, et comme il y a quelque chose de cela dans mon extérieur, on s'en est servi pour votre bien. Il est vrai que cela semble beau, et il y a eu des gens qui ont eu envie de me connoître quand on leur disoit que j'ai le malheur d'être né dans le monde, car on se laisse tromper à quelques apparences qui ne sont rien : ce sont de beaux enduits qui couvrent bien de la pourriture. »

---

1. Au rebours de l'homme naturel qui s'abandonne aux directions de l'amour-propre, le chrétien le plus humble et le plus avancé, suivant la parole d'un saint, voit une *poutre de Grâce* dans l'œil du prochain, et il ne croit pas même en avoir une paille dans son œil.

Le désir qu'il avoit toujours eu pour la fuite du monde lui avoit inspiré l'amour de la retraite et de la solitude, et cette inclination s'étoit bien augmentée en lui depuis qu'il avoit goûté la vie qu'on menoit à Port-Royal, et, lorsqu'il fut obligé d'en sortir, il recherchoit avec bien de l'empressement les moyens d'en trouver une pareille dans quelque abbaye éloignée de tout commerce avec les gens du monde ; il la chercha longtemps, et il sembloit l'avoir trouvée dans la réforme qu'on voulut établir à Haute-Fontaine ; mais, la Providence en ayant rompu le projet, il crut la retrouver en l'abbaye d'Orval où il prétendoit finir ses jours ; il étoit charmé de cette solitude où il trouvoit un parfait silence, une profonde paix, l'exécution littérale de la règle de saint Benoît pour laquelle il avoit toujours eu une extrême vénération. C'est dans cette solitude qu'il se consoloit de l'égarement de sa vie passée par la multitude de ses larmes, et il disoit souvent de l'abondance de son cœur qu'un chrétien devroit toujours pleurer, et que ses pleurs devroient être toute sa consolation : et il avouoit en écrivant à ses amis qu'il reconnoissoit avec saint Augustin que les larmes des personnes qui prient sont plus douces que les joies de ceux qui assistent aux spectacles. La seule peine qu'il dit qu'il eût dans cette abbaye, c'est qu'on l'estimoit trop et qu'on ne l'humilioit pas assez, car l'humilité étoit sa vertu qu'il croyoit nécessaire à son état particulier, et c'étoit pour tâcher de l'acquérir qu'il avoit toujours changé son nom, qu'il affectoit partout où il alloit d'y vivre inconnu, qu'il choisissoit les emplois les plus vils et les plus bas, qu'il cherchoit à cacher le bien qu'il faisoit, et à se remplir de l'idée énorme qu'il se faisoit lui seul à lui-même de ses dérèglements, qui n'auroient pas certainement passé pour des crimes aux yeux des personnes mondaines, et il disoit perpétuellement ces paroles du verset dernier du Paume 118 : « *Erravi sicut ovis quæ periit :* J'ai été errant et vagabond comme une brebis perdue. » C'est par cette même humilité qu'il a toujours caché la part qu'il avoit eue à beaucoup d'écrits qui se sont faits à l'occasion des disputes. L'on ne sauroit pas encore aujourd'hui qu'il travailloit à la Vie des saints de l'Ordre de Cîteaux, si la mort ne l'eût surpris dans cette occupation, et s'il ne lui eût pas été nécessaire de conférer avec M. l'abbé d'Orval et plusieurs autres personnes qu'il avoit été obligé de consulter. Il avoit si peu d'idée de la vie pénitente qu'il avoit menée depuis si longtemps, que dans les dernières années il disoit d'un air tout pénétré : « J'ai tel âge, et je n'ai pas encore commencé à servir Dieu. » Et sur ce que quelqu'un de ses amis lui demandoit ce qu'il avoit encore à faire après avoir tout quitté, il répondit : « Vous demandez ce que j'ai encore à quitter dans le monde ? Moi-même, l'estime que je fais de moi-même, l'amour de ma santé, de mon corps, de mes commodités, la complaisance que je trouve dans l'amitié des personnes avec qui je suis, et cent autres choses que je ne fais qu'entrevoir présentement, parce qu'il y a d'autres choses plus grossières qui m'occupent et m'empêchent de voir ce que j'aperçois dans la retraite. »

Il avoit une assiduité et un goût tout particulier pour la lecture de l'Écriture sainte ; il ne passoit aucun jour sans en lire plusieurs chapitres. Ce goût lui étoit venu dès sa première jeunesse, et il se sentoit très-obligé à ceux qui dans son bas âge lui avoient fait lire les *Figures de la Bible* ; il n'en a jamais perdu l'idée, et il disoit que depuis ce temps-là il les avoit toujours eues présentes à l'esprit. Les prières faisoient aussi ses délices de tous les jours, et par sa grande habitude à prier il avoit appris tous les Psaumes par cœur et savoit presque tout le Bréviaire. Il ne se contentoit pas de lire l'Écriture et de réciter des Psaumes, il s'appliquoit dans ses oraisons particulières à en méditer les sens et s'en appliquer les instructions ; c'est pourquoi il avoit été charmé du livre de l'*Oraison* de M. Nicole, et écrivant à un de ses amis, il lui disoit : « C'est un beau livre que le Traité de l'Oraison de M. Nicole ; je me repens bien de ne l'avoir pas lu déjà plusieurs fois, et je ne m'étonne pas que M. de Saci dise qu'il faudroit le lire continuellement. » Et dans une lettre suivante il ajoute : « Je me repens bien de ne l'avoir pas fait plus tôt, quoiqu'il me fasse grande peur, car j'y vois la nécessité de la prière bien établie, et en même temps je suis si convaincu que je ne prie point, que cela m'épouvante. Je prie Dieu qu'il rende à l'auteur le bien qu'il a fait en faisant ce livre ; il est admirable, je veux le lire sans cesse. » Il étoit très-attaché aux intérêts de l'Église qu'il regardoit comme sa mère, et il souffroit avec peine, comme ses véritables enfants, les maux dont elle étoit affligée par les divisions et les disputes ; il n'a même rien négligé de tout ce qu'il a pu faire pour lui procurer la paix, et pour la soutenir contre ceux qui l'attaquoient ou dans sa doctrine, ou dans sa morale, et il ne s'est cependant porté à la secourir que lorsqu'il s'y est trouvé nécessairement obligé. Il étoit naturellement ennemi de toute intrigue, de toute cabale ou partialité, et il disoit souvent, parlant des distractions où la nécessité des affaires l'avoit jeté, qu'il n'avoit jamais souhaité autre chose que la retraite, le silence, en un mot ne rien faire que penser à son salut, du reste planter des choux, remuer la terre. Cependant on n'a pas laissé de le dépeindre auprès du feu Roi comme un homme inquiet et brouillon qui cabaloit contre l'État ; mais ces calomnies qui venoient de la part des ennemis de l'Église, et même de l'État, n'ont jamais pu persuader ce prince que M. de Pontchâteau fût tel qu'ils le lui dépeignoient. Il est vrai que dans le voyage que le Roi fit en Flandre, il dit à M. d'Armagnac, en plaisantant avec lui, qu'il avoit un oncle qu'on disoit qui faisoit bien des choses pour les Jansénistes et qui suivoit le parti avec beaucoup d'ardeur ; et le comte lui ayant répondu qu'il pouvoit assurer Sa Majesté que son oncle ne feroit jamais rien contre son service, le Roi lui repartit qu'il n'en avoit jamais douté. Aussi M. de Pontchâteau n'a-t-il jamais reçu en particulier aucun ordre chagrinant de la Cour, quoique ses ennemis l'eussent bien voulu desservir. Mais, comme les ordres que M. l'archevêque de Paris avoit donnés à Port-Royal l'obligeoient à chercher un autre lieu de retraite et qu'il craignoit qu'on ne fît des affaires à ceux chez qui il pouvoit se retirer, il se crut obligé d'écrire à madame d'Épernon, sa sœur, et à M. d'Armagnac, son neveu, pour les engager à prévenir le Roi sur son sujet, contre les intrigues de ses ennemis. Voici ce qu'il dit à madame d'Épernon dans sa lettre du 4 mars 1681 : « Vous lui direz (parlant du Roi) que j'ai appris avec bien du déplaisir qu'on avoit tâché de me noircir dans l'esprit de Sa Majesté, et de lui donner des impressions fort désavantageuses de moi ; que, n'ayant aucune prétention ni aucun désir de faire fortune, je n'aurois pas sujet de m'en mettre en peine, si ce pouvoit être une chose indifférente d'être mal auprès de son Prince ; qu'étant né François, et de plus gentilhomme, et d'une famille qui a toujours eu l'avantage d'être fort attachée à son service, je ne puis pas n'être point en peine en apprenant que le Roi est mal satisfait de ma conduite ; mais on est encore plus sensible à cette disgrâce, lorsqu'on est persuadé autant que je le suis par les principes de la Religion que notre fidélité envers le Roi fait une partie essentielle de notre devoir envers Dieu.... » Et plus bas il ajoute : « Je serois bien malheureux si, après avoir quitté le monde, et ce qu'on appelle fortune et établissement, j'entrois dans des cabales contre l'Église et contre l'État. Je n'ai, par la grâce de Dieu, liaison avec personne qui soit assez malheureux pour en avoir le dessein, et je romprois avec ceux qui sont mes meilleurs amis si j'y apercevois rien d'approchant de cela. Mais si j'avois ce dessein, je n'aurois pas pris les moyens de le faire réussir, puisque j'ai quitté huit ou dix mille livres de rente que j'avois en bénéfices, dont je n'en ai donné aucun à ceux qu'on appelle Jansénistes.... Je ne demande rien au monde que d'être caché avec liberté. » M. d'Armagnac vit en conséquence Sa Majesté, lui lut les lettres de M. de Pontchâteau : le Roi en parut très-content et lui dit qu'il étoit persuadé de la fidélité de M. de Pontchâteau, qu'il ne l'empêchoit point de se retirer où il lui plairoit dans son royaume, mais qu'il croyoit à propos qu'il fît quelque humilité à M. l'archevêque de Paris. M. d'Armagnac le lui mena, et tout se termina de la part de ce prélat à lui représenter qu'il y avoit des raisons pour qu'il ne retournât pas à Port-Royal, mais qu'il pouvoit choisir une autre retraite partout ailleurs.

La nécessité où il se croyoit de n'être pas un moment sans travailler pour son salut lui faisoit aspirer à l'heureux jour qui lui en assureroit la possession, et qui finiroit tous ses travaux ; dans cette pensée il désiroit ardemment la mort, et demandoit à Dieu continuellement, comme saint Paul, d'être délivré par elle de ce corps de mort pour régner avec Jésus-Christ. M. Nicole lui disant un jour qu'il falloit être bien hardi pour souhaiter de mourir, il lui repartit sur-le-champ qu'il falloit être bien plus hardi pour désirer de vivre ; que, pour lui, la vue de ses chutes continuelles lui donnoit un grand désir d'être délivré de lui-même, que c'étoit pour ce sujet qu'il disoit souvent à Dieu ces paroles du Psalmiste : « Mon âme est toujours en mes mains en danger de m'être ravie *Anima mea in manibus meis semper.* »

Dans une de ses lettres il disoit confidemment à un autre de ses amis : « Tout de bon il m'ennuie de vivre, car je ne m'amende point. Un de nos religieux étoit tout affligé l'autre jour, parce qu'il revenoit de sa maladie : j'aime à entendre parler de bonnes gens comme lui, à qui la vie est ennuyeuse par la crainte de retomber dans leurs fautes ordinaires, qui ne sont néanmoins que des bagatelles en comparaison des miennes. » M. de Pontchâteau s'entretenoit continuellement dans ces pensées par la lecture assidue qu'il faisoit du livre du *Bonheur de la Mort chrétienne*[1] : « J'aime tout à fait, disoit-il, ce livre, car il rend la mort désirable. Je viens d'y lire un bel endroit, c'est la septième journée, troisième point : Est-ce vivre que d'être à tout moment en péril de perdre la vraie vie? Non certainement, ce n'est pas vivre. » Et il ajoutoit : « Plaise donc à Dieu d'abréger les jours de notre pèlerinage, et nous transporter dans notre véritable patrie! » Sur ce qu'un de ses amis s'étoit recommandé à ses prières, il répondit qu'il voudroit bien lui rendre ses prières utiles, mais que ce qu'il voyoit tous les jours de plus en plus, c'est qu'il faudra peut-être bientôt aller rendre compte à Dieu de toute sa vie, et que vraiment il ne sait où il en est quand il y pense : « Car, ajoute-t-il, que dirai-je et que répondrai-je à tout ce que les Démons trouveront en moi qui mérite d'être condamné? Je conclus qu'il faut être insensé pour connoître ces vérités, et continuer à vivre aussi négligemment que je fais, et avec tout cela, si Dieu n'a pitié de moi, ce sera toujours tout de même. Heureux qui meurt dans sa première ferveur! car qui est-ce qui ne se relâche point? Je ne sais si vous avez lu le livre de la *Prière continuelle*[2] ; je l'ai lu tout en mon particulier, et je l'entends une seconde fois à la lecture de complies ; c'est un livre admirable, et nous sommes bien malheureux d'avoir tant de moyens de prier toujours, et de perdre tant de temps sans prier. » Et dans une autre lettre, parlant du Jugement dernier, il dit : « On nous a lu le Traité du *Jugement*[3]

---

1. Du Père Quesnel. — 2. De M. Hamon. — 3. De Nicole.

avec les deux Évangiles qui en parlent, et tout ce qu'on en peut conclure après l'avoir entendu, c'est que gens comme moi qui n'y pensent guère sont plus fous que ceux des Petites-Maisons, et que ceux qui n'y pensent point du tout le sont encore davantage, et qu'il n'y a de sages et d'heureux que ceux qui y pensent continuellement; il n'y a que ce moyen de vivre content, et d'être toujours dans le repos et la joie. Je lisois hier au soir dans les *Quatre fins de l'homme* quelque chose sur ce sujet qui est admirable; je ne passe point de soir sans en lire. Ainsi il n'y a personne avec qui je m'entretienne plus réglément qu'avec M. Nicole. S'il falloit souhaiter quelque chose, je souhaiterois voir ses *Méditations*. M. de Saci lisoit tous les jours quelque chose de ces *Quatre fins de l'homme*. »

M. de Pontchâteau avoit un attachement particulier pour la vérité, et il croyoit qu'il n'y avoit rien qu'on ne dût faire et qu'on ne dût souffrir pour la soutenir et la défendre. C'est par ce motif qu'il s'étoit souvent exposé aux persécutions de ceux qui la combattoient, qu'il avoit entrepris de périlleux voyages, et qu'il n'avoit pas cru devoir ménager sa santé; c'est ce qu'il a voulu exprimer en prenant pour son cachet ordinaire une croix avec une couronne d'épines et des clous, et cette devise : « *Veritas etiam cruci affixa adoranda:* La vérité même attachée à la croix mérite nos respects et notre adoration. » Il ne négligeoit aucune des moindres pratiques de la religion, surtout celles qui avoient été établies dans les premiers siècles de l'Église, et qui étoient venues jusqu'à nous par une tradition non interrompue.... Il avoit toujours dans sa chambre un bénitier et de l'eau bénite, et, lorsqu'il y faisoit sa prière, il ne manquoit jamais d'en prendre en commençant. Il avoit un respect tout particulier pour les reliques; il en avoit toujours sur lui et en avoit recueilli de tous les lieux saints où il avoit été, et en avoit fait des présents considérables à Port-Royal des Champs et à ses amis. Quelque particulier l'ayant consulté au sujet des vœux et des reliques, il lui répondit : « J'ai lu ce que vous me demandez du sentiment de M. Nicole sur les vœux et sur les reliques. Nos Messieurs, c'est-à-dire M. Arnauld et ceux qui sont avec lui, sont comme lui. C'est une méchante force d'esprit que celle de quelques gens, dont je ne vois point que les gens mieux sensés se piquent; ce n'est pas qu'ils donnent dans la superstition, ils en sont bien éloignés; mais il ne faut pas donner ce nom à des pratiques qu'on voit autorisées par l'exemple des Saints. »

Il avoit toujours eu, même dès son bas âge, un ardent désir pour la solitude, et l'avoit toujours considérée comme une voie sûre pour le salut, et voici comme il s'en explique à ses amis : « La solitude est une voie abrégée qui conduit plus sûrement et plus directement au Ciel, parce que c'est un état dans lequel on voit et on corrige, sans se flatter, les défauts les plus secrets et les plus cachés de son âme, et dans lequel on a toujours la liberté de s'entretenir avec Dieu, de le consulter, de l'écouter sans être interrompu, de recevoir ses conseils, d'agir par sa conduite et par sa sagesse, d'entendre ce langage intérieur avec lequel il parle aux âmes, sans que les sens y aient la moindre part. » Et parlant de la vie monastique qui a donné de l'ordre à la vie solitaire, il dit : « L'on mène dans les monastères bien réglés une vie plus pure et plus sainte, l'on y tombe plus rarement, on s'y relève plus promptement de ses chutes, on y marche avec plus de circonspection, on y est arrosé d'une plus grande abondance de grâces, l'on y vit dans un plus grand repos d'esprit et de cœur, on y meurt avec plus de confiance, on y est plus tôt purifié de ses péchés, on y acquiert une plus grande récompense dans le Ciel. » C'est ce qu'il dit qu'il avoit éprouvé dans Port-Royal et dans l'abbaye d'Orval où il avoit demeuré. La mère Angélique de Saint-Jean lui ayant fait présent d'une petite image au bas de laquelle on avoit écrit quelques vers d'un Poëme de M. de Vence sur la *Grande-Chartreuse*, il lui écrivit pour l'en remercier et lui dit : « J'ai senti, en les lisant, les impressions qu'ils m'avoient faites autrefois, lorsque dans ma jeunesse toutes mes pensées étoient tournées vers l'objet dont ils parlent ; je n'ai jamais toutefois perdu l'inclination que j'y avois, et la vue de ce désert, où je fus il y a deux ans, contribue à l'entretenir. Je l'ai voulu relire par cette occasion, et je vous avoue que mon esprit y est allé plusieurs fois depuis ce temps-là ; mais je dis comme ce prélat, quoique d'une manière bien différente : les temps sont changés, et je ne sais néanmoins où j'en suis ; et jamais je ne sentis un désir si pressant de me cacher entièrement ; je ne saurois presque penser à autre chose qu'aux moyens de l'exécuter ; tout m'y convie, tout m'y porte, et je vous supplie de demander à Dieu qu'il me conduise au lieu que sa providence me destine, car c'est celui-là qu'il faut chercher, quelque inclination que nous puissions avoir qui nous porte d'un autre côté. »

M. de Pontchâteau ne faisoit pas moins de cas du silence ; il en parloit en ces termes à un de ses amis : « Le silence ne se peut assez priser ; c'est un remède presque général. Je me pensai trouver l'autre jour exposé à une conversation qui m'engageoit à faire bien des fautes, mais m'en étant aperçu, je fis une inclination, et m'en allai à l'église prier Dieu, et le remercier de m'en avoir tiré sans y en avoir beaucoup fait ; car qui est-ce qui parle sans en faire ? On a lu ces jours-ci au réfectoire l'Épître de saint Jacques, et une explication : on tremble de voir ce qu'il dit de la langue. Je passe un jour de la semaine avec un malade, les autres jours je suis seul, et je m'en trouve bien ; quand je parle je fais des fautes, j'en fais assez d'autres sans celles de la parole, mais c'est autant d'épargné ; si je prêchois dans les monastères, je ne prêcherois autre chose que le silence ; si ceux qui causent tant avoient goûté combien le silence est doux, ils voudroient toujours le garder. Je ne sais comment on ne se fait point de scrupule de tant dire de choses qui ne servent à rien, et qui souvent nuisent beaucoup à la charité. »

Il ne supportoit qu'avec peine dans ses plus proches leur élévation, mais il étoit effrayé au delà de ce qu'on peut dire du mauvais usage des biens ecclésiastiques et de la pluralité des bénéfices qu'ils avoient. Voici comme il en parloit à madame d'Épernon sa sœur, en 1676, pour M. l'évêque d'Orléans : « Que lui pourrois-je dire qui lui fût utile? Il paroît bien, par la vie que je mène, que j'ai une autre idée que lui de l'Épiscopat.... Je vous avoue qu'en pensant qu'il a un évêché et six ou sept autres bénéfices, une charge à la Cour, et au reste son train et son équipage, je n'y comprends rien ; je vois tant de péril pour lui à continuer de vivre comme il a fait jusqu'à présent, que je ne sais pas si je pourrois m'empêcher de le lui témoigner en le voyant. Tout cela et bien d'autres pensées me font conclure à ne le point voir.... Je me contente à prier Dieu pour lui, et de dire à Dieu ce que je n'ose lui dire à lui-même. » Dans une autre lettre à la même, sur ce qu'il avoit appris que le fils de M. le duc de Coislin son neveu avoit eu la survivance de la charge de M. l'évêque d'Orléans, il lui dit : « Vous avez bien sujet de croire que ce ne sont pas des nouvelles qui me réjouissent : au contraire elles m'affligent, parce que je sais ce que c'est que les biens et les charges de l'Église, et que ce pauvre malheureux me fait pitié : Dieu lui fasse miséricorde, et à moi aussi qui ai fait un si mauvais usage des biens ecclésiastiques que j'avois autrefois ! Je n'ose y penser ; car il me semble voir les pauvres demander à Dieu justice contre moi, pour les avoir dissipés comme j'ai fait. » Et dans la même lettre, sur la proposition qu'on lui faisoit de s'aller retirer à Soissons chez sa nièce, abbesse de Notre-Dame[1], après avoir marqué ses difficultés, il ajoute : « Je voudrois voir madame l'abbesse de Notre-Dame se faire sainte comme il faut, et quitter toutes les marques de grandeur et de faste qui ne siéent pas bien à une religieuse, et cela se peut il dire à une personne comme elle qui ne manque pas d'esprit, ni de lumière, qui sait assez qu'il n'y a pas une sainte religieuse qui n'ait vécu de la sorte, de quelque naissance qu'elle fût. Je suis sûr que jamais personne ne lui en a dit autant, et que ses confesseurs même ont la mine de faire comme le vicaire d'un de nos villages auprès de Coislin, qui n'osoit mettre son bonnet en me

---

1. Henriette de Lorraine, abbesse de Notre-Dame de Soissons, fille de Marguerite du Cambout qui, veuve du duc de Puylaurens, avait épousé en secondes noces Henri de Lorraine, comte d'Harcourt, grand écuyer de France, d'où sont issus Louis de Lorraine, l'abbé d'Harcourt, le chevalier de Lorraine, le comte de Marsan et la dite Henriette de Lorraine.

confessant, et qui eût voulu me donner un des carreaux de l'autel où l'on met le livre, pour me mettre à genoux.... Mais je vous avoue que je ne dirai pas néanmoins à madame l'abbesse que je n'aime pas les *altesses* à une religieuse, et je suis sûr que toutes les saintes reines et princesses, comme sainte Bathilde qui faisoit jusqu'à la cuisine à Chelles, ne se faisoient pas traiter d'altesses; mais je ne dis cela qu'en passant, et il n'ira pas plus loin. »

Et sur ce qu'il avoit lu dans la *Gazette* de Hollande, que le Pape avoit permis à M. le comte de Marsan de retenir en se mariant les pensions qu'il avoit sur l'Évêché de Cahors, il dit écrivant à madame d'Épernon : « Cela est bien pitoyable au Pape.... Il y a tant de gens intéressés à croire qu'il peut disposer comme il lui plaît du bien de l'Église, et le donner s'il vouloit à un chien, comme disoit feu M. de Chevreuse qui avoit cinquante mille francs de pension sur Saint-Denis, qu'il est difficile qu'à Rome on change de conduite. En effet, comme disent les paysans, la chrétienté à part, il n'y a guère de différence (entre le donner ainsi ou le donner aux chiens), et il n'est guère mieux employé; c'est une étrange malédiction que les bénéfices. Plût à Dieu n'en avoir jamais eu, et de les avoir quittés dès que j'en ai eu le désir la première fois ! Mais il n'est plus temps de songer au passé; ce qui fait ma peine, est que je ne sais comment réparer le mauvais usage que j'en ai fait. »

Il avoit une tendresse singulière pour sa famille et pour tous ses parents, et ne pouvoit les voir passer ou les rencontrer sans en être attendri; mais l'idée des grandeurs dont ils étoient revêtus l'empêchoit de les aller voir. Il n'en usoit pas ainsi à l'égard des amis avec lesquels un même esprit de piété et de religion l'avoit uni : il aimoit à les voir, à les entretenir, afin d'augmenter sa foi et en conserver la pureté; il se servoit de leur exemple pour exciter sa ferveur et son zèle dans la piété : « Je ne les oublierai jamais, disoit-il, s'il plaît à Dieu, et c'est une de mes plus sensibles consolations, en pensant à eux et aux autres bonnes âmes à qui Dieu m'a uni, de pouvoir dire : *Particeps ego sum omnium timentium te* : Je suis lié d'affection et de société avec tous ceux qui vous craignent. » Il portoit l'amour de la pauvreté et du désintéressement au plus haut degré de perfection; il avoit très-peu de bien, et cependant, en quittant toutes ses abbayes, il ne s'étoit conservé qu'une pension de deux mille livres sur une d'elles, dont il n'a jamais joui, et en donnoit tous les ans une quittance aux religieux sans en rien recevoir. Il avoit abandonné les prétentions qu'il avoit sur ce qui pouvoit lui revenir des biens de sa famille, pour une somme modique, afin d'éviter les contestations et avoir la Paix, et ce qu'il en avoit reçu, il l'avoit mis sur l'île de Nordstrand, à la persuasion de M. de Saint-Amour, et n'en recevoit que peu de chose de temps en temps. Il étoit charmé de ne rien posséder ; ses habits, ses meubles, sa nourriture, tout étoit réduit au simple et pur nécessaire, et ce nécessaire même étoit pauvre et frugal, comme on l'a pu remarquer dans tout ce qu'on a rapporté. Dans une lettre qu'il écrivoit à madame d'Épernon sa sœur, il lui disoit : « Il me semble que je suis bien à mon aise de ne devoir rien au monde, et d'avoir besoin de peu de choses, mais il est vrai qu'une de celles dont j'ai plus de consolation de me pouvoir passer, c'est des valets. Je me sers si bien moi-même, au moins pour les petites choses que j'ai à faire pour ma personne et pour ma chambre, que je n'ai jamais si bien été. Un ancien voulant dire ce que c'est qu'un Chrétien, dit que c'est un homme qui a besoin de peu de chose : et en effet que faut-il à celui qui ne cherche que Dieu ? » Madame sa sœur lui ayant mandé qu'elle lui envoyoit un crucifix, il lui écrivit pour la remercier, et lui dit : « Je crains qu'il ne soit trop beau ; ce n'est pas que j'aime moins qu'autrefois ce qui est propre, mais je ne dois pas avoir des choses de conséquence ; je le garderai néanmoins, quel qu'il puisse être, avec joie, et je m'adresserai à ce Dieu crucifié pour le prier pour vous et pour moi. C'est dans son amour que je souhaite d'être à vous comme à lui-même. » Et sur ce que sa sœur lui marquoit le désir qu'elle avoit de lui tout donner après sa mort, il lui répondit : « Je crois avoir eu raison de vous proposer plutôt les pauvres pour en faire vos héritiers et vos légataires, que ni moi, ni aucun autre. Pour ce qui me regarde, après vous avoir remerciée de votre bonne volonté..., je vous dirai que je ne me suis pas retiré du monde pour y rentrer : je n'ai pas quitté ce que je pouvois prétendre pour trouver des prétextes de piété afin d'avoir plus de bien sans scrupule. J'ai souhaité d'être un peu pauvre, je n'y ai pu encore réussir ; mais au moins, avec la grâce de Dieu, je ne m'enrichirai point.... »

Ailleurs il disoit : « J'ai toujours beaucoup estimé la parole d'un grand serviteur de Dieu qui disoit qu'il craignoit autant d'être trouvé, au jugement de Dieu, chargé de science inutile que d'argent inutile : je pense que le dernier ne m'arrivera pas. »

Telle est, dans son ensemble et son moindre détail, cette Vie singulière et qui donne à penser au philosophe, à l'observateur des religions comparées. On voit dans l'Inde un fils de roi, Çakya Mouni, renoncer volontairement aux avantages de sa naissance et se faire religieux errant, pratiquer les austérités et les méditations pour arriver à délivrer le monde des vaines inquiétudes et des agitations du désir, pour l'affranchir des craintes de tout genre et des humaines misères. Le monde oriental reconnaissant salua en lui son sauveur et rédempteur. Il n'y a nulle proportion sans doute entre les hommes pas plus qu'il n'y a de comparaison à faire entre la gigantesque nature de l'Inde et l'humble vallon de Port-Royal, entre l'Himalaya et les Molerets[1]. Le pauvre M. de Pontchâteau, avec ses austérités et ses jeûnes, n'était certainement pas dans la voie qui mène à l'Intelligence suprême : il était, pourtant, dans une voie non commune et dont il est juste que lui sachent gré ceux qui travaillent et qui souffrent. On est touché, à quelque degré, de reconnaissance, et l'on comprend surtout le sentiment de ces pauvres gens de la paroisse de Saint-Gervais, lorsqu'on le voit, lui, l'enfant des vieilles races, ayant abdiqué si complétement et foulé aux pieds tout ce qui est de sa naissance pour se faire pauvre avec les pauvres et le plus humble entre les petits. Alors aussi, à sa vue, comme pour le royal pénitent d'Asie, ceux qui étaient dans le secret de son déguisement pouvaient se dire entre eux : « Compagnons, quelle chose étonnante et merveilleuse ! le fils d'une grande famille, après avoir abandonné ses espérances de grandeur, a l'idée de se baisser tout le jour pour manier comme nous la bêche et le hoyau, pour partager nos sueurs, et pour travailler à la terre sans se soucier de la pluie ni du soleil. » Apprécions sous toutes ses formes l'élévation du cœur et la hauteur des sentiments.

SUR M. ISSALI PERE.

Le nom de M. Issali ne s'est produit qu'incidemment dans cette Histoire, une première fois à l'occasion des Plaidoyers de M. Le Maître dont il se fit l'éditeur, et une autre fois, tout à la fin, pour le conseil de modération qu'il prit sur lui de donner aux Religieuses dans l'espoir de conjurer la ruine du monastère (tome VI, page 186). On a vu aussi (page 275) la démarche d'une de ses filles auprès de l'archevêque. Ce fut bien peu de temps après avoir écrit sa lettre à l'abbesse que le digne homme mourut, le 30 juillet 1707, à l'âge de 87 ans. Il légua par son testament mille livres au monastère des Champs et demanda qu'on y portât son cœur. C'est, je le crois, la dernière offrande de ce genre qui y fut faite,

---

1. C'est (si l'on s'en souvient) le nom d'une hauteur qui dominait les bâtiments de Port-Royal.

c'est le dernier cœur d'ami du dehors qui y fut déposé. On m'indique dans un manuscrit[1] le Remerciement qui fut prononcé au nom des Religieuses, et que je ne me rappelle pas avoir vu ailleurs; je crois devoir le donner ici comme empruntant un intérêt particulier à ces circonstances suprêmes :

« EN RECEVANT LE CŒUR DE M. ISSALI
le 7ᵉ août 1707.

« Nous recevons avec beaucoup de reconnoissance le cœur que vous nous présentez, très-digne et très-excellent Pasteur[2]; c'est un dépôt qui nous est précieux par bien des endroits : c'est ici, Monsieur, que ce cœur a été formé, c'est dans cette maison qu'il a été imbu des plus pures maximes du saint Évangile et qu'il a reçu ces belles impressions qui l'ont rendu si aimable à tous ceux qui l'ont connu. Dès sa plus tendre jeunesse, au lieu de suivre l'exemple de ceux de son âge et d'aller avec eux adorer les veaux de Jéroboam, il alloit, lui seul, à Jérusalem au temple du Seigneur où il adoroit le Dieu d'Israël. On le voyoit dans un âge peu avancé sous la conduite des plus grands maîtres de la piété, et soumis à la discipline de ceux qui, assurément, n'avoient ni la réputation ni la lâcheté d'énerver tant soit peu la vigueur de l'Évangile de Jésus-Christ. Il se retira ici étant encore jeune : il s'y retira avec des hommes mortifiés qui, par des travaux rudes et pénibles, domptoient et crucifioient leur chair pour la soumettre à l'esprit. Il n'eut point de peur de cette vie dure, austère et pénitente; il passa quelques années avec ces grands personnages[3]; il vivoit avec eux et comme eux; il mettoit à la charrue des mains encore tendres et délicates et faisoit pénitence dans un âge où l'on ne pense guère qu'à suivre les mouvements et l'impétuosité des passions : après de si heureux commencements, nous ne sommes pas surpris, Monsieur, de l'éloge que vous en faites; la prospérité et les grands biens n'avoient garde d'affoiblir son cœur; les vents avoient beau souffler et les fleuves se déborder, sa maison étoit bâtie sur la pierre ferme. Nous ne nous étonnons nullement qu'il ait été bon mari, bon père, bon maître et bon paroissien, qu'il ait été si égal, si juste, si équitable, si humble, et que Dieu ait versé tant de bénédictions sur lui et sur sa famille; ce sont, Monsieur, autant de vertus dont vous venez nous apprendre que vous avez été témoin et spectateur. Aussi laissons-nous à votre charité le

1. Manuscrits de la Bibliothèque Mazarine, n° 35891.
2. M. Issali mourut sur la paroisse de Saint-Étienne-du-Mont, et ce fut très-probablement le curé qui vint présenter son cœur.
3. On a reconnu M. Le Maître.

soin de les publier partout à la louange de Jésus-Christ : mais pour nous, nous ne pouvons pas ne point parler de ce que nous avons vu et de ce que nous avons ressenti.

« M. Issali n'a jamais oublié ses premiers maîtres ni l'obligation qu'il leur avoit ; il s'est toujours fait un honneur d'avoir place dans le cœur de ces hommes de Dieu. Il n'a jamais rougi de reconnoître cette maison comme le sein dans lequel il avoit été engendré à Jésus-Christ ; il se faisoit une gloire d'en être appelé l'ancien ami ; il n'a point craint de prendre sa défense dans des temps difficiles. Il a fait entendre sa voix publiquement, et tout Israël l'a vu parler pour elle, lorsqu'il étoit bien plus sûr de garder le silence. Il s'est fait un plaisir de l'honorer et de la servir dans ses disgrâces, de lui donner son temps, ses sueurs et ses peines : il croyoit en devenir meilleur en travaillant pour elle, et se sanctifier en lui rendant service. Aussi ne le recevons-nous ni comme un étranger, ni comme un enfant prodigue qui reviendroit après s'être égaré, mais comme un bon et fidèle serviteur qui a été dire au monde combien doit être sainte l'École où l'on devient si bon chrétien, et apprendre à ce grand calomniateur combien est pure la source où l'on puise des eaux qui rejaillissent ainsi jusqu'à la vie éternelle. Nous le recevons comme un enfant bien né qui, après avoir été montrer aux habitants de Babylone que le mariage et les affaires ne sont point incompatibles avec la rigueur de l'Évangile et l'austérité sainte de sa morale, revient ensuite se reposer entre les bras de sa mère, s'il est vrai néanmoins qu'il en soit jamais sorti : car, encore un coup, M. Issali a été un ami de tous les temps, et c'est peut-être ici son plus bel éloge. Il a aimé Port-Royal ; il l'a beaucoup aimé, il l'a toujours aimé, il l'a aimé jusqu'à la fin, gémissant encore quelques jours avant sa mort de n'être plus en état d'ouvrir sa bouche pour le défendre. Enfin dans ces jours-ci, dans un temps [1]..., il veut qu'on sache partout qu'il lui a donné son cœur ; cet homme, plein de foi, n'a pas cru le pouvoir mieux placer ni le confier en des mains plus sûres, plus fidèles et plus dignes de le présenter à Jésus-Christ, qu'en celles de ses chastes épouses. Pendant sa vie, il les a toutes portées dans son cœur ; il leur a donné une fille qu'il y portoit si justement avec elles et qui étoit l'aînée de tous ses enfants (vous savez, ô mon Dieu, à quoi il a tenu qu'il ne leur en ait donné plus d'une), et après sa mort, n'ayant plus rien à leur offrir, il leur donne son cœur. Nous le recevons, Monsieur, avec bien de la reconnoissance ; nous lui accordons bien volontiers cette place qu'il a souhaitée et qu'il a si bien méritée, et nous la lui accordons, selon ses désirs, auprès de ces grands hommes qu'il a toujours tant honorés. C'est un dépôt qui nous sera toujours bien

---

[1] La phrase est ici interrompue dans le manuscrit.

cher : nous le conserverons comme un gage de l'amitié si tendre qu'il a toujours eue pour nous, et comme des arrhes de celle que nous espérons qu'il nous continuera dans la bienheureuse Éternité. Car, si, selon la pensée de saint Augustin, il nous a tant aimés dans des circonstances si fâcheuses et si embarrassantes, dans un pays où la cupidité et l'amour-propre ont tant de pouvoir, que sera-ce dans le royaume de la Charité, dans cette région de paix où, comme dit encore saint Augustin, il n'y a plus rien à craindre, *ubi nullus tentator est, nullæ seditiones, nullus fatigat Ecclesiam Dei ?* C'est là où nous ne doutons point qu'il ne soit entré pour y recevoir la récompense de sa vertu et de toutes ses bonnes œuvres... Comme on doit néanmoins toujours trembler, quelque juste qu'on soit, et que les jugements de Dieu sont autant terribles qu'ils sont impénétrables, nous nous unirons tous ensemble pour présenter Jésus-Christ au Père éternel, afin que si, sur un si bon fondement qu'a été le sien, il avoit bâti, comme dit saint Paul, du bois, du foin ou de la paille, il plaise à Dieu de ne le juger que dans sa grande miséricorde et de se souvenir qu'il a toujours aimé la Vérité et ceux qui l'ont défendue. »

Ce Remerciement, d'un ton si ferme et d'une si exacte justesse, nous prouve que jusque dans ces années d'extrême déclin, à la veille même de la ruine, Port-Royal avait conservé des organes dignes, par leur esprit et par leur langage, des premiers directeurs et maîtres. Rien ne manque à cette allocution funèbre, ni pour la doctrine, ni pour l'accent. Les fils d'Arnauld, les ancêtres de Royer-Collard se reconnaissent à une même marque.

En repassant une dernière fois les extraits et les notes qui se rapportent à cette longue Histoire, et surtout le résidu de mes lectures de Des Lions, je retrouve quelques particularités, quelques anecdotes omises ou négligées et qui pourraient faire un petit chapitre de *Miscellanées*. J'en mettrai seulement ici quelques-unes, qui donneront du moins idée de ce que pourrait être un semblable chapitre à la Bayle ou à la Bouhier.

— Ainsi, par exemple, sur le docteur de Sainte-Beuve après sa signature, et sur l'embarras dont il dut être plus d'une fois dans les commencements, quand il se retrouvait en présence de ses anciens amis, je lis dans les *Journaux* de Des Lions, à la date du 3 juillet 1663, le passage suivant qui est significatif :

« Après midi, je me suis trouvé chez M. de Sainte-Beuve avec MM. de Lalane, Girard, Queras et Manessier, où on a fait la

consultation et conclu qu'il seroit conseillé à la princesse (madame de Longueville) de dépouiller M. son fils des deux abbayes....
M. de Sainte-Beuve s'est mal défendu de sa signature en Sorbonne depuis trois mois, disant qu'il l'avoit fait sur ce que la Faculté ayant signé le Formulaire avoit mis dans sa conclusion qu'elle ne le recevoit qu'en tant qu'il ne contenoit rien qui fût contraire à. a doctrine de saint Augustin, ainsi qu'elle avoit déclaré en une pareille matière sur la censure de M. Antoine Arnauld. Ç'a été un galimatias que son raisonnement, et il m'a paru confus de cette action et rougissoit en parlant. Sur quoi ces Messieurs lui ayant soutenu que la conclusion de la Faculté n'étoit pas comme il la rapportoit, M. Girard a été la querir chez lui ; on en a fait lecture : M. de Sainte-Beuve a été plus confus, disant qu'il l'avoit lue autrement, qu'il falloit qu'on l'eût changée.... » (Voir ce qui a été dit précédemment de M. de Sainte-Beuve, *Port-Royal*, tome IV, pages 571, 572.)

— Sur la manière dont le cardinal de Retz obtint le chapeau, le récit de Des Lions n'est pas trop en désaccord avec ce qu'on a vu précédemment (tome V, page 539) dans le Mémoire de M. de Chantelauze. Voici ce passage du Journal de Des Lions :

« En une autre visite (16 février 1657), l'abbé de Lamon m'a dit que retournant de Rome, etc..., que.... que, etc. Sur le chapeau du cardinal de Retz, il m'a dit lui en avoir ouï conter l'intrigue ; que la Reine, voyant le Mazarin éloigné et M. le Prince qui l'incommodoit, eut recours au Coadjuteur auquel elle présenta le roi dans son cabinet, lui disant que M. le Prince lui vouloit ôter la couronne de dessus la tête, qu'il n'y avoit que lui qui la pût affermir, etc. : qu'après avoir fait ses plaintes de sa part, il demanda qu'on le mît à couvert de ses ennemis par la dignité de cardinal ; que, le roi lui ayant promis, on envoya promptement au cardinal Mazarin pour lui en communiquer ; que sa réponse ne venant pas assez tôt, et le service qu'on désiroit du Coadjuteur pressant, on lui envoya le brevet pour le chapeau ; que l'abbé Charrier prit la poste sur l'heure ; que le Mazarin écrivit qu'on donnât le brevet, et qu'un ou deux courriers après, on envoya la révocation ; qu'Innocent X, qui ne demandoit pas mieux que de faire un cardinal pour contrecarrer le Mazarin, reçut avec joie cette prière forcée du roi ; que l'ambassadeur de France ayant reçu ordre de renvoyer le brevet et demandé pour cela son audience, Innocent X s'en doutant remit à deux jours de là, et le lendemain, ayant tenu consistoire, fit la promotion des cardinaux et y compris le Coadjuteur ; qu'il est faux que celui-ci eût acheté son chapeau comme ses ennemis disent, mais que seulement la princesse de Rossane ayant désiré des rubans d'Angleterre couleur de feu, et l'abbé Charrier le sachant et le mandant, le Coadjuteur lui en envoya pour 7 ou 8 cents écus. »

— Je trouve, à un autre endroit de ces mêmes Journaux, une confidence qui doit être exacte, et qui se rapporte au rapatriement de Retz et au terme de son exil (voir *Port-Royal*, tome V, pages 572, 573) :

« Le 7 (décembre 1661), écrit Des Lions, j'appris fort confidemment du P. G. (?) que, dans la visite de la Reine-mère à Dampierre cet été, madame de Chevreuse lui dit : « Votre Majesté pourroit bien, en l'état où sont les choses, se servir très-utilement du cardinal de Retz. C'est une de vos créatures : il n'y a point d'esprit auprès du roi et dans le ministère, qui le vaille. A quoi bon le pousser et le perdre ? » La Reine dit qu'il étoit vrai et qu'elle le voudroit bien ; puis il fut parlé du Jansénisme en forme d'objection. La Reine dit : « Je ne les hais pas, ils sont gens de bien. Mais il faut contenter le Pape ; on ne fait que crier cela à nos oreilles, etc. » En suite de cette entrevue on a vu avancer le traité et l'accommodement du cardinal de Retz. Le temps nous en fera juges. » — L'accommodement se fit.

— Sur l'abbé de Ciron et son rôle influent tant qu'il fut à Paris, et sur les dispositions réelles du cardinal Mazarin à l'égard des Jansénistes, Des Lions raconte et répète cette suite de propos qui se rejoignent assez bien à ce qu'on lit dans *Port-Royal* (tome V, pages 29 et suiv.) :

« Le 2 septembre (1657), M. Poncet m'a dit que.... madame de Longueville étoit gouvernée au spirituel par l'abbé de Ciron ; que quelque capucin de Coulommiers ayant mandé que cette princesse établissoit le Jansénisme, (elle) en a eu avis et a mis ce religieux à la raison ; que l'on avoit menacé d'envoyer une lettre de cachet audit abbé (de Ciron) pour le chasser de Paris et l'éloigner du Port-Royal et de la princesse de Conti qu'il dirige et réforme trop au gré de la Cour ; que l'Éminence (Mazarin) seroit bien aise d'avoir un prince du sang plus à sa dévotion pour faire passer les choses au Parlement et ailleurs ; que Langlade, secrétaire du Cabinet, et Gourville servent fort les Jansénistes auprès du cardinal ; qu'ils lui ont fait voir que, si ces gens-ci étoient tant amis comme il croit du cardinal de Retz, ils lui auroient fait ceci, cela, etc. ; que le cardinal s'excuse que c'est la Reine qui le presse ; que, pour lui, il les trouve bonnes gens. On se sert de M. Esprit, qui est près le prince de Conti, pour gouverner ces petits négociateurs (ou ces *petites négociations*). »

— Le propos qui suit revient assez à ce qu'on sait déjà du procédé et des façons d'agir de Mazarin avec les Jansénistes :

« Le 23 de ce mois (mars 1659), le cardinal Mazarin ayant envoyé prier le duc de Liancourt et lui montrant les peintures de ses galeries, il l'arrêta sur le tableau de Jansénius, et sur ce que celui-ci ne le reconnoissoit pas, l'Éminence lui ayant dit qui il étoit lui dit ensuite qu'il croyoit cet homme-là saint et sauvé, parce qu'il avoit soumis ses livres au Saint-Siége, et souriant à ce seigneur, il lui dit : « Vos bons amis n'en sont (*font*) pas de même. » Et l'autre le niant civilement, le cardinal rechargea avec un demi-souris : « Je ne suis pas fort content d'eux. » — « Pourquoi? lui dit le duc; Votre Éminence sait que depuis deux ans que vous leur avez défendu d'écrire, ils ne l'ont pas fait. » Le cardinal continua : « Enfin dites-leur que je ne suis pas content d'eux. » Le duc n'y a rien compris, ni Port-Royal à qui il l'a rapporté; mais cependant il parut à M. de Liancourt que le cardinal ne l'avoit envoyé quérir que pour lui dire cela et tenir les Jansénistes en crainte ou en respect. »

— A propos du ridicule éclat de l'archevêque d'Embrun dans l'affaire du Nouveau-Testament de Mons (*Port-Royal*, tome IV, pages 381 et suiv.), Des Lions nous raconte encore :

« Le 1ᵉʳ décembre (1667), j'ai vu M. de Launoi, le docteur critique, qui m'a fait un plaisant récit de la censure qu'il avoit faite en face à l'archevêque d'Embrun de son Ordonnance contre le Nouveau-Testament de Mons, et sur l'inscription et sur la préface où il est parlé des évêques qui doivent garder le dépôt de la foi, ce qui est dit de mauvaise grâce par un évêque qui n'a jamais résidé comme lui, et sur ce qu'il dit des évêques étrangers, rompant ainsi la communion avec ses confrères...; enfin sur la défense qu'il fait de vendre et d'imprimer, ce qui appartient à la Police et au roi; et sur ce que le prélat lui disoit puérilement que son Mandement étoit mieux fait que celui de M. de Paris, le docteur a répliqué librement : « Oui, parce qu'il est plus court et qu'il y a moins d'impertinences et d'incongruités. Vous faites cela, disoit-il, pensant plaire à la Cour et attraper l'archevêché de Reims, mais la Cour se moque de vous. »

L'archevêque d'Embrun avait contre lui à la Cour les Le Tellier, parce que son ambition ecclésiastique pouvait contrarier celle de l'abbé Le Tellier, et l'on n'était pas fâché de le rendre ridicule de plus d'une manière. « Ce prélat avoit amené en France douze chevaux d'Espagne, et après les avoir montrés à la Cour et au roi, au lieu de lui en faire présent, il les lui avoit vendus par une épargne sordide que l'on avoit raillée. » (Des Lions.)

— Cette condamnation du Nouveau-Testament de Mons occupait alors non-seulement le monde ecclésiastique, mais aussi le grand monde, à un degré qu'on ne saurait imaginer. On ne parlait que de cela dans les compagnies. Comme ce Nouveau-Testament était déjà dans toutes les mains, la défense de l'archevêque de Paris causait des embarras et provoquait des questions sans nombre. On lui contestait le droit de défendre une version de l'Écriture-Sainte approuvée par deux autres prélats. C'était à qui lui demanderait des dispenses pour avoir permission de lire le livre défendu. M. de Péréfixe répondait en public par quelque signe de tête et par quelques paroles entrecoupées, donnant à entendre qu'il délivrerait facilement de leurs scrupules ceux qui s'adresseraient à lui : d'où l'on concluait qu'il ne tiendrait pas longtemps rigueur sur son Ordonnance et « qu'il en iroit de ce Nouveau-Testament comme du *Tartufe* de Molière qu'on avoit vu défendre cet été *sur peine d'excommunication* et qu'on recommençoit à jouer présentement. » (Des Lions.)

— « Madame de Longueville, nous dit toujours Des Lions (décembre 1667), m'ayant fait demander mon avis sur la lecture du Nouveau-Testament, j'ai répondu que le plus sûr étoit d'avoir permission. Ce jour-là même, j'ai tiré de M. le Grand-Vicaire cette permission, sans la demander néanmoins de la part de cette princesse Son entremetteuse la lui ayant rapportée sur le billet que je lui en écrivois, elle m'a fait dire tout net qu'elle n'en avoit pas besoin. »

— On se plaisait à raconter que le Père Maimbourg, qui avait tonné en chaire dans Paris contre la version du Nouveau-Testament, étant allé faire un voyage à Rouen et se trouvant dans une compagnie, « avoit voulu gager contre un conseiller du Parlement qu'il auroit plus tôt dit la messe que l'autre n'auroit fait le tour d'une grande allée où il se promenoit. » Et voilà les gens qui se mêlaient d'être rigoristes, au point d'interdire aux Chrétiens la lecture de l'Évangile, et qui prétendaient surtout venger la présence réelle dans l'Eucharistie contre les savants traducteurs à qui ils reprochaient de l'infirmer !

— Sur le Père Rapin, je remarque un trait en passant dans ces Journaux de Des Lions. A l'occasion de l'accommodement négocié en 1663 par M. de Choiseul, évêque de Comminges, à un moment où on tenait cet accommodement pour conclu, je lis : « Le lendemain 9 (juillet) l'archevêque de Sens, l'évêque de Comminges et M. du Plessis-Guénegaud, qui étoient ensemble en conversation, dirent à M de Liancourt qu'ils tenoient cette paix assurée. Ce jour-là même, le Père Rapin, jésuite et domestique de M. le Premier Président, vint à l'hôtel de Liancourt et dit qu'il venoit se réjouir avec eux de la paix. » On voit que le Père Rapin, quand il était livré à lui-même, à son naturel poli et obséquieux, faisait la meilleure mine aux personnages puissants et de condition qu'il a si peu ménagés dans ses *Mémoires*.

— L'Oraison funèbre que Bossuet fit de son ancien maître, le docteur Nicolas Cornet, eut cela de particulier, qu'elle fut prononcée à un moment très-embarrassé et dans des circonstances on ne saurait plus délicates, lorsque l'accommodement théologique qu'essayait de ménager l'évêque de Comminges était des plus engagés et que l'affaire, qui s'était ébruitée, changeait de face chaque jour et presque d'heure en heure, sans que l'on sût comment elle se terminerait. Le discours de Bossuet s'en ressentit, comme le fait soupçonner un propos de Des Lions, du 27 juin 1663 ; celui-ci s'était entretenu dans la journée avec le Père Esprit de l'Oratoire, lequel, en le quittant, était allé chez le prince de Conti :

« Le soir on me dit qu'un excellent Esprit (le Père Esprit) qui avoit assisté à l'Oraison funèbre de M. Cornet, faite par le sieur Bossuet, lui en avoit fait (au Prince) ce jugement — que la pièce paroissoit décousue et déconcertée; que le changement qui s'est fait depuis huit jours avoit apparemment obligé l'auteur à ne pas dire tout ce qu'il avoit préparé sur les matières du temps; qu'il avoit fait un discours assez peu rapportant à son texte, et de pièces rapportées. »

C'est peu élégant; mais ce témoignage, venant d'un contemporain des plus au fait, a son prix. Il donne la clef d'un certain embarras qu'eut toujours Bossuet touchant cette Oraison funèbre.

— Ceux qui tiendraient absolument à purger M. Amiot, le curé de Saint-Merri, de l'accusation qu'on a lue précédemment (dans ce même tome, page 294), n'ont qu'à voir s'ils pourront y parvenir à l'aide du passage de Des Lions que voici : « La Mère Jeanne de Jésus, carmélite et prieure de Pontoise, me dit en ce temps-là (septembre 1659) que la Reine, qui la vint voir à la Saint-Jean dernière, lui avoit dit qu'au retour du voyage du roi on pousseroit les Jansénistes à bout, et qu'elle la prioit de bien écrire et redire à M. le Chancelier (Seguier) son frère qu'il tînt bon contre eux et qu'il ne les épargnât pas. Elle me dit aussi l'histoire de Remond, l'*adopté* de M. Amiot, curé de Saint-Méderic, et comme elle avoit obtenu de la Reine, dans ce même voyage, qu'on le lui restituât. Le dit sieur Amiot l'en vint remercier le jour de Saint-Louis et lui promit qu'après l'avoir seulement gardé encore un mois pour son honneur, il le mettroit au collége à la Saint-Remy. J'ai reconnu que le neveu dudit Amiot avoit lui-même fait enlever ce jeune mignon par l'avis de MM. Cornet, Seguier (?) et Grandin, et que le grand-maître avoit été l'entremetteur de cela auprès de la Reine : ce que la Mère Jeanne croyoit n'être pas encore su de l'oncle. Elle me justifia fort ce docteur des mauvais bruits et soupçons que l'on semoit contre lui. Il est un de ses grands confidents, et elle s'en sert dans ses affaires.... »

— MM. de Saint-Sulpice auront beau faire, ils ne sauraient empêcher que M. Olier, avec tous ses mérites, n'ait été visionnaire et même fanatique, usant et abusant de la prophétie : « M. de Liancourt m'a dit, raconte Des Lions, qu'il le menaçoit, à cause du Jansénisme, que Dieu lui ôteroit sa femme, et il disoit de même au confessionnal à la femme que Dieu lui ôteroit bientôt son mari : et ni l'un ni l'autre n'osoient se rapporter cela de peur de s'effrayer. » Tout l'hôtel de Liancourt, depuis le maître jusqu'au dernier des domestiques, était comme mis en état de siége ou tenu en quarantaine par les prêtres de cette paroisse, héritiers de l'esprit de M. Olier : « Le 12 juillet 1671, mademoiselle Ausanville m'a dit que la servante de M. Vignon, son gendre, concierge de l'hôtel de Liancourt, a reçu ordre d'un prêtre de Saint-Sulpice, son confesseur, de quitter ce service, à faute de quoi il ne la recevra plus aux sacrements.... »

— Sur la date précise de la conversion de l'abbé Le Camus qui nous est si connu maintenant et que nous pouvons dire de nos amis (*Port-Royal, Appendice* du tome IV, page 528), nous sommes informés de bonne source par l'extrait de conversation qui suit : « Le 18 (décembre 1667), nous dit Des Lions, j'ai vu M. de Sainte-Beuve de qui j'ai appris que.... que..., etc. ; que l'abbé Le Camus, aumônier du roi, est véritablement converti ; 1° qu'il s'est défait de son bénéfice de 4000 liv. de rente pour n'y être pas entré canoniquement...; 2° qu'il a voulu se défaire de sa charge ; que le roi l'a empêché ; 3° qu'étant nommé à l'évêché de Bazas sans l'avoir brigué, il pria M. de Sainte-Beuve de s'assembler avec quelques autres docteurs, pour voir s'il avoit vocation et s'il l'accepteroit ; 4° que le roi lui avoit redemandé le brevet dans la connoissance qu'il avoit qu'il ne se laisseroit pas transférer à un autre évêché plus voisin et plus commode, ce que le roi avoit dessein de faire ; 5° qu'il avoit été à l'abbaye de La Trappe et en étoit revenu si touché que le roi avoit pris plaisir à son récit de l'austérité de l'abbé de Rancé et de ses moines, et qu'il lui avoit fait faire ce récit par deux fois en présence de la Reine, des princesses de Conti, de Longueville, etc.; 6° qu'en remerciant de ce premier évêché, il avoit déclaré qu'il n'en prendroit ni ne demanderoit aucun autre, parce que les docteurs lui avoient dit qu'il ne pouvoit pas refuser celui-là dans le dessein d'en avoir un plus mignon ; 7° qu'il avoit eu remords de n'avoir pas accepté Bazas, le voyant donné à un homme qui n'en étoit pas trop digne ; enfin que depuis deux ans il est tout changé, etc. »

— Il y avait de véritables incrédules dans le dix-septième siècle, des incrédules qui ne se convertissaient pas, — et dans la première moitié du siècle plus que dans la seconde :

« (31 août 1665.) De plusieurs conversations, j'ai appris, écrit Des Lions, que.... que, etc...; que le maréchal de Bassompierre, peu de jours avant sa mort, étant en carrosse avec M. de Chavigny, qui lisoit l'Évangile, le railloit, se moquant de la religion ; qu'il n'en avoit aucune ; qu'on le trouva mort, sa main gauche sur son épaule droite, qui étoit la posture en laquelle il dormoit ordinairement. »

— Il a été parlé plus d'une fois, dans *Port-Royal*, à la rencontre, du docteur Ellies du Pin, cousin de Racine (notamment tome VI, page 174). Nous l'avons vu (même tome, page 129) accompagner Racine dans sa visite de réconciliation avec Nicole. M. Du Pin était bien jeune à cette date-là (1677) ; il n'avait que vingt ans et portait tout au plus le petit collet. Il se distingua de bonne heure par sa ligne de conduite gallicane et indépendante. Mais voici une scène curieuse où il se signala particulièrement comme champion de M. Arnauld : c'était dans une séance de Sorbonne où il s'agissait de la célèbre béate et mystique, Marie d'Agreda, dont la Faculté ne craignit point de censurer plusieurs propositions et maximes. Je lis, à cette occasion, dans une lettre de M. Vuillart à M. de Préfontaine, du jeudi 25 octobre 1696 :

« On fait espérer une histoire des assemblées qui se sont tenues en Sorbonne, où seront rapportés les différents avis des docteurs touchant le livre de cette abbesse fanatique. Il y en a d'étrangement bizarres. Les Cordeliers se sont déclarés hautement pour elle, à cause que cette abbesse étoit récollette, et par conséquent de l'Ordre de Saint-François. Et à propos de Cordeliers, voici une scène que le Père de Rocheblanche, du grand Couvent de Paris, donna dans l'assemblée du 1ᵉʳ de septembre, où il cita des auteurs, pour montrer que le terme d'*adoration* peut s'entendre du culte qu'on doit aux créatures que l'Église a canonisées. Il allégua avec éloge l'auteur de la *Perpétuité de la Foi*, et cita un passage du chapitre X du livre I, page 95, où il semble reconnoître que le mot d'*adorer* se prend en ce sens. Sur quoi il échappa à M. Le Fèvre, Syndic de Sorbonne, surpris de cette citation et du nom de M. Arnauld, de dire : *On ne doit point nommer ce nom-là ici;* ce qui souleva bien des gens. Et ce qu'il y eut de plaisant, c'est que les plus grands ennemis de la mémoire de M. Arnauld et les plus francs molinistes, le croyant en cela favorable pour cette cause, furent les premiers à dire qu'*il ne falloit pas le traiter comme faisoit M. le Syndic.* On ne sauroit croire combien ils triomphoient de son autorité. Mais leur triomphe ne fut pas long ; car un docteur, qui parla après, dit que le Père de Rocheblanche avoit eu raison de citer M. Arnauld avec éloge, puisque son ouvrage et sa personne avoient été loués par plusieurs évêques, dont quelques-uns faisoient encore l'honneur de l'Église gallicane; par plusieurs docteurs, dont quelques-uns étoient présents, qui ne rougiroient pas de l'avoir fait, entre autres MM. Gobillon et Roulland qui dirent que non, et enfin loués par les Papes ; mais qu'il eût été à souhaiter que le Père de Rocheblanche eût aussi bien pris l'esprit et la pensée de M. Arnauld qu'il l'avoit loué avec justice. Il fit voir comment il avoit parlé dans le livre de la *Perpétuité*, qu'il y répondoit à une objection du ministre Daillé et y expliquoit des passages qu'on lui opposoit, mais qu'il ne se fût jamais servi du terme d'*adoration* dans un livre françois pour marquer l'honneur dû aux saints et à la Sainte Vierge. Pour le prouver invinciblement, il allégua un passage qui est dans l'*Apologie pour le Clergé*, tome II, page 212, et qui est décisif; et après l'avoir lu, il dit avec beaucoup de feu : « Qu'on aille maintenant se glorifier de l'autorité d'un si grand homme! S'il étoit encore au monde, leur témérité ne demeureroit pas impunie, et il ne souffriroit jamais qu'on employât son témoignage pour appuyer une si méchante cause. *Eant nunc, et de tanti viri auctoritate glorientur. Si etiamnum in viris superesset, haud ferrent impune; nec unquam passus esset testimonium suum in tam perditæ causæ patrocinium adduci.* » Cela fut écouté fort paisiblement et sans que personne réclamât. Le lendemain un autre docteur dit qu'il auroit aussi vengé M. Arnauld, si cela n'avoit été fait par le docteur qui avoit parlé avant lui, et qui se nomme M. Du Pin. »

C'était la première fois que, depuis sa radiation, on parlait avec cette générosité de M. Arnauld en Sorbonne, et c'était le neveu de M. Vitart, le cousin de Racine, le docteur Du Pin, qui se faisait honneur de relever si hautement le drapeau.

— Être resté fidèle à M. Arnauld était un titre d'honneur, et ceux des docteurs frappés autrefois en son nom, qui tinrent bon jusqu'au bout et ne fléchirent pas, en gardaient un reflet d'héroïsme et comme une auréole lumineuse dans leur vieillesse. Le lecteur qui nous a suivi jusqu'ici nous saura gré de lui offrir encore ce dernier passage d'une lettre de M. Vuillart à M. de Préfontaine, du 26 février 1699 ; plusieurs des noms qu'on a rencontrés chemin faisant y acquièrent toute leur signification morale :

« Vous aurez vu, Monsieur, dans notre Gazette de samedi dernier, la mort de César du Cambout ou du chevalier de Coislin, décédé à cinquante-neuf ans. M. Barré, doyen d'Orléans, député de son Chapitre pour venir faire compliment à M. le cardinal de Coislin leur évêque, frère du défunt, m'apprit une circonstance bien curieuse et bien édifiante : c'est que ce chevalier avoit ordonné par son testament qu'on l'enterrât dans l'église de Port-Royal des Champs aux pieds de M. de Pontchâteau, son bon oncle, pourvu que les Religieuses ne jugeassent pas le corps d'un pécheur comme lui trop indigne d'être là avec les corps de tant de gens de bien et de saints. Ce bon doyen me dit cela dans une première visite, et me le confirma hier : deux autres personnes me l'ont dit de même[1]. M. Barré est neveu de celui qui étoit curé de Saint-Merri avant (ou avec) M. Du Hamel, et qui fut depuis conseiller-clerc du Parlement ; et ce digne neveu est l'un des cinq docteurs qui restent des *soixante et dix* qui soutinrent M. Arnauld en Sorbonne, et qui aimèrent mieux souffrir l'exclusion de la Faculté et la privation des droits, etc., que de manquer à la défense de l'innocence et de la justice en la personne de leur confrère persécuté. M. Des Lions, doyen de Senlis, M. Le Clerc, ancien doyen de Roye en Picardie, qui demeure à Paris, M. Burlugai, théologal de Sens, M. Le Verrier, qui a un bénéfice où il réside en Bretagne, sont les *quatre athlètes* qui restent avec celui-là. Ce sont tous vieillards vénérables,

---

1. *Port-Royal*, tome V page 269.

que je respecte comme de vrais confesseurs. Il y a eu quelque
foiblesse en M. Des Lions à l'égard de M. Arnauld, au sujet d'une
nièce que M. Arnauld conseilloit et soutenoit dans une affaire de
famille : mais, à cela près, il est digne de vénération. » — Ainsi,
de nos jours, on parlerait de vétérans glorieux, débris survivants
des grandes assemblées ou des grandes guerres.

— Au moment de finir, un ami de Port-Royal veut bien me signaler une lacune ou un *desideratum*. Le même magistrat qui
m'avait autrefois fait l'honneur de me consulter pour le Catalogue
d'une petite Bibliothèque janséniste (voir tome III, à l'*Appendice*,
page 631), M. Dubédat, conseiller à la Cour impériale de Limoges,
me propose aujourd'hui de dresser un petit Catalogue contenant
indication des plus beaux portraits peints ou gravés des personnages de Port-Royal, tant des Messieurs que des Religieuses. J'ai
touché un mot de cette matière au tome V, (page 476), dans une
note à propos des portraits d'Arnauld ; mais l'idée mise en avant par
M. Dubédat, et qui est une excellente idée, mènerait plus loin qu'il
ne pense : c'est tout un ouvrage qu'il demande, c'est l'examen de
toute l'œuvre de Philippe de Champagne et de son neveu ; car il
n'est pas possible de s'en tenir aux gravures sans remonter aux
portraits originaux : un beau travail à coup sûr, un cadre de recherches fait pour tenter un esprit de réflexion et de goût, et qui
appellerait un curieux d'un ordre particulier, ami à la fois de ce
qui est fin, sobre et sévère. Mais je ne puis que concevoir par la
pensée l'importance et l'intérêt d'un semblable sujet, l'*Iconogra-
phie* de Port-Royal, et je le propose en terminant, je le lègue à
de plus jeunes que moi et à de mieux préparés pour ce genre
d'études.

FIN DE L'APPENDICE.

TABLE DES MATIÈRES.

LIVRE SIXIÈME.

LE PORT-ROYAL FINISSANT (SUITE).

VIII, pages 3 et suiv.

Comment Du Guet se rattache à Port-Royal. — Son éducation. — Sa vogue dans l'Oratoire. — Ses conférences publiques. — Sa fuite de Saint-Magloire. — Sa retraite auprès d'Arnauld. — Son retour en France; années ensevelies. — Sauvagerie et solitude. — Agrément et bel-esprit. — Lettres à madame de Fontpertuis. — Extraits des lettres à la duchesse d'Épernon. — Rentrée de Du Guet dans le monde; logé à l'hôtel de Ménars. — Son beau et long moment. — Consulté de tous; esprit universel. — Auditeur d'*Athalie*. — Sa lettre à madame de La Fayette. — Caractère tout chrétien de sa direction. — Rigueur consolante. — Les explications de l'Écriture à l'abbé d'Asfeld et à Rollin.

IX, pages 41 et suiv.

Du Guet à côté de Fénelon. — Ce qui lui a manqué pour la gloire. — Son public intérieur. — Série de témoignages. — Défauts et légers travers de Du Guet. — Son *plan* et sa clef de l'Écriture. — La sœur Rose. — Action de Du Guet dans le Jansénisme. — Ordonnance de M. de Noailles acceptée et défendue par lui. — Les modérés et les zélés. — Conduite de Du Guet par rapport à la Bulle. — Fuites et retraites. — Lumière et mesure. — Le Jansénisme extrême et sa folie. — Du Guet n'en est pas. — Soupçonné d'affaiblissement d'esprit. — Sa lettre sur les Convulsions. — Charivari qu'on lui donne. — Sa mort. —

Madame Mol. — Degré exact de parenté de Du Guet et de Port-Royal.

X, pages 83 et suiv.

La famille Racine dans ses relations avec Port-Royal. — Racine enfant, élève chéri de ces Messieurs. — Ses vers sur sa patrie des Champs. — Descriptions et hymnes. — Premiers essais profanes. — Légèretés et libertinage. — Railleries et ingratitude. — Séjour à Uzès. — Ce qu'il y a fait, ce qu'il y a vu. — Retour à Paris. — Liaison avec Boileau. — Rupture et guerre avec Port-Royal. — Deux petites Lettres. — Art et malice.

XI, pages 116 et suiv.

Plein éclat de Racine. — Cachet de son génie. — Perfection et unité. — Racine et Turenne. — Racine propre et habile à tout. — Action efficace de Boileau. — Racine, juste-milieu suprême. — Est-ce le drame unique? Est-ce le style unique? — Le Racine des derniers temps; — réconcilié avec Port-Royal; — dévot à Port-Royal et à Louis XIV; — invité à la poésie sacrée. — *Esther*. — Prodigieux succès. — Fidélité biblique et allusions. — Arrière-pensée vers Port-Royal. — *Athalie*. — Succès moindre. — Grandeur unique. — Omni-présence de Dieu. — Le Temple vu par un chrétien. — Pièce incomparable. — Aurait-elle été sans Port-Royal? — Dernières années de Racine; — en disgrâce auprès de Louis XIV; — atteint au cœur. — Sa mort; son testament. — Liste des amis morts. — M. Du Fossé.

XII, pages 162 et suiv.

Dernier répit accordé à Port-Royal. — Visite de M. de Noailles. — Madame de Grammont et les Marlys. — Le chirurgien Maréchal. — Événements du dehors : le *Cas de Conscience*. — Arrestation du Père Quesnel; saisie de ses papiers. — La bulle *Vineam Domini*. — Certificat demandé aux religieuses : clause qu'elles y ajoutent. — Cas de guerre. — Premier Arrêt du Conseil. — Mort des anciennes et de l'abbesse. — La dernière prieure. — Refus d'élection d'une abbesse. — Mort du confesseur M. Marignier. — L'ancien partage des deux maisons révoqué. — Oppositions et procédure. — Confesseurs imposés; privation des sacrements. — Excommunication et séquestre. —

La communion en cachette. — Les aumônes du dehors. — Le *cotillon* de mademoiselle de Joncoux.

XIII, pages 200 et suiv.

Impatience de Louis XIV. — Le cardinal de Noailles se justifie.— Instances à Rome. — Bulle d'extinction. — Lettres anonymes à M. de Noailles. — Procédure et décret de réunion. — Visite de madame de Château-Renaud à la maison des Champs. — Colloque avec la mère Prieure. — Retour par Saint-Cyr et flatterie. — Expédition de M. d'Argenson; journée suprême. — Ordre et résignation. — Les douze carrosses. — Sagesse et fermeté de la mère Prieure. — Impression générale; pitié et indignation. — Port-Royal démoli. — Exhumation des corps. — Scènes de charnier. — Grandeur véritable de Port-Royal. — S'attacher à l'esprit.

CONCLUSION... 243

APPENDICE.

Sur Racine... 247
Sur le Projet de traité saisi dans les papiers du Père Quesnel 268
Un épisode de la vie du P. Quesnel............................ 271
Sur mademoiselle de Joncoux.................................. 275
Sur M. Feydeau... 280
Sur M. de Pontchâteau... 300
Sur M. Issali.. 356
Un chapitre de *Miscellanées*................................. 359

FIN DE LA TABLE DES MATIÈRES.

9485 — Imprimerie générale de Ch. Lahure, rue de Fleurus, 9, à Paris.

www.ingramcontent.com/pod-product-compliance
Lightning Source LLC
Chambersburg PA
CBHW050254170426
43202CB00011B/1682